# 名門高校100

時代をリードする人物は
ここから巣立った

猪熊建夫

河出書房新社

# 序章　名門高校とは人材輩出力で決まる

## ◆東京の高校を出たノーベル賞受賞者は？

日本人のノーベル賞受賞者は、25人（米国籍の2人を含む）を数える。この25人の出身高校について、興味を抱いた人はいるだろうか。

筆者はこの6年、全国の名門高校を計約300校訪問し、校長や同窓会の幹部と面談してきた。その際、「東京都にある高校出身者でノーベル賞をとった人は、何人いるでしょうか」と、クイズ形式で聞いてみた。

「東京には名門高校が多い。東京大にもたくさん進学している。25人中10人は、東京の高校出身者ではないか」

「ノーベル賞受賞者は京都大の卒業生が多い、と理解している。東京の高校出身者は、意外と少ないのでは？　計5人程度だろう」

「メディアの報道では、ノーベル賞受賞者は地方育ちが多かったはずだ。25人中17〜18人は地方の高校出身者ではないか」

ざっと全国の100人の校長から回答してもらったが、そんな答えが返ってきた。

正解は、「**利根川進《とねがわすすむ》ただ1人**」だ（敬称略）。あとの24人は、都内以外の高校出身者である。

「1人のみ」と言い当てた校長は、100人中1人もいなかった。

卒業生にノーベル賞の受賞者がいる高校の校長からも、正解は得られなかった。

利根川は、1987年にノーベル医学生理学賞を受賞した。都立日比谷高校卒だ。日比谷高校卒なら東大に進学するのが当時の「本流コース」だが、利根川は京大理学部に進んでいる。

大学別では、25人中東大卒が8人で最多だ（もっとも、自然科学系に限ると京大卒が6人で、東大卒は5人）。しかし、8人の出身高校はすべて地方の高校である。

「数学のノーベル賞」といわれるフィールズ賞の日本人受賞者はというと、これは3人いる。

3人の出身校を見ると、小平邦彦《こだいらくにひこ》は旧制東京府立第五中学（現都立小石川中等教育学校）を卒業しているものの、長野県立松本中学（現松本深志《ふかし》高校）から転校してきた。広中平祐《ひろなかへいすけ》は山口県立柳井高校、森重文《しげふみ》は東海高校（私立、名古屋市）と、地方の高校出身だ。ちなみに、小平は東大卒、広中と森は京大卒だ。

## ◆進学校ひしめく東京で世界的な研究者が少ないわけ

要するに、未知の分野をブレークスルー（突破）した**世界的な研究者は、地方の高校出身者が占めている**ということだ。ノーベル賞、フィールズ賞受賞者はほとんど地方高校出身者という事実は、「偶然・たまたま」の現象なのだろうか。

首都圏には、進学校がひしめいている。毎年、東大、東京工業大、一橋大、早稲田大、慶応義塾大など首都圏の難関大に多くの合格者を出す。これらの難関大の合格者は、東京の高校出

## ノーベル賞受賞者と出身高校

| | 受賞者名 | 出身高校 | 受賞年・賞 | 出身大学 |
|---|---|---|---|---|
| 1 | 湯川秀樹 | 京都府立京都第一中学(現洛北高校) | 1949年・物理学賞 | 京都大 |
| 2 | 朝永振一郎 | 京都府立京都第一中学(現洛北高校) | 1965年・物理学賞 | 京都大 |
| 3 | 川端康成 | 大阪府立茨木中学(現茨木高校) | 1968年・文学賞 | 東京大 |
| 4 | 江崎玲於奈 | 旧制私立同志社中学(現同志社高校)<br>＝京都市 | 1973年・物理学賞 | 東京大 |
| 5 | 佐藤栄作 | 山口県立山口中学(現山口高校) | 1974年・平和賞 | 東京大 |
| 6 | 福井謙一 | 大阪府立今宮中学(現今宮高校) | 1981年・化学賞 | 京都大 |
| 7 | 利根川進 | 都立日比谷高校 | 1987年・医学生理学賞 | 京都大 |
| 8 | 大江健三郎 | 愛媛県立松山東高校 | 1994年・文学賞 | 東京大 |
| 9 | 白川英樹 | 岐阜県立高山高校(現飛騨高山高校) | 2000年・化学賞 | 東京工業大 |
| 10 | 野依良治 | 私立灘高校＝神戸市 | 2001年・化学賞 | 京都大 |
| 11 | 小柴昌俊 | 神奈川県立横須賀中学<br>(現横須賀高校) | 2002年・物理学賞 | 東京大 |
| 12 | 田中耕一 | 富山県立富山中部高校 | 2002年・化学賞 | 東北大 |
| 13 | 南部陽一郎 | 福井県立福井中学(現藤島高校) | 2008年・物理学賞 | 東京大 |
| 14 | 小林誠 | 愛知県立明和高校 | 2008年・物理学賞 | 名古屋大 |
| 15 | 益川敏英 | 名古屋市立向陽高校 | 2008年・物理学賞 | 名古屋大 |
| 16 | 下村脩 | 大阪府立住吉中学(現住吉高校)を<br>経て長崎県立諫早中学(現諫早高校) | 2008年・化学賞 | 長崎医科大<br>(現長崎大) |
| 17 | 鈴木章 | 北海道立苫小牧東高校 | 2010年・化学賞 | 北海道大 |
| 18 | 根岸英一 | 神奈川県立湘南高校 | 2010年・化学賞 | 東京大 |
| 19 | 山中伸弥 | 国立大阪教育大学附属高校天王寺校舎 | 2010年・医学生理学賞 | 神戸大 |
| 20 | 赤崎勇 | 鹿児島県立第二鹿児島中学<br>(現甲南高校) | 2014年・物理学賞 | 京都大 |
| 21 | 天野浩 | 静岡県立浜松西高校 | 2014年・物理学賞 | 名古屋大 |
| 22 | 中村修二 | 愛媛県立大洲高校 | 2014年・物理学賞 | 徳島大 |
| 23 | 大村智 | 山梨県立韮崎高校 | 2015年・医学生理学賞 | 山梨大 |
| 24 | 梶田隆章 | 埼玉県立川越高校 | 2015年・物理学賞 | 埼玉大 |
| 25 | 大隅良典 | 福岡県立福岡高校 | 2016年・医学生理学賞 | 東京大 |

注) 南部と中村は、日本国籍時の研究成果でノーベル賞を受賞したが、受賞時には米国籍。

身者が半分近くを占めている。首都圏だと7割近くになる。

18年春の東大合格者の高校ランキングを見てみよう。上位20校のうち、11校は都内の私立や国立の6年制中高一貫校であり、公立は日比谷高校のみだ（48人で第9位）。

都内の6年制中高一貫校を40年～60年前に卒業した者で、ノーベル賞をとった者は皆無ということである。あんなに名門高校があるというのに、だ。

東京の高校出身者は、なぜ大成しないのだろうか。もちろん、ノーベル賞だけを判断基準にするわけではないが……。

中高一貫校には、小学低学年で対策を始めなければ合格できない。必然的に恵まれた家庭で育った生徒が多くなる。大学卒業まで社会の荒波に揉《も》まれないのだ。

そうなると、大学ではいわゆる「燃え尽きた学生」「冷めた学生」になりやすい。大学で熱中するものを見つけられないタイプだ。情報処理能力や要領の良さは折り紙付きで、官庁や大企業などでは、うまく適合する。学者・研究者志望の場合は、すぐに結果が出て論文を書きやすいテーマを選ぶ傾向が強い。

一方、上京した地方の高校出身者は、まったく違った新たな環境で、大学生活を始める。夏目漱石の『三四郎』や、五木寛之の『青春の門』で描かれている地方出身者が、東京で新たな刺激を受ける姿のとおりだ。

**地方出身者は「伸びしろ」がある**、と言える。「したり顔」で大学生活を送る東京の高校出身者と、その点が対極的だ。

## 2018年東京大学合格者ランキング

| 順位／昨年の順位 | 学校名 | 合格者 |
|---|---|---|
| 1／1 | ○ **開成**［東京］ | 175 |
| 2／2 | △ **筑波大附属駒場**［東京］ | 109 |
| 3／4 | ○ **麻布**［東京］ | 98 |
| 4／3 | ○ **灘**［兵庫］ | 92 |
| 5／8 | ○ **栄光学園**［神奈川］ | 77 |
| 5／7 | ○ **桜蔭**［東京］ | 77 |
| 7／6 | ○ **聖光学院**［神奈川］ | 72 |
| 8／11 | △ **東京学芸大附属**［東京］ | 49 |
| 9／5 | ○ 渋谷教育学園幕張［千葉］ | 48 |
| 9／12 | **日比谷**［東京］ | 48 |
| 9／10 | ○ 海城［東京］ | 48 |
| 12／9 | ○ 駒場東邦［東京］ | 47 |
| 13／20 | ○ 浅野［神奈川］ | 42 |
| 13／13 | ○ **ラ・サール**［鹿児島］ | 42 |
| 15／14 | △ **筑波大附属**［東京］ | 38 |
| 15／23 | ○ 早稲田［東京］ | 38 |
| 17／17 | ○ 女子学院［東京］ | 33 |
| 18／23 | ○ **東海**［愛知］ | 30 |
| 18／18 | ○ 西大和学園［奈良］ | 30 |
| 20／20 | ○ **武蔵**［東京］ | 27 |
| 20／14 | ○ **甲陽学院**［兵庫］ | 27 |
| 22／43 | 国立［東京］ | 26 |
| 22／32 | **岡崎**［愛知］ | 26 |
| 24／28 | ○ 渋谷教育学園渋谷［東京］ | 25 |
| 24／38 | **湘南**［神奈川］ | 25 |
| 24／16 | **旭丘**［愛知］ | 25 |
| 27／25 | ○ **久留米大附設**［福岡］ | 23 |
| 28／20 | **浦和県立**［埼玉］ | 22 |
| 28／37 | **千葉県立**［千葉］ | 22 |
| 30／30 | ○ 豊島岡女子学園［東京］ | 21 |
| 30／47 | **金沢泉丘**［石川］ | 21 |

※太字は本書で取り上げている高校
※○は私立、△は国立、無印は公立を表す
※著者独自の調査による

### ◆各県にまんべんなく名門高校が存在する

ノーベル賞受賞者25人のうち、24人は地方の高校出身者が占めている。

この事実をあらためて考えてみると、日本には、全国各地に名門高校があるということになる。東京の高校出身者は、何かをブレークスルーするような人物にはなりにくいが、地方の高校出身者がそれをカバーしてきたのだ。

日本の大学の国際的な評価は、高くない。だが、中等教育（中学や高校）については、先進国の中で最高クラスだ。「日本の高校生が卒業時に身に着けている知識や能力は、世界に冠たるものがある」（開成高校校長・柳沢幸雄）といわれる。

しかも、首都圏や関西などの大都市だけでなく、人口がそれほど多くない県でもまんべんなく名門高校が存在しているのだ。こんな先進国はまれだ。

本書が取り上げた100校については、筆者の独断で決めたが、各県から最低1高校は選ぶようにした。全国に名門高校が散在していることで、無理なくそれが可能だった。

筆者が選んだ100校は、どんな高校なのか。まず、各県で最も歴史が古い県立高校が大勢を占める。いわゆる「県立一中」といわれる伝統校だ。

明治3年から明治10年代にかけて、ほとんどの都府県で、男子のみの5年制の中学校が創立された。女子を対象にした高等女学校が、その後に設立されている。

各都道府県で最初に創立された旧制中学は、多くが県庁所在地につくられた。「県立一中」を名乗らない場合は、県庁所在地の名前を付けることが多かった。

1948（昭和23）年の学制改革で、3年制の新制高校に衣替えされた。以来70年余、県立一中を前身とする新制高校は、そのほとんどが「名門高校」ブランドを高めていった。

以下、各章ごとに名門高校の由来や、筆者がノミネートした100校の背景をコメントしておこう。なお、**太字が本書で取り上げる高校**である。

## 1章　東京の名門高校19校

1871（明治4）年の廃藩置県で、日本の首都として江戸は「東京府」になった。

東京府は1878（明治11）年に東京府第一中学を設立、戦後の学制改革で**日比谷高校**となった（以下、「高校」は略）。以降、明治—大正—昭和にかけ、東京の発展と共にナンバースクールが順次、設立された。

その後継となった東京都立の新制高校を、列挙しよう。二中＝立川、三中＝**両国**、四中＝**戸山**、五中＝**小石川**（現小石川中等教育学校）、六中＝**新宿**、七中＝墨田川、八中＝**小山台**、九中＝北園、十中＝**西**だ。ナンバースクールは二十三中＝大森まで続いた。

東京府は「良妻賢母」を育てるために、1901（明治34）年に高等女学校を設立した。これも設立順にナンバリングした。

その後継高校は、第一高女＝白鷗、二女＝竹早、三女＝**駒場**、四女＝南多摩（現南多摩中等教育学校）、五女＝富士……と続き、二十二高女まであった。

一方、東京府内には現在の都区部23区をエリアとする「東京市」が、1943（昭和18）年まで設置されていた。「東京市立」の中学は、一中＝**九段**（都立九段を経て現千代田区立九段中等教育学校）、二中＝**上野**、三中＝文京だ。

学制改革でこれらの旧制中学と高女は、男女共学の新制高校となる。

東京都教育委員会は1967年から1981年の間、高校入試で学校群制度を実施した。2〜3の高校で学校群を組み、合格者を割り振る制度である。そのため、希望の高校に進学できない生徒が必ず出た。

この制度を嫌って、優秀な生徒は6年制中高一貫校に吸収されていく。いきおい、旧ナンバースクールを前身とする都立名門高校の難関大学合格実績は、低迷した。日比谷と西がこの10年で復権しだしているが、他の都立名門高校の大学合格実績は、現在も復調していない。

本書では、戦前からの校歴を有する私立高校のうち、男子校では「御三家」と呼ばれる**麻布**、**開成**、**武蔵**を選んで掲載した。女子校では「女子御三家」から**雙葉**《ふたば》、**桜蔭**《おういん》を選んだ。

戦前につくられた旧制の国立中学を前身とする高校は、筑波大学附属と広島大学附属、学習院（現在は私立）の3校、国立の高等女学校はお茶の水女子大学附属と奈良女子大学附属中等教育学校の2校の、計5校のみ。筑波大学附属駒場と東京学芸大学附属は、戦後の開校である。

このうち、世に多くの人材を送り出し難関大合格者を多数出している**筑波大学附属**、**筑波大学附属駒場**、**東京学芸大学附属**、**お茶の水女子大学附属**をピックアップした。なお、広島大学附属については、6章で取り上げた。

## 2章 関東・甲信越の名門高校16校

〈神奈川県〉一中＝希望ヶ丘、二中＝小田原、三中＝厚木、四中＝**横須賀**、横浜二中＝横浜翠《すい》嵐《らん》、横浜三中＝横浜緑ヶ丘だ。

**湘南**は県下で6番目に設立された旧制中学だったが、ナンバースクールに入らなかった。しかし、神奈川の県立高校の中では戦後、最も伸びたと評価されている。横須賀は、ノーベル賞受賞者、首相、五輪金メダリストの「三冠王」を達成していることに着眼した。

私立では、全国の高校で**慶応義塾**が、大企業の社長や国会議員を最も多く輩出している。また**栄光学園**は戦後にスタートしているが、やはり個性ある人材を多数、出している。

**フェリス女学院**は、１８７０（明治３）年に創立された。女子学院（東京・千代田区）と同年の設立であり、日本の女子教育の草分けである。

〈埼玉県〉一中＝**浦和**、二中＝熊谷《くまがや》、三中＝川越、四中＝春日部だ。この4校は戦後の学制改革でも女子に門戸を開放せず、現在も男子校だ。「対」のような形で、各都市に浦和第一女子、熊谷女子、川越女子、春日部女子がある。

〈千葉県〉ナンバー制は取らなかった。最も古いのは、１８７３年設立の私立鹿山中学を前身とする佐倉だ。佐倉は江戸時代、佐倉藩11万石の城下町で「南関東の学都」だった。

県立として最初にできたのは、千葉中＝**千葉**。１９００（明治33）年に、木更津中＝木更津、佐原中＝佐原などが、あとに続いた。

〈茨城県〉水戸中＝**水戸第一**、土浦中＝土浦第一、下妻中＝下妻第一、太田中＝太田第一……など、戦前はすべて地名を冠していた。学制改革で、各地の伝統校はほとんど「地名のあとに第一」をつけ、女子に門戸を開放した。

〈栃木県〉埼玉県、群馬県と同様、県立の伝統校は現在も男女別学だ。男子校は一中＝**宇都宮**、二中＝栃木、三中＝真岡《もおか》だ。女子校は宇都宮高女＝宇都宮女子、栃木高女＝栃木女子、真岡高女＝真岡女子という具合に各都市で「対」になっている。

宇都宮女子、通称「宇女高」は、1875（明治8）年の創立で、現存する公立女子高としては日本で最古の歴史を持つ。一中＝宇都宮の創立は1879（明治12）年で、高女のほうが先だった。

〈群馬県〉埼玉県、栃木県と同様、現在も伝統校は男女別学だ。前橋・前橋女子、高崎・高崎女子、太田・太田女子といった具合に「対」になって、各都市に男子校と女子校がある。

**前橋**と**高崎**はライバル意識が強い。2校とも有為な卒業生を多数出しているので、本書では両校をそろって取り上げる。

〈山梨県〉一中＝**甲府第一**、二中＝日川だ。第一高女＝甲府西、第二高女＝山梨だが、現在はいずれも男女共学になっている。

〈長野県〉都市ごとに、旧制中学を前身とする名門高校が存在する。松本中＝松本深志、長野中＝長野、上田中＝上田、飯田中＝飯田、諏訪中＝諏訪清陵、野沢中＝野沢北などだ。本書では、ライバル関係にある**松本深志**と**長野**を掲載した。

〈新潟県〉新潟、長岡、高田の3校が「御三家」だ。3校は甲乙つけがたいが、**新潟**、**長岡**の2校を選んだ。

## 3章　関西の名門高校18校

〈大阪府〉一中＝**北野**、二中＝**三国丘**《みくにがおか》、三中＝八尾、四中＝**茨木**、五中＝**天王寺**……と続く。高女は戦前に何度も校名が変わったが、戦後に男女共学になった**大手前**が最も古い。大阪の府立高校からは5校を選んで掲載した。

名門高校という認知が乏《とぼ》しいのが実情だが、筆者は**四天王寺**を高く評価している。校名に「女子」はつかないが、私立の女子高校だ。

京大などの難関大に多数を合格させており、とりわけ医学部に強い。18年春の入試では、国公立大医学部医学科に現役、浪人合わせて計63人を合格させている。これは男子校を含めた高校ランキングで全国5位だ。

文武両道も徹底しており、五輪に出場した選手の数は、全国の高校で1、2を争う。

〈兵庫県〉私立では、「最強の進学校」といわれる**灘**《なだ》と、**甲陽学院**を選んだ。

県立は、姫路中＝**姫路西**が1878（明治11）年に、第一神戸中＝**神戸**が1896（明治29）年の創立だ。姫路は、国宝姫路城が象徴しているように江戸時代から栄えていた。対して神戸は、明治の中頃になってようやく発展したという歴史的な背景を考えれば、うなずける。

〈京都府〉一中＝**洛北**《らくほく》は、1870（明治3）年に開校した。公立の旧制中学としては、日本最古の中学だ。しかも、日本の高校で唯一、ノーベル賞受賞者を２人出している。

第一高女＝**鴨沂**《おおき》は、１８７２（明治５）年に前身の女学校が設立された日本最初の公立女学校だ。戦後の学制改革で男女共学になった。

あまり知られていないが、**京都市立銅駝**《どうだ》**美術工芸**を見逃すわけにはいかない。１８８０（明治13）年に創立の京都府画学校をルーツとした、日本で最初の美術学校だ。東京芸術大学より先にできている。多くの芸術家を養成し、文化勲章の受章者は計８人を数える。

私立では、戦後に設立された高校だが、京大に多数を進学させている**洛星**《らくせい》を選んだ。

〈滋賀県〉一中＝**彦根東**、二中＝膳所《ぜぜ》だ。明治政府は県庁所在地を大津にしたが、大津の膳所藩は６万石だったため、25万石の雄藩・彦根藩の居城だった彦根に一中を置いた。県庁所在地ではないのに「一中」になった例としては、滋賀県の他、青森、福島、兵庫など約10県を数えられる。

〈奈良県〉奈良中＝**奈良**は、郡山中＝郡山、畝傍《うねび》中＝畝傍よりあとの大正時代末にできているが、人材輩出力は高い。

私立では**東大寺学園**が東大、京大に多くの卒業生を送り込んでいる。西大和学園も難関大学合格実績を年々、高めているが、１９８６年の設立で著名な卒業生はまだ少ない。

〈和歌山県〉県立として最も古い和歌山中は、戦後の学制改革で「桐蔭《とういん》」という校名を選んだ。「桐蔭」を名乗る高校は、横浜市や大阪府大東市にもあり、紛《まぎ》らわしい。高校に地名が入っていないために、県外では**和歌山県立桐蔭**の知名度は高くないが、全国に冠たる名門高校だ。

## 4章　北海道・東北の名門高校13校

〈北海道〉明治維新後に開拓されたため、公立中学が最初に設置されたのは1895年と、内地より15～20年、遅れた。札幌一中＝**札幌南**、函館中＝**函館中部**が同時にスタートしている。函館は幕末に開港され、早くから街が発展したことによる。小樽中＝**小樽潮陵**《ちょうりょう》、旭川中＝旭川東が、あとに続いた。

〈青森県〉一中＝**弘前**、二中＝八戸、三中＝**青森**の順。日本海側の弘前藩と太平洋側の八戸藩が対立していたため、明治政府は県庁を寒村の青森に置いた。しかし、最初の中学は弘前につくられ、青森は県庁所在地なのに三中になった。

〈岩手県〉盛岡中＝**盛岡第一**、一関《いちのせき》中＝一関第一だ。岩手県は盛岡第一に人材が集中した。

〈秋田県〉一中＝**秋田**、二中＝大館鳳鳴《おおだてほうめい》、三中＝横手だ。秋田県も人材が秋田に集中した。

〈宮城県〉一中＝**仙台第一**、二中＝**仙台第二**で、新制高校になっても第一、第二の呼称が残っている点は、珍しい。両校は良きライバル関係を続けており、本書では2校とも掲載する。

〈山形県〉山形中＝**山形東**、山形二中＝山形南、荘内中＝**鶴岡南**だ。鶴岡南は日本海側の地方都市・鶴岡市にあるが、文化人などを多く輩出している。

〈福島県〉一中＝**安積**《あさか》、二中＝磐城《いわき》、三中＝**福島**、四中＝相馬だ。

幕末に11の藩が乱立したが、大藩は会津・松平家23万石だった。福島県の県庁は会津に置かれ、一中は会津になるべきだった。しかし、幕末の戊辰戦争で最後まで薩摩・長州の官軍に抵抗した会津は、明治政府に疎《うと》んじられる。県庁は福島に置かれ、会津中はナンバースクールにさせてもらえなかった。それどころか、私立でのスタートを余儀なくされた。

## 5章　東海・北陸の名門高校11校

〈愛知県〉一中＝**旭丘**《あさひがおか》、二中＝**岡崎**、三中＝津島、四中＝時習館、五中＝瑞陵《ずいりょう》だ。時習館は豊橋市にある。学制改革ではいったん新制豊橋としたが、江戸時代に吉田藩が設立した藩校・時習館の名前を1956年に復活させた。瑞陵は名古屋市瑞穂《みずほ》区にある。

国公私大の医学部医学科への進学者が日本一の、私立**東海**（名古屋市）を見逃せない。

〈静岡県〉静岡中＝**静岡**、浜松一中＝**浜松北**、浜松二中＝浜松西、沼津中＝**沼津東**など、静岡県は東西に広がり、各都市に伝統校がある。県内から3校を選んだ。

〈三重県〉一中＝**津**、二中＝四日市、三中＝上野、四中＝宇治山田と続く。難関大合格実績では四日市が県でのトップ校だが、本書では伝統ある津を取り上げる。

〈岐阜県〉一中＝**岐阜**、斐太中＝斐太《ひだ》、大垣中＝大垣、二中＝加納など。岐阜に圧倒的に人材が集まった。

〈富山県〉富山中＝富山、高岡中＝高岡、神通中＝**富山中部**を「御三家」としている。3校の中では富山中部が大正年間の創立で、最も後発だ。しかし、活躍している卒業生は多彩である。

〈石川県〉一中＝**金沢泉丘**《いずみがおか》、二中＝金沢錦丘、三中＝七尾、四中＝小松など。このうち、最も伝統があり、大学合格実績も好調な金沢泉丘を掲載する。

〈福井県〉福井中＝**藤島**が、県内随一の伝統校であり、圧倒的に人材が集中している。ただし、福井市内にあるものの、学制改革の過程でローカルな地名「藤島」をつけたために、全国的な知名度は高くない。

## 6章　中国・四国の名門高校11校

〈岡山県〉第一岡山＝**岡山朝日**、第二岡山＝岡山操山《そうざん》だ。岡山朝日に人材が集まっている。
〈広島県〉一中＝広島国泰寺《こくたいじ》、二中＝福山誠之館、三中＝三次《みよし》など。広島市内には、広島高等師範学校附属中＝**広島大学附属**と、私立の修道《しゅうどう》中＝**修道**があり、なかなかの人材を輩出している。とりわけ広島大学附属は、明治にできた国立の高等師範学校附属中＝筑波大学附属と学習院（現在は私立）に並ぶ、戦前からの伝統を誇る学校だ。
〈鳥取県〉一中＝**鳥取西**、二中＝米子東、倉吉中＝倉吉東を「御三家」としている。
〈島根県〉一中＝**松江北**、二中＝浜田、三中＝大社だ。一中が伝統を誇るが、1961年設立の松江南高校も注目すべき存在だ。歴史は短いが、著名な文化人を輩出している。
〈山口県〉山口中＝**山口**、徳山中＝徳山、防府《ほうふ》中＝防府、下関中＝下関西、岩国中＝岩国など、県内各地の都市は伝統を誇る名門中＝名門高校を、それぞれ擁する。
〈香川県〉高松中＝**高松**、丸亀中＝丸亀、三豊中＝観音寺第一など。学制改革で高松高等女学校と統合した高松を、本書で取り上げる。
〈愛媛県〉松山中＝**松山東**、西条中＝西条、宇和島中＝宇和島東、今治中＝今治西、新居浜中

＝新居浜東など、県内各都市に伝統校がある。その中で、知名度がすこぶる高い松山東を掲載する。

私立の**愛光**（松山市）は四国一円から優秀な生徒を集めており、社会で活躍する人物も増えている。

〈徳島県〉徳島中＝**城南**、徳島高等女学校＝城東が伝統校だ。城南が著名人をたくさん輩出しているが、最近の大学受験実績は低迷している。

〈高知県〉一中＝高知追手前、二中＝高知小津だ。しかし、私立の**土佐**（男女共学）の躍進が著しく、高知代表として土佐を掲載する。

## 7章　九州・沖縄の名門高校12校

〈福岡県〉江戸時代の藩校から借用して校名とした高校が多い。育徳館（小倉藩）、明善（久留米藩）、修猷館《しゅうゆうかん》（福岡藩）、伝習館（柳河藩）などだ。県内の高校としては必ずしも早いスタートではないが、人材輩出力が高い**修猷館**、**福岡**、**小倉**を取り上げる。

私立の**久留米大学附設**は戦後にできたが、大学受験では伸長し、人物も出している。

〈大分県〉大分中＝**大分上野丘**《うえのがおか》が大分県のトップ校だ。臼杵《うすき》中＝臼杵、佐伯中＝佐伯鶴城《さいきかくじょう》などの伝統校もある。

〈佐賀県〉一中＝**佐賀西**、二中＝鹿島、三中＝唐津東だ。このうち佐賀西が伝統を誇る。

〈長崎県〉長崎市と佐世保市は、戦後の学制改革でＧＨＱ（連合国軍総司令部）の指導に従って、旧制中学をすべてシャッフルさせ、新制高校に衣替えした。だから新制高校は、前身の旧制中学を特定できない。そんな背景のもと**長崎西**が一歩、抜け出している。

〈宮崎県〉宮崎中＝**宮崎大宮**が伝統を誇り、県内のトップ校だ。都城《みやこのじょう》中＝都城泉ヶ丘、小林中＝小林、延岡《のべおか》中＝延岡などが続く。

〈熊本県〉尋常中学＝**済々黌**《せいせいこう》、熊本中＝**熊本**の2校が熊本市内に並び立っており、良きライバル関係になっている。

〈鹿児島県〉一中＝鶴丸《つるまる》、二中＝甲南が鹿児島市内にあり、しのぎを削っている。しかし鹿児島市内には、全国的な知名度が高い**ラ・サール**がある。戦後にスタートした学校だが、生徒は九州一円や西日本から入学してきており、大学合格実績も優れている。本書では、ラ・サールを掲載する。

〈沖縄県〉一中＝首里、二中＝**那覇**で、両校とも那覇市内にある。本土復帰してから46年、人材輩出力は市内中心部にある那覇のほうが上回っている。

### ◆県別対抗戦は「高校」だから可能になる

人生で最も多感なのは高校時代だ。人格形成に大きな影響を与えてくれるのも高校時代だ。有意義な人生観が芽生え、社会への責任感も宿ってくる。一生付き合える友人もできる。

高校時代は青春真っ盛りだ。誰しも、甘酸っぱい思い出を持っているだろう。

**出身大学で人を判断するわけにはいかない。**出身大学名だけでは、その人物の郷里や、どんな高校時代を送ったのかはわからない。それに、社会人の半分は「大学卒」ではない。「高校卒」ということでは99％の人が当てはまる。

18年の夏に第100回の記念大会を行った全国高校野球選手権大会を引き合いに出すまでもなく、サッカー、ラグビー、剣道など都道府県の高校代表チームが競うスポーツは数多い。俳句、かるた、化学、クイズ、漫画など「○○の甲子園」と呼ばれる対抗戦も目白押しだ。

大学には県別対抗戦はない。「箱根駅伝」は関東の大学しか参加できない。「名門大学」を各県から選ぶ、といった芸当は不可能なのだ。

## ◆名門高校の条件

筆者は、長年「高校オタク」を続けてきた。名刺交換をすれば必ず出身高校を聞いた。メディアに登場する人物については、片っ端から出身高校を調べてみた。

インターネットで人名を検索すると、出身大学は出てくるが、出身高校までは出てこないケースが多い。また、書かれている高校名が間違っていることもしばしばだ。ネットの情報を鵜《う》呑《の》みにせず、「あの人は、私の高校時代の先輩だ」と小耳に挟んだ情報をことごとく頭にインプットして、何千人かの出身高校のリストを作った。

本書は、その集大成だ。一冊を俯瞰《ふかん》して見れば、社会人として知っておくべき著名人物が、政界、官界、経済界、実業界、学問、芸術、エンタメ、スポーツ……など、あらゆる分野で網羅されていることに気づかれることだろう。その意味で、本書は、**名門高校版・Who's Who**

〈紳士録〉であると言ってもいい。

「自分の出身校から、あんな著名人が出ていたのか」「今話題の人物は、あの高校の卒業生だったのか」「A氏とB氏は、高校の同窓だったことが初めてわかった」といった効用を、本書から見いだしていただければ幸いだ。

この知識は、むろん、ビジネスにも使える。新しい取引先や近づきになりたい人物に、その人の出身高校の話ができれば、ぐっと距離も縮まる。先方だって、ひそかに自慢に思っている母校や郷里の著名人の話題を出されれば、あなたを憎からず思うだろう。本書の使い方は、無限である。

筆者は、2012年7月から週刊『エコノミスト』誌（毎日新聞出版発行）で「名門高校の校風と人脈」という連載を毎週、続けてきた。それは18年8月で、300回余をもって終了した。本書は、連載した高校約300の中から前述した条件に合う100校を選び、大幅に加筆・修正したものだ。

毎日新聞出版には、本書への転載を快諾していただいた。あらためて感謝の意を表したい。

2018年（平成30年＝戊戌）8月

猪熊　建夫

**本書を読まれる前に――**

＊人物名の敬称は、すべて略させていただいた。
＊「公立」高校という表現の場合は、県立、市立、区立などを指す。国立は「公立」の表現には含めず、国立と県立などを一緒にする場合は「国公立」と記した。
＊２０１８年春の大学入試実績は、当該高校が18年7月末までに発表した数字を採用した。HPなどで記載のない高校については、『サンデー毎日』と『週刊朝日』、大学通信の三つの合同調査の数字を採用した。
＊私立大の合格者数は、１人で複数の学部に合格することがあるため「延べ人数で」、あるいは「延べで」と表記した。
＊全体に「澤」は「沢」に、「眞」は「真」など、新字体表記に改めた。ただし、校名の「附属」は「付属」にはせず「附属」を通すなど、例外もある。
＊当該高校の卒業生あるいは在籍した人物は、太字にて示した。
＊当該高校の卒業生ではない人物名が出てくる場合は、その人物の最終学歴ではなく、出身高校名を記した。
＊経営者などの会社名は、原則として所属当時のままを記入した。
＊文部科学省は、科学教育を強化する施策として「スーパーサイエンスハイスクール」の対象校を指定している。文中では「ＳＳＨ」と略記した。また、国際社会で活躍できる人材を育てる施策「スーパーグローバルハイスクール」の指定校は「ＳＧＨ」と略記した。

# 名門高校100　もくじ



## 1章　東京の名門高校19校

## 2章　関東・甲信越の名門高校16校



## 3章　関西の名門高校18校

## 4章　北海道・東北の名門高校13校

## 5章　東海・北陸の名門高校11校



## 6章　中国・四国の名門高校11校

# 7章 九州・沖縄の名門高校12校



装丁＊スタジオ・ファム
カバー画像＊ＰＩＸＴＡ
写真＊共同通信イメージズ
＊国立国会図書館
＊首相官邸ＨＰ
＊政党・議員ＨＰ
＊深田久弥山の文化館
＊河井寛次郎記念館

1章

# 東京の名門高校19校

日比谷高校
両国高校
戸山高校
小石川中等教育学校
新宿高校
小山台高校
西高校
駒場高校
九段中等教育学校
上野高校
麻布高校
開成高校
武蔵高校
雙葉高校
桜蔭高校
筑波大学附属高校
筑波大学附属駒場高校
東京学芸大学附属高校
お茶の水女子大学附属高校

学歴社会の頂点に立ってきた

# 日比谷高校

◉東京都立・千代田区

明治維新このかた、東京に富と人材が一極集中した。その首都に初めて設立された公立中学を前身とするのが、日比谷高校だ。名門となるのは必然の成り行きだった。

東京府第一中学として開校したのは、明治維新から10年たった１８７８（明治11）年のこと。86年に旧制一高が開校すると、東京府立一中—旧制一高—東京帝国大学というコースが出来上がり、明治—大正—昭和にかけ、学歴社会の頂点に立ってきた。

昭和の初めまで、校舎は日比谷公園の隣にあったが、１９２９年に国会議事堂そばの現在の永田町に移った。

戦後の学制改革に伴い、50年に男女共学の新制高校に衣替えされた。その際、「永田」高校とは名乗らず、以前の所在地である「日比谷」を通している。

「ガリ勉の受験校」ではなかった。教師たちは生徒を信頼し、その行動を一切、縛らない。生徒の側も常軌を逸することはないという「自主、自律の精神」という校風が確立していた。

## 都立の名門の復権

都内の高校の難関大学合格地図は、戦後の70年余で大きく揺れ動いた。

新制高校からの入学者が初めて大学を受験した１９５１（昭和26）年～67年までの17年間、日比谷高校は東大入試でトップを独走した。64年がピークで、１９３人も合格させた。この年は、２位西（旧制東京府立十中）１５６人、３位戸山（四中）１０１人で、都立高校全盛時代を象徴している。

東京都教育委員会は都立高校の入学試験について、67年度から「学校群制度」を導入、都立高校離れが進んだ。６年制の中高一貫教育の私立や、国立高校に優秀な生徒を吸引された。68年入試で灘《なだ》高校

（神戸市、私立）に抜かれ2位になってからは、日比谷高校からの東大合格者は年を追って減り続ける。

都教委は都立高校改革に着手し、2001年に日比谷高校は「進学指導重点校」に、06年には文部科学省からSSHに指定された。03年からは学区制が廃止されて都内全域から生徒が集まるようになる。

93年にたった1人まで落ち込んだ東大合格者は、2005年あたりから右肩上がりが定着した。

14年には現役、浪人合わせて東大合格者は37人を記録し、全国の公立高校首位の座を奪い返す。その後も15年37人、16年53人、17年45人、18年48人と、公立高校ではトップであり続けている。

18年春には京都大6人、東京工業大10人、一橋大25人など他の難関大学にも、順当に合格者を増やしている。私立大には延べで、早稲田大162人、慶応大137人だった。日比谷高校の復権は確かなものになったのだ。

## 錚々たる作家が出た

文化・学界、政官界、経済界などに多くの人材を送り込んできた。

一中草創期の明治10年代には、**夏目漱石**、**尾崎紅葉**《こうよう》、**幸田露伴**《ろはん》、**山田美妙**《びみょう》、**川上眉山**《びざん》らが在籍していた。漱石が入学したのは、東京府第一中学の正則科だった。まだ満足できるような授業は行われてなかったため、漱石は失望して、2年次に漢学私塾の二松《にしょう》学舎に転校してしまった。

夏目漱石

小説家としては、**谷崎潤一郎**と歌人の**吉井勇**《いさむ》も入学している。大正に入っては、文芸評論の第一人者といわれた**小林秀雄**が卒業しており、『鞍馬天狗』などで大衆に親しまれた**大仏**《おさらぎ》**次郎**、作家・詩人の**高見順**らが続いている。

府立一中を中退した**田岡典夫**は、43年に直木賞を受賞した。

戦後の日比谷高校になってからは、ドイツ文学者から作家に転じた**柏原兵三**《ひょうぞう》、作家・文芸評論家の**江藤淳**、柏原と同様にドイツ文学者から作家に転じた**古井由吉**、古井と同期の**庄司薫**、**塩野七生**《ななみ》らがいる。

このうち、柏原、古井、庄司の3人が芥川賞を受賞している。

芥川賞受賞者を3人出している高校は、福島県立安積《あさか》高校、東京・私立麻布高校、東京・千代田区立九段中等教育学校（旧東京市立第一中学、前都立九段高校）と日比谷高校の4校しかない。

この40年余、中高年を中心に多くのファンを獲得している小説家は、塩野七生だろう。『ローマ人の物語』など地中海周辺の歴史を題材に、骨太の小説を次々と著している。

同校出身の芸術家も多い。

東京府立一中の草創期には、日本画の巨匠**横山大観**と、俳人でもあった**川端龍子**《りゅうし》が学んだ（川端は両国高校卒）。陶芸では、益子焼の**浜田庄司**がいる。

日本の建築界をリードした卒業生としては「モダニズム建築の旗手」といわれた**前川国男**、東京芸術劇場などを設計した**芦原義信**らがいた。

13年に「建築界のノーベル賞」といわれるプリツカー賞を受賞した**伊東豊雄**が、現在活躍中。

演劇・芸能では、**徳川夢声**《むせい》が明治末の卒業生である。

## 宇沢弘文、内田樹も

学界に目を転じてみよう。

政治学では**丸山真男**が日本政治思想史の大家で、多くの弟子を育てた。戦後日本を象徴する進歩派知識人の1人だった。

法学では、商法の**鈴木竹雄**と日本法制史の**石井良助**がいた。

経済学では、**宇沢弘文**、**速水融**、**根岸隆**の3人が光っている。

宇沢弘文

宇沢は数理経済学で業績を挙げ、新古典派経済学の発展に大きな影響を与えた。『自動車の社会的費用』など一般向けの著作も多い。

**野口悠紀雄**は統制経済が戦後も存続した「1940年体制」という概念を打ち出し、「超」整理法シリーズがベストセラーになった。

フランス文学では、**辰野隆**が東大・仏文科で初の日本人教授となり、多くの後進を育てた。

フランス現代思想が専門の**内田樹**《たつる》は、2000年代になって売れっ子文筆家になった。

**辻惟雄**《のぶお》は美術史家で、2000年以降の伊藤若冲《じゃくちゅう》や江戸絵画ブームの仕掛け人だ。16年に文化功労者に選定されている。

## 都内で唯一のノーベル賞

理系の学者を見てみよう。東京都内には名門高校、進学校がたくさんある。だが、都内の高校出身者でノーベル賞の受賞者は、たった1人しかいない。

87年にノーベル医学生理学賞を受賞した**利根川進**だ。分子生物学と免疫学をバックに「抗体生成の遺伝的原理の解明」で業績を上げている。

利根川進

その利根川は、日比谷高校卒業後、京都大理学部に進学した。日比谷高校—東京大が「定番」「保守本流」コースといわれた中で、異端である。

日本のノーベル賞受賞者は累計25人で、そのうち東大出身者は8人いる。だが、地方の高校出身者ばかりなのだ。

ともあれ日比谷高校は、都内の高校で唯一、ノーベル賞受賞者を出したことで面目を施している。

工学では、**平賀譲**が戦艦「大和」の設計に携わるなど、海軍の造船技術者として活躍した。東京帝大の総長も務めた。

**吉川弘之**はロボット工学が専門で、やはり東大総長を務めた。

医学者にも人材がいる。**金沢一郎**が神経医学の専門家で、日本学術会議会長や宮内庁皇室医務主管などを務めた。

**若月俊一**は外科医で、佐久総合病院（長野県佐久市）を育て、農村医療に情熱をささげた。

理系学者で文化勲章の受章者は、前述の利根川進、植物化学の**朝比奈泰彦**、気象学の**岡田武松**、分子構造論の**水島三一郎**、造船工学の**山県**《やまがた》**昌夫**、薬理学の**江橋節郎**、分子エレクトロニクスの**井口洋夫**《ひろお》だ。

文系では、中国文学の**鈴木虎雄**、政治史の**岡義武**、鈴木竹雄、石井良助、宇沢弘文、速水融、根岸隆、芦原義信が受賞している。

文学者では、中退しているが、

幸田露伴が1939年の第1回の文化勲章受章者だ。谷崎潤一郎、大仏次郎、**山本有三**、小林秀雄があとに続いた。

美術では、横山大観が幸田露伴と同じ第1回の受章者だ。日本画の川端龍子、陶芸家の浜田庄司も受章している。文化勲章を受章した卒業生は、累計で23人を数える。

文化勲章受章者の出身高校を調べてみると、私立開成高校（東京都荒川区）が14人、京都府立洛北高校（旧制京都一中）が11人だ。10人以上はこの3校しかない。

## 「財界総理」が4人も

経済界で活躍した卒業生を見ると、大企業のトップ経験者が目白押しだ。

俗に「財界総理」と呼ばれている経団連会長に、東京府立一中・都立一中の卒業生が4人も就いている。

2代会長の**石坂泰三**（第一生命保険、東京芝浦電気）、3代の**植村甲午郎《こうごろう》**（ニッポン放送、日本航空）、8代の**豊田章一郎**（トヨタ自動車）、9代の**今井敬《たかし》**（新日本製鉄）だ。

旧制府立一中あるいは新制日比谷高校の卒業生は、多くが一流大学に進学し、大企業に就職したり官僚になったりしている。

ただし、それは1970年代前半までの卒業生に限る。学校群制度の影響で、70年代後半以降は日比谷高校から難関大への合格実績は低迷した。このため、大企業のエグゼクティブも減っている。

大企業の社長、会長経験者の出身高校を比較すると、平成時代に入ってからは慶応義塾高校（私立・横浜市）のＯＢが最も多いが、明治―大正―昭和時代には府立一中・日比谷高校の出身者が圧倒していた。

しかも、明治以来、日本の資本主義をリードしてきた老舗大企業のトップが目白押しだ。

紙幅が限られているので、企業トップ経験者の名前は省く。

日本銀行では、昭和の初期に12代総裁に就いた**土方久徴《ひじかたひさあきら》**が、日比谷高校の前身である東京府立尋常中学の卒業生だ。戦後を通じて、卒業生で日銀総裁を務めたのは1人のみ。土方は日銀プロパーだった。

## 「政」の人脈は寂しい

国会議事堂や霞が関の官庁街に近い府立一中・日比谷高校の卒業

生は、国家の役に立つ官僚になることを期待されていた。

中央官庁のトップといえば事務次官だが、その中でも頂点に立つのは大蔵・財務事務次官だ。

1949年の国家行政組織法の施行に伴い、事務次官制度ができたが、初代大蔵事務次官の**長沼弘《こう》毅《き》**が旧制府立一中卒だ。

01年には大蔵事務次官から財務事務次官に改称されているが、大蔵・財務事務次官に就いた計50余人のうち、長沼をはじめ**竹内道雄**、**長岡実**、**山口光秀**、**吉野良彦**、**保田博**、**田波耕治**の計7人が、府立一中・日比谷高校出身だ。

財務官を務めた**榊原英資《えいすけ》**は、米欧の金融・通貨政策担当者に知己が多く、「ミスター円」の愛称で呼ばれた。

外務官僚で各国大使になった人物は数多いが、識見や人望の厚さで評価されている人物では、駐米大使の**牛場信彦**を挙げられる。牛場は民間登用の対外経済担当相も務めた。

法曹界では、裁判官出身の**寺田逸郎**が18年1月8日まで第18代最高裁長官を務めた。父親は第10代の最高裁長官で、親子2代にわたる最高裁長官は初めてだ。

「官」の人脈は豊富だが、「政」のほうは寂しい。

今井 敬

例えば首相。1939年8月から140日弱の短命で終わった**阿部信行**の1人しかいない。新制日比谷高校卒の首相経験者はゼロだ。

2000年代に入って活躍した政治家も少ない。

外務官僚出身で自民党幹事長などを歴任した**加藤紘一**と、通産官僚出身で衆院議長を務めた**町村信孝**がいたが、ともに死去した。

そのため、日比谷出身の国会議員は17年秋以降ゼロになってしまった。

スポーツでは、府立一中から陸軍幼年学校に進んで陸軍軍人になった**西竹一《たけいち》**が、32年のロサンゼルス五輪の馬術障害飛越競技で、金メダリストになっている。五輪の馬術競技で、日本人がメダルを獲得した唯一の記録だ。45年3月、硫黄島の戦いで戦死している。

# 両国高校

## 芥川龍之介など著名な文化人が多い

●東京都立・墨田区

東京東部の下町エリアは江戸時代から人口が多く、繁華街だった。そこに1901（明治34）年に設立された東京府立第三中学校が、両国高校の前身である。

「自律自修」の教育方針に基づいたスパルタ式の厳格な授業をしてきた。このため「牢獄高校」とも揶揄《やゆ》された。

昭和30年代前半には、全校一斉の入試模擬試験の結果を成績順に貼り出したこともあったという。

「両国」の名のとおり、千葉県はすぐ近い。このため千葉西部からの越境通学者が昔から多かった。

戦後の学制改革で男女共学となり、都立両国高校と改称された。2006年には附属中学が併設され、中高一貫教育校になった。

### 半村良、石田衣良

文化人として名を成した卒業生が多い。その象徴は**芥川龍之介**だ。

府立三中―旧制一高―東京帝国大学のコースをたどり、多くの短編小説を著した。27（昭和2）年に35歳で「将来に対する唯ぼんやりとした不安」という有名なフレーズを残して自殺した。

その8年後、親友だった文藝春秋社主の菊池寛（香川県立高松中学・現高松高校卒）が「芥川」の名を冠した新人文学賞と直木賞を設けた。数ある文学賞の中でこの二つが最も権威あるものとされ、文壇の登竜門になった。

両国高校の卒業生で芥川賞を取った小説家は出ていないが、直木賞のほうは、SF作家として初めて受賞した**半村良**、トレンディーな小説家として引っ張りだこの**石田衣良**《いら》の2人が受賞している。

松本清張賞については、**山口恵以子**が受賞している。

昭和初期の作家**堀辰雄**、推理作家の**角田喜久雄**、詩人で建築家の**立原道造**、小説家でジャーナリストでもある**落合信彦**も卒業生だ。

詩人・小説家の**小池昌代**もOGだ。

文化勲章の受章者は、俳人、小説家の**久保田万太郎**（東京第三中を中退し、旧制慶応義塾普通部卒）の他、書道家の**西川寧**《やすし》、日本画家の**山本丘人**と**杉山寧**、日本画家で俳人の**川端龍子**（中退）の計5人だ。

卒業生には著名な建築家も多い。憲政記念館などを設計した**海老原一郎**、東大教授の**岸田日出刀**《ひでと》、奈良国立博物館新館などを設計した**吉村順三**らだ。

彫刻・工芸の分野では竹工芸作家で人間国宝の**飯塚小玕斎**《しょうかんさい》、彫刻家の**喜多武四郎**、ガラス工芸家の**河上恭一郎**らがいる。

芥川龍之介

映画・演劇界では、『雲ながるる果てに』などの名作を残した映画監督の**家城巳代治**《いえきみよじ》がOBだ。

舞台芸人・コメディアンで、長男が誘拐され大々的に報道された**トニー谷**、落語家の**5代目三遊亭円遊**、俳優の**大橋吾郎**らもOBだ。

音楽で才能を発揮した人物としては、オーボエ奏者の**似鳥健彦**、作曲家・指揮者の**早川正昭**と**鈴木行一**、バイオリニストの**三上亮**らが卒業生だ。

伊東光晴

指揮者の**新田ユリ**は、日本とフィンランドを拠点に活動している。

## 「痩せたソクラテスであれ」

学者になった卒業生では、社会思想家の**河合栄治郎**が戦時下でファシズムを批判した。

その河合に師事し東大総長になった**大河内一男**は、予定稿には記されていたものの、実際には読み飛ばしてしまった「太ったブタより痩せたソクラテスであれ」という東大卒業式の訓話が、評判になった。

文化人類学者の**祖父江孝男**は、『県民性』がベストセラーになった。理論経済学の**伊東光晴**は、日本のケインズ研究の第一人者だ。

考古学の**杉原荘介**は、登呂遺跡や岩宿遺跡を発掘した。国文学の

**吉田精一**、地理学の**木内信蔵**、経済学の**野村兼太郎**、インド史学者で推理作家でもある**荒松雄**、近世日本文学の**守随**《しゅずい》**憲治**らも卒業生だ。

経済学の**北沢新次郎**は東京経済大学長を、東洋哲学の**高木友之助**は中央大総長を、法華経思想の普及に尽力した**渡辺宝陽**《ほうよう》は立正大学長を、哲学者の**加藤尚武**《ひさたけ》は鳥取環境大の初代学長をした。

理系では建築学の**石川洋美**《ひろみ》が芝浦工大学長を、燃焼工学の**平野敏**《とし》**右**《すけ》が千葉科学大学長を、生物物理学の**郷通子**《ごうみちこ》がお茶の水女子大学長をした。

放射線防護学が専門の**安斎育郎**は11年3月の東電福島原発事故以降、発言力が急上昇した。

安斎は、両国高校から東大・原子力工学科の第1期生として入学し博士課程まで進んだ。原発推進の政官産学グループである「原子力ムラ」のドンにもなりえたが、研究を続けているうちに原発批判派になった。このため東大では「万年助手」のまま止め置かれ、立命館大学に移って教授となった。

京都大霊長類研究所教授をした**松沢哲郎**は、霊長類の生態研究で世界のフロントランナーだ。

産婦人科医の**奈良林祥**《やすし》は性の研究者で、1970年代に出版された『How To Sex』がベストセラーになった。

外科医で文化人類学者の**関野吉晴**は、探検家としてテレビにしばしば登場する。人類発祥の地アフリカから祖先の足取りを巡る旅を「グレートジャーニー」と名付けて探検している。

## 『勇気凛々』のモデル

起業家として成功している卒業生を挙げてみよう。

**木山茂年**《しげとし》はカバン類の小売り販売会社「東京デリカ」を、**種村良平**は情報技術サービス会社「コア」を創業した。

**武田光司**は、自転車開発・輸入販売会社「ホダカ」を創業した。高杉良の小説『勇気凛々』のモデルでもある。

大企業でトップになった人物では、**荒木浩**（東京電力）、**金子尚志**《ひさし》（日本電気）、**新良篤**（住友信託銀行）、**坪井東**（三井不動産）、**藤田近男**（キユーピー）、**長島一成**《かずしげ》（ジャパンエナジー・現JX日鉱日石エネルギー）、**大谷米一**（ホテルニューオータニ）、**川村音次郎**（麒麟麦酒）、

**中鉢常正**（日本ゼオン）、**平松一朗**（京浜急行電鉄）、**鶴岡忠成**（片倉チッカリン）、**寺尾一郎**（三菱液化ガス）、**海渡五郎**（エトワール海渡）らがいる。

山崎製パンの３代目社長**飯島延浩**は、父が戦後に興した同社を大きく成長させ、１兆円規模の企業に育てた。

大日本インキ化学工業（現ＤＩＣ）の2代目社長**川村勝巳**は、父が墨田区で創業した街工場を有数の化学会社に育て上げた。

## 「もはや戦後ではない」

政治家では、日本社会党委員長で「人間機関車」の異名を取り親しまれた**浅沼稲次郎**がいた。１９６０年に17歳の少年によって刺殺された。

京都大経済学部長から中小企業庁長官となった**蜷川虎三**《にながわとらぞう》は、50年に日本社会党公認で京都府知事となった。７期28年間も知事を続け、教育政策では高校の小学区制、総合選抜入試を打ち出した。これにより京都府立の伝統高校の進学実績が急激に落ち込んだ。

**後藤誉之助**《よのすけ》は官庁エコノミストの先駆けとして知られた。56年度の経済白書で、「もはや戦後ではない」の名フレーズを残した。

浅沼稲次郎

法曹界では弁護士の**正木ひろし**が八海事件など多くの冤罪裁判に関与し、反権力派弁護士として活動した。

メディア関連では、朝日新聞で「天声人語」を執筆し名文家といわれるも46歳で若死にした**深代**《ふかしろ》**惇**《じゅん》**郎**《ろう》、東京放送（ＴＢＳ）ＨＤ《ホールディングス》のトップとなった**井上弘**、文藝春秋の４代目社長をした**沢村三木男**、毎日新聞記者出身でメディア論の研究者**天野勝文**らが卒業生だ。

１９５０年代～60年代に両国高校は、東京大に毎年40人～60人の合格者を出し、ベスト10の常連校だった。しかし学校群制度により、他の都立伝統校と同様、進学実績は落ち込んだ。

18年春の難関大学への合格者は現役、浪人を合わせ、東大３人、東京工業大８人、一橋大３人、千葉大13人だった。

# 戸山高校

## 日比谷高校の後を追う「硬派」の伝統校

◉東京都立・新宿区

１８８８（明治21）年に東京府尋常中学校（のちの一中、現日比谷高校）の補充中学として創立された。その後、私立共立中学校―東京府城北尋常中学校―城北中学校などと変遷したあと、「四中」というナンバースクールとなった。

こうした沿革から「一中に追いつけ」が校是となり、猛勉と規律が強制されて「死中」と揶揄《やゆ》されるほどだった。

四中時代の卒業生で、日産自動車の社長を務めた**石原俊**《たかし》は「詰め込み教育システムが良かったのか、有名校に進学する者が多かった」（日本経済新聞社「私の履歴書」経済人31巻）と回想している。

旧制一高（現東京大）の旧制中学別合格者数では戦前の１９１０年代〜40年にかけて、府立一中のトップは不動だったが、府立四中がほとんどの年で２位にランクされていた。

このため、一中と並んで四中―旧制一高―東京帝大と進むコースができていた。

戦後の学制改革の過程で男女共学の新制戸山高校となり、76年度あたりまでは、東大合格者の高校別ランキングで10位以内に入っていた。

学校群制度により、ほとんどの都立高校で難関大学合格実績は低迷したが、この数年で戸山に復権の兆しが出てきた。

18年春の大学入試では現役、浪人合わせ、東京大11人、京都大５人、東京工業大７人、一橋大９人の合格者を出している。

教育の特徴は、広い教養を育てるリベラルアーツ重視の教育課程と文理分けしない学級編成だ。04年度に都立高校としては初めて、文科省からＳＳＨに指定された。

クラブ活動の加入率は延べ１００％を超える。都立高校には珍しく、アメリカン・フットボール部がある。

## 浜矩子、栗本慎一郎

文化勲章の受章者が4人いる。国鉄の技師長を務め「新幹線生みの親」といわれた**島秀雄**、哲学者で京都学派を代表する**田辺元**、数学者で大阪大総長や武蔵大学長を務めた**正田建次郎**、それに分子生物学の**柳田充弘**《みつひろ》だ。

文化功労者に選定されている学者では、応用微生物学の**別府輝彦**、数理脳科学の**甘利俊一**、憲法学の**宮沢俊義**らがいる。宮沢はプロ野球の第4代コミッショナーを務め、ドラフト制度を導入した。

メディアによく登場するのは、マクロ経済学者で同志社大教授の**浜矩子**《のりこ》だ。「アベノミクス」を手厳しく批判するなど、辛口の論評で知られる。

経済人類学の**栗本慎一郎**は「新人類」の造語を世に送り出し、衆院議員も務めた。マクロ経済学の**川嶋辰彦**は、紀子秋篠宮親王妃（東京・私立学習院女子高等科卒）の父だ。

マルクス経済学者の**大森義太郎**は旧制四中卒。経営学者で一橋大特任教授の**米倉誠一郎**もいる。

歴史学ではマルクス主義の**羽仁五郎**、歴史民俗学の**和歌森太郎**、日本近代史の**遠山茂樹**らが旧制卒だ。文化人類学では**石田英一郎**、国際政治学では**細谷千博**、衆院議員をした**首藤**《すとう》**信彦**が卒業生だ。

浜 矩子

英米法学者で成蹊大学長を務めた**高柳賢三**、労働法学者で一橋大学長を務めた**蓼沼**《たでぬま》**謙一**もOBだ。

日本外交史の研究者で学習院大学長の**井上寿一**もいる。中国文学者の**石川忠久**は二松《にしょう》学舎大学長を務めた。

理系では、物理学者で材料科学が専門の**水島公一**が、ノーベル化学賞の候補と言われている。リチウムイオン二次電池のリチウム化合物を、世界で最初に発見したからだ。

環境工学者で東大総長を務めた**小宮山宏**もいる。機械工学の**梶谷誠**は電気通信大学長を務めた。

**福原満洲雄**、**弥永昌吉**、**岡本和夫**は数学者だ。戦前、戦後に航空機設計の第一人者として活躍した

**木村秀政**も旧制卒だ。

工学者の**畑村洋太郎**は、失敗の原因を究明して次に生かす「失敗学」を提唱している。

医学者では、**森岡恭彦**が昭和天皇の手術で執刀医を務めた。

## 乙武洋匡、長塚圭史も

著名な文化人では、スポーツライター、タレントで、98年に『五体不満足』のベストセラーを著した**乙武洋匡**《おとたけひろただ》がいる。

国文・書誌学者で「リンボウ先生」を自称する**林望**もいる。ドイツ文学者の**竹山道雄**は『ビルマの竪琴』を著した。ロシア文学者の**神西清**《じんざい》、詩人の**中勘助**らもいる。

音楽では、作詞・作曲家で『バラが咲いた』など多数の歌謡曲を残した**浜口庫之助**《くらのすけ》がOBだ。

乙武洋匡

映画では、海外から多数の名画を導入した**川喜多長政**、監督でアクション作品が得意だった**谷口千吉**、**井坂聡**らがいる。

芸能人で旬なのは、俳優・劇作家・演出家の**長塚圭史**《けいし》だ。

**森永卓郎**は自称経済アナリストだが、芸能事務所に所属しておりタレントと呼ぶほうがいいだろう。

俳優では俳優座で一緒だった**高橋昌也**と**滝田裕介**、声優としても知られた**近藤洋介**らがOBだ。

メディア関係では、「きざ」を売りにしたNHK出身のニュースキャスター**磯村尚徳**がいる。

読売新聞グループ本社会長をした**水上健也**と、テレビ東京社長をした**一木豊**もOBだ。

鎌倉市長を務めた**正木千冬**《ちふゆ》、政治評論家の**細川隆一郎**、経済評論家の**鈴田敦之**、和歌山市長を務めた**大橋建一**は毎日新聞記者出身だ。

## 官界で活躍

「官」の道を選択した卒業生が目立つ。

東京・霞が関の官僚の中で頂点に立つ大蔵事務次官（現財務事務次官）に5人の卒業生が就いていることが象徴的だ。**河野一之**、**平沢貞昭**、**小粥正巳**《こがゆまさみ》、**小川是**《ただし》、**薄井信明**だ。

旧制私立開成中・開成高校（東京都荒川区）の5人と並び、旧制東京府立一中・日比谷高校卒の7人に次ぐ数である。

検事総長を務めた**松尾邦弘**、警察庁長官の**山田英雄**、警視総監の**原文兵衛**と**高綱直良**も卒業生だ。

建設官僚出身には、岩手県知事や総務相を務めた**増田寛也**がいる。

国鉄（現JR）官僚では、**磯崎叡**《さとし》と**仁杉巌**の2人の卒業生が総裁になった。仁杉は西武鉄道社長も務めた。

法曹界では最高裁の判事経験者が5人いる。**高辻正己**、**堀籠幸男**、**古田佑紀**《ゆうき》、**千葉勝美**、**大谷剛彦**だ。

東条英機

**升永英俊**は弁護士・弁理士で、青色発光ダイオード（LED）の特許を巡り、発明の対価を求めた訴訟で名を馳せた。

戦前の卒業生では軍人になった者も多い。太平洋戦争開戦時の首相**東条英機**がそれを象徴している。東條は城北尋常中学から東京陸軍地方幼年学校―陸軍中央幼年学校―陸軍士官学校―陸軍大学というエリートコースを歩んだ。

## 財界トップに3人

第22代日本銀行総裁を務めた**佐々木直**《ただし》をはじめ、経済界で活躍した人物も数多い。

財界トップを務めた人物が3人いる。佐々木と前出の石原俊が経済同友会代表幹事を、東芝の社長・会長を歴任した**岡村正**は日本商工会議所会頭を務めた。

元職、現職が交じるが、四中・戸山高校卒の企業経営者を列挙してみよう。**川田順**（住友財閥）、**歌田勝弘**（味の素）、**山崎富治**（山種証券）、**日高輝**（山一証券）、**大崎磐夫**（ホテルオークラ）、**佐久間長吉郎**（大日本印刷）、**箕浦多一**（日産自動車）、**鈴木和夫**（凸版印刷）、**小高民雄**（東京書籍）、**野村与曽市**（電気化学工業）、**加藤重一**（日本ゼオン）、**近藤潤三**（日本化薬）、**高木養根**《やすもと》（日本航空）、**井手正敬**《まさたか》（JR西日本）、**石原進**（JR九州）、**宮津純一郎**（NTT）、**青井舒一**（東芝）、**高木茂**（三菱地所）、**戸田寿一**（セコム）、**椎野公雄**（三井倉庫）、**浜口巌根**《いわね》（日本長期信用銀行）、**宮崎一雄**（同）**小山田隆**（三菱東京UFJ銀行）らだ。

# 小石川中等教育学校

◉東京都立・文京区

**鳩山と小沢の蜜月はなぜ続いたのか**

2009年、民主党は政権を奪取し、**鳩山由紀夫**、菅直人、野田佳彦の3人が首相の座に就いた。しかし、「壊し屋」の異名を取る**小沢一郎**が分党運動に走って離党し、民主党は自滅した。

その後、民進党となったが、17年10月の総選挙で三つに分裂し、結果的に自民党政権の延命に手を貸した。

自滅の背後には「反小沢か、親小沢か」という複雑な人間関係が横たわっていたが、民主党内で鳩山と小沢が仲たがいすることはついになかった。2人の蜜月は、なぜ続いたのだろうか。

小沢は2世議員であり、田中角栄（東京・私立中央工学校土木科夜間部卒）の下で薫陶《くんとう》を受けた。

鳩山は世襲議員として3代目であり、衆院議員としてのスタートはやはり自民党田中派である。

政治資金は2人とも潤沢だった。小沢は、政党をつくっては壊す過程で巨額なカネをため込んだといわれているし、鳩山はタイヤメーカー創業家出身の母親から湯水のように政治資金を提供されていた。

都立小山台高校卒の菅直人と千葉県立船橋高校卒の野田佳彦は、世襲議員ではない。2人とも平凡な家庭の息子として育ち、徒手空《としゅくう》拳《けん》で首相の座を獲得した。菅と野田が小沢や鳩山とソリが合わなかったのは、当然だった。

## 2人をつないだ「母校」

実は鳩山と小沢には、もう一つ共通点がある。鳩山は東京大卒、小沢は慶応大卒だが、2人はそろって都立小石川高校出身なのだ。小沢が4年先輩だ。

鳩山は「私が首相になれたのは、小沢さんのおかげ」と広言しており、小沢と鳩山との間には昔から同窓生の絆があったというのだ。

その小石川高校は閉校し、06年度から都立小石川中等教育学校という6年制の一貫校にリニューアルされている。中3とか高2などとはいわず、「1年生から6年生まで」の通しとなっている。

振り返ると、1919（大正8）年に東京府立第五中学校として開校した当時の初代校長は、伊藤長七（長野県尋常師範学校卒）という人物だった。伊藤は、大正期の教育界において独自の自由主義を掲げ、異彩を放った教育家である。

伊藤は「立志・開拓・創作」という三校是を唱えた。生徒を紳士として扱い、自主性を尊重し創造性を発揮する教育を実践した。

小沢一郎

例えば「詰襟は自由な思考を阻害する」として、当時としては画期的な背広とネクタイを推奨した。

学制改革で50年には男女共学の都立小石川高校になったが、学校周辺は文教地区でインテリ家庭も多く、伊藤の教育理念は新制後も脈々と継承された。

「教養主義・理数重視」が伝統となった。

60年代までは、東大に毎年度、50〜80人を合格させ、都立高校で常にベスト5に入る進学実績を続けていた。他の都立高校と同様、67年からの学校群制度の導入で落ち込んだが、「中等教育学校」に衣替えしたことであらためて名門復活が期待できそうだ。

鳩山由紀夫

18年春の大学入試では現役、浪人合わせ、東大12人、京都大2人、東京工業大8人、一橋大4人が合格している。

文部科学省よりSSHの指定を受けている。

## 日本初のフィールズ賞受賞

理数重視の「小石川らしさ」を体現したのは、**小平邦彦**だろう。

旧制長野県立松本中学校（現松本深志高校）から府立五中に転校してきたのだが、「数学界のノーベル賞」と言われ、4年に1度、40歳以下の若手の数学者に贈られるフ

小平邦彦

ィールズ賞を、54年に日本人として初めて受賞した。

日本人のフィールズ賞受賞者はその後、**広中平祐**（70年、旧制山口県立柳井中学・現柳井高校卒）と**森重文**（90年、愛知県・私立東海高校卒）の2人しか出ていない。小平と広中は、文化勲章も受章した。

卒業生で著名な学者を挙げてみよう。分子生物学で多くの弟子を育てた**渡辺格**《いたる》、同じく生化学の**江上不二夫**がいる。兄の**江上波夫**は、東西文化交渉史の研究で文化勲章を受章し、日本の古代国家の起源を東北アジアの騎馬民族に求める「騎馬民族征服説」を唱えた。

文化勲章受章者は、小平、江上に加え、物性物理学の**久保亮五**と、民事訴訟法の権威で民間人ながら法相もした**三ヶ月章**がいる。

近代日本政治史の**御厨貴**《みくりやたかし》もいる。要人に直接インタビューして歴史の証人になってもらう「オーラル・ヒストリー」の第一人者だ。

ドイツ文学者で右寄りの政治的な言論活動もしている**西尾幹二**がOBだ。

理系では、材料工学が専門で科学技術基本法の制定に尽力した**内田盛也**、分子化学者で総合政策大学院大学学長を務めた**広田栄治**、建築史家で博物館明治村（愛知県犬山市）館長をした**鈴木博之**らがOBだ。

## 2代続けて日経連会長

政治家では小沢、鳩山以外にも、NHK記者出身で日本社会党左派として活躍した**上田哲**がいた。

官僚では、大蔵省の**尾崎護**、通産省の**石原武夫**、国土交通省の**小野邦久**ら中央官庁の事務次官になった者も出ている。

東京証券取引所のトップをした**土田正顕**と、経済評論家の**高橋洋一**は大蔵官僚出身だ。

弁護士では**淡谷まり子**がOGだ。

経済界では、24代日銀総裁の**前川春雄**が卒業生だ。マクロ経済学者の**岩田規久男**は18年3月まで日銀副総裁を務めた。

財界団体の一つだった日本経営者団体連盟（日経連）は、02年に日本経団連に統合されたが、日経連の7代会長である**永野健**（三菱マテリアル）と8代会長の**根本二郎**（日本郵船）は、そろって旧制五中OBだ。

企業でトップになった卒業生は元職、現職が交じるが、**綱川智**（東芝）、**内藤祐次・内藤晴夫**父子（エーザイ）、**椙岡**《すぎおか》**雅俊**（帝国石油）、**福永勝**（サッポロビール）、**鳥原光憲**（東京ガス）、**豊田皓**（フジ・メディアHD）、**村野晃一**（セイコー）、**丸山茂雄**（ソニー・ミュージックエンタテインメント）、**根本悌二**（にっかつ）、**藤井總明**（住友軽金属）ら。

医師では、**帯津**《おびつ》**良一**が著名だ。西洋医学に中国医療や気功を取り入れた療法を行っている。

### 渋沢龍彦、いずみたくも

優れた随筆家・コラムニストが出ている。舌鋒鋭いコラムを書き続けた**山本夏彦**、テクニカルライターでもある**小田嶋隆**らだ。

仏文学者で小説家の**渋沢龍彦**、劇作家の**矢代静一**、詩人の**中村稔**、名編集者で文芸評論家の**野原一夫**、詩人・美術評論家で多摩美術大、京都市立芸術大学長を歴任した**建**《たて》**畠晳**《はたあきら》、評論家で編集者でもある**粕**《かす》**谷**《や》**一希**《かずき》らがOBだ。

作曲家で参院議員も務めた**いずみたく**、『ひょっこりひょうたん島』などで知られる作詞・作曲家の**宇野誠一郎**もいる。

俳優座所属でまじめな人柄を演じることが多い**加藤剛**、「ブーちゃん」の愛称で親しまれた俳優の**市村俊幸**らが卒業生だ。加藤は18年6月に死去した。

和泉流狂言師である**7世野村万蔵**と、**2世野村万作**は兄弟で、2人とも人間国宝に認定されている。万作は15年に文化功労者に選ばれた。文楽太夫の**豊竹英**《はなぶさ》**大夫**《だゆう》もOBだ。

マスコミ関連では、文藝春秋社長をした**池島信平**、国際政治評論家の**中丸薫**らが卒業している。マスコミ研究者で東大新聞研究所所長をした**高木教典**《のりつね》もいた。

スポーツでは、日本サッカー協会会長やIOC（国際オリンピック委員会）委員をした**岡野俊一郎**がいた。

「ラグビーワールドカップ2019」の大会組織委員会事務総長には、元総務事務次官の**嶋津昭**が就いている。

宗教界では第6代創価学会会長の**原田稔**が卒業生だ。

東京電力が「新宿高校閥」になったわけ

# 新宿高校

◉東京都立・新宿区

「あの会社は○○大学閥だ」というのはよく聞く話だが、じつは「高校閥の企業」もある。東京電力における新宿高校閥だ。

２０１１年３月11日の東京電力福島第１原子力発電所の過酷事故の責任を取って、会長の**勝俣恒久**は12年６月に辞任した。その後、常務の**広瀬直己**（一橋大卒）が社長になるのだが、勝俣、広瀬は新宿高校の同窓生である。

もう一つあった。常務の**高津浩明**も退任し、東電の関連会社の社長に就いたのだが、その高津も新宿高校の卒業生（東大院卒）なのだ。高津と広瀬は71年に新宿高校を卒業した同級生で、勝俣より13期後輩だ。勝俣の一存で、広瀬や高津の人事が決まったことは間違いない。

勝俣、広瀬、高津にとどまらない。広瀬を補佐する副社長は３人いたが、そのうちの１人、**石崎芳行**も新宿高校ＯＢだった。

## 「東電朝陽会」

東京電力には新宿高校の卒業生が数十人いる。母校に対する絆が強く、東電社内で「東電朝陽会」（新宿高校出身者の集まり）をつくってきた。

新宿高校卒業生として初めて東電社長・会長になった勝俣が、その音頭をとってきたのは言うまでもない。

東電は、こてこての東大閥の会社と言われてきた。事実、61年に木川田一隆（旧制宮城県立角田中学・現角田高校卒）が社長になって以降、勝俣に至るまで計７人の社長はすべて東大卒だった。

その後、東大閥は崩れている。勝俣の後任社長で事故当時の社長・清水正孝（神奈川県・私立栄光学園高校卒）は慶応大卒で、その後の３人の社長も東大卒ではない。

新宿高校は都立高校全盛期の60年代には毎年度、東大に90人前後を合格させ、現役合格者が全国一という年もあった。

だが学校群制度によって、ほとんどの都立高校は凋落《ちょうらく》する。新宿高校も例外ではなく、東大合格者がゼロの年が続いた。

しかし、03年度から進学重視で学区制限がない「単位制高校」に変わって、年々活力が増している。

18年春の入試では現役、浪人合わせ、東京大に2人、京都大に1人、東京工業大に8人、一橋大に6人の合格者を出した。

前身は、1921（大正10）年に開校した東京府立第六中学校。戦後の学制改革で新宿高校になり、男女共学になった。

勝俣恒久

## 「なか卯」「すき家」を創業

大企業で社長や会長を経験した人物は、数多い。**東条輝雄**（三菱自動車工業）、**松沢卓二**（富士銀行）、**藤崎章**（住友金属鉱山）、**内田隆滋**《たかしげ》（東武鉄道）、**久米豊**（日産自動車）、**笹井章**（明治製菓）、**高橋清**（昭和シェル石油）らが旧制時代の卒業生だ。

新制の新宿高校になってからは、**前川正雄**（前川製作所）、**青井忠雄**（丸井）、**出光昭**（出光興産）、**石井幸孝**《よしたか》（JR九州）、**高橋章夫**（日本製粉）、**山之内秀一郎**（JR東日本）、**向笠慎二**（大林組）、**鈴木喬**（エステー）、**垣添直也**（日本水産）、**森和彦**（東京高速道路）、**広瀬道明**（東京ガス）らが卒業している。

さらに、**牧野昇**（三菱総合研究所）、**豊口央**（カルソニックカンセイ）、**岡部有治**（メルシャン）、**田辺和夫**（三井住友トラストHD）、**杉山博孝**（三菱地所）、**稲葉善治**《よしはる》（ファナック）、**桜井康文**（不二家）らがOBだ。

牛丼の「なか卯」「すき家」などの外食産業、ゼンショーHDの創業社長**小川賢太郎**がいる。

**吉原信之**はアパレル大手の三陽商会を創業した。

小川賢太郎

コマツ社長、会長を務めた**安崎暁**は、17年12月に「生前葬」を開き話題になった。18年5月に死去した。

政治家では、日本共産党の副委員長・参院議員をした**上田耕一郎**と、同党議長・衆院議員をした**不破哲三**は実の兄弟で、そろって新宿高校卒である。

自民党では日銀出身で官房長官、厚労相などをした**塩崎恭久**がOBだ。世田谷区長の**保坂展人**は、新宿高校の定時制を中退して教育ジャーナリストとなり、衆院議員を3期務めての区長就任だ。

中央官庁や日銀に進んだ者も多い。28代日銀総裁の**速水優**《はやみまさる》は日銀の国際畑を歩み、妻の閨閥《けいばつ》関係から日商岩井社長になり、さらに経済同友会代表幹事をした。

通産省の事務次官、電源開発総裁をした**両角**《もろずみ》**良彦**は、栃木県立宇都宮中学（現宇都宮高校）から府立六中に転校してきた。農水省では、**清井正**と**渡辺五郎**が事務次官になった。

大蔵官僚では**斎藤次郎**が事務次官に、証券局長をした**長野厖士**《あつし》は山一証券の破綻処理に当たった。

## 坂本龍一、胡桃沢耕史

文化人で著名なのは、**坂本龍一**だ。クラシックから民俗音楽、映画音楽まで幅広くこなすミュージシャンで、世界的に活動している。

作曲家では、アマチュア音楽界との交流も活発に行っている**池辺晋一郎**もOBだ。

小説家も多い。芥川賞受賞作家は**笠原淳**（定時制）と**絲山**《いとやま》**秋子**の2人で、直木賞受賞作家は**寺内大吉**と**胡桃沢耕史**《くるみざわこうし》の2人だ。

坂本龍一

精神科医で11年に文化功労者に選定された作家の**加賀乙彦**も在籍したことがある。

『信長の棺』で75歳という高齢でデビューした**加藤廣**《ひろし》、スーパーマーケットの経営をしながら経済小説を書いた**安土敏**《あづちさとし》もOBだ。加藤は18年4月に死去した。

映画監督では**長谷部安春**、**橘祐典**、**黒沢直輔**、**大嶋拓**ら。**日下部光雄**はアニメ監督・演出家、**植田益朗**《ますお》はアニメ・プロデューサー、

**大久保賢一**は映画評論家、**小野耕世**は漫画・映画評論家、**桂邦彦**はテレビ・プロデューサーだ。

俳優では、テレビ草創期の頃から俳優・声優として活躍した**久松保夫**や**小山田宗徳**、参院議員もした**中村敦夫**、さらに**蟹江敬三**、女優の**辻しのぶ**らが卒業している。

## 憲法学者の小林節も

学者・研究者では、ドイツ史が専門の歴史学者で東大総長や参院議員もした**林健太郎**がいた。68年の東大紛争では文学部長として団交に臨み、全共闘の学生に8日間も缶詰め状態にされている。

物理学者で日立製作所フェローだった**外村《とのむら》彰**は、電子顕微鏡に関する研究で世界的に有名だった。

文系では、言語学の**金田一春彦**、フランス文学者で美術評論家の**栗田勇**、日本近代史の**藤原彰**、哲学者・評論家の**長谷川三千子**、哲学者の**清水多吉**、ロシア文学の**川端香男里《かおり》**、中国文学の**今村与志雄**、フランス文学の**富永明夫**らが卒業生だ。

国文学者の**秋山虔《けん》**は文化功労者に選ばれている。

さらに政治学の**白鳥令**、中国思想史の**丸山松幸**、行政学・都市行政論が専門の**西尾勝**、経済学者で財政論が専門の**佐藤進**、国際法の**筒井若水**、政治思想史の**長尾龍一**、倫理学の**佐藤康邦**、会計学の**北村敬子**らがいる。

**加藤秀俊**は社会学者・評論家で、大衆文化論、メディア論などの論壇で活躍した。

美術史学の**青柳正規**は、国立西洋美術館長、文化庁長官を歴任し、「富士山世界遺産国民会議」理事長に就任した。

哲学者で田舎暮らしを実践している**内山節《たかし》**は、新宿高校卒業後は大学などには進学せずに独学で知識、教養を積んだ。

工芸家の**由水《よしみず》常雄**は、古代からのガラス工芸品を科学的に分析することにより東西美術交渉史の研究をしている。

法曹の分野では、**西村利郎**が4大法律事務所の一つ「西村あさひ法律事務所」の創業者だ。**藤木英雄**は刑法学者で、34歳で東大教授になったものの45歳で早世した。

憲法学者の**小林節《せつ》**は、安倍政権が15年に、強引に国会を通した安保法制について声高に反対を主張した。

理系に強い伝統校の復活はあるか

# 小山台高校

◉東京都立・品川区

東京府立第八中学校として1923（大正12）年に開校した。都内南部にあり、大田区、品川区、目黒区在住の生徒が多い。戦後の学制改革で男女共学になった。

教育目標は「敬愛・自主・力行」。校歌に対する愛着心が強く、生徒はもちろん卒業生も何年たっても忘れないだろうというのが自慢だ。

理系に強い高校として知られている。1950年〜60年代は、東京工業大の合格者数でトップを続けており、65年には51人も合格させた。キャンパスが2キロほどの近さのため、生徒は親近感を抱くのだろう。この年には、東京大にも46人が合格している。

多くの都立高校と同様、学校群制度によって大学進学実績は低迷した。

毎年度の大学入試では現役、浪人合わせ、東京大、東京工業大、一橋大などの難関大に計約10人が合格している。

難関大に多数が合格していた50年前と比べると、落差が目立つ。しかし、進学指導特別推進校に指定されたことで、復活が期待されている。

## 菅直人の「小山台らしさ」

「小山台らしさ」が鮮明に出ている卒業生は、民主党政権で2人目の首相を務めた**菅直人**だ。

菅は父親の転勤に伴って山口県立宇部高校から小山台高校に編入、東工大理学部応用物理学科（現物理学科）に進学した。弁理士資格を取ったが市民運動を足がかりに、ついには首相の座まで登りつめた。

この50年の首相の多くは、元首相の孫や息子や世襲議員である。

菅は全くの徒手空拳《としゅくうけん》で首相ポストを掌中に収めた。後を継いだ首相・野田佳彦（千葉県立船橋高校卒）も同じだった。菅は日本の憲政史上に画期をもたらしたといえる。

## 経団連会長が2人

「財界総理」といわれる日本経済団体連合会会長（略して経団連会長）に卒業生が2人、就いている。キヤノン会長の**御手洗《みたらい》冨士夫**（経団連会長の在任期間は10年5月までの4年間）と18年5月末に就任した日立製作所会長の**中西宏明**だ。

御手洗は、大分県立佐伯鶴城高校から小山台高校に移り、中央大法学部に進む。キヤノンの創業ファミリーの一員であり、6代目の社長になった。

菅 直人

合理的経営で好業績を続けたことから、私立大出身者としては初めて経団連会長の座を射止める。16年3月末からは、キヤノンの会長・CEO（最高経営責任者）になった。

中西は東大工学部卒で、日立入社後はコンピューターエンジニアとして活躍してきた。09年に巨額赤字を出した同社を、社会インフラ事業に経営資源を集中させるなどして再建した改革派の経営者として知られる。日立出身者が経団連会長になったのは、初めてだ。

中西宏明

御手洗冨士夫の前任のキヤノン社長**御手洗肇《はじめ》**も、小山台高校の出身で、米MITやスタンフォード大学に進んだ。

元職と現職とが交じるが、大企業のトップになった人物を紹介しよう。

**宗岡正二**（新日鉄住金）、**伊藤昌《よし》寿《かず》**（東レ）、**若井恒雄**（東京三菱銀行）、**勝田泰久**（りそなHD）、**今村治輔**（清水建設）、**城森倫雄《じょうもりみちお》**（伊勢丹）、**真鍋圭作《けいさく》**（キリンビール）、**橋元雅司**（JR貨物）、**馬渡一真《まわたりかずまさ》**（日本テレコム）、**大沢佳雄**（みずほ証券）、**小田晋吾**（日本ヒューレット・パッカード）、**伊東勇**（パルコ）、**細貝理栄《まさひで》**（第一屋製パン）、**原毅**（日本道路）らだ。

このうち、宗岡は4人兄弟そろってビジネス界で活躍しており、

「宗岡4兄弟」として知る人ぞ知る存在。宗岡は東大柔道部で主将を務めた。そのキャリアから不祥事が続いた全日本柔道連盟の立て直しのため、13年に会長に就いた。

**滝久雄**は飲食店検索サイト「ぐるなび」の創業者だ。日本でインターネットが普及し始めてすぐの96年にサイトを開設、その先見性が功を奏したといえる。

## 斎藤茂太、押井守

学者・研究者では、**青木昌彦**が著名だ。理論経済学者で、比較制度分析という新分野を開拓した。欧米の経済学者に知己が多く専門学会で世界的に評価されている。

沖縄大学長をした**新崎盛暉**《あらさきもりてる》は、沖縄現代史研究の第一人者だ。

仏文学者の**平井照敏**と**海老坂武**、憲法学者の**長谷川正安**、建築家の**若山滋**、生産工学者の**佐田登志夫**、情報工学者の**玉木久夫**、民法学者の**内田貴**らもOBだ。

石油メーカー技術者だった**平井隆一**は、神奈川県鎌倉市が源頼朝により12世紀に「都」になった際、幾何学を駆使して設計されていると仮説を立て、研究している。

医師では、精神科医で随筆家の**斎藤茂《しげ》太《た》**が著名だ。小児科専門医の**大川洋二**は、流行病が発生するとよくテレビでコメントを求められている。

経済評論家だった**針木康雄**も卒業生だ。

写真家の**秋山庄太郎**、**中平卓馬**もいた。俳優・声優・演出家の**熊倉一雄**、活動弁士（サイレント映画の弁士）を名乗り女優・声優・振り付け師というマルチタレントの**山崎バニラ**らもOB、OGだ。

音楽では指揮者の**渡辺暁雄**《あけお》、音楽学者・合唱指揮者の**皆川達夫**、合唱指揮者の**関屋晋**、ピアノ、チェンバロの奏者でバッハのスペシャリストである**小林道夫**、指揮者の**十束尚宏**らがOBだ。

映画監督でゲームクリエーターの**押井守**、漫画原作者の**雁屋哲**、イラストレーター・漫画家の**田代しんたろう**らもいる。

## 筑紫哲也が編入

『男はつらいよ』シリーズや『たそがれ清兵衛』などで知られ、12年に文化勲章を受章した映画監督の**山田洋次**も、東京八中に1年生の1ヵ月間だけ在籍していた。

父親が満鉄（南満州鉄道会社）勤

務だったために大連一中に編入し、終戦で引き揚げ結局、旧制山口県立宇部中学（現宇部高校）を卒業し東大に進んだ。「宇部高校」という点で偶然、前出の菅直人と共通点がある。

メディア関連では、朝日新聞記者出身でテレビのニュースキャスターとして活躍した**筑紫哲也**も、疎開していた静岡県立沼津東高校から小山台高校に編入した。司会者の**水口義朗**もＯＢだ。

**一柳東一郎**は朝日新聞社社長を、**渡辺襄**は毎日新聞社社長を務めた。

日経新聞記者出身の**小島章伸**は日経グループの金融情報サービス会社「QUICK」の社長をした。

アナウンサーでは、**山川千秋**（フジテレビ）、**宮川泰夫**（ＮＨＫ）、**朝岡聡**（テレビ朝日）、**高橋民夫**（文化放送）が卒業している。

「官」では、元検事総長の**笠間治雄**が卒業している。中央大に進んだが、私立大出身者が検事総長に就いた（10年12月）のは戦後初のことだ。

前任の検事総長が大阪地検の証拠改竄《かいざん》事件で引責辞任したため、定年退官直前だった笠間が起用された。笠間は東京地検特捜部長を経験した現場派だった。

警視総監をした**大堀太千男**《たちお》もいた。**河上和雄**は東京地検特捜部長などをしたあと、弁護士の傍らテレビでコメンテーターを務めた。

斎藤茂太

通産事務次官をした**福川伸次**は12年から東洋大理事長を務めている。**皆川芳嗣**は農水事務次官、**深沢武久**は最高裁判事をした。

小山台高校は文武両道を標榜、実践している。

硬式野球班は14年春の甲子園・86回選抜高校野球大会に、21世紀枠で出場した。都立高校が春のセンバツ大会に出場したのは初めてで、夏は4回出場している。

小山台は1回戦で敗退、結局、都立勢計5度の甲子園で初戦突破した高校はまだ出ていない。

第１００回全国高校野球選手権大会東東京大会の18年7月末の決勝戦で、小山台高校は敗れて甲子園行きの切符を逃した。

# 西高校

「文武二道」を究め、復権のきざし

◉東京都立・杉並区

東京23区の西の端に位置する杉並区にある。戦前から続く閑静な住宅街だ。

1937（昭和12）年に創立された東京府立第十中学が前身だ。戦後の学制改革で、男女共学の都立西高校になった。

明治〜大正期に設立された日比谷高校（旧制東京府立一中）や新宿高校（旧制東京府立六中）などと比べると後発である。しかし、大学進学実績は比較的、堅調を維持し、文化人や企業経営者などを多数、世に送り出してきた。

西高校は戦後すぐに、東京大入試でベスト10位入りした。64年には156人が合格し、日比谷高校の193人に続いて全国第2位になった。

東京都教委が67年から学校群制度を導入したため、6年制中高一貫の私立や国立高校に人気が集まり、都立高校からの東大合格者は急減した。

一ケタ台の旧制ナンバースクールを前身とする都立の伝統高校は、東大合格者がゼロになってしまうこともあった。西高校も10人を下回るようになったが、それでも他の伝統校よりは踏ん張った。

都は十数年前から「都立高校の復権」に力を注ぎだした。

この数年で、その効果がはっきり表れている。西高校からの東大合格者は現役、浪人合わせて13年に34人に達し、以降、31人、22人、32人、27人と続き、18年春は19人になった。

東大合格者はやや減ったが、他の難関国立大に分散して多数の合格者を出している。18年春の集計では、京都大11人、東京工業大、一橋大各12人、北海道大13人、東北大、大阪大各8人の合格者が出ている。

教育理念として「自主自律」と並んで「文武二道」を掲げている。「授業で勝負」を合言葉に、自分で考える授業、疑問を大切にする授業をしている。

生徒の比率は理系55・文系45だ。進路指導も入念に行われている。

## ベストセラー作家たち

小説家としての枠にとどまらず、広く文化活動をしている卒業生がいる。

谷崎潤一郎賞などを受賞している**黒井千次**と、直木賞受賞作家の**阿刀田高**《あとうだたかし》だ。黒井のほうが西高校の2期先輩で、ともに文芸部出身の知己だ。

黒井は富士重工業のサラリーマン生活の傍ら文筆活動を続けた。日本文芸協会理事長、日中文化交流協会会長や14年から日本芸術院長を務め、文化功労者にも選定されている。

母校・西高を舞台にした小説『春の道標』を著した。

阿刀田は79年に『ナポレオン狂』で直木賞を受賞した。文化審議会会長、日本推理作家協会理事長、直木賞選考委員、日本ペンクラブ会長などを歴任し、現在は山梨県立図書館館長に就いている。

数学者でお茶ノ水女子大名誉教授の**藤原正彦**は、2005年に出した『国家の品格』がベストセラーになった。以降、「品格」が流行語となり、藤原は評論家、警世家として鳴らしている。

藤原正彦

藤原は、歴史小説家の父・新田次郎（旧制長野県立諏訪中学・現諏訪清陵高校卒）と母・藤原てい（旧制長野県立諏訪高等女学校・現諏訪二葉高校卒）の次男で、ていの『流れる星は生きている』も戦後にベストセラーになっている。

医師、作家で、諏訪中央病院（長野県茅野市）名誉院長の**鎌田実**《みのる》が卒業生だ。地域医療やチェルノブイリ、東日本大震災の被災地支援に取り組んでいる。『がんばらない』などの著作も多い。

社会学者で、自己啓発書や青春論などで膨大な数の著作を積み重ねている**加藤諦三**《たいぞう》もいる。

エッセイスト・画家の**玉村豊男**、「カイワレ族」の流行語をつくった医師・文筆家の**村崎芙蓉子**《ふよこ》、ドイツ文学者で『世界がもし100人の村だったら』などの翻訳で知られる**池田香代子**、詩人でフランス文学者の**入沢康夫**、経済小説の**江《え》波戸《ばと》哲夫**、剣道8段の歴史小説家**好村兼一**もOB、OGだ。

ノンフィクションの分野では、**川口有美子**が2010年に『逝かない身体—ALS的日常を生きる』で大宅壮一ノンフィクション賞を受賞した。フリーライターの**黒沼克史**もいた。

文芸評論家の**秋山駿**、演芸評論家の**保田武宏**がOBだ。

駆け出しのコラムニストで編集者の**朝井麻由美**は、コラムニストの泉麻人（横浜市・私立慶應義塾高校卒）の一人娘だ。

児童文学の**泉啓子**と**高山栄子**、絵本作家の**いわむらかずお**、**山脇百合子**、**平山和子**がいる。

## 「ダークダックス」メンバー

音楽では、童謡『サッちゃん』『いぬのおまわりさん』などを作曲した**大中恩《おおなかめぐみ》**が旧制十中の1期卒だ。父親は『椰子《やし》の実』などを作曲した大中寅二（旧制大阪府立北野中学・現北野高校卒）だ。

**喜早《きそう》哲**は、男性コーラスグループ「ダークダックス」のメンバーで、「ゲタさん」の愛称で親しまれた。新制西高校の1期卒だ。

51年に慶応大のメンバー3人で「ダークダックス」を結成、翌年4人組となり、喜早はバリトンを担当した。喜早は16年3月に死去したため、4人のうち生存者は遠山一（神奈川県立湘南高校卒）だけになった。

音響プロデューサーの**若林駿介**、音楽プロデューサーの**真鍋圭子**、オーディオ評論家の**江川三郎**、音楽評論家の**黒田恭一**、作曲家の**毛利蔵人**、**元道俊哉**、**坂本裕介**、作詞家の**高井健**、指揮者の**寺岡清高**と**菅野宏一郎**、ファゴット奏者の**霧生《きりゅう》吉秀**、女性シンガーソングライターの**山田タマル**らがOB、OGだ。

美術では、彫刻家で文化功労者の**橋本堅太郎**と**寒河江《さがえ》淳二**がいる。

挿し絵画家の**井上悟**もOBだ。

芸能では、女優で司会者の**芳村真理**がいる。声優・俳優の**納谷六朗**、俳優の**成田浬《かいり》**もOBだ。落語家の**春風亭一柳**は、中退した。

メディア関連では、朝日新聞記者出身の評論家でテレビキャスターを務めた**森本哲郎**、朝日新聞記者出身の中国評論家だった**田所竹**

**彦**、毎日新聞社出身で映画評論家の**松島利行**、映画雑誌発行のキネマ旬報社社長を務めた**小林光**、テレビ映像社長の**村尾尚子**らが卒業している。

## 金田一秀穂、島田裕巳

学者では、海岸工学が専門で埼玉大学長、武蔵工業大（現東京都市大）学長を務め、文化功労者になっている**堀川清司**、応用化学者で名古屋工業大学長を務めた**柳田博明**が卒業している。

インターネットやウェブに詳しい情報学者の**西垣通**《とおる》、素粒子物理学の**政池明**《まさいけあきら》、機械工学者でNHK経営委員の**中島尚正**、ナノテクノロジーを研究している**中本正幸**らもOBだ。

資源材料工学が専門だが地球温暖化問題で定説と異なる独自の主張をしている**武田邦彦**、建築史家の**陣内秀信**、森林政策学の**永田信**らも卒業生だ。

文系では、国語学者の**金田一秀**《ひで》**穂**《ほ》がテレビのクイズ番組でも活躍している。言語学者の金田一京助（旧制岩手県立盛岡中学・現盛岡第一高校卒）を祖父に、国語学の春彦（旧制東京府立第六中学・現都立新宿高校卒）を父に持つ。

宗教学の**島田裕巳**《ひろみ》、エジプト考古学の**近藤二郎**、イスラム思想史の**鎌田繁**、倫理学の**関根清三**、ドイツ文学の**池田信雄**と**小宮正安**、地理学の**中川浩一**、哲学の**菅野盾樹**、服飾史の**道明三保子**らも卒業生だ。

中国の政治経済の研究者である**高原明生**と**田中修**は、同期卒。田中は大蔵官僚出身だ。

法学では知的財産法の**中山信弘**、民法の**水野紀子**、商法の**近藤光男**らがいる。

経済学では、日銀の政策委員会審議委員を務めた**須田美矢子**、マクロエコノミストで日本総合研究所理事長の**高橋進**、金融論の**岩村充**らがOG、OBだ。

モンゴル史の研究者である**志茂**《しも》**碩敏**《ひろとし》と、8期後輩の宇宙物理学者の**牧島一夫**は15年に、日本学士院賞を同時に受賞している。学士院賞は毎年「9件以内」と決められている。

## 異色の財界人・堤清二

経済界に移ろう。「異色の財界人」であり、「マルチ文化人」とも呼ばれた流通大手セゾングループ元代表の**堤清二**が、旧制時代の卒業だ。

セゾンの経営者「堤清二」としては、１９７０～80年代に「おいしい生活」などのキャッチコピーで大衆の消費文化をけん引する一方、「辻井喬《たかし》」の筆名で小説、評論、詩を著すなど文学者としても活躍した。

**増田通二《つうじ》**は堤と旧制同期で、巧みな広告戦略でファッション店のパルコの経営を伸長させた。

旧制1期卒では、**羽山昇**が印刷用機器の理想科学工業を創業し、東証1部上場企業に育て上げた。

**大西正文**は大阪ガスのトップになって、大阪商工会議所会頭を務めた。

新制西高校になってからでは、東海旅客鉄道（ＪＲ東海）の経営を20年以上もリードした卒業生がいる。

堤清二

**葛西敬之**は国鉄の分割民営化を推進し、95年にＪＲ東海社長に就任した。04年には会長になり、10年には**山田佳臣《よしおみ》**を副社長から社長に引き上げた。山田は葛西の後輩の西高出身で、東大法学部—国鉄—ＪＲ東海と、葛西と全く同様の略歴だ。

会長・葛西—社長・山田の体制が続いたが、14年には山田が会長に就任し、葛西は取締役名誉会長という新設のポストに就いた。

18年4月から山田は会長を退いたものの、葛西の取締役名誉会長は変わらず、代表権だけが外れた。代表権はなくなったが、葛西がなお「ＪＲ東海のドン」であることに変わりはなさそうだ。

企業トップ経験者を列挙すると現職も交じるが、**天野順一**（日本ユニシス）、**下垣内洋一**（ＪＦＥ Ｈ《ホール》Ｄ《ディングス》）、**佐藤安弘**（キリンビール）、**金田好生**（ＪＲ貨物）、**滝鼻卓雄**（読売新聞東京本社）、**秋山耿太郎《こうたろう》**（朝日新聞社）、**木原誠**（九州石油）、**香山晋**（東芝セラミックス）、**山口範雄**（味の素）、**高橋恭平**（昭和電工）、**三木啓史**（東洋製缶）、**古川一夫**（日立製作所）、**井上健**（日本電設工業）、**木川真**（ヤマトＨＤ）、**池谷正成**（東京製鉄）、**此本臣吾《このもとしんご》**（野村総合研究所）、**宮下直人**（総合車両製作所）、**君島達己**（任天堂）らが卒業生だ。

元世界銀行副総裁の**西水美恵子**がいる。現在は世界を舞台に様々なアドバイザー活動を続け、「ワーク・ライフ・バランス」についての論客でもある。

西水美恵子

**肥塚見春**《こえづかみはる》は13年に、高島屋で女性として初めて代表権のある専務取締役に就いた。

## 襲撃された厚生事務次官

政界で活躍した卒業生では、NHK記者出身で建設相、総務庁長官などを歴任した**水野清**、放送作家、経済評論家のあと参院議員を24年間務めた**野末陳平**《のずえちんぺい》がOBだ。

官僚の道を選択する卒業生は多くはないが、それでも事務次官まで出世した者もいる。

農林水産事務次官の**上野博史**が農林中央金庫理事長として天下ったが、09年に金融危機で多額の不良債権を出して引責辞任した。

建設事務次官の**橋本鋼太郎**は退官後、首都高速道路社長として天下った。

厚生事務次官を務めた**山口剛彦**は08年11月、埼玉県さいたま市の自宅が襲撃され、夫人と共に殺害された。犯人は他の厚生官僚宅も襲撃しており、警視庁に出頭した。14年に死刑判決が確定した。

自治省出身の**阿部守一**は、10年から長野県知事に就いている。**金**《かね》**高雅仁**《たかまさひと》は警察庁長官を務めた。

西高は高校アメリカン・フットボール界の草分けだ。48年の創部で70年の歴史を持つ。

**鈴木道夫**は京大に進学し、アメフトの有力選手となった。国立大学のアメフト部では京大が強い。このため西高では、首都圏の大学ではなく「アメフト第一」で京大に進学する生徒も、毎年のように出ている。

50年～60年代初めに世界卓球選手権など数々の卓球国際試合で優勝し、国際卓球連盟会長を務めた**荻村伊智朗**《いちろう》が新制3期の卒業だ。

**小倉純二**は古河電工のサラリーマン出身で、日本サッカー協会の第12代会長を務めた。

加藤登紀子、桐島洋子など女性の著名人が多い

# 駒場高校

◉東京都立・目黒区

前身が旧制の高等女学校であるせいか、女性の著名人を多数、輩出している。

まず、シンガーソングライターで作曲家の**加藤登紀子**。東京大に進学し、在学中に日本レコード大賞新人賞を受賞した。『知床旅情』や『百万本のバラ』などが大ヒットした。

女優・歌手の**吉永小百合**も著名だが、駒場高校を1年で中退し東京・私立精華学園女子高校（現東海大学付属望洋高校）に転校した。小6のときからラジオや映画で子役デビューしていたため、登校が難しかったのだ。結局、精華女子も中退し、その後、特例で早稲田大に進学して4年間で卒業した。

現在は都立総合芸術高校に移管されているが、駒場高校にはかつて芸術科が設置されていた。

その卒業生にソプラノ歌手の**鮫島有美子**がいる。クラシック音楽の作曲家である**八村義夫**、ピアニストの**羽鳥栄**、バリトンの**門《かど》屋《や》留《とめ》樹《き》**らも芸術科卒だ。

さらに昭和時代の歌手で『銀座の柳』を唄った**四家文子**、箏《そう》曲演奏家の**川瀬白秋**、ピアニストの**川口恒子**、**土屋美寧子**、**岡野寿子**、童謡歌手の**真理ヨシコ**、クラリネット奏者の**村井祐児**、フルート奏者の**立川和男**、ハープ奏者の**三宅美子**らOG、OBが目白押しだ。

## 演出家の平田オリザ

作家では、幻想的なミステリー小説で知られる**皆川博子**がいる。1986（昭和61）年に『恋紅』で直木賞を受賞した。15年には文化功労者に選出されている。

エッセイスト、ノンフィクション作家の**桐島洋子**も卒業生だ。3人の子どもがいるが、カリスマ・シングルマザーとして若い女性から憧れの対象になってきた。駒場高校では生徒会執行委員長をした。

劇作家、演出家では**平田オリザ**

が光っている。駒場高校の定時制を2年で中退し、大学入学資格検定試験を経て国際基督《キリスト》教大を卒業した。

　民主党政権の鳩山、菅内閣で内閣官房参与に任命され、首相演説の草稿を書いたり、間の取り方などを伝授した。

　作家でキリスト教伝道者の**阿部光子**と、テレビドラマの脚本家であった**大野靖子**もいた。

　漫画家では**渡辺やよい**と**武富健治**、歌人では**蒔田さくら子**、独語の通訳・翻訳家の**椛島**《かばしま》**則子**、米国

加藤登紀子

の海洋学者レイチェル・カールンの著作の翻訳をライフワークにしてきた、**上遠**《かみとお》**恵子**らが卒業している。

　美術関連では、画家の**岡田伊登子**、テキスタイルデザイナーの**新井明子**、イラストレーターの**矢吹申彦**《のぶひこ》、漆芸家の**小柳**《こやなぎ》**種国**《たねくに》、写真家の**リウ・ミセキ**と**杉浦邦恵**らがOG、OBだ。

　彫刻家の**日高頼子**は、母校の創立100周年記念としてブロンズ像『鳥の歌』を制作、本館正面玄関前に設置されている。

桐島洋子

　やはり彫刻家で仏像が専門の**金城靖子**、歌舞伎絵の鳥居派9世を襲名した**鳥居清光**《きよみつ》らも卒業生だ。

　評論家では、映画評論の**小森和子**がいた。「(小森の) おばちゃま」として親しまれていた。

　ジャーナリスト、コメンテーターの**大宅**《おおや》**映子**も知名度が高い。ジャーナリストだった大宅壮一(旧制大阪府立茨木中学・現茨木高校卒)の3女だ。

　料理記者・評論家で「おいしゅうございます」というフレーズが人気となった**岸朝子**もいた。

平田オリザ

建築家の**早間玲子**は、パリを拠点にしながら活躍し、レジオン・ド・ヌール勲章を受章している。

学者では西洋美術史が専門で、ジェンダー文化を研究した**若桑みどり**がいた。哲学者の**大津留直**《おおつるただし》、日本中世史の**谷口真子**《しんこ》らも卒業生である。

## トヨタ社長・張富士夫

政治家では、法相、文相などを歴任した**森山真弓**（自民党）、日本婦人有権者連盟会長や参院議員をした**紀平悌子**《きひらていこ》（無所属）、衆参両院の議員をし、内閣府特命担当相・国家公安委員長などをした**山谷えり子**（自民党）がＯＧだ。

森山は東大法学部に進学、卒業後に労働省に女性キャリアとして初めて入省した。女性として初の内閣官房長官を務めている。

紀平は、婦人運動家の市川房枝の秘書をした。

**長谷川テル**は高女時代の卒業生だ。戦前・戦中の反戦活動家で、エスペランティストでもあった。

**和田正江**は、第5代主婦連合会会長をした。消費生活アドバイザーの**秋庭悦子**は、原発推進の立場をとるＮＰＯ法人のリーダーをしている。

経済界では、トヨタ自動車の第9代社長を務めた**張富士夫**《ちょうふじお》がいる。副会長、会長を経て13年6月に取締役会長を退き名誉会長に就任した。17年6月には名誉会長を退任した。

東芝の関連会社の社長を歴任した**吉武紳吾**は退職後、シニア海外ボランティアとしてモンゴルに在住して活躍している。

刃物の販売で２２０年という老舗・木屋の9代目の社長をしている**加藤欣也**と、代々続く表具師でその名も**表具久生**もＯＢだ。

映画監督では、幅広いジャンルの映画を作り東北芸術工科大（山形市）の理事長をしている**根岸吉太郎**と、ＮＨＫ出身でドキュメンタリーが得意な**柴田昌平**がＯＢだ。

駒場高校ゆかりの芸能人では吉永小百合の他にも、女優・声優だった**七尾伶子**、定時制出身の女優の**長谷直美**、お笑い芸人の**村上純**、ミュージカル俳優の**柿沢勇人**らがいる。観世流能楽師の**津田和忠**もＯＢだ。

## スポーツ界にも人材

駒場高校には保健体育科もあり、

各種目で有力選手や指導者を輩出している。

柔道の**田辺陽子**が五輪の72キロ級で、ソウルで銅、バルセロナとアトランタでは銀メダルをとっている。

下半身不随の**松江美季**は98年の長野パラリンピックで、アイススレッジスピードレースで金メダル3個、銀メダル1個を獲得した。

五輪参加選手としてはさらに、ローマ、東京の2大会に出場した**金戸（渡辺）久美子**（水泳・飛込み）がいる。

日本は80年のモスクワ五輪をボイコットしたが、体操の**北川淳一**は出場が決定していた。

**梶原洋子**は65年に陸上の８００メートルで日本記録を作り、その後、マラソン・駅伝の実況解説者となった。

**鈴木良平**は86年に女子サッカー日本代表（現なでしこジャパン）の初代監督をした。

筑波大学体育科教授だった**功力靖雄**は、同大硬式野球部監督を22年間、務めた。87年には明治神宮野球大会で優勝し、国立大初の日本一を達成した。**田中宏暁**は運動生理学の指導者だ。

メディア関連では、ＮＨＫの**加《か》賀《が》美《み》幸子**、ＴＢＳの**高畑百合子**、テレビ朝日の**田畑祐一**らアナウンサーになった卒業生が多くいる。

駒場高校時代から新聞コレクターをしていた東洋文化新聞研究所代表の**羽島知之**は、10万点を超える資料を日本新聞博物館（横浜市）に譲渡し、同館設立の中心人物となった。

## 最難関女子高だった

駒場高校は、１９０２（明治35）年に設立された東京府立第三高等女学校を前身とする。

戦後の学制改革で男女共学に移行するとともに、保健体育科と芸術科（音楽・美術）が併置された。

70年頃までの都立高校全盛期において、女子では最難関校の一つだった。

戦前は「質実剛健」「貞淑温順」をモットーとしていたが、現在は「21世紀を拓くリーダーを育てるハイレベルの文武両道の進学校」を目指している。現在は男子のほうが若干、多い。

18年の大学入試では現役、浪人合わせ、東京大と一橋大に各1人、東京工業大に2人が合格している。

市立―都立―区立と変遷し、モダンな校風を誇る

# 九段中等教育学校

◉東京都千代田区立・千代田区

東京23区は、戦争中の１９４３（昭和18）年6月までは東京府「東京市」という行政区分だった。その東京市が24（大正13）年に第一東京市立中学校として設立したのが、この学校のルーツだ。

府立高校だけでは関東大震災による学校不足や東京市の人口増に対応しきれなかったために、東京市が直接、旧制中学を設立した。

東京の府制・市制が廃止され、「東京都制」になったことで都立九段中学となり、戦後の学制改革で男女共学の都立九段高校に改まっている。

さらに都から千代田区に移管され、6年一貫制の千代田区立九段中等教育学校が２００６年に開校した。都心の人口減を食い止めようという措置である。

これに伴い、都立九段高校は09年3月末で閉校した。この学校は設立母体が、市立―都立―区立という変遷をたどったわけだ。

東京市設立だったので、旧制一中（現日比谷高校）や旧制四中（現戸山高校）など東京府設立のナンバースクールとは、伝統的に一味違う自由闊達《かったつ》な校風を貫いてきた。

開校当初から紺のブレザーに革のランドセル。ハイカラでモダンな学校だった。

市立中学以来、「至大至剛」（この上なく大きく、この上なく強いさま）の精神が卒業生の心に刻みこまれてきた。

それは「豊かな心　知の創造」を教育目標とする、現在の中等教育学校にも引き継がれている。

## 芥川、直木賞は各3人

「文」の領域で活躍した卒業生が目立つ。

「編集工学」「編集術」という独特の発想を創出した**松岡正剛《せいごう》**の名が、まず浮かぶ。著述家、日本文化研究者、書物や映像の編集者、美術館・展覧会・書店のプロデューサ

ーといった多彩な顔を持つ、現代日本の最高級の知識人だ。

旧制卒の**近藤啓太郎**と**安岡章太郎**とは近藤が1期先輩だが、安岡が53（昭和28）年に芥川賞を受賞、近藤の受賞はその3年あとだった。

今ではほとんど忘れられた存在になっているが、旧制卒の俳人、小説家である**清水基吉**が戦争中の45年に芥川賞を受賞している。清水は胸を病み中退、卒業したのは旧制私立正則英語学校（千代田区、現正則学園高校）だ。

安岡章太郎

芥川賞受賞作家を3人も出している高校は、福島県立安積《あさか》高校、東京都立日比谷高校、東京・私立麻布高校と九段中等教育学校しかない。

直木賞のほうは、新制卒の**泡坂《あわさか》妻夫《つまお》**、**井出孫六**、**なかにし礼**の3人がいる。なかにしは作詞家としても著名で、テレビでコメンテーターをしている。

直木賞受賞作家を3人も出した高校は、九段のみだ。芥川賞、直木賞を計6人も輩出した高校は、もちろん同校だけである。

文筆家ではさらに**小林昌彦**、**猪俣良樹**、**藤田一成**ら。評論家・コラムニストの**高山正之**、政治評論家の**浅川博忠**、経済評論家の**原田和明**、国際政治評論家の**田久保忠衛**、軍事評論家の**中森芳明**、フリージャーナリストの**森彰英**らもOBだ。

音楽では10年に99歳で亡くなるまで現役のバイオリニストだった**松本善三**、外科医で作曲家の**小森昭宏**が卒業生だ。小森は『げんこつやまのたぬきさん』などを作曲した。

美術では日本画の**大智経之**が横山大観記念館館長をし、弟の**大智博**が彫金家、**中西繁**が洋画家だ。

デザイナーの**篠塚正典**は、98年の長野冬季五輪のエンブレムを描いた。

## 天文部が誇り

学者・研究者になった卒業生では、地球物理学者で岩石磁気学で文化勲章を受章した**永田武**がいる。第一次南極観測隊隊長としても知られる。

日本思想史が専門で長年にわたり文部省と対峙し教科書裁判を続けた**家永三郎**、日本の宇宙開発、ロケット開発の草分けである**糸川英夫**、国文学者でタレント教授の走りともいえる**池田弥三郎**ら知名度の高い学者がそろっている。

文系では、文学者・詩人の**林富士馬**、社会思想史の**中野泰雄**、経済学の**福岡正夫**、西洋古典学の**柳沼重剛**《しげたけ》、労働経済学の**小野旭**、生命倫理学の**木村利人**、西洋古代中世哲学の**岡野昌雄**らがいる。

理系では、九段高校時代に天文部で活動したOBが、後年に天文学者として育っている。

カリフォルニア大バークレー校宇宙科学研究所で宇宙線の研究をしている**西泉邦彦**をはじめ、アマチュア火星観測者の**村上昌己**《まさき》、惑星システム物理学の**阿部豊**、宇宙物理学の**小谷太郎**、国立天文台の**日下部展彦**らだ。

糸川英夫

小惑星のネーミングに九段高校卒業生の名がついたのは3例もあり、同校の誇りとなっている。

## 「森友疑惑」の当事者

政治家・官僚では、北海道知事や衆院議長などを務めた**横路孝弘**が卒業生だ。北海道立北海道札幌西高校に1年の1学期だけ通い、九段高校に転校してきた。

宮城県中新田町町長から宮城県知事になった**本間俊太郎**、国土交通省出身で静岡県熱海市長をしている**斉藤栄**、防衛官僚出身で日本の国防政策についての論客となった**海原治**も卒業生だ。

森友学園への国有地払い下げ問題が17年から大きな政治疑惑となっているが、その当事者で文書改ざんの主導者である財務省の元理財局長・前国税庁長官の**佐川宣寿**《のぶひさ》がOBだ。

法曹界では、**大橋進**と外交官出身の**中島敏次郎**が最高裁判事を務めた。大橋は、連続ピストル射殺事件で計4人を射殺した故永山則夫元死刑囚の第一次上告審判決(83年)で裁判長をした。

死刑選択の基準(「永山基準」)を示したうえ、無期懲役の2審判決を破棄し審理を差し戻した。

弁護士の**彦坂敏尚**は、砂川基地闘争、恵庭事件、長沼事件などで弁護人を務め、反権力・民主的法律家として活動した。

## 「塩路天皇」と呼ばれた男

経済界で活躍した卒業生では、オリエンタルランド社長をした**高橋政知**が、東京ディズニーランドの生みの親だ。日本製粉社長をした**八尋**《やひろ》**俊行**は、兄が三井物産社長をした八尋俊邦（東京私立麻布中学・現麻布高校卒）だ。

警察官僚出身の**村井温**《あつし》は、父が創業した綜合警備保障（ALSOK）のトップをしている。

出版社の社長を経験した卒業生では、**長井四郎**（研究社）と**佐藤亮一**（新潮社）の2人がいる。

さらにトップ経験者は元職、現職が交じるが、**中島正男**（千代田生命保険相互）、**渡辺文夫**（東京海上火災保険、日本航空）、**秋田兼三**（第一ホテル）、**那須忠己**《ただみ》（日本製紙）、**渡辺宏**（東京ガス）、**橋本政雄**（橋本総業）、**岡本光**（銀座文明堂）、**笠原幸雄**（ジャパンエナジー）、**前田信治**（前田建設工業）、**大国昌彦**（王子HD）、**大塚信一郎**（京三製作所）、**鈴木謙一**（東京会館）、**杉町寿孝**（セコム）、**井上晧**（東京エレクトロン）、**俣木盾夫**（電通）、**鈴木弘久**（野村不動産）、**片岡遼一**（新京成電鉄）、**月岡隆**（出光興産）らがいる。

佐川宣寿

**塩路一郎**は日産自動車労組組合長、さらに自動車総連会長になった。「塩路天皇」の異名をとり、「労働貴族」の典型だった。

アナウンサーでは、NHK出身で「目線」なる言葉を造語した**鈴木健二**、フジテレビ出身の**有賀さつき**（18年1月に死去）が卒業生だ。

俳優では**名古屋章**、**渥美国泰**、**太刀川寛**がOB、アニメ映画『千と千尋の神隠し』で千尋の声を担当した女優・声優の**柊瑠美**、若手女優の**本間理沙**がOGだ。

映画監督では**堀川弘通**、**高橋洋平**がいる。

18年春の大学入試では現役、浪人合わせ、京都大に2人、東京工業大、一橋大に各1人が合格している。

## 上野高校

「知の巨人」からノーベル賞候補まで個性派を輩出

◉東京都立・台東区

美術館、博物館、動物園などがある公園と、繁華街が共存する東京・上野。

関東大震災後の学校不足を解消するために、東京市は1924（大正13）年に二つの市立中学校を設立した。第一中学が旧都立九段高校・現千代田区立九段中等教育学校の前身で、第二中学が都立上野高校の前身だ。

東京市は戦争中に東京府に併合され、戦後の学制改革で男女共学の都立上野高校に衣替えされた。通称は「上高《うえこう》」だ。都内北部にあるため、かつては埼玉、千葉県から越境入学する生徒も多かった。

### 田中角栄研究で世に出る

「知の巨人」といわれるジャーナリスト、ノンフィクション作家の**立花隆**は、茨城県立水戸第一高校から上野高校に転入し、東京大に進んだ。

74年に『文藝春秋』に発表した「田中角栄研究～その金脈と人脈」で一躍名を挙げ、以来、幅広い分野で文筆活動を続けている。

立花は上野高校時代を「上野動物園と背中合わせになっていたから……いろんな動物の奇妙な鳴き声が聞こえてきた」（文藝春秋2011年11月号）と回想している。

1950～60年代は東京大に毎年、20人～40人台の合格者を出していた。63年には、私立開成高校（東京都荒川区）と同数の44人が合格している。

東京府立の旧制ナンバースクールである一中（現都立日比谷高校）、六中（現都立新宿高校）などに連なる都内屈指の進学校だった。

東京芸術大学とも隣り合わせのため、芸術系大学に進学する生徒も多かった。

67年に都教委が都立高校入試について「学校群制度」を導入したことにより、都立高校の人気は急落。他の都立高校と同様、上野高校の進学実績も低迷する。

　２０１８年春の大学入試では、国公立大の合格者は現役、浪人合わせ、東京外国大３人、東京医科歯科大、お茶の水女子大、東京芸術大、筑波大各1人など計30人だ。大半は私立大学に進学している。

　低迷期を脱し、進学実績は右肩上がりといえる。

　校長の江本敏男（静岡県立沼津東高校卒）は「名門校の復活」を大きな目標として掲げている。都教委指導課長が前職の江本は「進学アドバンス校制度」を導入し、上野高校もそれに指定された。

　旧制時代から連綿と引き継がれた「自主協調」と「叡智健康」の教育目標に沿って江本は、特別進学クラスの設置、土曜講習など様様な工夫を凝らした教育活動を実施している。

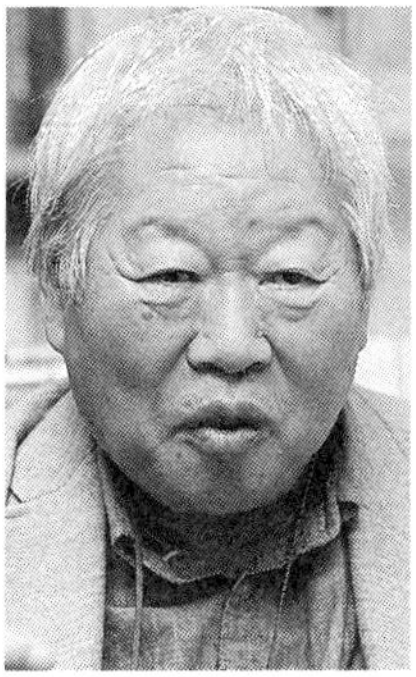
立花 隆

## 2人のノーベル賞候補

　卒業生の中からは、立花のみならず個性と才能あふれる有為な人材が多数、巣立っている。

　ノーベル賞候補の学者が2人いる。材料科学者である**飯島澄男**は、91年にカーボンナノチューブを発見した。文化勲章をはじめ内外から多くの賞を受章し、ノーベル賞の化学あるいは物理学賞の有力候補だ。

　もう1人は、生物物理学者の**小川誠二**だ。磁気共鳴機能画像法の基本原理の発見により、「脳科学」の研究を飛躍的に促進した。

　理系の学者ではさらに、原子核の中間子の役割について重要な発見をし文化功労者に選定された**山崎敏光**、微分幾何学が専門の数学者**矢野健太郎**と**小島定吉**、放射線医学が専門で国立がんセンター病院長をした**市川平三郎**、コンピューター科学者の**黒岩真吾**、鉱物学の**堀秀道**、環境生物学の**横張真**《まこと》、分子生物学の**西島正弘**らがいる。

　天文学では**石田五郎**と**堀源一郎**がいる。環境化学者でコメンテーターの**北野大**《まさる》は、タレントで映画監督のビートたけし（都立足立高校卒）の兄だ。

　文化人類学の**石毛直道**は国立民族学博物館館長を務めた。アフリカ、東南アジアなどでのフィールドワークを重ね、世界の食文化についての第一人者だ。

　ドイツ文学者で横綱審議委員会委員長を務めた**高橋義孝**、哲学者の**山崎正一**、アメリカ文学の**川内野三郎**、近現代ロシア史の**石井規《のり》衛《え》**、江戸文化史が専門で江戸東京博物館館長を務めた**竹内誠**、日本近世都市史の**小沢詠美子**、国文学者で中世文学が専門の**安良岡《やすらおか》康作**、やはり国文学者で井原西鶴の研究をした**堤精二**、同じく俳諧について研究した**尾形仂《つとむ》**、古書店主の傍ら日本近代文学を研究した**青木正美**らが卒業生だ。哲学者の**中村雄二郎**は、17年8月に死去した。

　江戸時代史を研究している**大石学**は、NHK大河ドラマ『篤姫』『八重の桜』などの時代考証を担当。時代考証学会の会長でもある。

　内科医で独協学園理事長の**寺野彰**は弁護士でもあり、医師と司法の両方の国家試験に合格した先駆けだ。

## 磯崎憲一郎、羽生善治

　文芸では、09年に『終の住処』で芥川賞を受賞した**磯崎憲一郎**がいる。三井物産に勤務する傍ら小説を書き、15年からは東京工業大教授だ。

　文化人では劇作家、演出家の**福田恒存《つねあり》**がいた。シェイクスピア戯曲の翻訳、演劇上演で知られ、右派系の評論家としても鳴らした。

　写真家の**荒木経惟《のぶよし》**もOBだ。写真家、写真評論家では**桑原甲子雄《きねお》**、映画監督の**安藤達己**もいた。経済ジャーナリストの**須田慎一郎**もOBだ。

小椋 佳

　作詞・作曲家、シンガーソングライターの**小椋佳**の知名度が高い。『シクラメンのかほり』『愛燦燦』など多くのヒット曲を作った。

　作曲家、音楽教育者の**市川都志春**がいた。長唄家元の**杵屋弥佶**とピアニストの**川崎翔子**、それに観世流能楽師の**坂真太郎**は、それぞれ東京芸大音楽学部に進学して芸を磨いた。

　**高橋大海**はオペラ歌手で、元東京芸大教授・音楽学部部長だ。篆《てん》刻《こく》家の**北川博邦**、水彩画の**大沢凡**

魚、絵本作家の**加藤晃**もOBだ。

将棋界で96年、史上初めての7冠制覇を成し遂げた**羽生善治**は、都立富士森高校に通っていたが将棋に打ち込んだために出席日数が足らず、上野高校通信制に移り卒業した。

18年2月には将棋界で初めての国民栄誉賞を受賞している。

**神田順治**は東大教授、東大硬式野球部監督、野球規則委員会委員長などを務め、野球に関する多数の著書を残した。

## キッコーマン・茂木も

経済界では、キッコーマンのトップを1995年から続け、現在は名誉会長・取締役会議長の**茂木**《もぎ》**友三郎**《ゆうざぶろう》がいる。同社は千葉県野田市が発祥の地で、醸造家8家が合同した会社。友三郎は8家の中の茂木家出身だ。

友三郎は、野田から往復5時間をかけて毎日、上野高校に通学した。もう1人、往復6時間をかけて通学する生徒がいたが、「私と彼だけが3時間目終了と同時に弁当を広げることを許されていた」(日本経済新聞12年7月17日朝刊「私の履歴書」)という。

茂木友三郎

**渡辺滉**(三和銀行)、**神林留雄**(NTTデータ)、**本田勝彦**(日本たばこ産業)、**岡素之**(住友商事)、**海輪誠**(東北電力)、**宇田川憲一**(東ソー)、**大谷邦夫**(ニチレイ)、**昼馬**《ひるま》**敏男**(電気化学工業)らも卒業生だ。

政治家では、民進党の衆院議員で、国土交通相などを歴任した**馬淵澄夫**がOBだ。馬淵は17年10月の衆院選で落選した。

**北島敬介**は検事総長を務めた。

芸能界では、昭和時代に活躍したコメディアンの「デン助」こと**大宮敏充**、旅番組などによく出演した俳優の**渡辺文雄**が旧制時代の卒業生。

『赤ひげ』『おくりびと』など多数の映画やテレビドラマに出演している**山崎努**は定時制卒だ。

女優では、**浅野温子**、**鈴木杏樹**がOGだ。落語家の**6代目柳家小さん**もいる。

タレントで料理愛好家の**平野レミ**は中退し、文化学院に進んだ。

# 麻布高校

自由闊達な校風で知られる名門私学の典型

◉私立・東京都港区

１８９５（明治28）年に、幕臣で殖産興業と教育事業に尽くした江原《えばら》素六《そろく》により設立された。戦前から比較的裕福な家庭に育った男子を集めた私立学校である。5年制の旧制麻布中学から、学制改革後に6年制の完全中高一貫教育校になった。

校則も制服もない。文化祭や運動会はすべて生徒の自主性に任されている。

校是は「自由闊達、自主自立」であるが、確かに他に類例を見ないくらい自由でのびのびとした教育を貫いている。

教師の出勤時間も決められていない。日本の名門私学の典型であり、英国のイートン校やハロー校にたとえられる。

同じ東京にあり、東京大合格者数でトップを続けている私立開成高校とはよく比較される。

開成高校は東京北部の下町・荒川区にあり、生徒は商店主や中小企業経営者の息子が多い。埼玉県や千葉県から通学してくる生徒もいる。

一方、麻布高校は都心にあり、東京南部・西郊の住宅地や神奈川県の高級サラリーマン家庭やインテリ家庭の息子がそろう。勉強に偏らず、何らかの趣味や特技を持っている生徒が多い。

新制高校になってからも１９５４（昭和29）年以降、東京大合格者の高校ランキングでベスト10から漏れたことがない。国公立、私立をつうじて最長ベスト記録だ。

２０１８年の大学入試では現役、浪人合わせ、東大に98人が合格し、高校ランキングで開成高校、筑波大附属駒場高校に続く3位だった。京都大には16人、東京工業大には17人、一橋大には14人が合格している。

## 芥川賞、直木賞作家が5人

麻布高校の真骨頂は、長ずるに

およんで多彩な分野で活躍した卒業生をたくさん輩出していることにある。

　芥川賞受賞作家は**吉行淳之介**、**北杜夫**、それに1999年に受賞した**藤野千夜《ちや》**と、3人いる。

　直木賞も、**山口瞳**と**神吉《かんき》拓郎**の2人が受賞している。

　作家では、さらに**広津和郎《ひろつかずお》**、精神科医でもある**なだいなだ**、**福田善之**なども卒業生だ。脚本家・演出家では**倉本聰**がいる。

　画家では、旧制麻布中学の草創期に、日本近代美術史に名を残す**青木繁**が籍を置いていたことがある。旧制時代にはやはり、洋画家で文化勲章受章の**岡鹿之助**がいる。

　旧制の1945〜6年頃は敗戦後のどさくさで、繰り上げ卒業なども行われた。このあたりでは、俳優の**牟田悌三《むたていぞう》**、**フランキー堺**、文学座代表を務めていた**加藤武**、**仲谷昇**、俳優小劇場の中心的存在だった**小沢昭一**、**神山繁**、作曲家の**内藤法美《つねみ》**、それに前述のなだいなだなどが同学年か1年違いで在校していた。

　さらに、俳優の**永井智雄**、俳優・声優の**久米明**、映画監督の**土本典昭**らが出ている。

## 小沢の不等式

　学者では、数理物理学者で名古屋大教授の**小沢正直《まさなお》**に、ノーベル物理学賞受賞の期待がかかっている。「小沢の不等式」を発表し、それが12年に実験により証明されたからだ。

小沢昭一

　小麦の遺伝子などを研究した**木原均**は旧制麻布中の明治時代の卒業生で、文化勲章を受章している。

　循環器内科の**矢崎義雄**は国立病院機構理事長などを歴任し、医療情報システムの構築について尽力した。

　**高木邦格《くにのり》**は医師業に留まらず病院や大学経営に手腕を発揮、95年に国際医療福祉大学の創設理事長になった。

　**春日雅人**は糖尿病の研究でベルツ賞を受賞、国立国際医療センター理事長を務めている。

　文系では「自由と規律」を説いた**池田潔**が、旧制麻布中学を4年次終了後に英独の大学で学んだ。

古代ローマ史の**弓削達**《ゆげとおる》、言語学の**野元菊雄**、アメリカ現代史の**油井大三郎**、国際政治学が専門でテレビのコメンテーターとしてよく登場する**藤原帰一**《きいち》、知的財産法の**玉井克哉**、政治心理学の**川上和久**、政治学者でバルカン近現代史を研究している**月村太郎**らも卒業生だ。

マクロ経済学者で東京大教授の**西村清彦**は、08年から13年3月までの間、日本銀行副総裁を務めた。

**宮台真司**は社会学者で、サブカルチャーに詳しい。

出版編集者では、昭和期のカリスマ編集者**斎藤十一**、岩波書店社長をした**山口昭男**と**岡本厚**、インターネット電子本などにも積極的な編集者**松田哲夫**、週刊少年ジャンプの編集長をした**西村繁男**らがOBだ。

## 堤義明ら大企業トップも

経済界で活躍した卒業生も数多い。財界トップには、経済同友会代表幹事をした**中山素平**《そへい》（日本興業銀行）と、日本商工会議所会頭をした**稲葉興作**（石川島播磨重工業）が就いている。

元職と現職が交じるが、大企業で社長・会長などトップを経験した人物を挙げてみよう。

**石田礼助**（三井物産、国鉄）、**内田信也**（鉄道大臣、明治海運）、**岡田俊雄**（大阪商船三井船舶）、**宮森和夫**（丸善石油）、**八尋俊邦**（三井物産）、**畠山清二**（荏原製作所）、**羽佐間重彰**（フジサンケイグループ）、**住田良能**《ながよし》（産経新聞社）、**関沢義**《ただし》（富士通）、**堤義明**（西武鉄道）、**中原伸之**（東燃）、**三木繁光**と**玉越良介**（三菱ＵＦＪ　Ｆ　Ｇ《フィナンシャルグループ》）、**植村裕之**（三井住友海上火災保険）、**浜口道雄**（ヤマサ醤油）、**福井威夫**（本田技研工業）、**石津進也**（旭硝子）、**氏家純一**（野村ＨＤ《ホールディングス》）、**安田新太郎**（ＵＦＪ信託銀行）、**古川享**（マイクロソフト日本）、**張本邦雄**（ＴＯＴＯ）、**小林健**（三菱商事）、**大西洋**（三越伊勢丹ＨＤ）、**馬田一**（ＪＦＥＨＤ）、**浅野茂太郎**（明治ＨＤ）、**岡谷篤一**（岡谷鋼機）、**大橋徹二**（コマツ）、**森川宏平**、**佐藤康博**（みずほＦＧ）、**吉原毅**（城南信用金庫）らが卒業している。

## 気骨ある官僚OB

政治家では、**橋本龍太郎**と**福田康夫**の2人の首相が卒業生だ。さらに、元職、現職でお馴染みの政治家がたくさん出ている。

元自民党総裁の**谷垣禎一**、「たちあがれ日本」の代表などを務めた**平沼赳夫**、平沼と麻布高校同期で財務相や官房長官などを歴任した**与謝野馨**（17年5月死去）、自治相などをした**佐藤観樹**、財務相などをした後に自殺した**中川昭一**、中川と同期で環境相をした**鈴木俊一**、厚生相などをした**丹羽雄哉**、橋本龍太郎の弟で高知県知事を務めた**橋本大二郎**、経済産業事務次官のあと現大分県知事の**広瀬勝貞**らだ。

橋本龍太郎

キャリア官僚OBには、退官後も古巣の役所の応援を続ける「過去官僚」と、退官後は霞が関や官僚批判に走る「脱藩官僚」の2種類がいる。

後者の立場を貫いて評論家になっているのが、経済産業省出身の**古賀茂明**だ。

もう1人、気骨ある官僚OBとしては元文部科学事務次官の**前川喜平**がいる。加計学園による獣医学部新設問題で「行政がゆがめられた」と告発し、17年以来、安倍内閣を揺るがす大きな政治疑惑となった。

福田康夫

法曹界では、旧制時代の卒業生に検事総長を務めた**前田宏**がいる。

**湯浅卓**は米国ワシントンDCの弁護士資格を持つ。ホリプロに所属しており、テレビによく登場するタレントの一員でもある。

裁判官出身の弁護士である**森炎**《ほのお》は『司法殺人』など、裁判についての一般の人にもわかりやすい著作物を次々と上梓している。

**今村核**は「冤罪弁護士」の異名を取る。日本の刑事裁判の有罪率は99・9％だが、今村は17年までに14件の無罪判決を勝ち取っている。この数字は、弁護士仲間からは「考えられない件数だ」と驚嘆されている。

森も今村も麻布高校から東大法学部に進んだ。

# 開成高校

## 東大合格者トップを独走する中高一貫の男子校

◉私立・東京都荒川区

東京大合格者ランキングで圧倒的なトップを誇る進学校だ。東大合格者は1982～2018年春の入試まで、37年連続してトップを続けている。

18年春の東大合格者は現役、浪人合わせて175人で、2位の国立筑波大学附属駒場高校（東京都世田谷区）の109人を大きく引き離している。

さらに京都大10人、東京工業大、一橋大に各9人、私立大は延べで、早稲田大230人、慶応大177人だ。

中高一貫の6年制男子校である。中学で300人が入学、高校で100人が加わる。

戦中から戦後の60年代にかけて開成は、目立った進学校ではなかった。都内北部の荒川区という土地柄から浅草や上野の商店主の息子や、千葉、埼玉県から通う生徒が多い、下町の学校だった。

だが、70年代に入ると開成は、東大合格者ベスト10の常連校になっていく。

教育の基本理念は、「開物成務《かいぶつせいむ》」「ペンは剣よりも強し」「質実剛健」「自由」の四つだ。この精神が150年弱の校歴に貫かれている。

校風を慕って親子、兄弟が開成出身というOBも多い。

同校のルーツは1871（明治4）年創立の「共立学校」である。

米国帰りで、のちに首相、日銀総裁になる高橋是清《これきよ》が校長の座につき基礎が固まる。

大学予備門（のちの旧制一高）への進学者のための受験予備校、というのが共立学校の特色となった。1891年に尋常中学共立学校と改組された。

### 前身は「共立学校」

『坂の上の雲』（司馬遼太郎）の主人公である**正岡子規**と**秋山真之**は、旧制松山中学（現愛媛県立松山東高校）を中退し、上京して共立学校で英語などを学び、大学予備門に進んだ。

共立学校の卒業生では、文化勲章の受章者も出ている。

初代の受章者である物理学者で大阪大総長の**長岡半太郎**、中国文学の**狩野直喜**、金属学の**俵国一**、評論家・ジャーナリストの**長谷川如是閑**《にょぜかん》、有機化学者で阪大総長の**真島利行**、細菌学の**稲田龍吉**の6人だ。

共立学校に通った人物では他に、作家の**島崎藤村**、社会運動家の**堺利彦**、英文学の**馬場孤蝶**と**平田禿木**《とくぼく》、画家の**黒田清輝**、地震学の**大森房吉**、民俗学の**南方熊楠**《みなかたくまぐす》、早大総長の**高田早苗**などもいた。

柳田国男

明治の一時期、「東京府立」に移管され、これを機に校名を「開成」に変えた。しかしすぐに「私立」に戻り、戦後の学制改革に伴い6年制の中高一貫校になった。

旧制中学校以降の文化勲章受章者は、民俗学の**柳田国男**、地質学の**矢部長克**、建築学者で東大総長の**内田祥三**、歌人・精神科医の**斎藤茂吉**、建築学の**吉田五十八**《いそや》、哲学の**田中美知太郎**、地震学者で初代気象庁長官の**和達清夫**の7人だ。

蜷川幸雄

新制卒では、2010年に演出家の**蜷川**《にながわ》**幸雄**が受章している。創立以来の文化勲章受章者は、合計して14人を数える。

文化勲章受章者は日比谷高校卒業者が23人でトップで、開成は2番目。3番が京都府立洛北高校で、11人だ。

文学や芸術の分野では、他にも多くの著名人がいる。

作家では、緻密な取材と主観的な感情表現を省いた文体が特徴の小説家**吉村昭**や、**中村真一郎**、**福永武彦**、**きだ・みのる**がOBだ。

**松浦寿輝**は芥川賞を、**逢坂剛**は直木賞を受賞している。

『星の王子様』（サン・テグジュペリ）の翻訳で知られる仏文学の**内藤濯**《あろう》もいた。

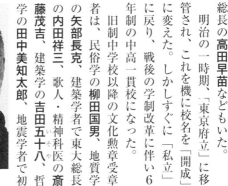

## 宏池会会長・岸田文雄

官僚の頂点に立っている大蔵・財務事務次官に、開成高校から計5人が就任している。

１９４９年に事務次官制度ができて以降の大蔵・財務事務次官で開成出身は、旧制卒の**舟山正吉**、**石田正**、それに新制卒の**武藤敏郎**、**丹呉泰健**《たんごやすたけ》、**香川俊介**だ。

大蔵・財務事務次官を出身高校別に見ると、トップは東京都立日比谷高校（前身の東京府立第一中学卒を含む）の7人、2番目は都立戸山高校（前身の府立第四中学卒を含む）と開成の各5人だ。

現在活躍中の政治家では、外相のあと自民党政調会長で、派閥・宏池会会長の**岸田文雄**がいる。岸田は18年9月の自民党総裁選に立候補しないことを表明している。

自治官僚出身で鳥取県知事の**平井伸治**もＯＢだ。

## 3大財閥のトップ

経済界にも、多数の卒業生を送り込んでいる。

戦前、戦中に3大財閥の指導者になった人物がいた。三菱本社理事の**加藤恭平**、三井物産社長、三井総元方理事長を務め戦後に蔵相に就いた**向井忠晴**、住友本社理事で住友化学工業社長を務めた**大屋敦**だ。

現職も交じるが、大企業でトップを務めた人物を挙げよう。

**種田虎雄**（近畿日本鉄道）、**千金良宗三郎**（三菱銀行）、**岩本常次**（北海道電力）、**岩佐凱実**《よしざね》（富士銀行）、**井上薫**（第一銀行）、**大木直正**（佐世保重工業）、**伊部恭之助**（住友銀行）、**中島迪男**《みちお》（シチズン時計）、**加賀見俊夫**（オリエンタルランド）、**五味康昌**（三菱ＵＦＪ証券）、**松井正俊**（松井証券）、**手島達也**（東邦亜鉛）、**水野誠一**（西武百貨店）、**利根忠博**（埼玉りそな銀行）、**松井秀文**（アフラック）、**畑中誠**（東京建物）、**堤殷**《ただす》（東洋水産）、**佐藤慶太**（タカラ）、**丸山康幸**（フェニックスリゾート）、**石井茂**（ソニーフィナンシャルＨＤ）、**加藤丈夫**（富士電機）、**武藤信一**（伊勢丹）、**石塚邦雄**（三越）、**村田誉之**《よしゆき》（大成建設）、**松本大**（マネックス証券）、**岩瀬大輔**（ライフネット生命）、**関根正裕**（商工組合中央金庫）らが卒業生だ。

## 医学界で活躍

学者・研究者では、整数論が専

門の数学者で上智大学長を務めた**守屋美賀雄**《みかお》がいた。

**長尾健太郎**は、開成創立以来の天才といわれた数学者だ。国際数学五輪に開成中3年時から4回出場し、中3で銀を、高校3年間で連続して金メダルを獲得した。

東大理学部数学科から京大大学院を経て英オックスフォード大に留学したが、がんが全身に転移し、13年10月に31歳で死去した。

医学者もたくさんいる。

小児科学の**柳沢正義**、先端応用外科医で臓器移植に広く用いられる免疫抑制剤の研究をした**落合武徳**、脳神経外科医で独立行政法人医薬品医療機器総合機構理事長の**近藤達也**、心臓病の臨床医で自治医科大学長の**永井良三**、産業医科大学長の**東敏昭**、認知行動療法の第一人者**清水栄司**、アンチエイジングの大家で「男性医学のパイオニア」といわれる**熊本悦明**、免疫学が専門で千葉大学長の**徳久剛史**らもいる。

日本医師会会長を25年間も務め、開業医の利益を代弁した**武見太郎**、大正天皇の侍医を務めた**山川一郎**もいた。

昭和時代に、慶応義塾の塾長（理事長兼慶応義塾大学長）を2人出している。西洋経済史の**高村象平**が11代塾長、仏文学の**佐藤朔**が13代。2人とも慶応大卒だ。

久保利英明

西洋史学の**大類伸**《おおるいのぶる》、中国文学の**奥野信太郎**、哲学の**戸坂潤**、社会経済史の**小松芳喬**《よしたか》、イタリア文学の**野上素一**、統計学の**林知己夫**、国語学の**大野晋**《すすむ》、アメリカ史の**猿谷要**、社会学の**橋爪大三郎**らが卒業生だ。

法学では、労働法の**末広厳太郎**、法学の**平野義太郎**、商法が専門で創価大学長を務めた**小室金之助**らがOBだ。

法曹界に進んだ卒業生では、**久**《く》**保**《ぼ》**利英明**の知名度が高い。久保利はビジネス弁護士の草分けで、大型倒産事件や総会屋対策などで活躍している。

読売新聞グループの総帥で「ナベツネ」の通称で知られる**渡辺恒雄**が、旧制卒だ。「メディア界のドン」といわれる。

宮沢喜一らを出した「私立御三家」の一つ

# 武蔵高校

◉私立・東京都練馬区

麻布、開成高校と共に東京の「私立御三家」の一角を占めてきた。「自ら調べ自ら考える力ある人物」を「三理想」の一つとして掲げ、英国のパブリックスクールを参考にしており、制服もない。「自由と規律」を重んじる校風だ。

東京の西郊にある。武蔵大学と共有するキャンパスは広大で、自然が多く残り武蔵野の面影を感じさせる。

前身は、1922（大正11）年に開校された武蔵高等学校。七年制の旧制男子高校だ。創立者は根津財閥初代総帥の根津嘉一郎《かいちろう》だ。

七年制高校は戦前、植民地の台湾を含め計9校設置された。官立の東京高校が最初にできたが、私立4校（武蔵、甲南、成蹊、成城）のうちでは武蔵が最初だった。戦後の学制改革で七年制は廃止されたため、旧制武蔵高校が存在していた期間は二十数年にすぎない。

## 政・官に人材を排出

旧制時代の武蔵を代表する人物といえば、首相を務めた**宮沢喜一**だろう。宮沢は武蔵尋常科・高等科を経て、東大法学部―大蔵省へと進んだ。

政治家では、厚相などをした**下条進一郎**、元首相・宮沢の実弟で法相などをした**宮沢弘**、郵政相などをした**唐沢俊二郎**らがいた。新制卒では防衛庁長官などをした**斎藤斗志二**がOBだ。

旧制卒で文相をしたのは、**永井道雄**と**有馬朗人**だ。永井は民間人として、有馬は参院議員として入閣した。2人とも旧制中学を卒業後に武蔵・高等科に入ってきた。

永井は教育社会学者で、旧制東京高等師範学校附属中学（現筑波大学附属中・高校）を出たのち武蔵にきた。有馬は物理学者で東大総長を務めた。俳人としても知られている。旧制静岡県立浜松一中（現浜松北高校）卒だ。

経済学者の**恒松制治**は、島根県知事、独協大学長をした。

官僚では大蔵省出身で博報堂の社長をした**近藤道生**がいる。旧制神奈川県立小田原中学（現小田原高校）から武蔵にきた。外務官僚では**新関欽哉**が駐ソ連、駐インド大使などを歴任している。

経済企画事務次官をした**大堀弘**は共同石油、電源開発のトップに就き、大堀の6年後に同次官になった**高島節男**は三井金属のトップになった。2人とも通産官僚出身。日本貿易振興会理事長をした**畠山襄**も通産官僚出身だ。

**武安義光**は科学技術事務次官を、**加藤威二**は厚生事務次官を、**増田好平**は防衛事務次官を務めた。

日銀マンでは、旧制卒で調査畑が長く、マクロ経済分析の**吉野俊彦**がいた。エコノミストの傍ら森鴎外の研究でも知られた人物だ。

**中曽宏**は日銀副総裁を務めたあと、18年7月から大和総研理事長をしている。

## 東武鉄道の2代目も

経済界では、**佐波正一**と**西室泰三**の2人が東芝社長を務めた。西室はその後、東京証券取引所会長兼社長、日本郵政社長を務めたが、17年10月に死去している。

西室は、政財界で強い影響力を発揮した一方で、東芝の不正会計問題に端を発して倒産の危機を招いた責任を問う声も上がった。

宮沢喜一

武蔵学園の創立ファミリーで東武鉄道中興の祖である**2代目根津嘉一郎**、その長男で東武百貨店前社長・現会長の**根津公一**（現武蔵学園理事長）、二男で東武鉄道社長の**根津嘉澄**《よしずみ》はそろって武蔵卒だ。嘉澄は東京スカイツリー事業を成功させ、東京の新名所になった。

ソニー・ミュージックエンタテインメントのトップをした**盛田昌夫**は、ソニー創業者の盛田昭夫（愛知県立愛知一中・現旭丘高校卒）の二男だ。

さらに旧制卒では、**三ツ本常彦**（新日本証券）、**松葉谷誠一**（三井東圧化学）、**佐々木陽信**（日本鉱業）、**宍生方泰二**（石川島播磨重工業）、**宍道一郎**（日本ビクター）、**福岡成忠**

（ニコン）、**川崎誠一**（三井信託銀行）、**服部邦雄**（ブリヂストン）らがいた。

## 「はやぶさ2」の責任者

新制になってからは、現職も交じるが、**島田精一**（日本ユニシス、住宅金融支援機構理事長）、**四方浩**（群馬銀行）、**佐藤正敏**（損保ジャパン）、**大塚紀男**（日本精工）、**瀬戸欣哉**（LIXILグループ）らが企業トップ経験者だ。

臨床遺伝子治療学の**森下竜一**は、創薬企業「アンジェスMG」を設立。2002年に東証マザーズに株式上場させ、バイオブームの先駆けとなった。

皮膚科医師の**城野親徳**《よしのり》は、基礎化粧品を開発販売する「ドクターシーラボ」を設立し、東証一部に上場させた。

学者・研究者を多数、輩出している。まずは、ノーベル医学生理学賞受賞の期待がかかる気鋭の学者を2人、紹介しよう。

細胞生物学者でオートファジー（細胞の自食作用）の研究をしている東京大医学部大学院教授の**水島昇**は、専門学会から多くの賞を受賞、論文が世界の学者から多数、引用されている。

筑波大医学医療系教授・テキサス大教授で分子行動科学が専門の**柳沢正史**は、睡眠・覚醒の謎に迫る研究で、国際的な評価がすこぶる高い。

文化勲章の受章者が3人いる。細菌学者で国産初の抗生物質カナマイシンを発見した**梅沢浜夫**、農芸化学者の**田村三郎**、それに前述の有馬朗人だ。

国中 均

文化功労者に選定されている卒業生は、レーザー分光学の**霜田光一**、日本のコンピューター発展のパイオニアである**高橋秀俊**、分子光化学で東京工業大学長をした**田中郁三**らだ。

宇宙航空研究開発機構宇宙科学研究所長の**国中均**は、14年12月3日に打ち上げた「はやぶさ2」で、プロジェクトマネージャー（責任者）を務めた。「はやぶさ2」は、2020年冬に地球に帰還する予定だ。

数学者になった卒業生が多い。**岩沢健吉**、**木村達雄**、**速水謙**、**有木進**、**宇沢達**、**藤原一宏**、**武部尚志**、**岩田覚**らを挙げられる。

光量子物理学が専門の東大理学部長**五神《ごのかみ》真**は、15年4月から東大総長だ。有機化学者の**小林修**は、国内外を問わず専門学会から多くの学術賞を受賞している。

電気工学者の**原島文雄**は東京電機大学長、首都大学東京の学長をした。計算機科学者の**和田英一**は、漢字フォントやキーボードの開発をした。宇宙物理学者で名古屋大学長をした**早川幸男**、数理物理学の**戸田盛和**らもOBだ。

政治学では、18年11月から早稲田大総長に就く**田中愛治**、アメリカ政治の**久保文明**、日本近代政治史の**季武《すえたけ》嘉也**がいる。経済学では、マクロ経済学の**小野善康**、マルクス経済学の**桜井毅**、統計経営学の**吉田耕作**、経営学の**武石彰**らだ。

法学者では**正田彬**（経済法）、**松田浩**（憲法学）、**水野忠恒**（租税法）、**島田聡一郎**（刑法）らがOBだ。

歴史では、考古学の**佐原真**、日本中世史が専門の**本郷和人**らが卒業している。

## 芥川、直木賞作家が3人

芥川賞受賞者が2人いる。**柴田翔**が『されどわれらが日々――』で、**大岡玲**が『表層生活』で受賞している。**景山民夫**は『遠い海から来たCOO』で直木賞をとった。

湯浅 誠

1941年生まれの**法華津《ほけつ》寛**は、12年夏のロンドン五輪で馬術選手として出場した。当時71歳で、日本人では史上最高齢の五輪出場、世界でも2番目だった。

法政大教授で社会運動家としても活躍が目立つのは、**湯浅誠**だ。

武蔵高校は1970〜90年代にかけて毎年度、東大に50〜80人台の合格者を出していた。だが、2000年代に入って、難関大学合格者は激減している。

武蔵高校は大学進学者数は発表しているが、合格者については公表していない。18年春の大学進学実績は現役、浪人合わせ、東京大27人、京都大10人、東京工業大8人、一橋大に4人だ。

ベストセラー作家のシスターなど、各方面で活躍

# 雙葉高校

◉私立・東京都千代田区

都心の四谷駅近くにある。道路を挟んだ真向かいは上智大学だ。

東京には世田谷区に田園調布雙葉があり、さらに横浜雙葉、静岡雙葉、福岡雙葉と「ふたば」を名乗る学校は全国に計5校ある。

５校ともフランスにあるカトリック修道会の「幼きイエス会」が設立母体で、学校法人は異なるが姉妹校だ。

前身の高等女学校の設立時期は、横浜、静岡、四谷、福岡、田園調布という順で、いずれも中高一貫の女子校である。

雙葉高校の前身は、１９０９（明治42）年に設立された雙葉高等女学校だ。さらにそのルーツをさかのぼれば、１８７５年に開校した築地語学校になるという。

私立桜蔭高校（東京都文京区）、私立女子学院高校（東京都千代田区）とこの雙葉は「女子御三家」と呼ばれる。いずれも東京都心にあって校歴が古い名門の「お嬢様学校」で、中高一貫教育が功を奏し、進学実績も群を抜いている。

雙葉高校の２０１８年春の大学合格状況を見ると、現役、浪人合わせ、東京大13人、京都大３人、東京工業大５人、一橋大４人となっている。

私立大には、延べで早稲田大57人、慶応大56人、上智大には41人が合格している。１学年の生徒数は１８０人弱だから、難関大学への合格率はかなり高い。

「徳においては純心に　義務においては堅実に」が校訓で、カトリック精神に基づき全人教育を目指している。

母校出身の**和田紀代子**校長は「真の知性を養い、正しい価値判断のできる良き母、良き社会人、良き国際人を目指している」と言う。

外国語教育が手厚い。中学3年では、英語と並びフランス語を必修にしている。高校の3年間は英語かフランス語が必修で、生徒が

どちらかを選択する。

制服は、胸と背中に錨のマークが入ったセーラー服。これにあこがれて入学してくる生徒も多い。

## 『置かれた場所で咲きなさい』

卒業生でこの数年、注目を浴びたのは1927年生まれのシスター**渡辺和子**だ。12年発刊の著書『置かれた場所で咲きなさい』が、累計で210万部を超えるベストセラーになった。90年近い人生経験に裏打ちされた珠玉の言葉で綴られた内容が、読者の共感を呼んだのだろう。

渡辺和子

渡辺は36年、9歳のときに2・26事件に遭遇した。教育総監だった父・渡辺錠太郎《じょうたろう》（陸軍士官学校卒）が青年将校に襲撃され、銃弾で命を落としたのを1メートルのところで目のあたりにしたという。

雙葉―聖心女子大―上智大大学院と進学し、米ボストンカレッジ大学院に留学して哲学博士になった。36歳の若さでノートルダム清心女子大（岡山市）の学長に就任した。同学園の理事長を務めていたが、16年12月に死去した。

文芸で名を馳せている卒業生では、**川上弘美**がいる。雙葉高校からお茶の水女子大理学部生物学科に進学し、高校の生物の教師になった。96年に『蛇を踏む』で芥川賞を受賞した。

ニューヨーク在住のノンフィクション作家**青木冨貴子**もOGだ。

ジャーナリストの**白河桃子**は、社会学者の山田昌弘（国立東京教育大学附属駒場高校・現筑波大学附属駒場高校卒）とともに「婚活」という言葉を世に広めた。

## 異色の経歴を持つ学者

学者や研究者になった卒業生を見てみよう。

**斎藤加代子**は、東京女子医科大附属遺伝子医療センター所長をしている。患者の遺伝子を調べて患者に適合した治療を実現させようという、まさに先端的な医療に取り組んでいる。

分子生物学の**有賀早苗**は、北海道大大学院教授だ。

細胞生物学が専門で東京大大学

院理学系研究科准教授の**真行寺千佳子**は、02年に「生物のべん毛運動に関する研究」で猿橋賞を受賞した。自然科学分野で顕著な研究業績のあった50歳未満の女性研究者に毎年送られるものだ。

大学の教員といえば、大学―大学院で研究一筋という単線型の経歴の持ち主が多いが、民間企業やNGOで活動して、大学の教員になったという異色の経歴を持つ卒業生がいる。

京都大地球環境学堂准教授の**松本泰子**がその1人だ。上智大英文学科を卒業して英語教師を12年間勤めたあと英国に留学、環境保護のNGOで活動し、この道の専門家になった。オゾン層問題で傑出した業績があったとして米環境保護局から表彰されている。

真行寺千佳子

東京女子医科大の先端生命医科学研究所客員教授の**江上美芽**《みめ》は、社会人としてのスタートは銀行の総合職OLだった。だが、バイオベンチャーの国際連携支援をする会社に転職したことをきっかけに、国際産学連携・知財戦略コーディネーターの専門家となった。

**小堀馨子**《けいこ》は古代西洋の宗教史の研究者、野村資本市場研究所主任研究員の**宮本佐知子**はマクロ経済エコノミストとして多くの論文を書いている。

**寺田朗子**《さえこ》は「国境なき医師団日本」の会長を務めた。99年に「国境なき医師団」がノーベル平和賞を受賞した際にはオスロでの授賞式に日本代表として出席した。

現在はNPO法人「国境なき子どもたち」の会長だ。十数ヵ国で10万人の子どもたちに教育機会を与え、自立を支援している。

雙葉高女卒の**田中千代**は、昭和初期に渡欧して欧米の文化・服装を学び、日本の服飾デザインの礎を作った。皇后美智子をはじめ皇室の衣装の制作に携わった。

茶道家だった**千登三子**《せんとみこ》も旧制卒だ。裏千家15代家元の千宗室（京都市・旧制私立同志社中学・現同志社中高校卒）が夫だ。

## 皇太子夫妻の祖母がOG

皇后美智子は小学校は雙葉だっ

たが、中学から大学まで聖心女子学院で学んだ。実母の**正田富美子**は旧制雙葉高女を卒業している。

一方、皇太子妃雅子は、田園調布雙葉の小中高と進んだが、高校時代に米国に留学し卒業した。祖母の**江頭《えがしら》寿々子《すずこ》**は旧制雙葉高女卒なので、皇太子夫妻の祖母は2人とも旧制雙葉の卒業生ということになる。

**森佳子**は、東京・六本木ヒルズにある森美術館理事長だ。夫は森ビル社長、会長を務めた森稔（神奈川県立湘南高校卒）だ。

音楽では、作曲家・声楽家の**高橋晴美**、『さとうきび畑』などで知られる声楽家の**寺島夕紗子《ゆさこ》**がいる。

映画監督の**砂田麻美**は、自分の父親の最後を看取ったドキュメンタリー『エンディングノート』で話題を集めた気鋭だ。

芸能では、女優の**初代水谷八重子**が雙葉高女卒。2代目八重子（旧名・水谷良重）は、新制雙葉中学を出た後、文化学院に進んだ。

## かたせ梨乃、いとうあさこ

女優の**かたせ梨乃**、タレント・モデルで現在は美容研究家として活動している**朝倉匠子**、幼稚園から高校まで雙葉で聖心女子大を卒業した女優の**村松えり**、やはり幼稚園から高校まで雙葉で日本大に進んだ女優の**真瀬《まなせ》樹里**、ファッションモデルで女優の**KIKI**らもOGだ。

初代水谷八重子

お笑い芸人の**いとうあさこ**が、ブレーク中だ。いとうは小学校から高校まで雙葉で、いわゆる「良いところで育ったお嬢さん」。大学に進学せず芸人になったということでは、雙葉開闢《かいびゃく》以来のことだという。

アナウンサーではNHKの女性アナウンス室長を務めた**山田敦子**と**江崎史恵**がいる。フジテレビ出身のフリーアナウンサー**高橋真麻**もOG。父は俳優の高橋英樹（千葉県・私立市川高校卒）だ。

ホームラン王の王貞治（早稲田実業学校高等部卒）の娘は、3人とも雙葉卒。そのうち次女はスポーツキャスター・野菜ソムリエの**王理恵**だ。

# 桜蔭高校

第一線で働くキャリア・ウーマンが多数

◉私立・東京都文京区

卒業生の３人に１人が東京大に進学する。２０１８年春の大学入試では東大に77人が合格した。全国の高校ランキングでは、栄光学園高校（神奈川県鎌倉市）と並ぶ５位だった。

　１９９４年以来、東大合格者ベスト10の高校に連続して入っている。女子高校としては82年以降、全国トップだ。

　東大の本郷キャンパスから徒歩15分の高台にあり、この意味でも、東大に最も近い女子校といえる。

　女子学院高校、雙葉高校と共に東京の「女子御三家」に数えられている。

　ルーツは１９２４（大正13）年に、東京女子高等師範学校（現お茶の水女子大）の同窓会「桜蔭会」が創立した桜蔭女学校だ。26年に５年制の桜蔭高等女学校となり、戦後の学制改革で桜蔭中学・高校となった。

　高校募集をしない完全中高一貫の女子校だ。１学年は５クラスで計約２３０人。教員86人の内、９割が女性だ。桜蔭高校の卒業生が、そのうち３割ほどを占める。

　生徒の６割強は理系に進む。医学部医学科への進学者も多く、18年春は国公立大医学科に42人が合格した。東大医学科に進学できる理科Ⅲ類の合格者は８人で、全国４位だった。

　18年春の大学入試では、さらに、京都大３人、一橋大４人、東京工業大３人の合格者を出している。

## 「東大に最も近い女子高」

　校訓は「勤勉・温雅・聡明であれ」「責任を重んじ、礼儀を厚くし、良き社会人であれ」だ。

　教室の黒板が四つもあることが、普通の高校とは異なる。前方の大きな黒板の他、廊下側のサイド黒板と二つの移動式黒板が置かれている。

　数学、英作文、理科などの授業

では、休み時間に生徒が問題の解答を書き込んでおく。前の授業時にあらかじめ、先生が問題を割り当てておくのだ。

とはいえガリ勉ではない。中1から高2まではクラブ活動が必修だ。遅くまで補習授業を行っているかといえば、これまたそうではなく、クラブ活動をして全員が午後5時には校門を出る。

OG校長の**斉藤由紀子**は、「宿題はたくさん出すし、予習は当たり前。しかし、ダラダラはご法度。うちの生徒は時間管理が上手になる」と胸をはる。

生徒は、首都圏の比較的裕福でインテリ家庭の娘が多い。桜蔭中学の入試偏差値は、全国でトップ5に入る。男子校と遜色はない。「女の園」ではあるが、「女子だから」という甘えはまったくない。

高い知能を要求される分野で自己実現を図り、社会の第一線で活躍する卒業生が増えている。

14年に卒業生にアンケート調査（3230人が回答）をしたところ、44％が継続して仕事をしていることがわかった。40歳代では約60％という結果が出ている。

## 小林秀雄賞を受賞

学者・研究者では、日本近代史が専門で論壇への寄稿も多い東大教授の**加藤陽子**が卒業生だ。10年に小林秀雄賞を受賞した『それでも日本は「戦争」を選んだ』は、一般の人にも広く話題を呼んだ。

加藤陽子

東大教授で科学技術社会論の**藤垣裕子**は、日本の大学の研究力が低下していることを嘆いている。

日本語学者でアクセント史の研究者**秋永一枝**は、17年9月に死去した。早稲田大で教授を務めた。

医学界では、旧制卒で細菌学の**五島瑳智子**がいた。精神障害を漢方で治す研究を続けた**田中朱美**、分子生物学の**都河《とがわ》明子**、精神科医で衆院議員として児童虐待防止法改正などに携わった**水島広子**も卒業生である。

法曹界では、東大在学中に司法試験に合格した**土井香苗**と**松山遥**がOGだ。土井は、難民の人権保護などに取り組む国際人権NGO

「ヒューマン・ライツ・ウォッチ」日本代表で、弁護士。松山は裁判官をやめ弁護士になった。

## 社会奉仕家から国会議員まで

社会奉仕家では、旧制卒の**北原怜子**《さとこ》がいた。東京・台東区にあった廃品回収業者の居住地だった通称「蟻《あり》の街」でキリスト教の教義に基づき献身的な活動を展開、「蟻の街のマリア」と呼ばれる。58年に28歳で死去した。

**白井智子**は不登校の子どもたちを支援するNPO法人「トイボックス」の代表理事だ。東大法学部卒後に松下政経塾に入り、東日本大震災発生後には福島県南相馬市で支援活動を行った。

政治家では、参院議員で少子化・男女共同参画担当相を務めた

北原怜子

**猪口邦子**が、桜蔭高校から米マサチューセッツ州コンコードアカデミー高校に留学し、上智大学に進んで政治学者になった。

現職の国会議員では、通産官僚出身で自民党衆院議員の**山田美樹**がいる。

厚生官僚出身の衆院議員**豊田真由子**は、秘書に暴力をふるい暴言を浴びせたことが発覚、自民党を離党した。17年10月の衆院選では無所属で出馬したが落選。

山田、豊田とも東大法学部卒で、12年12月の衆院選で初当選した。

官僚では、経済産業省の**宗像直子**がいる。同省で女性として初めての局長職である貿易経済協力局長に就任したあと、15年7月からは首相秘書官に抜擢《ばってき》された。

女性の首相秘書官は山田真貴子（東京学芸大学附属高校卒、その後、総務省情報通信国際戦略局長など）に続き2人目だった。宗像は17年7月、特許庁長官に就任した。

## 水森亜土、菊川怜も

ビジネスでは、ソーシャルメディアマーケティングの「トレンダーズ」を創業し、12年10月に東証マザーズに株式上場した**経沢**《つねざわ》**香**《か》**保**《ほ》**子**《こ》がいる。

企業の商品やサービスについて、2万人の女性ブロガーにブログやフェイスブック、ツイッターなど

のソーシャルメディアで体験談として発信してもらう、一種の広告会社だ。

経沢は14年には退任し、新たにベビーシッターサービスの「キッズライン」を創業した。

**谷口玲子**は、江戸時代の天保年間に創業した京都市中京区の老舗旅館・三木半旅館の女将だ。

文芸では、**篠原一**《はじめ》が桜蔭高校在学中に、当時としては最年少（17歳）で文学界新人賞を受賞した。

詩人の**井坂洋子**は83年に『ＧＩＧＩ』で、「詩壇の芥川賞」といわれるＨ氏賞を受賞するなど、多くの賞を受賞している。１９８０年代から90年代にかけて、女性詩人のイメージを革新した。

旧制卒では、児童文学作家の**乙**《おつ》**骨**《こつ》**淑子**《よしこ》、詩人・翻訳家の**多田智満子**がいた。フリージャーナリストの**浅野素女**《もとめ》はフランス在住だ。

イラストレーター、歌手、女優、作家などマルチな才能を発揮している**水森亜土**《あど》、書家の**土橋靖子**《つちはしやすこ》もＯＧである。

音楽では、**吉村七重**が古典箏曲と共に二十弦箏を手がけ、日本を代表する演奏家として世界を駆け巡って公演している。

ソプラノ歌手の**長島伸子**、音楽評論家の**室田尚子**、フラメンコ舞踊家の**田中郁代**もいる。

猪口邦子

芸能界では、東大工学部建築学科に在学中からモデルや女優として話題を集めた**菊川怜**がいる。テレビドラマや司会、ＣＭなどで現在活躍中だ。

タレントの**三浦奈保子**は東大文学部ドイツ文学科卒で、準ミス東大に選ばれている。気象予報士でもある。

文学座所属の女優、劇作家の**山**《やま》**谷**《や》**典子**、女優、歌手の**楠城華子**《なんじょうはなこ》、東大卒のタレント**松江由紀子**、旧制卒の女優**野村昭子**もいる。旧制卒で宝塚出身の女優には、**東郷晴子**もいた。

メディア関連では、ＮＨＫのベテランアナウンサー**黒崎めぐみ**がいる。**橋詰尚子**《ひさこ》は気象キャスターだ。**鈴木あやの**は水中写真家で、イルカと一緒に泳ぐ姿を映像に収めるドルフィンスイマーだ。

親子、兄弟がそろって卒業生というケースも多い

# 筑波大学附属高校

◉国立・東京都文京区

教員を養成する学校は戦前、師範学校といった。東京にある師範学校の付属校として歴史を刻んできたのが、筑波大学附属高校だ。

創立は１８８８（明治21）年。親に当たる大学の名称が、高等師範―東京高等師範―東京教育大学―筑波大学と変遷したことによって、附属校の名前もその都度、改称されてきた。

戦後の学制改革で東京教育大学附属小学・中学・高校となり、男女同数の共学校に変わった。校地は文字どおり東京の文教地帯にあり、明治時代から平成に至るまで都心に住む中産階級、インテリ家庭の子弟が入学してきた。

自由闊達な校風を貫いてきた。略称は「附属」だ。

難関大学への合格実績はすこぶる高く、１９７１（昭和46）年などは東京大に１２５人も合格させトップだった。

都立高校で学校群制度が導入されたのが67年度であり、都立を嫌った優秀な生徒がこちらの高校に集まってきたことを反映している。

ただし、最近は低迷している。18年春の大学入試では現役、浪人合わせて、東京大38人、京都大４人、東京工業大５人、一橋大６人だった。

## 鳩山一郎、美濃部亮吉

親子、兄弟がそろって「附属」出身というケースが多く見られる。

三菱東京ＵＦＪ銀行（現三菱ＵＦＪ銀行）のトップを務めた**畔柳**《くろやなぎ》**信雄**《のぶお》などは、兄弟５人全員が、小学校から高校までこの「附属」で学んだ。

明治時代には作家の**永井荷風**《かふう》が

永井荷風

卒業している。文化勲章の受章者は、永井のほかインド哲学の**中村元**、原子物理学者の**菊池正士**の計3人が出ている。

　首相経験者としては、ソ連との国交回復を実現させた**鳩山一郎**がいた。

　政治家は他に、東京都知事の**美濃部亮吉**、参院議長をした**斎藤十朗**、民主党1の財政通で財務相をした**藤井裕久**、広島市長をした**秋葉忠利**らが卒業している。

　女性の政治家が2人いる。大蔵省で女性として初めて主計

鳩山一郎

局主計官（防衛担当）に就き、自民党の衆・参院議員となった**片山さつき**と、通産官僚出身で外相などを務めた自民党参院議員の**川口順**《より》**子**《こ》だ。

　日銀総裁の経験者が3人出ている。日銀総裁になった人物の出身高校としては最多だ。いずれも戦前の旧制東京高等師範附属中学出身で、第16代の**渋沢敬三**、20代の**山際正道**、25代の**澄田智**だ。

　3人のうち、山際と澄田は大蔵事務次官経験者でもある。「附属」出身の大蔵事務次官としてはさらに**石原周夫**《かねお》と**篠沢恭助**がおり、計4人となる。

　駐米大使としては、プロ野球のコミッショナーもした**下田武三**や、**東郷文彦**がいた。**杉山晋輔**は18年1月から駐米大使だ。

## 三菱グループのトップ

　財界のリーダーになった卒業生が2人いる。鹿島建設のトップを務め、日本商工会議所会頭をした**石川六郎**がOBだ。

　**諸井貫一**は秩父セメントの3代目社長となった。日本経営者団体連盟（日経連）の初代会長、経済同友会では初代の代表幹事をした。

「附属」卒には三菱財閥の一族や、岩崎家の末裔ではないが旧三菱銀行がメーンバンクになっている大企業のトップを務めた人物が多い。

　4代目総帥の**岩崎小弥太**、旭硝子を創業した**岩崎俊弥**、三菱製紙のトップになった**岩崎隆弥**の他、**田実渉**《たじつわたる》（三菱銀行）、前述の畔柳信雄、**赤間義洋**《よしひろ》（三菱信託銀行）、**小**《こ》**菅丹治**《すげたんじ》と**小菅国安**（伊勢丹）、**戸田**

**順之助**と**戸田守二**（戸田建設）、**諸橋晋六**（三菱商事）、**古川昌彦**（三菱化学）らだ。

日清製粉のトップをした創業家出身の**正田英三郎**と次男の**正田修**は、親子とも「附属」卒だ。英三郎の長女で、修の姉が皇后美智子（東京・私立聖心女子学院高等科卒）である。

「附属」出身の経営者はさらに、**岩下文雄**（東芝）、**山下勇**（三井造船、JR東日本）、**浅原英夫**（ニチレイ）、**10代目浜口儀兵衛**（ヤマサ醤油）、**太田昭**（太田胃散）、**山本卓真**（富士通）、**黒沢洋**（日本興業銀行）、**鹿島昭一**（鹿島建設）、**大橋光夫**（昭和電工）、**兼子勲**（日本航空）、**本間忠世**（日本債券信用銀行）、**吉田庄一郎**（ニコン）、**菰田正信**《こもだまさのぶ》（三井不動産）らがいる。

## 『「いき」の構造』

学者として活躍した卒業生を挙げていこう。

宗教哲学の**波多野精一**は、第1回の卒業生だ。ロシア語学者の**八杉貞利**、戦後に憲法草案を作成したことで知られる**松本烝治**《じょうじ》、美学者の**深田康算**《やすかず》、化学者の**柴田雄次**らが8回までの卒業生だ。

『「いき」の構造』という名著を著した哲学者の**九鬼周造**もOBだ。

フランス文学の**鈴木信太郎**、法学者の**尾高朝雄**、地球物理学の**坪井忠二**、水産学の**末広恭雄**、教育学の**勝田守一**と**宗像誠也**、国語学の**宇野精一**、都市工学の**高山英華**、西洋美術の**沢柳大五郎**、南極観測隊隊長をして日本人として初めて南極点に到達した**村山雅美**、マルクス経済学の**大内力**、教育社会学者で文相をした**永井道雄**、官庁エコノミストの**金森久雄**、経済学者の**嘉治元郎**、病理学者で東大総長をした**森亘**、国際政治学者の**坂本義和**らが戦前・戦中に「附属」を卒業している。

## 画家の藤田、岸田も

戦後の「附属」卒業生で、学者・研究者になったのは、交通経済学の**岡野行秀**、政治学の**本間長世**、歴史学の**石井進**らだ。

美術史学者で国立西洋美術館館長のあと大原美術館の館長を務める**高階秀爾**《たかしなしゅうじ》と、その娘でやはり美術史学者の**高階絵里加**は、親子とも卒業生。比較文学者の**芳賀徹**と**平川祐弘**《すけひろ》は50年卒の同期だ。

検察官上がりの法学者**佐藤欣子**《きんこ》

は、「附属」の第1回の女性卒業生だ。地震学者の**金森博雄**は、地震の規模を表すモーメントマグニチュードを考案した。

経済学者の**石弘光**は、政府の税制調査会会長をした。

経済学者の**岩井克人**、**奥野正寛**、**石川経夫**は65年卒の同期で、そろって東大経済学部に進学し、のちに東大教授になった。

文化人類学者の**船曳建夫**は、ベストセラーになった『知の技法』シリーズの編者の1人だ。

社会情報学者の**吉見俊哉**、経済学者の**川本裕子**はメディアや論壇によく登場する。

芸術家も多数輩出している。画家ではパリ派で日本画の技法を油彩画に取り入れた**藤田嗣治**《つぐはる》、『麗子肖像』など教科書でなじみがある**岸田劉生**（中退）らだ。

音楽では**諸井三郎**、**芥川也寸志**《やすし》などの作曲家、音楽評論家の**山根銀二**や**堀内敬三**、指揮者の**外山雄三**らが卒業している。

文学では、前述の永井荷風をはじめとして、昭和を代表する進歩的知識人の**吉野源三郎**、仏文学者の**中島健蔵**、文芸評論家の**中村光夫**、ＳＦ作家の**星新一**、小説家・コラムニストの**小林信彦**、サイエンスライターの**竹内薫**などが「附属」を卒業した。

中央公論社社長をした**嶋中鵬二**《ほうじ》もＯＢだ。

藤田嗣治

吉野源三郎は雑誌『世界』の初代編集長を務め、戦時中に出版された小説『君たちはどう生きるか』の漫画版が17年8月に発売され、ベストセラーになった。

俳優では**芥川比呂志**、和泉流の狂言師である**2世野村万斎**が卒業生である。野村は２０２０年東京五輪・パラリンピックの開閉会式の「演出統括」を務める。

女優では、作家の壇一雄（栃木県立足利中学・現足利高校卒）の長女**壇ふみ**がＯＧ。タレントの**八田亜矢子**も卒業生だ。

**山口真由**は東大法学部3年次に司法試験に合格、財務省に入省したがすぐに退官し弁護士になった。財務省の不祥事問題などでテレビ出演も多い。

筑駒→東大が「定番コース」のスーパー受験校

# 筑波大学附属駒場高校

◉国立・東京都世田谷区

略称は「筑駒《つくこま》」。生徒の７割近くが東京大に進学する。私立灘《なだ》高校（神戸市）と双璧をなす国公立の「最強の進学校」だ。

２０１８年度の大学合格実績を比較してみよう。筑駒からは現役、浪人合わせて東大に１０９人、京都大に２人が合格した。毎年度の卒業生数は約１６０人で、浪人する生徒の比率は毎年ほぼ一定のため、７割がどちらかの大学に合格する計算になる。

灘高校は18年、現役、浪人合わせて東大に92人、京大に42人が合格した。卒業生数は約２２０人なので、同様に、その合格比率は６割だ。

東大＋京大への合格比率では灘高校のほうが低いが、両大学で最難関といわれる医学部医学科（東大は理Ⅲ）への合格者では、灘が長らく断然トップを続けている。灘は毎年度、両大学の医学部医学科に計約40人が合格、筑駒は十数人だ。

東大合格者の総人数では、開成高校が18年に１７５人を合格させ、37年連続してトップだ。だが、卒業生数に対する比率は４割台で、灘や筑駒に及ばない。

筑駒の校舎は、東大の教養学部がある駒場キャンパスから１キロも離れていない。「筑駒→東大」が、いわば「定番コース」になっているのだ。

筑駒は中高一貫教育校だ。中学で3学級１２０人を募集しており、入試偏差値は日本一高い。高校では1学級40人を募集、計４学級１６０人になる。国立の中高校では日本で唯一の男子校だ。

東京・文京区には筑波大学附属高校があるが、同校と筑駒とは出自が異なる。１９４７年開校の旧制東京農業教育専門学校附属中学校が前身だ。

学制改革で東京教育大の傘下に入ったことで、52年に附属校となる。東京教育大はその後、筑波大学になったため、略称は「教駒」から「筑駒」に変わった。

「自由闊達の校風のもと、挑戦し、創造し、貢献する生き方をめざす」が、筑駒の学校目標だ。

## アベノミクスを支える

活躍ぶりが目立つのは、日本銀行総裁の**黒田東彦**《はるひこ》だ。東大法学部を卒業し、大蔵省（現財務省）に入省、財務官で退職し、アジア開発銀行総裁に就いた。13年に日銀総裁に就任し、18年に再選された。

黒田は「2年程度で物価上昇率2％を達成し、デフレから脱却する」と宣言。日銀は大量の国債を買い続け、異次元の金融緩和を続けてきた。安倍政権の経済政策「アベノミクス」を、財政との両輪で支えてきた。

円安になり株価も上がった。だが、原油価格の急落もあり、物価上昇目標は達成できていない。日銀は2％を達成する時期について、ずるずると先送りさせており、一本調子の金融政策は曲がり角を迎えている。

官僚では、**村田成二**（経済産業省）、**竹歳誠**（国土交通省）、**林正和**（財務省）、**森口泰孝**（文部科学省）、**松元崇**（内閣府）らが事務次官を務めた。**石川重明**は警視総監に就いた。

黒田東彦

衆参の国会議員になった卒業生は、10人ほどいる。通産官僚出身で官房長官や自民党幹事長などを歴任した**細田博之**、金融問題の論客で衆院議員の**後藤田正純**（自民党）らだ。日本共産党では参院議員で書記局長の**小池晃**と、衆院議員の**笠井亮**がいる。

現職閣僚では、農相の**斉藤健**（自民党）がいる。

## カジノで散財した3代目社長

学者・研究者になる卒業生が多く、サラリーマンの道を選択する者は多いとは言えない。

大企業や独立行政法人のトップになった人物では元職、現職が交じるが、**水越浩士**（神戸製鋼所）、**冨田哲郎**（JR東日本）、**細川知正**（日本テレビ放送網）、**新宅祐太郎**

（テルモ）、**上西郁夫**（オリエントコーポレーション）らがいる。

日本興業銀行出身の**斎藤宏**はみずほコーポレート銀行の頭取を、第一勧業銀行出身の**塚本隆史**はみずほFG社長を務めた。

住友銀行出身の**近藤章**は16年6月、国際協力銀行総裁に就いた。

大王製紙創業家3代目で42歳で6代目社長に就いた**井川意高**《もとたか》は、会長時代の11年に系列会社から100億円を超えるカネを引き出し、カジノなどで散財していたことが発覚した。13年6月に特別背任で最高裁で懲役4年の実刑判決が確定し、収監された。

芸術・文化の分野では、チェンバロ奏者の**渡辺順生**《よしお》が国際的に著名だ。劇作家、演出家の**野田秀樹**もいる。

野田秀樹

## 2代続けて早大総長に

学者では、早大総長が2代続けて筑駒OBだ。知能情報学の**白井克彦**は、第15代総長を02年から2期8年、民法の**鎌田薫**は白井の後を継いで第16代の早大総長になり、18年11月の任期まで再任された。

2人とも早大卒で早大教授になった。鎌田は白井より8年あとに筑駒を卒業している。

欧州近代政治思想史の**吉岡知哉**《ともや》は、立教大総長に就き14年に再任された。

自然科学分野では、科学技術史の九州大教授**吉岡斉**《ひとし》が原発に対してかねてから批判的で、事故後は政府の事故調査・検証委員会委員を務めメディアにもよく登場した。18年1月に死去した。

火山学の**鎌田浩毅**《ひろき》は講義が面白く、京都大の人気教授の1人だ。

電波天文学の**阪本成一**、原子力工学の**宮健三**、交通システム工学の**曽根悟**、有機化学の**中村栄一**と**橘和夫**らもOBだ。

医学者では、分子生物医学の**児玉龍彦**が放射線の健康への影響に関する政府の対応について厳しく批判している。

外科医の**加藤友朗**《ともあき》は多臓器移植分野での先駆者で、米コロンビア大医学部教授だ。内科学の**門脇孝**は糖尿病の研究で知られ、ベルツ賞を受賞するなど国際的に高い評価を受けている。

筑駒3年の**石井敬直**は、18年の国際化学オリンピックで金メダルをとった。

## 経済政策に物申す

文系では、マクロ経済学の**伊藤隆敏**が、一橋大修士課程卒業後にハーバード大博士課程に留学、クリントン政権で米財務長官を務めたローレンス・サマーズ（米ハリトン高校卒）と同級生になった。大蔵省副財務官や内閣府経済財政諮《し》問《もん》会議の民間メンバーも務めた。

伊藤隆敏

やはりマクロ経済学の**植田和男**は日銀政策委員会審議委員を、**吉川洋**《ひろし》は財政制度等審議会会長などを務めている。

経済学者でエネルギー産業論の論客である**橘川**《きつかわ》**武郎**《たけお》は、経産省の有識者会議で再生エネルギーの目標比率が低い政府案に最後まで反対した。

経営学者の**藤本隆宏**は、製造業の生産管理方式の研究で知られる。

慶大名誉教授の**金子勝**はマルクス経済学を専攻、安倍政権の経済政策・アベノミクスを「破綻《はたん》している」と評している。

刑法が専門の**山口厚**は、17年2月から最高裁判事だ。告訴なしでも加害者を起訴できる性犯罪の刑法改正の要綱をまとめた法制審議会の部会長を務めた。行政学、日本政治史の**牧原出**《いづる》がＯＢだ。

比較政治学の**小林正弥**は米ハーバード大のマイケル・サンデルと交流、ＮＨＫの『ハーバード白熱教室』で解説者を務めた。

政治学者ではさらに、中東国際政治の**内藤正典**や**古矢旬**《じゅん》らがいる。

家族社会学の**山田昌弘**は格差問題について先鞭をつけ、「パラサイト・シングル」「婚活」などの造語を世に広めた。

作家、哲学者の**東**《あずま》**浩紀**は、現代思想、表象文化論などが専門だ。有料ウェブサイト「ゲンロン」社長でもある。

社会学者の**稲増龍夫**はメディア文化論で著名だ。文化人類学者で東京工業大教授の**上田紀行**は、メディアで積極的に発言している。

吉村作治、茂木健一郎ら名物学者が巣立った

# 東京学芸大学附属高校

◉国立・東京都世田谷区

東京大合格者ベスト10の高校に１９７１（昭和46）年以降、２０１６年まで名を連ねている。88年などは１１５人が合格し、第３位だった。

54（昭和29）年の設立で、共学で男女の比率は1対1だ。

67年度から都立高校入試で、学校群制度が導入されたことにより、通学区域の制限がないこの高校に優秀な生徒が集まってきたという背景がある。

18年の大学合格実績は現役、浪人合わせて、東京大49人、京都大７人、東京工業大９人、一橋大21人だ。

最近は東大合格者の数がやや減っているが、それでもランキングは第8位で10位以内となった。

「学大附」は三つの附属中学出身者、一般の中学出身者、海外帰国子女から構成されている。附属中の生徒で学大附高に進学できるのは半分弱だ。

三つの教育方針がある。①清純な、気品の高い人間、②大樹のように大きく伸びる自主的な人間、③世界性の豊かな人間――だ。

## おなじみの学者たち

学者・研究者になった卒業生が、たくさんいる。

エジプト考古学の**吉村作治**といえば、テレビのドキュメンタリーや観光番組に引っ張りだこだ。

脳科学者の**茂木健一郎**も、脳と心に関する解説書を多く刊行し、テレビ番組や雑誌などマスメディアに登場する機会が多い。

精神科医、臨床心理士の**香山リカ**も、よく知られている。

**松井孝典**は日本の惑星科学の第一人者で、巨大隕石が衝突した痕跡が残るキューバに行き調査するなど、フィールド研究を活発に行っている。

猿橋賞を受賞した学者が2人いる。化学者で東大教授・理化学研究

所理事の**川合真紀**が96年に、05年には東北大教授で数学者の**小谷元子**が受賞している。

理化学研究所主任研究員の**田原太平**《たへい》は、21世紀の「目」といわれ物理、化学、生物学にわたるきわめて広い分野の基盤となる「分光計測」の第一人者だ。

理系の学者ではさらに、物理学者で素粒子物理実験を専門とする東大教授の**駒宮幸男**《さちお》、固体物理学の**大槻東巳**《とうみ》、宇宙物理学の**森川雅博**、発生発達神経科学が専門で日本学術会議会員、日本分子生物学会理事長の**大隅典子**らがいる。

香山リカ

東大准教授の**足助**《あすけ》**太郎**と京大准教授の**山木壱彦**《かずひこ》は、気鋭の数学者だ。

人類学者で国家公安委員を務めた**長谷川真理子**と、夫の行動生態学者で東大教授の**長谷川寿一**《としかず》は、学大附を71年に卒業した同期生カップルだ。真理子は17年4月から、総合研究大学院大学長だ。

文系の学者では、哲学者で一般向けの論理学入門書も出している東大教授の**野矢茂樹**、刑法学者で京大教授の**高山佳奈子**、英米法が専門の東大教授**寺尾美子**らがいる。

経済学者では、社会経済学の**坂井素思**《もとし》、大蔵官僚の経験がある**小幡績**もＯＢだ。

**佐伯順子**は比較文化学者、**河添房江**は『源氏物語』など古代・中古文学研究者である。**武田佐知子**は日本古代史が、**田所光男**は多元文化論が専門だ。

学大附卒で医師になった人は約１６００人もいる。これは卒業生総数の約８％に上る。

その中には東大医学部に進学し、代謝内科・糖尿病の専門医になった者が、**石橋俊**、**田村嘉章**《よしあき》、**岡崎啓明**《ひろあき》、**関屋元博**、**高梨幹生**《みきお》と５人もいる。

## 法曹界で活躍

法曹界での活躍が目立っている。中でも**島田仁郎**は、最高裁判所裁判官を02年から、06年から２年余は第16代長官を務めた。

法相経験者も２人いる。工学博士で衆院議員８期当選の**森英介**(自民党)と、弁護士出身で参院議

山尾志桜里

員をした**千葉景子**（民主党）だ。森と千葉は学大附の同級生で、森のすぐあとの法相が千葉という偶然も。

検事出身の**山尾志桜里**《しおり》は衆院議員3選で、立憲民主党所属だ。民進党時代に政調会長になった。17年に不倫問題でメディアをにぎわした。

弁護士の**伊藤真**は、司法試験など資格試験予備校のオーナー塾長である。「一票の格差」訴訟に、早くから取り組んできた。

学大附の卒業生には、最高裁長官に加え、参院議長の経験者もいる。参院議員を24年間務めた**倉田寛之**だ。

## 女性の首相秘書官は初

国会議員を経験した卒業生は、約10人いる。森、千葉、山尾、倉田は前述したが、他に**渡辺浩一郎**、**木村義雄**、**赤城徳彦**、**棚橋泰文**ら衆院議員経験者と衆参両院議員をした**佐藤謙一郎**らがいる。

赤城徳彦は農水官僚出身であることなどから、第一次安倍内閣で農水相に起用された。しかし政治資金規正法違反の不祥事や、顔にガーゼと絆創膏を貼った姿がテレビで何度も流され、2ヵ月で大臣を辞任している。「バンソウコウ王子」と揶揄《やゆ》された。

官僚では、13年11月に**山田真貴子**が安倍晋三首相の秘書官に就いた。女性の首相秘書官は、初代の伊藤博文内閣以降で初めてのことだった。

山田は15年7月末に総務省情報通信国際戦略局長に移動、同省で初の女性局長になる。その後、官房長、情報流通行政局長に就くなど、出世街道を走っている。

金融庁の9代目長官**森信親**《のぶちか》は、「大物長官」といわれている。かつては「金融処分庁」と揶揄されていたが、森は「金融育成庁」への転換を宣言している。

経済界ではブレーキ製造で世界有数の、曙ブレーキ工業会長兼社長**信元久隆**《のぶもとひさたか》がOB。オーナー家の出身だ。

企業のトップ経験者としては他に、**東哲郎**（東京エレクトロン）、

**吉田千之輔**（ＳＭＢＣフレンド証券）らがいる。東レのキャリア・ウーマンだった**寺崎志野**は子会社の東レＡＣＳの社長を務めた。

**五十嵐壮太郎**は起業家で、リクエストの多い過去の名画などをギャザリングという手法で映画ファンから募り、映画館で上演する運営会社を10年に立ち上げた。

新日鉄の労働組合出身の**神津里**《こうづり》**季生**《きお》は、15年10月から7代目の日本労働組合総連合会（連合）会長に就いている。

## 二足の草鞋で活躍

音楽では声楽家の**野口玲子**と**三角枝里佳**、フルート奏者の**岩村隆二**、ギタリスト・作曲家の**布川俊樹**、バリトン歌手の**小森輝彦**、ピアニストの**鈴木和子**、指揮者の**山中一宏**、作曲家の**岩河智子**、**笹路正徳**らがいる。

**千野秀一**は、１９７０年代から80年代にかけて活躍したダウン・タウン・ブギブギ・バンドのキーボード奏者だ。

医師の**石黒達昌**は小説家でもあり、芥川賞候補としてたびたびノミネートされている。やはり神経内科の医師である**西岡昌紀**は、小説の執筆や社会評論活動をしている。プログラマーの**山之口洋**は、小説も書いている。

神津里季生

文芸評論家の**渡部直己**、劇作家・演出家の**成井豊**と**水原央**《よう》、国際問題アナリストの**藤井厳喜**、ウエブの解説者、翻訳家である**八田真行**《まさゆき》もＯＢだ。

美術では、桜を描く洋画家として知られる**岸田夏子**がＯＧだ。大正～昭和初期にかけての洋画家岸田劉生（国立東京高師附属中学・現筑波大附属中高校中退）は祖父にあたる。

環境ジャーナリストで翻訳家の**枝広淳子**は、元米副大統領アル・ゴアが著して映画にもなった『不都合な真実』の翻訳者として知られる。

メディア関連では、ＮＨＫ記者出身で外務省外務報道官、日本国際放送社長を務めた**高島肇久**《はつひさ》、ＮＨＫアナウンサー出身の**国井雅比古**らがＯＢだ。

平塚らいてうがOGという女子教育の草分け

# お茶の水女子大学附属高校

◉国立・東京都文京区

女子教育の草分けだ。明治以来130年余の長い校歴があり、たくさんの人材を育ててきた。多くは家庭の主婦に納まっているが、社会の第一線で活躍している卒業生も随所に目立つ。

まず、2人の卒業生を。知名度が最も高い卒業生は、女性宇宙飛行士として日本人2人目の**山崎直子**だ。2010年にスペースシャトル「ディスカバリー号」に搭乗した。

卒業後は東大に進学、航空宇宙工学の修士を終了して宇宙開発事業団（現宇宙航空研究開発機構、JAXA）に入る。2児の母でもあり、11年にJAXAを退職した。

もう1人は戦前〜戦後にわたる女性解放運動の指導者**平塚らいてう**。1911（明治44）年に文芸誌『青鞜《せいとう》』を創刊した際の「元始女性は太陽であった」というフレーズが、教科書にも載っている。

ただし、らいてうは、当時の高等女学校が国粋主義教育のモデル校であったことに苦痛を感じていたという。

1882（明治15）年に東京女子師範学校（現お茶の水女子大学）の附属高等女学校として開校した。明治期に国立として初めて設立された高女だ。

1911（明治44）年に奈良女子高等師範学校（現奈良女子大学）の附属高等女学校が設立されたが、国立の高女はこの2校のみだ。戦後の学制改革でお茶の水女子大と奈良女子大が生まれ、その附属高校となった。

お茶大の附属校は現在、幼稚園から高校まであるが、中学までは共学で高校から女子のみとなる。国立の高校の中で唯一の女子校だ。

なお、1876（明治9）年に創設されたお茶大の附属幼稚園は、日本で最初の幼稚園である。

戦前は「良妻賢母」教育だったが、現在は生徒の自主性を重んじる自由な校風のもと、「社会に有為な、教養高い女子の育成に努めるのが基本方針」という。

## スーパーウーマンの系譜

明治から戦前・戦中にかけての卒業生を挙げてみよう。

平塚の他、プロレタリア文学の第一人者である**宮本百合子**がいた。夫は、日本共産党委員長を務めた宮本顕治（旧制山口県立徳山中学・現徳山高校卒）。高女時代から小説を書き始め、天才少女といわれていた。

山崎直子

三菱財閥の創業者の孫娘として生まれた**沢田美喜**は、敗戦後に混血孤児を育てるエリザベス・サンダースホームを神奈川県大磯町に創設した。

幼稚園から東京女子高等師範の附属だったが、1916年に高女を中退し、外国暮らしが長かった。**松田妙子**にはスーパーウーマンの呼称がふさわしい。

18歳で自立し、26歳で米国に留学。米テレビ局で働き、帰国後は2×4住宅を国内に紹介、住宅産業に関する財団を設立して生涯学

宮本百合子

習開発財団理事長や、東京都公安委員長を務めた。

**湯浅年子**は原子物理学者、英文学者の**近藤いね子**は女性文学博士の第1号、**三淵嘉子**は女性裁判長第1号だ。

**杉田久女**《ひさじょ》は、大正～昭和時代にかけての女性俳人の草創期に活躍した。

## 内外から学術賞を受賞

新制卒で活躍している卒業生に移ろう。

学者として著名なのは、生命科学が専門でJT生命誌研究館館長をしている**中村桂子**だ。「DNA（ゲノム）は壮大な生命の歴史アーカイブである」として生命―人間―自然について論考を続けている。

数学者の**八杉満利子**は、85（昭

和60）年に猿橋賞を受賞した。生物学者の**室伏きみ子**もＯＧだ。

放射線の研究など環境医学者の**松原純子**は、原子力安全委員会委員長代理として02年に「原子力災害時における安定ヨウ素予防服用の考え方」をまとめた。11年3月11日の東京電力福島第1原子力発電所の事故後に、松原の知見が注目された。

国立国際医療センター研究所研究員だった**山本麻由**（現斎藤麻由、00年卒）は、牛の排泄物からバニラの香り成分バニリンを抽出した研究について、07年にイグ・ノーベル化学賞（「人々を笑わせ、そして考えさせてくれる研究」に対して与えられる賞）を授与された。

フランス文学者の**中島公子**《こうこ》、中国政治が専門で早稲田大で初の女性教授になり11年に文化功労者に選定された**毛里和子**、社会学者で東京学芸大学長を務めた**村松泰子**、環境医学の**水村和枝**、国文学者で『源氏物語』などの研究をしている**三田村雅子**らもいる。

## 樋口恵子、森まゆみも

前述の宇宙飛行士山崎直子のフライトでは、お茶の水女子大附属高校のＯＧでＪＡＸＡ職員の3人がバックアップしている。

**松本暁子**（84年卒）は山崎の主治医の役割を果たし、山崎と同期の**杉田尚子**《なおこ》（89年卒）と、**谷瑞希**《みずき》（04年卒）が専門職員として支援した。「ディスカバリー号」には、公式飛行記念品として同高校のミニ校旗が搭載されていた。

**樋口恵子**は女性問題、福祉、教育の分野で、リベラルな評論家として著名だ。

ノンフィクション作家・エッセイストの**森まゆみ**もＯＧだ。地域雑誌『谷中・根津・千駄木』を創刊し、このエリアは東京の人気スポットになった。

**河治和香**《かわじわか》は歴史・時代小説家、**小野寺百合子**は児童文学翻訳家・ノンフィクション作家だ。

**八坂裕子**は詩人・小説家、**せなけいこ**は絵本作家だ。

『姫ちゃんのリボン』などで知られる漫画家の**水沢めぐみ**は、7作品を高校時代に発表している。

法曹界では、検事出身の国際刑事法学者で01〜04年にかけて旧ユーゴ国際戦犯法廷の判事をした**多谷千香子**、弁護士で子どもの人権救済活動を続けている**坪井節子**がいる。

芸術の分野では、アートディレクター、グラフィックデザイナーとして内外で活躍した**石岡瑛子**がOGだ。

照明デザイナーの**石井幹子**も著名だ。都市照明からレーザーアートまで幅広い光の領域を開拓し、この方面の先駆者になった。

生活道具についてのデザイン研究者である**曽根真佐子**、ペーパーアート作家の**西田陽子**らも卒業している。

## 芸術、政治の場でも活躍

芸能では、女優の**大塚道子**、**山口果林**、**深水**《ふかみ》**真紀子**がOGだ。

一中節三味線演奏家の**東峰子**が重要無形文化財（個人指定）の保持者（人間国宝）に認定されている。

NYのモダンダンス界で振付家の第一人者として活躍してきた**一戸小枝子**、能楽師の**宝生公恵**らもOGだ。

音楽で才能を発揮している卒業生としては、ハープ奏者の**吉野篤子**、箏曲家の**川村京子**、声楽家の**青木美稚子**、シンガーソングライターの**谷山浩子**、マリンバ奏者の**北沢恵美子**、ピアニストの**井内澄子**と**小山京子**、ギタリストの**長井ちえ**、作詞家で歌手の**唐沢美帆**らがいる。

石井幹子

**鈴木道子**は音楽評論家で「ミュージック・ペンクラブ・ジャパン」の会長だ。鈴木は、太平洋戦争終結時に首相だった鈴木貫太郎（群馬県立前橋中学・現前橋高校卒）の孫でもある。

政治家では参院議員を24年間務め、環境庁長官をした**広中和歌子**がいる。翻訳家としても知られる。夫は数学者の広中平祐（山口県立柳井中学・現柳井高校卒）だ。

医師で、立憲民主党所属の衆院議員**阿部知子**もOGだ。

12年12月の総選挙にあたって社会民主党を離党し、当選して日本未来の党の代表になったが、すぐに辞任した。17年10月の衆院選で7選を果たしている。

官僚では外務省の女性キャリアとして第2号で、国連大使などをした**黒河内久美**がいる。

在日アメリカ大使館で通訳をしていた**山本陽子**もＯＧだ。
メディア関連では、**戸田奈津子**が映画の字幕翻訳者として名が通っている。
**後藤美代子**はＮＨＫで、女性初のチーフアナウンサーになった。

スポーツ関連では、**岸田則子**が88年に日本女子ラグビーフットボール連盟をつくり、専務理事として牽引している。
**田辺久美子**は45歳からライフル射撃に取り組み、全日本選手権大会などで優勝した。

18年度の大学入試では現役、浪人合わせて東京大、東京工業大、一橋大に各３人、お茶の水女子大に11人が合格している。
私立大では、早稲田大に20人、慶応大に17人、上智大に20人が合格した。

# 2章
# 関東・甲信越の名門高校16校

湘南高校
横須賀高校
慶応義塾高校
栄光学園高校
フェリス女学院高校
浦和高校
千葉高校
水戸第一高校
宇都宮高校
前橋高校
高崎高校
甲府第一高校
松本深志高校
長野高校
新潟高校
長岡高校

ノーベル賞受賞者、東京都知事が巣立った

# 湘南高校

◉神奈川県立・藤沢市

「湘南」といえば、首都圏で独特の響きがある。海が近い明るい住宅地で、比較的、裕福でインテリの家庭が多い。そうした家庭の子弟が集まることによって、湘南高校は神奈川県下の公立高校でトップの進学校に育った。

1960年代から80年代前半にかけては、東京大に毎年50～80人弱の合格者を出し、全国の公立高校でトップになることもあった。

しかし、学区細分化の影響や6年制私立の隆盛により、その後、受験実績は後退する。

18年春の大学入試では現役、浪人合わせ、東京大25人、京都大5人、東京工業大18人、一橋大21人の合格者を出した。

1921（大正10）年設立で、神奈川県立では6番目の旧制湘南中学を前身としている。戦後の学制改革で、湘南高校となった。全日制の男女共学は、50（昭和25）年からだ。

教育目標は「たくましさと思いやりを兼ね備えた『国際社会のリーダー』として活躍する人物の育成」である。

湘南高校が全国にその名をとどろかせたのは、米パデュー大特別教授の**根岸英一**が「根岸カップリング」の発見で、10年にノーベル化学賞を受賞したことだ。根岸は東大工学部―米ペンシルベニア大博士課程卒だ。

神奈川県の高校出身者でノーベル賞を受賞したのは、02年に物理学賞を受賞した小柴昌俊（県立横須賀高校―東大卒）以来2人目だ。

根岸は18年3月、米イリノイ州で交通事故を起こし、同乗の妻は死亡、根岸は重傷を負った。

根岸英一

## 「太陽族」生みの親

13年半にわたり東京都知事を務めた**石原慎太郎**が、断トツの著名人だ。一橋大に進学し、在学中に『太陽の季節』で芥川賞を受賞した。23歳のときで、当時の最年少記録だった。弟の俳優・石原裕次郎（神奈川県・私立慶応義塾高校卒）とともに評判になり、「太陽族」なる流行語も生まれた。

政治家に転じ、衆参両議員になって運輸相などを歴任し、99年に東京都知事になった。12年12月の総選挙で衆院議員に返り咲き、日本維新の会共同代表などをした。14年12月の衆院選で落選し、政界を引退している。

石原慎太郎

官僚では、17年7月から財務事務次官を務めていた**福田淳一**が、セクハラ問題のため18年4月に辞任した。

**杉山秀二**《ひでじ》は経済産業事務次官を、大蔵省出身の**岡崎洋**は神奈川県知事を務めた。旧制卒の**伊原隆**は、大蔵官僚から横浜銀行頭取になった。

外務官僚出身の**岡本行夫**は、親米派の外交評論家として活躍し、たびたび首相補佐官などをしている。やはり外務官僚出身の**近藤誠一**は、文化庁長官を務めた。

弁護士では、検察官ＯＢの**大沢孝征**《たかゆき》がコメンテーターとしてテレビによく登場する。**福井健策**は著作権問題の論客だ。

## セコム、ゼストの創業者

創業経営者がいる。警備保障という新業態を開発したセコムの**飯田亮**《まこと》と、「ゼスト」などの洒落たレストランを多数経営しているグローバルダイニングの**長谷川耕造**だ。保育士の病院などへの派遣事業・サクセスＨ　Ｄ《ホールディングス》を創業した**柴野豪**《たけ》**男**《お》もいる。

弁護士の**元**《もと》**栄**《え》**太**《た》**一郎**《いちろう》は、弁護士ドットコムを創業し、14年に東京証券取引所マザーズ市場に上場させた。16年からは自民党所属の参院議員だ。

現職と元職が交じるが、さらに企業経営者を挙げると、**上野孝**（上野トランステック、横浜商工会議所会頭）、**星野正宏**（相模鉄道）、**西村正雄**（みずほＦＧ《フィナンシャルグループ》）、**森稔**（森ビル）、**伊藤直彦**（ＪＲ貨物）、**内海暎郎**《あきお》（三菱ＵＦＪ信託銀行）、**重村一**（スカイパーフェクト・コミュニケーションズ、ニッポン放送）、**高橋晃**（テルモ）、**二谷貴夫**（さが美）、**上杉純雄**《すみお》（みちのく銀行）、**堀田直人**（ニチバン）、**三ツ森隆司**（日本ＮＣＲ）、**加留部淳**（豊田通商）、**中村吉伸**（住友重機械工業）らが卒業している。

**大谷光見**は、浄土真宗東本願寺派第26世法主だ。

## 鹿島茂、三浦瑠麗

理系の学者では、前述の根岸の他、地球物理学者の**神沼克伊**《かつただ》、生命工学が専門で東京工業大学長をした**相沢益男**、有機化合物の先端的研究を続ける**尾島巌**、有機合成化学者の**鈴木啓介**らが卒業生だ。

医学者では、脳外科医で国立がん研究センター元理事長の**嘉山孝正**、消化器などの内視鏡治療の第一人者である**比企能樹**がＯＢだ。

文系ではドイツ文学の**富士川英**《ひで》**郎**《お》、仏文学者で評論家の**鹿島茂**、南アジア史の**辛島昇**、マクロ経済の**浜田宏一**、国文学者で文芸評論家の**前田愛**らが卒業生だ。浜田は安倍首相が推進する経済政策「アベノミクス」を後押ししている。

イスラム研究者の**片倉もとこ**、刑法学の**板倉宏**もいた。

女性の東大教授も2人、出ている。東大経済学部に進学し大蔵省の課長をした後、金融論で東大先端科学技術研究センター教授になった**藤井真理子**と、環境工学の**中西準子**だ。

**三浦瑠麗**は80年生まれの新進の国際政治学者で、メディアによく登場している。

旧制・新制を通して小説家になった人物は、太宰治（旧制青森県立青森中学・現青森高校卒）に傾倒した**田中英光**、芥川賞受賞の**菊村到**、芥川賞候補になること6度の**阿部昭**、推理作家の**斎藤栄**らだ。

作家の**江藤淳**は、旧制湘南中学から都立日比谷高校に転校している。

推理小説家の**辻堂ゆめ**（92年生まれ）は、東大法学部在学中に宝島社主催の「このミステリーがすごい！」大賞優秀賞に選ばれた。『いなくなった私へ』と改題し、15年に出版されている。辻堂は14年度東大総長賞を受けた。

音楽では指揮者の**大野和士**《かずし》と**小田野宏之**、ピアニストでもある**上岡敏之**、『銀座の恋の物語』などで知られる作曲家の**鏑木創**《かぶらぎはじめ》、男性4人のボーカルグループ・ダークダックスの一員で「ゾウさん」の愛称の**遠山一**、クラリネット奏者の**磯部周平**らがOBだ。

メディア関係では、女性キャスターの草分けである**宮崎緑**、NHKアナウンサーの**渡辺あゆみ**がOGだ。

## プロテニスの杉山愛

湘南高校は文武両道を校是としている。終戦後になるが蹴球部が46（昭和21）年に全国優勝し、野球部は49（昭和24）年に夏の甲子園で優勝している。

野球部が全国優勝したときに2年生として出場した経験を持つ**脇村春夫**は、日本高等学校野球連盟の第5代会長をした。野球解説者の**佐々木信也**はその1年下で、1年生ながら出場している。

甲子園は未経験だが、東大に進学した**宮台康平**は、速球派の左腕投手として鳴らした。東京六大学野球の対早大戦では、チームの1試合奪三振記録を70年ぶりに更新する13奪三振をマーク。18年に北海道日本ハムファイターズに入団しており、東大卒のプロ野球選手として6人目になる。

杉山 愛

元プロテニス選手でダブルスの世界ランキングで1位になったことがある**杉山愛**は、ツアーの合間を縫って勉学に励み、湘南高校通信制を卒業している。**坂田道**《おさむ》は日本のサーフィン界の大御所だった。

太平洋戦争さ中の43年10月21日、東京の明治神宮外苑競技場（現在工事中の国立競技場の場所）で学徒出陣の壮行会が開かれた。

この映像がよくテレビに流されるが、約2万人の学徒代表として「生還を期せず」と答辞を読んだのは当時、東京帝国大（現東大）文学部2年の**江橋慎四郎**だった。

江橋は東大在学中、偶然に学徒代表となった。後年、社会体育学の学者になり、国立鹿屋《かのや》体育大の初代学長を務める。18年4月に97歳で死去した。

# 横須賀高校

## 小柴昌俊、小泉純一郎、猪熊功の「三冠王」

### ◉神奈川県立・横須賀市

ノーベル賞受賞者、首相経験者、五輪金メダリスト――卒業生には、この三者がそろっている。

まず、1926（大正15）年生まれの物理学者**小柴昌俊**。2002年に「宇宙ニュートリノの検出に対するパイオニア的貢献」により、米国の科学者とともにノーベル物理学賞を受賞した。97年には文化勲章を受章している。

小柴は前身の旧制横須賀中学から東京明治工業専門学校（現明治大学理工学部）を経て、旧制一高―東大物理学科―米国ロチェスター大学へと進んだが、「ずっと落ちこぼれだった」と自嘲している。

多くの弟子を養成し、「私の研究を受け継いだ者の中から、ノーベル賞受賞者が何人か出てくるだろう」と言ったが、15年には弟子の東京大宇宙線研究所長の梶田隆章（埼玉県立川越高校卒）がノーベル物理学賞を受賞した。

首相経験者は、42（昭和17）年生まれの**小泉純一郎**。01年4月に首相になった。在任期間は1980日で、戦後の首相としては佐藤栄作（旧制山口県立山口中学・現山口高校卒）、吉田茂（東京・旧制私立正則中学・現正則高校卒）、安倍晋三（現職、東京・私立成蹊高校卒）に続く4番目の長さだ。

13年秋からは「原発即時ゼロ」を訴えている。

地盤を受け継いだ次男の進次郎（神奈川県・私立関東学院六浦高校卒）は、今や自民党きっての人気議員となり、4代にわたる政治家一家が出来上がった。

長男の孝太郎（同）、つまり進次郎の兄は俳優だ。

#### 同時期にノーベル賞と首相

小泉が首相になってから1年半のタイミングで、小柴のノーベル賞受賞が発表になった。横須賀高校の生徒、教職員、同窓生が胸を張ったのは、言うまでもない。

小柴昌俊

戦前、出世についての格言に「末は博士か、大臣か」というのがあったが、同時期に「ノーベル賞と首相」が実現した高校は他にない。

38（昭和13）年生まれの柔道家**猪熊功**《いのくまいさお》は、64年の東京五輪80キロ超級で金メダルをとった。横須賀高校時代にボディービルで体を鍛え、東京教育大（現筑波大）4年生のときに全日本選手権で、史上最年少記録（当時）の21歳で初優勝した。得意技は一本背負い投げだ。

引退後に東海大教授になった縁で、同大が母体となった建設会社の社長に就任したが、業績不振に陥り01年9月に自裁している。

小泉純一郎

1908（明治41）年に神奈川県立第四中学校として開校、大正の初めに県立横須賀中学校と改称された。戦後の学制改革で男女共学の横須賀高校となった。

なお、愛知県と静岡県にも県立横須賀高校がある。

略称は「県横《けんよこ》」「横高《よここう》」。旧制横須賀中学の初代校長は、長州・萩出身で幕末の志士を育てた思想家・教育者の吉田松陰の甥である吉田庫三《くらぞう》だった。

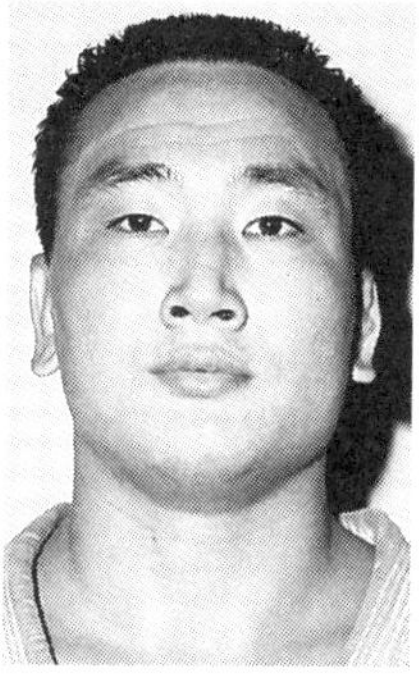
猪熊 功

教育目標として、①心身ともに健康になる、②豊かな情操と高い教養を身につける、③意志強固で不屈の精神を持つ——の三つを掲げる。

「横高アカデミア」という独自の教育システムがある。総合研究大学院大、横浜国立大、首都圏の私立大などと連携し、講師の派遣を受けて自己探求力や課題解決能力を高める学びのシステムだ。

18年春の大学入試では現役、浪人合わせ、東京大、東北大に各1人、北海道大5人、横浜国立大に

8人の合格者を出している。

## 京都議定書

小柴の他にも、優れた学者が巣立っている。とりわけ医学の分野は目覚ましく、国立がんセンターの総長に、**末舛**《すえます》**恵一**と**阿部薫**が2代続けて就任している。

臨床眼科医の**赤星隆幸**は、白内障の手術で世界一の実績を挙げている。小児科の**村瀬敏郎**《としお》はかかりつけ医制度の導入を提言し、日本医師会会長を務めた。

理系の学者・研究者では、地球物理学者でオーロラ研究の専門家**国分征**《こくぶんすすむ》、気象学者の**中山嵩**、数学者の**野口潤次郎**らがいる。数学者の**若江正三**は創価大学長を、水産学の**野村稔**は東京水産大（現東京海洋大）学長を務めた。

気候学者の**大村纂**《あつむ》は、スイス連邦工科大学の教授を長く務めた。97年に京都で開かれた第3回気候変動枠組条約締約国会議（地球温暖化防止京都会議）にはスイス代表の1人として参加し、京都議定書の取りまとめに貢献している。

文系では、マクロ経済学の**大川一司**、社会教育学の**潮木守一**、行政・政治学の**新藤宗幸**、銀行出身の経営学者**真壁昭夫**、政治思想史の**牧野雅彦**らがOBだ。

企業のトップになった卒業生は、**高嶋達佳**《たつよし》（電通）、**矢野薫**（日本電気）、**小野田正愛**《まさよし》（山之内製薬）、**和地**《わち》**孝**（テルモ）、**池田憲人**（足利銀行）、**上野和典**（バンダイ）、**原純夫**（大蔵官僚から東京銀行）、**伊藤邦男**（テレビ朝日）、**原田一之**（京浜急行電鉄）らだ。

横浜商工会議所会頭をした**高梨昌芳**（高梨乳業）とその長男の**高梨信芳**（同）、IT企業として先端を走るレッドハット社長の**広川裕司**、アパレルの企画・販売会社であるユナイテッドアローズ創業社長**重松理**もOBだ。

## 『江夏の21球』

文化人に移ろう。

音楽では作曲家の**矢野義明**、バイオリニストの**清水高師**《たかし》、ピアニストの**田村宏**、作曲家でサックス奏者の**小林洋平**、音楽プロデューサーの**藤本敦夫**、指揮者の**上野正博**らがいる。

俳優の**窪塚洋介・俊介**、それにレゲエミュージシャンの**RUEED**の3兄弟はそろって横高卒だ。

歌人の**島田修二**と、洋画家で文

化功労者の**島田章三**も兄弟で、そろってＯＢだ。章三は愛知県立芸術大学長を務めた。

『江夏の21球』で知られるノンフィクション作家の**山際淳司**は、95年に46歳で死去した。

経済評論家の**門倉貴史**は、「地下経済」に詳しい。やはり経済評論家の**池田健三郎**は日銀出身だ。

脚本家・映画監督の**砂本量**《はかる》、映画監督の**辻裕之**、アニメーション監督の**クニトシロウ**、メカニックデザイナーの**宮武一貴**、イラストレーターの**鈴木英人**、アニメーターの**宮崎なぎさ**らもＯＢ、ＯＧだ。

## 凶行に倒れた弁護士

弁護士の**坂本堤**の名前を忘れてはならないだろう。89年、オウム真理教幹部に妻・都子（茨城県立水戸第二高校卒）と1歳2ヵ月の息子と共に殺害された。

坂本は横須賀高校から東大法学部に進学、27歳のときに司法試験に合格し「障害者や労働者のために働く弁護士になりたい」と決意していた。

「オウム真理教被害者の会」を設立し、教団との交渉に当っている最中に凶行に倒れた。

旧制横須賀中出身で変わり種は**トーマス野口**だ。日本医科大学を卒業後米国の大学で臨床・解剖病理学を専攻、ロサンゼルス検死局局長となる。マリリン・モンロー、ケネディ大統領など著名人の検死解剖を行い、野口をモデルにしたテレビ番組まで放送された。

メディア関係では、ワイドショーの司会者や参院議員をした**木島則夫**、長くラジオのパーソナリティをしている**高嶋秀武**、料理研究家の**小川聖子**らが卒業している。

政治家では、農林官僚出身で三重県知事を務めた**田川亮三**がいた。横須賀市長は前任が**吉田雄人**で、現職は**上地克明**だが、2人とも横高卒だ。逗子市長の**平井竜一**もＯＢである。

横須賀市は明治以来、軍港として栄え、現在も米海軍横須賀基地、海上自衛隊の基地、防衛大学校がある。このため、戦前は海軍兵学校に、戦後は防衛大学校や防衛医科大に進学する生徒もいた。

横須賀高校—防衛大卒業生には、統合幕僚会議事務局長をした**左近允尚敏**《さこんじょうなおとし》、戦後生まれとして初めて自衛隊のトップである統合幕僚長になった**斎藤隆**らがいる。

経済界のリーダーを輩出する「塾高」の強みとは

# 慶応義塾高校

◉私立・横浜市港北区

慶応義塾は幕末の1858（安《あん》政《せい》5）年に、福沢諭吉によって開塾された。建学の理念は「独立自尊」だ。小学校にあたる幼稚舎から大学院までの一貫教育が確立している。

1948（昭和23）年に慶応義塾第一・第二高校が発足、翌年に第一・第二高校が統合され慶応義塾高校となった。通称「塾高《じゅくこう》」と呼ばれる男子校だ。

塾高には、一般の中学校に当たる普通部（横浜市・男子校）と中等部（東京都港区、男女共学）から内部進学してきた男子と、慶応以外の中学を卒業し一般入試で合格してきた生徒、さらに推薦で入学してきた生徒、それに帰国生がいる。

ほぼ全員が推薦で慶応大に進学できるために、塾高の入試は首都圏屈指の難関になっている。

東京都や神奈川県の公立高校がこの40年余、大学合格実績が低迷していることも影響し、塾高の人気がひときわ高くなった。

「塾高」は、慶応義塾大学の1、2年生が通う日吉キャンパスと同じ敷地にある。専用の校門などはない。最寄り駅は、東急東横線と横浜市営地下鉄が通る日吉駅だ。

マンモス高校で、1学年はA組からR組まで計18学級もある。現在は1学年700人ほどだが、かつては900人を超えていた。朝の通学時間帯、日吉駅は生徒、学生で大混雑する。

慶応大と連携した「高大一貫講座」も設けている。「独立自尊」と並んで、慶応義塾には「半学半教」という理念も伝わっている。

## 「三田会」の結束

企業社会で活躍するエグゼクティブが大勢いることが、塾高の大きな特徴だ。とくに2000年代に入って大企業の社長を多数、輩出しており、塾高はその点で全国トップの高校といえる。

福沢諭吉が「実学」を重んじたことが、その背景にあるだろう。それに、生まれ育ちがよく、コミュニケーション能力にたけている塾高卒業生は、企業社会で出世しやすい。

企業オーナー家の子弟が多いことも社長を多数、生む要因になっている。

慶応義塾ゆかりの人が集う同窓会は「三田会」という。同窓生の結束力はすこぶる強い。三田会が作られている会社は多く、企業社会で出世する原動力になっている、ともいわれる。

卒業生で動向が最も注目されている経営者は、トヨタ自動車社長の**豊田章男**だろう。自動車生産台数が世界のトップ3に入る日本最大の企業グループで、章男は4代続く豊田家のサラブレッドだ。

経団連と並ぶ財界団体である経済同友会の代表幹事には、2代続けて塾高出身者が就いたことがある。富士ゼロックスのトップを務めた**小林陽太郎**が1999年から、03年からは日本アイ・ビー・エムのトップを務めた**北城恪太郎**《きたしろかくたろう》が代表幹事になった。

現職と元職が交じるが、企業トップの経験者では、**三毛兼承**《みけかねつぐ》（三菱UFJ銀行）、**永野毅**（東京海上日動火災保険）、**三宅占二**（キリンHD《ホールディングス》）、**西沢敬二**（損保保険ジャパン日本興亜）、**稲垣精二**（第一生命HD）、**持田昌典**（ゴールドマン・サックス日本法人）、**宮島大祐**《だいすけ》（ケネディクス）、**金杉明信**（NEC）、**山崎保**（昭和シェル石油）、**平井貞雄**（関電工）、**永田昌久**（日本製鋼所）、**古河直純**（日本ゼオン）、**三輪徳泰**（兼松）、**磯原裕**（ニッポン放送）、**村上春雄**（日本テレコム）、**古河建純**《たつずみ》（ニフティ）、**小松勇**（エアーニッポン）、**保坂平**（みずほインベスターズ証券）、**日下部二郎**（東急ハンズ）らが卒業生だ。

豊田章男

いわゆるオーナー社長は枚挙に暇がないのでここでは割愛する。

## 国会議員数は日本一

「リーダー」ということでは、経済界にとどまらず、塾高は日本の政治指導者を多数、輩出している。それも、今まさに活躍中の面面だ。

塾高出身の現役の衆参国会議員は18年7月の時点で、計27人を数える。私立創価高校（東京都小平市）と私立麻布高校（東京都港区）の卒業生が10人ほどの現職国会議員を擁しているが、塾高はそれを断然、引き離している。

塾高出身の現職国会議員を、列挙してみよう。

［自民党］**石破茂**、**石原伸晃**、**河野太郎**、**竹下亘**《わたる》、**岸信夫**、**越智隆雄**、**福田達夫**、**伊藤達也**、**伊藤信太郎**、**大塚拓**、**奥野信亮**《しんすけ》、**野中厚**、**石原宏高**、**若宮健嗣**、**安藤裕**《ひろし》、**武藤容治**、**松本洋平**、**高村正大**《まさひろ》＝以上18人衆院

**中曽根弘文**、**小坂憲次**、**武見敬三**、**大野泰正**《やすただ》、**渡辺美知太郎**＝以上5人参院

［公明党］**西田実仁**《まこと》＝参院

［新・希望の党］**松沢成文**＝参院

［国民民主党］**大野元裕**＝参院

［未来日本］**長島昭久**＝衆院

計27人のうち数人を除いて世襲議員だ。27人全員が、塾高から慶応大に進学している。学部は奥野信亮が理工学部卒で、あとの26人は文系学部卒だ。

風貌からは意外に思われかもしれないが、石破茂は塾高―慶応大卒だ。元自民党幹事長で15年秋に自らが会長の新派閥「水月会」を結成し、次期首相の座をうかがっている。

河野太郎は15年10月の安倍改造内閣で初入閣し、現在は外相だ。

竹下亘は18年4月に、自民党の派閥の一つである竹下派会長に就いている。

## 近藤誠、向井万起男も

多くの学者・研究者も巣立っている。

元慶応義塾長（学校法人慶応義塾理事長兼慶応義塾大学学長）で情報工学者の**安西祐一郎**が、幼稚舎から理工学部博士課程まで慶応一筋で、典型的な「慶応ボーイ」だ。

情報工学者で東京大教授の**坂村健**は、インターネットなどの情報ネットワークに、いつでもどこからでもアクセスできる環境が整えば、場所、時間にとらわれない自由な働き方や娯楽が楽しめるという「ユビキタス」社会の到来を早くから予言していた。

労働経済学の**島田晴雄**は、慶応大教授のあと千葉商科大学長を務

めた。

政治学者で、近現代の皇室の研究で知られる**原武史**もいる。

国際経済学者の**竹森俊平**、政治学者で政策過程論が専門の**草野厚**、独文学者・評論家で京都大教授を務めた**池田浩士**もOBだ。

法学者では、米国日本大使館公使を務めた**阿川尚之**、刑法の**井田良**と**亀井源太郎**らがいる。

慶応大医学部といえば、私大医学部で最高峰とされている。塾高から医学部へは、毎年度約20人が進学している。

石破 茂

**冨田勝**は、数理工学の慶応大助教授のまま慶応大医学部博士課程に入学し、分子生物学者にもなったという「二刀流」学者だ。父親は作曲家・シンセサイザー奏者で、やはり塾高OBの**冨田勲**である。

おかっぱ頭と口ひげの風貌で知られる**向井万起男**《まきお》もOBで、病理学が専門。妻は外科医で、日本人初の女性宇宙飛行士・向井千秋（慶応義塾女子高校卒）だ。

放射線科の医師**近藤誠**は、慶応大専任講師の肩書で88年に「乳がんは切らずに治る」と題した論文

冨田 勲

を『文藝春秋』に発表した。

これをきっかけに、「がんの早期検診は無駄だ」「抗がん剤はほとんどのがんに効かない」と主張し続けてきたため、医学界からは異端視され、学内での昇進もかなわなかった。12年には第60回菊池寛賞を受賞している。

眼科医の**窪田良**は緑内障の原因遺伝子ミオシリンを発見、渡米した米国で02年に製薬ベンチャー「アキュセラ・インク」を創業し、現CEO（最高経営責任者）だ。14年に東証マザーズに上場した。

オウム真理教幹部で、地下鉄サリン事件の実行犯の1人だった**林郁夫**は、98年に無期懲役の刑が確定し、現在、千葉刑務所で服役中だ。林は塾高から慶応大医学部に進み心臓外科医になった。高学歴

が多かったオウム信者の中でも、最もインテリとして知られる。

## 悲劇の写真家・星野道夫

評論家として売れっ子になっているのは、**福田和也**だ。

旧皇族の竹田家に生まれた**竹田恒泰**は、皇室や日本史関連の著作が多い。父親は日本オリンピック委員会（JOC）会長の**竹田恒和**で、親子そろって塾高OBだ。

コラムニストの**泉麻人**は、「近過去のレトロ」系の題材を得意とし、多くの著書がある。

毎日新聞社の政治記者で、主筆を務めた**岸井成格**《しげただ》は、TBS専属のスペシャルコメンテーターをしていたが、18年5月に73歳で死去した。

建築家では**谷口吉生**《よしお》が著名だ。京都国立博物館の平成知新館などを設計した。

写真家では、動物写真で知られた**星野道夫**がいた。96年8月、テレビ番組の取材のため滞在していたカムチャツカ半島南部のクリル湖畔に設営したテントで、ヒグマに襲撃され死去する。43歳だった。

人材の豊富さと個性の多様性が、通称「塾高」の特徴だ。学業だけではなく趣味もハイソで、音楽科や美術科などは設置されていないのに第一級の芸術家になった卒業生も多い。

人もうらやむ芸術家兄弟として知られるのは**千住博**と**千住明**だ。博は塾高2年のときに日本画に目覚め、東京芸大・絵画科に進学、作品は大学買い上げとなり、日本画家として大成した。京都造形芸術大学長も務めた。

弟の明は、慶応大に進学したものの中退して東京芸大・作曲科に転学、作曲家・音楽プロデューサーとなった。

作詞・作曲家、俳優、歌手の**小林亜星**、手がけた作品が2100曲を超えている作詞家の**松本隆**がOBだ。

音楽プロデューサーで作曲家の**松任谷正隆**《まつとうやまさたか》は、幼稚舎から大学まで慶応一筋だ。

交響曲をはじめ多くのオーケストラ作品や室内楽曲を作曲している**吉松隆**は、塾高時代に独学で作曲を学んだ。指揮者では新国立劇場の芸術監督もした**若杉弘**や、**藤岡幸夫**がOBだ。

ピアニストの**舘野泉**は、02年に脳溢血で右手が不自由になったが、左手だけのピアノ曲によるリサイタルを開いている。

　歌手で作曲家の**平尾昌晃**は塾高中退後に歌手デビュー、ロカビリー歌手として鳴らし、『瀬戸の花嫁』など多くのヒット曲を生み出した。

　演出家では、劇団「四季」を創設した**浅利慶太**がよく知られている。18年7月に死去した。

浅利慶太

　テレビドラマの演出家・ディレクターでは、TBSの**福沢克雄**が13年の『半沢直樹』などドラマのヒットメーカーだ。福沢諭吉の玄孫にあたる。

　歌舞伎俳優の**2代目市川猿翁《えんおう》**は、塾高から慶応大文学部に進んだ。**5代目中村時蔵《ときぞう》**と息子の**梅枝、万太郎**がそろって塾高の卒業生だ。

　昭和時代の大スター、**石原裕次郎**も塾高卒だが、当初は慶応義塾農業高校（現慶應義塾志木高校、埼玉県）に籍を置いていた。

## 「嵐」桜井、石坂浩二も

　活躍中の若手では、男性アイドルグループ「嵐」のメンバーである**桜井翔**の人気が高い。

　80歳前後の俳優・タレントでは、作曲家でシンガーソングライターの**加山雄三**、司会者・俳優でもある**石坂浩二**、多くの映画に出演した**川津祐介**らがOBだ。

　スポーツで活躍している卒業生も多い。

　ゴルフトーナメントのプロデューサーである**戸張捷《とばりしょう》**がいる。

　フェンシング選手の**三宅諒《りょう》**は、12年のロンドン五輪で団体のメンバーとして銀メダルを獲得した。

　野球部は、旧制時代の普通部から通算すると、18年夏までで、春の全国大会に9回、夏に18回出場している。

　南海ホークスの投手だった**渡辺泰輔**は、塾高時代に春のセンバツ大会に出場、慶応大では64年に、対立教大戦で東京六大学野球史上初めての完全試合を達成した。

　サッカー選手では、**武藤嘉紀《よしのり》**が18年6月〜7月のロシアワールドカップのメンバーに選出され、ポーランド戦で初出場を果たした。

養老孟司、隈研吾らを出した中高一貫の男子校

# 栄光学園高校

◉私立・神奈川県鎌倉市

　キリスト教が日本に初めて伝わったのは１５４９年で、カトリック教会の男子修道会の一つであるイエズス会のフランシスコ・ザビエルが……と歴史の授業で習った。

　そのイエズス会を教育母体とする中高一貫の男子校が栄光学園だ。イエズス会は日本で、大学は上智大学など、中高校は広島学院（広島市）、六甲学院（神戸市）など4校を開設しており、栄光学園はその一つだ。

　栄光学園は、敗戦後の１９４７（昭和22）年に設立された。神奈川県南部・湘南方面の比較的豊かな家の男子を集め、ドイツ人神父のグスタフ・フォス師の卓抜な経営手腕によって、全国ブランドの進学校に育った。

　現役、浪人を合わせ、東京大合格者の高校ランキングでは、常にベスト10以内に入っている。18年春の東大合格者は77人（うち現役は50人）で、全国の高校で第5位だった。

　開校以来、東大への累積進学者数は３２００人を超える。戦後だけで比較してみても、神奈川県の名門県立校である湘南高校を上回り、県下一だ。

　京都大、一橋大、東京工業大にも毎年度、各数人が合格している。

## ベストセラー『バカの壁』

　栄光学園の卒業生で著名な人物を3人、紹介しよう。

　まずは**養老孟司**だ。本業は解剖学者ながら、『バカの壁』など多くのベストセラーを出し、知的タレント、ご意見番としてテレビにもよく登場する。

　次いで、建築家の**隈《くま》研吾**。竹など自然素材を生かした建築や格子を多用したデザインの作品が多く、世界的に注目されている。最近では、建設が進む新国立競技場の設計をした。

　3人目は、宇宙飛行士の**古川**

**聡**《さとし》。消化器外科の医師だったが、11年にロシアのソユーズに搭乗し国際宇宙ステーションで約半年の宇宙生活を送った。

優れた企業経営者もいる。「しまむら」のトップを約20年間務めた**藤原秀次郎**だ。

栄光の卒業生は、多くが大企業サラリーマン、中央官庁のキャリア官僚、大学教授あるいは医師になっているが、藤原はわずか3店舗の衣料品店に転職、45歳で社長になり、主婦層の普段着の専門店というコンセプトで、１４００を超える店舗展開を成し遂げた。

年商は約５６００億円で、アパレル分野では「ユニクロ」のファーストリテイリングに次ぐ2位である。

もう1人は、日本ケンタッキー・フライド・チキンのトップを18年間務め、日本指折りの外食ビジネスに育て上げた**大河原毅**だ。

大日本印刷のサラリーマンだったが、ケンタの設立メンバーとして参画し、直営1号店の店長からスタートした。

元職、現職が交じるが、企業トップの経験者は他に、**田口博**（日本酸素）、**長谷川徳二郎**（長谷川香料）、**君和田正夫**（テレビ朝日）、**石渡恒夫**（京浜急行電鉄）、**五十嵐勇二**（マルハニチロＨＤ《ホールディングス》）、**浜口敏行**（ヒゲタ醤油）、**高須武男**（バンダイナムコＨＤ）、**荒井進**（セメダイン）、**西村元男**（ビクターエンタテインメント）、**飯島彰己**《まさみ》（三井物産）、**鈴木久仁**《ひさひと》（ＭＳ＆ＡＤＨＤ）、**内藤弘康**（リンナイ）、**藤原次彦**（ＡＯＩ Pro.）、**松信裕**《ひろし》（有隣堂）、**呉**《くれ》**文精**《ぶんせい》（ルネサスエレクトロニクス）らが出ている。

養老孟司

隈 研吾

古川 聡

## 「原子力ムラ」の中枢

２０１１年3月11日の東日本大震災による東京電力福島第一原子力発電所の過酷事故では、栄光学園の卒業生が直接、間接にかかわっている。

**清水正孝**は、事故が起きた際の東電の社長だった。栄光学園から慶応大に進み、父親が東電マンだったことから東電に就職した。柏崎刈羽原子力発電所のトラブルで引責辞任し、会長になった勝俣恒久社長（都立新宿高校卒）の後任として08年6月末に社長に就任した。

清水は資材・購買畑が長かった。東電の社長は、企画か総務畑育ちが就任するのが不文律だったため、清水の社長就任は異例だった。しかも初の私学出身だった。

事故直後の原発サイトからの「撤退」問題をめぐって首相官邸が「誤解」した件については、12年7月に出された国会の事故調査委員会報告書で「民間企業の経営者でありながら、自律性と責任感に乏しい清水社長が、あいまいな連絡に終始した点に求められる」と酷評された。

事故当時のＩＡＥＡ（国際原子力機関）事務局長は日本人だった。外務官僚で、09年12月から第5代にして日本人初の事務局長に就任した**天野之弥**《ゆきや》だ。天野は、栄光学園で清水より3期後輩だ。

ドイツ、イタリアなどに広がる「脱原発」に対し、天野は「原発は安定したクリーンなエネルギーだ」と、世界の関係者に説いてまわっている。

一方、天野より8期後輩に、東大地震研究所教授の**纐纈**《こうけつ》**一起**《かずき》がいる。纐纈は、マグニチュード9の大地震を想定できなかったことを悔やんだ。科学の限界を思い知り、原発の耐震安全性を検討する国の作業部会の主査などを辞任した。

経済産業省の事務次官をした**望月晴文**は、東大紛争による入試中止の年に卒業したため京大に進学した。旧通産省に入省し事務方トップに登りつめた。

原子力安全・保安院次長や資源エネルギー庁長官なども務め、政官財学の原発推進グループ「原子力ムラ」の中枢を歩んだ。

## ペルー日本大使公邸占拠事件

政官の分野で活躍した人物を見てみよう。

96～97年にかけてペルー日本大使公邸占拠事件があったが、そのときの大使**青木盛久**がOBだ。

直系ではないが、青木の曾祖父は明治時代に外相となり、不平等条約の改正で活躍した青木周蔵だ。

外務官僚の**秋葉剛男**は、18年1月から外務事務次官に就いた。04～09年にかけて、OBの**五味広文**と**佐藤隆文**は、2代続けて金融庁長官を務めた。

東京地検特捜部長を務めた**佐久間達哉**もOBだ。

神奈川県逗子市長を8年間務めた**富野暉《き》一郎《いちろう》**は、池子米軍住宅建設に反対し全国ニュースになった。

文化人や芸術家では、芥川賞を受賞している小説家の**保坂和志**、外交評論家の**加瀬英明**、外務省出身の評論家**宮家邦彦**らがいる。

指揮者の**矢崎彦太郎**、文化史家で「見世物文化」の研究をする**川添裕**、作曲家の**神山純一**、ギタリストで電車の「発車メロディー」作曲者の**塩塚博**らもOBだ。

## 細川護熙は落第、転校

仁科記念賞というのがある。日本の現代物理学の父といわれる仁科芳雄（旧制岡山中学・現岡山県立岡山朝日高校卒）の功績を記念し、原子物理学とその応用に関し優れた研究業績をあげた若手研究者を表彰する賞だ。

栄光の卒業生では**横谷《よこや》馨《かおる》**と**伊藤公孝**の2人が、仁科記念賞を受賞している。

スタンフォード大教授の**西義雄**は、海外雄飛の半導体学者だ。東芝からヒューレット・パッカードに移り、多くの専門学会賞を受賞している。

医学者では、分子生物学の**広川信隆**が細胞が働くためのタンパク質を運ぶ「分子モーター」の研究で、内外から学術賞を受賞している。13年には文化功労者に選定された。

日本赤十字社社長の**近衛忠煇《ただてる》**もOBだが、実兄の元首相・細川護《もり》熙《ひろ》は、栄光学園中学2年のときに落第した。校風が肌に合わず、勉強に身が入らなかったためだ。

「高校に上がる前に『本校ではこれ以上無理なので、別の学校を探して進学するように』と引導を渡された」（日本経済新聞10年1月5日「私の履歴書」）という。護熙は結局、学習院高等科（東京・私立）へ転校した。

# フェリス女学院高校

## 独創的な人材に富む、最古の女子高出身者

◉私立・横浜市中区

横浜港を見下ろす高台は山手地区と呼ばれる。幕末から明治にかけ外国人居留地になっていた場所で、現在でも歴史的景観エリアとして人気の観光地だ。その一角にフェリス女学院がある。

創立は、開港間もない1870(明治3)年だ。米国改革派教会が婦人伝道師キダーを派遣して、居留地で女子教育を始めた。「自立した女性の育成」を目指した自由な校風が、培われていった。

同じ1870年に、私立女子学院中・高校(東京都千代田区)の前身と、京都府立洛北高校の前身(旧制京都府立第一中学)が創立されている。この3校が、現存する日本最古の高校だ。

ちなみに、日本最初の公立女学校は、1872年に設立された「新英学校及び女紅場《によこうば》」だ。のちに京都府立第一高等女学校となり、戦後の学制改革で男子を受け入れ、現在は共学の府立鴨沂《おうき》高校(京都市上京区)になっている。

また、現存している公立の女子校では、1875年創立の栃木県立宇都宮女子高校が最も古い。

フェリスの教育の根幹にはキリスト教があり、学校生活はいつも毎朝の礼拝から始まる。教育理念は「For Others(他者のために)」。新約聖書から採られた言葉だ。

この教育理念のもと、「キリスト教信仰」「学問の尊重」「まことの自由の追求」を大切にしている。

高校からの生徒募集をしない完全中高一貫校だ。高3では選択科目を増やし大学受験に対応している。1学年は約180人で、少人数教育を貫いている。

推薦によりフェリス女学院大学に進学できるが、同大は文系学部と音楽学部のみのため、4年制の他大学を受験する者が多い。しかも、第一志望を貫くため例年、4人に1人の生徒が浪人する。

18年春の大学入試では現役、浪

人合わせ、東京大13人、京都大3人、東京工業大5人、一橋大6人、お茶の水女子大に3人が合格した。

私立大には延べで、早稲田大73人、慶応大62人、上智大29人だった。

「浜っ子」といわれる横浜市居住の生徒が6割で、神奈川県の他の市や都内南部から通う生徒が4割だ。比較的裕福なサラリーマン家庭の娘が多い。

とはいえ、おしとやかなお嬢様ではなく、将来の自分の進路をはっきりと見据えた個性的なタイプがそろっている。

### 安井かずみ、原由子

才能と個性が突出している卒業生がいる。ジャズピアニストにして在野の数学者という「二刀流」の**中島さち子**だ。東大理学部数学科に進学し、在学中、さらに社会人の現在も、共著で数学の専門書を出している。

音楽のほうは4歳からピアノを習っていた。東大在学中にジャズに魅せられ、卒業後にCDアルバムをリリースした。

数学と音楽関連の講演に年40回程度招かれ、両方の面白さを語っている。

作詞家、エッセイストの**安井かずみ**が著名だ。『私の城下町』など数々のヒット曲を世に送り出したが、94年に55歳で死去した。

原 由子

英国王立音楽院を首席で卒業した、ピアニストの**三浦友理枝**もいる。

雅楽の笙《しょう》奏者の**宮田まゆみ**は、笙を国際的に広めた功労者だ。98年の長野五輪開会式で『君が代』を演奏し、その模様が全世界に放送された。

シンガーソングライターでキーボーディストの**原由子**もOGだ。ロックバンド・サザンオールスターズのメンバーで、夫はそのリーダーの桑田佳祐（神奈川県・私立鎌倉学園高校卒）だ。

文芸では、91年に『背負い水』で芥川賞を受賞した**荻野アンナ**がいる。フランス文学者で、慶応大文学部教授だ。

明治時代には、『小公子』の翻訳

をして、日本で初めて少年少女のためのキリスト教文学を紹介した**若松賤子**《しずこ》がいた。1871年にキダーが開いた英語塾に入ったから、まさにフェリス1期生である。1896年に31歳で死去した。

明治の中ごろには、夫の相馬愛蔵（旧制長野県立松本中学・現松本深志高校中退）と共に、インドカレー（メニューでは「カリー」と呼ぶ）で有名な新宿中村屋を起こした**相馬黒光**《こっこう》がフェリスに在籍していた。

多くのエッセーを出す一方、彼女が中心となって文学、芸術のサロンを作り「中村屋サロン」といわれた。

## 邦銀で初のトップ

男女雇用機会均等法が1986年に施行されて30年余。だが、「ガラスの天井」に阻《はば》まれて、女性のキャリア・アップはなかなか進まなかった。それでもこの数年、大企業で続々と女性役員が生まれている。

相馬黒光

14年4月から野村証券グループの野村信託銀行社長に就いた**鳥海智絵**が卒業生だ。邦銀で女性初のトップである。早稲田大卒後の89年に、野村証券の女性総合職2期生として入社したが、300人以上の同期で女性は7人だった。

フェリスで鳥海の1期先輩の**工藤禎子**《ていこ》は、やはり14年4月に三井住友銀行で女性初の執行役員になった。慶応大に進み、旧住友銀行が87年に採用した女性総合職の1期生として入社した。

国際機関で活躍するOGでは、国連の事務次長で軍縮担当上級代表の**中満泉**《なかみついずみ》がいる。日本人の国連職員の中では最高位だ。

国連平和維持活動の専門家として旧ユーゴやウクライナ、シリアなどの紛争地を飛び回ってきた。

## 猿橋賞受賞者も

学者・研究者では、東大大気海洋研究准教授の**阿部彩子**が12年に、気候と氷床の変動メカニズムの研究で、優れた女性研究者に贈られる猿橋賞を受賞した。

東北大の博士課程で応用情報科学を研究していた**上野彩子**は、14

年度に東北大総長賞を受賞した。イギリス気象庁で地球温暖化問題を研究している**対馬洋子**もいる。

医師では、小児科医で子どもの心の治療を続けている**渡辺久子**、歯科医で口臭予防について啓発している**川口陽子**、内科医で免疫学、リウマチが専門の**三宅幸子**、精神科医の**井川真理子**、心臓外科医の**斎藤綾**らがOGだ。

文系では、臨床心理学者の**宮城まり子**、経営学者で一橋大教授を務めた**石倉洋子**、日本総合研究所の上席主任研究員で金融政策を研究している**河村小百合**、女性史・ジェンダー研究者の**小桧山**《こひやま》**ルイ**、関西学院大准教授で大卒女性ホワイトカラーのキャリア形成を研究している**大内章子**らがいる。

昭和時代に欧州から数々の名作映画を輸入し、日本に紹介した**川喜多かしこ**が旧制のOGだ。

## 藤村志保、たかまつなな

女優では、多くのテレビドラマや映画に出演してきた**藤村志保**がいる。62年に映画『破戒』に出演し、各種の新人賞を受賞したのが出発点だ。

芸名は、『破戒』の役名「志保」と原作者の島崎藤村（東京・旧制私立明治学院普通部本科・現明治学院高校卒）に由来する。

女優では**大島さと子**もいる。社会派お笑い芸人の**たかまつなな**もOGだ。フェリス出身であることを活かし、フリップをめくりながら演じる「お嬢様言葉」のネタシリーズが得意芸だ。

中満 泉

メディア関連では、産経新聞で論説委員長を務めた**千野境子**《ちのけいこ》、『日経ウーマン』編集長の**安原ゆかり**、朝日新聞記者出身で『週刊朝日』編集長などを歴任した**長友佐波子**、静山社で「ハリー・ポッター」の児童文庫シリーズの編集責任者を務めた**山口あゆみ**、『不機嫌な果実』など多くのドラマをヒットさせているTBSプロデューサーの**磯山晶**らがOGだ。

政治家では、生活クラブ生協での活動をバックに東京都議、参院議員を務めた**大河原雅子**が卒業している。

## 佐藤優、天野篤を出した「三兎を追え」の伝統

# 浦和高校

◉埼玉県立・さいたま市浦和区

「尚文昌武《しょうぶんしょうぶ》」、これが浦和高校の校訓だ。仏教に造詣が深かった2代目校長・藤井宣正が1900（明治33）年に退任した際、残していった言葉で藤井の造語である。「文」のほうにウエートを置いた「文武両道」という意味だ。

　これを掲げる高校は数多いが、浦和高校は確かにその校訓が、脈々と受け継がれてきている。新入生歓迎マラソン大会、50キロの強歩大会、遠泳を競う臨海学校、クラス対抗のスポーツ大会と、体育行事が目白押しなのだ。

「少なくとも三兎を追え」との言も伝わっている。勉強、行事、部活の「三兎」だ。

　浦和高校は2012年度の大学入試で東京大に40人を合格させ、全国の公立高校でトップだった（全体では14位）。ただし現役合格者は14人で、「浪人覚悟」の伝統が現れている。

　18年春の大学入試では浪人、現役合わせ、東京大22人、京都大14人、東京工業大11人、一橋大17人、東北大36人が合格。「東大一辺倒」でないことがよくわかる。

### 東大より打楽器

　12年春には浦和高校の卒業生で、東大理科1類に現役で合格したものの入学せず、東京音楽大学に進んだ者がいる。

**高瀬真吾**だ。打楽器で国内最高峰とされる日本管打楽器コンクールパーカッション部門で、11年に高校生で初となる3位に入賞した実力者。「人生は一度きり」と、好きな音楽の道を選んだという。

　高瀬は内外の打楽器コンクールで入賞し、ドイツの音楽大に留学した。

　浦和高校は県立だが、英国のパブリックスクールのような趣があるようだ。95年には、400年の伝統を誇る英国のホイットギフト校と姉妹校になっている。

14年には、文科省からSGHに指定された。

伝統的に理系に強い高校として知られている。

独立行政法人科学技術振興機構は12年に「科学の甲子園全国大会」というのを初めて開催した。その記念すべき第1回大会で優勝したのは浦和高校だった。

また、全国高校クイズ選手権で3度、優勝している。

浦和高校は1995（明治28）年に、埼玉県第一尋常中学校として誕生した。

埼玉県の旧制中学は戦後の学制改革で新制高校になっても、男女共学に移行しなかった。同高も今もって男子のみだ。がり勉を嫌い、クラブ活動に打ち込むのが伝統になっている。

## 天皇の手術を執刀

卒業生の中でこの10年余、著名になったのは**佐藤優**だ。ノンキャリアとして外務省に入省し、ロシア通として才能を発揮したが、鈴木宗男（北海道立足寄高校卒）事件に絡んで有罪となり、外務省を失職した。05年に出版した『国家の罠 外務省のラスプーチンと呼ばれて』をきっかけに、論壇の寵児となった人物だ。

佐藤 優

宇宙飛行士の**若田光一**もOBで、09年に日本人として初の国際宇宙ステーション（ISS）での長期滞在をした。14年には、日本人で初めてISSの船長に就任する。宇宙には、母校の伝統である「尚文昌武」の旗を持って行った。

若田光一

名医もいる。12年2月に平成天皇は順天堂大と東大チームにより心臓手術を受けたが、実際に執刀したのは、順天堂大の心臓外科医**天野篤**だった。

天野は、冠動脈バイパス手術の第一人者といわれている。だが3浪して日本大医学部に進学しており、エリート医師の道を歩んだわけではなかった。16年からは順天堂医院院長を務めている。

法医学者の**大野曜吉**もいる。

学者・研究者の間で話題になっているのは、レアアースの発見だ。地球資源学の**加藤泰浩**は11年に、太平洋の海底に2000年分のレアアースが埋蔵されていることを発見した。

有機化学者で専門学会から多くの国際賞を受賞している**芝崎正勝**、磁性材料・フェライトを発明し東京電気化学工業で事業化した**武井武**、医師で胃カメラ開発者の**宇治達郎**らもいる。

東京大教授の**古沢明**は、ミクロ（量子）の世界で情報を転送できると提唱した「量子テレポーテーション」理論を、98年に世界で初めて実験で実証した。

文系では、租税法が専門で政府税制調査会会長を務めている**中里実**、経営学者でドラッカーの翻訳で知られる**上田惇生**《あつお》、仏文学者で文芸評論家でもある**菅野昭正**、NHK出身で国際政治学の**吉田康彦**らが卒業生だ。

## 異色の経営者

経済界では、**川野幸夫**が異色の経営者だ。浦和高校から東大法学部に進み、将来は社会派弁護士になろうと思っていたが、母が経営する弱小スーパーの後を継いだ。

埼玉県内を中心とする食品スーパー「ヤオコー」で、これを首都圏で有数の小売業に育て上げた。

大企業で会長、社長などのトップやCFOポストなどを経験した卒業生を挙げよう。元職と現職が交じるが、**岡本圀衛**（日本生命保険相互）、**木村恵司**（三菱地所）、**桜井孝頴**《たかひで》（第一生命保険）、**窪田弘**（日本債券信用銀行）、**大沢秀次郎**（新日本石油）、**大根田伸行**（ソニー）、**浅野純次**（東洋経済新報社）、**松村洋**（丸紅）、**加瀬豊**（双日）、**金子真吉**（凸版印刷）、**篠塚勝正**（沖電気工業）、**関誠夫**《のぶお》（千代田化工建設）、**桑原道夫**（ダイエー）、**小林幸雄**（大鵬薬品工業）、**飯塚剛司**《たけし》（サイボー）、**須賀等**（タリーズコーヒージャパン）、**国部毅**（三井住友FG）らだ。

「官」では、国際協力機構（JICA）前理事長の**田中明彦**が卒業生。緒方貞子（東京・私立聖心女子学院高等部卒）の後任で、その後、政策研究大学院大学長になった。

検事総長の**井本台吉**、駐米大使を務めた**大河原良雄**、外務事務次官をした**須之部量三**、警察官僚出身で安倍内閣で内閣官房副長官を務めている**杉田和博**、総務事務次官の**安田充**、農水事務次官の**末松広行**らがOBだ。

## サッカー界に有力選手

埼玉県は静岡県と並ぶサッカー王国だ。浦和高校サッカー部は1923年の創部で、部員は100人近くいる。51年度には3冠王（国体、高校選手権全国制覇、関東大会優勝）に輝くなど何度も優勝経験がある。

**犬飼基昭**、**松本暁司**《ぎょうじ》、**倉持守三**《もりさぶ》**郎**《ろう》ら多くの名選手を生んでいる。犬飼は日本サッカー協会会長を、松本は浦和市立南高校（現さいたま市立浦和南高校）の監督になり、69年に高校サッカー史上初の3冠（高校選手権、高校総体、国体）を成し遂げた。漫画・アニメの『赤き血のイレブン』（梶原一騎原作）はこれをモデルとしている。

**村井満**はリクルートキャリア社長を務め、14年1月からはJリーグチェアマンに就いている。

早大で活躍し日本ラグビーフットボール協会専務理事をした**矢部達三**、1000メートルで世界記録を出したスピードスケートの**宮部保範**もOBだ。

田中明彦

芸術・文化・芸能方面では、彫金家で人間国宝の**増田三男**が母校の教員を長年、務めた。戦前にパリで客死したため忘れられていたが近年、再評価されている洋画家の**田中保**、やはり洋画家の**高田誠**、日本画家で野鳥の絵の第一人者といわれる**内藤五琅**《ごろう》らもOBだ。

さらに、小説家の**沢野久雄**、推理作家の**大谷羊太郎**、歌人の**加藤克巳**、絵本作家の**杉田豊**、ミステリー評論の**長谷部史親**《ふみちか》らがいる。

音楽ではオーボエ奏者の**渡辺克也**、ゴダイゴのメインボーカルで作曲家の**タケカワユキヒデ**らがいる。俳優の**愛川欽也**は浦和高校を中退した。

メディア関係では、朝日新聞社出身のジャーナリスト**轡田**《くつわだ》**隆史**、NHKからフリーに転じたアナウンサー**堀尾正明**、テレビ朝日アナの**山口豊**らがOBだ。

# 千葉高校

「自主・自律」が土台の多彩な卒業生の顔ぶれ

◉千葉県立・千葉市中央区

前身の旧制千葉中学は、1878（明治11）年創立という伝統校だ。東京府がつくった最初の中学を前身とする現在の都立日比谷高校と、同年の設立だ。

2008年度から中学校を併設し、中高一貫制を導入した。といっても、中学の段階から高校の教育課程を先取りし、高3は受験勉強に専念させるといった私立の一貫校が採用するような方式は取っていない。

校訓と呼ばれるものはなく「自主・自律」の精神を全活動の土台としてきた。

千葉高校の特色としては次の三つが挙げられる。「重厚な教養主義」が、まず一つ。教科書を越えた発展的な授業を展開している。

二つ目は「レベルの高い教師陣」だ。各教科の専門性を重視し、校外での研修に参加するなどして、その研究成果を授業に生かすことを心がけている。

三つ目は「文武両道」だ。部活動加入率は延べで110％を超えている。勉学も部活動も決して手を抜かず、正面からまじめに取り組む姿勢は、旧制中学からの誇るべき伝統になっている。

こうした一環として「千葉高ノーベル賞」なるものを設けている。人文科学、社会科学、自然科学、芸術の4分野からテーマを決め、入学時から2年をかけて調査研究を行う。成果を3年生になって発表し、最も優れたリポートにノーベル賞が与えられる。

同校では「より深く考える力、コミュニケーション力、表現力などの『人間力』をじっくりと育成している」と、強調している。

難関大学に多くの合格者を出している。18年春の大学入試実績を見ると、現役、浪人合わせて東京大22人、京都大8人、東京工業大10人、一橋大に8人、東北大に7人が合格した。地元の千葉大には

45人が合格している。
もっとも、1990年代には60人を上回る東大合格者を出し、全国の公立高校でトップの時期もあった。

## 志位和夫、神崎武法

卒業生で活躍ぶりが顕著なのは、日本共産党委員長の**志位和夫**だ。東大・物理工学科に進学した理系人間だったが、両親とも教員で日本共産党員であり、大学1年のときに入党した。90年に35歳の若さで党書記局長に抜擢され一躍、全国にその名が鳴り響いた。

志位和夫

政治家では、公明党代表や郵政相を務めた**神崎武法**《たけのり》もOB。東大法学部卒の検事出身という経歴だ。

戦前の外交官で駐米大使、外相を歴任した**石井菊次郎**は旧制卒である。中国の特殊権益など、日米の行動を取り交わした1917年の「石井・ランシング協定」の締結者として歴史に名を残す。

戦後の民選知事になってからは、旧制卒の**川口為之助**、**沼田武**が千葉県知事を、千葉市長には新制卒の**鶴岡啓一**が就いた。

## 邪馬台国北九州説

学者では、日本政治史が専門で11年に文化勲章を受章した**三谷太一郎**、心理学の**宮城音弥**、仏文学者で詩人でもある**天沢退二郎**、国文学の**長谷川泉**、日本中世文学の**兵藤裕己**、行政法の**市原昌三郎**、民法学者で消費者法の研究をしている**大村敦志**、音楽文化史の**渡辺裕**、水産経済学の**加瀬和俊**、毎日新聞記者出身で都市政策の**本間義人**らが卒業している。

東洋史学者で東大教授の**白鳥庫**《くら》**吉**《きち》は、明治末に「邪馬台国北九州説」を主張した。同時期に京大教授の内藤湖南（秋田師範学校卒）は「畿内説」を主張し、以来、昭和時代に至るまで東大派と京大派に分かれ邪馬台国論争が続いた。

白鳥は、旧制千葉中学に教師として赴任していた東洋史学の先達・那珂通世《なかみちよ》の薫陶を受けた。那珂は明治の初めに、福沢諭吉の書生となって慶応義塾で学んだ人物である。

古文書や書跡史の研究者で、愛知文教大学長を務めた**増田孝**は、テレビ番組『開運！なんでも鑑定団』のセミレギュラーだ。

理系では、代数幾何学が専門で国際的にも知られる**飯高茂**と、米イリノイ大学で長く研究生活をした**鈴木通夫**がいる。

工学者の**芦谷公稔**《きみとし》は、気象庁の緊急地震速報システムを開発した1人だ。

薬学の**落合英二**、免疫血清学が専門で薬害エイズ問題で厚生省の対応を批判した**大河内一雄**、ロボット工学の**加藤一郎**、生物学の**毛利秀雄**、単分子光化学の**村越敬**、生物物理学の**大岩和弘**らがOBだ。

## 海堂尊、市原悦子も

文筆家では、現役の医学者でメディカルエンターテインメント作家として活動している**海堂尊**《かいどうたける》、推理作家の**深谷忠記**《ただき》、童話作家の**寮**《りよう》**美千子**、作家・コラムニストの**板谷敏彦**らがOB、OGだ。

**吉成真由美**は、サイエンスライター。夫はノーベル医学生理学賞を受賞している利根川進（都立日比谷高校卒）だ。

**鈴木隆之**は建築家であるが、小説も書いている。

**佐藤憲一**は海外のフィールドを得意とする写真家で、東日本大震災後の東北の被災地のスチール写真でも評判になった。

女優の**市原悦子**が著名だ。俳優座養成所に進み、舞台、テレビ、映画など多方面で活躍している。

演技力の高さは折り紙つきで、俳優座が生んだ3大新劇女優の1人に数えられる。

市原悦子

男優では**宇津井健**がいた。**中庸助**は声優・俳優だ。

音楽では、指揮者の**現田**《げんだ》**茂夫**が卒業生だ。妻はソプラノ歌手の佐藤しのぶ（大阪音楽大学付属音楽高校卒＝現在は閉校）。**金子建志**《けんじ》は指揮者、音楽評論家だ。

作曲家では**長谷部徹**、**水野修孝**、**小出稚子**、作詞家では**伊藤アキラ**が卒業している。**サエキけんぞう**は作詞家・音楽プロデューサー、**上野耕路**《こうじ》はキーボーディストで作曲家、**山川健一**はロック評論家で小説家だ。

テレビプロデューサーで『オレたちひょうきん族』などのお笑い番組を多数企画した**横沢彪**《たけし》は、神奈川県立横浜翠嵐高校から千葉高校に編入してきた。

大正時代に活躍した**柳敬助**は、「不運の画家」として知る人ぞ知る。１９２３年５月に42歳で病没し、友人たちが遺作展を開催した。この年の９月１日が初日だったが、関東大震災が勃発して火事になり、陳列作品三十数点が消失してしまった。

## 「沖縄県民斯ク戦ヘリ」

大企業でトップを経験した卒業生は現職も交じるが、**鳥海巌**（丸紅）、**中江利忠**（朝日新聞社）、**花田力**（京成電鉄）、**早崎博**（住友信託銀行）、**綿貫弘一**（京葉銀行）、**安田敬一**（扇屋ジャスコ）、**鎌田伸一郎**（セントラル警備保障）、**町田公志**（コスモスイニシア）、**水島健二**（郵船ロジスティクス）、**新田信行**（第一勧業信用組合）、**兵頭誠之**（住友商事）らだ。

千葉銀行会長を務めた**石井俊昭**は、千葉商工会議所会頭だ。

スポーツでは、52年のヘルシンキ五輪のレスリングで戦後初の日本人金メダリストになった**石井庄八**がＯＢだ。

整形外科医の**霜礼次郎**は92年のバルセロナ五輪で、ライフル射撃日本選手団の監督を務めた。

大田 実

軍人、軍医になった卒業生で、注目される人物が２人いる。

１人は海軍軍人で、太平洋戦争の最後の激戦地となった沖縄戦で、沖縄方面根拠地隊司令官を務めた**大田実**だ。１９４５年６月、自決する直前に発信した電報「沖縄県民斯ク戦ヘリ　県民ニ対シ後世特別ノ御高配ヲ賜ランコトヲ」が、歴史に残る。

もう１人は、７３１部隊の創設者**石井四郎**だ。７３１部隊とは、第二次世界大戦時に日本陸軍の研究機関の一つで、石井は防疫活動や細菌・毒ガス兵器開発の指揮をとった。

石井は千葉中―第四高校（金沢市）―京大医学部卒だ。

『夜のピクニック』に描かれた名物行事「歩く会」とは

# 水戸第一高校

◉茨城県立・水戸市

水戸藩35万石は徳川三親藩の一つであり、弘道館《こうどうかん》はその藩校として鳴らした。また「水戸学」なる言葉があるように江戸時代から学問的な伝統を備えた街だ。

その水戸城旧本丸跡にあるのが、水戸第一高校である。

校地が城址、それも本丸近くにあるという高校は他に、滋賀県立彦根東高校（旧制県立一中・彦根中学）、鳥取県立鳥取西高校（旧制鳥取中学・鳥取一中）などがあるが、数少ない。

１８７８（明治11）年に茨城師範学校予備学科として設立された。茨城第一中学―茨城県尋常中学校と改称したあとの２００１年に県立水戸中学校となり、戦後の学制改革で男女共学の水戸第一高校となる。旧制中学としては、県内で最も古い歴史を誇る高校だ。

校是（校訓）として「至誠一貫」「堅忍力行」を掲げる。真理を愛する「学問第一」の伝統と、生徒の「自主自立」の精神を重んじた自由な校風が特色だ。

05年度から進学重視型の単位制に移行し、少人数の講座や多様な選択科目の開設などカリキュラムに工夫を凝らしている。

名物行事は「歩く会」と称する強歩大会。毎年10月に、全校生徒が一昼夜かけて約70キロを歩く。ゴールまで歩ききる完歩率は95％以上という。

## 本屋大賞と直木賞を受賞

ＯＧの作家**恩田陸**が、これをモデルに『夜のピクニック』を著した。本屋大賞を受賞し映画化もされたことから、「歩く会」は全国的に有名になる。

恩田は17年に『蜜蜂と遠雷』で１５６回直木賞を受賞した。

建築家の**妹島和世**《せじまかずよ》も輝いている。その設計は「透明感」を特徴とする。パートナーとの共作の代表作として、国内では金沢21世紀

恩田 陸

美術館、海外ではルーブル美術館別館のルーブル・ランスがある。

　妹島は、水戸一高から日本女子大家政学部に進学した。「ふつうの女の子だった」が、伊東豊雄（東京都立日比谷高校卒）の建築設計事務所に入所して、頭角を現した。

　建築界のノーベル賞といわれるプリツカー賞を10年に受賞しており、これは日本人の建築家では6人目、女性としては世界で2人目である。

　伊東も13年にプリツカー賞を受賞したが、師匠より妹島のほうが先だった。

　さらに洋画家の**辻永**《ひさし》、陶芸家では**城戸夏男**が、彫刻家では『エーゲ海に捧ぐ』という大作を制作した**木内克**《きのうちよし》が卒業生だ。

　歌人・小説家で、農民文学の傑作といわれる『土』を著した**長塚節**《たかし》が中退している。

　**大久保康雄**は英米文学の翻訳家として知られた。ジャーナリスト・軍事評論家の**伊藤正徳**も旧制時代の卒業生だ。

　優れた映画監督が出ている。

　アクション・時代劇の**深作欣二**《ふかさくきんじ》、黒沢明の弟子に当たる**小泉堯**《たか》**史**《し》、社会派・文芸映画の**柳町光男**、脚本家でもある**大川俊道**、斬新なカメラワークで知られる撮影監督の**川又昂**らだ。

　**徳大寺有恒**《ありつね》は自動車評論の先駆け的存在だった。建築構造設計の**金箱温春**《かねばこよしはる》もいる。

　音楽では、コントラバス奏者の**河原泰則**、ギタリストの**飯泉昌宏**、シンガーソングライターの**大塚利恵**らがOB、OGだ。

## ゲーム界で活躍

　なぜかゲームの世界で頭角を現した卒業生が多い。

　旧制出身の**長谷川五郎**は70年代初めにオセロを考案した。世界中に人気の卓上ゲームで、水戸市では06年に続き、16年に2度目の世

妹島和世

界選手権が開催された。長谷川は16年6月に死去した。

コンピューター・ゲームでは、ファイナルファンタジー・シリーズの生みの親として知られるクリエイター**坂口博信**、06年に日本デジタルゲーム学会を創設した東大教授の**馬場章**が卒業生だ。

学者では、先端的な分野の研究者がいる。ヒトゲノム解読の独創的な解析装置を開発し、ノーベル賞候補ともいわれる日立製作所フェローの**神原秀記**を、まず挙げておこう。

プラズマ・核融合学会会長でスウェーデン王立科学工学アカデミー外国人会員である**本島修**、「ニュートリノ振動」理論の先見性で知られる素粒子物理学者の**牧二郎**らも卒業生だ。

厚生省生物製造課長や、東大医学部教授を務めた**郡司篤晃**《あつあき》も卒業生だ。

83年に厚生省課長としてエイズ研究班を設置し、対策を講じようとしたが、輸入非加熱血液製剤の継続使用を認めたために血友病患者のウイルス感染が拡大した。

文系では、経済学者で慶応義塾塾長や中央教育審議会会長をした**鳥居泰彦**、教育学者の**海後宗臣**がＯＢである。

母校である旧制水戸中学の校長をし「水戸学」の研究者でもあった**菊池謙二郎**もいる。

農本主義思想家・政治運動家の**橘孝三郎**は旧制卒だ。

## 公明党代表・山口那津男

「政官」で活躍しているのは、09年から公明党代表に就いている弁護士出身の参院議員**山口那津男**だ。

やはり弁護士で57年に民間出身として初の検事総長になった**花井忠**、警察庁長官を務めた**金沢昭雄**、警視総監をした**仁平圀雄**《にひらくにお》、国土事務次官を務め元首相・田中角栄の日本列島改造論のブレーンだった**下河辺淳**《しもこうべあつし》らがＯＢだ。

自治省（現総務省）出身の**橋本昌**は17年8月の茨城県知事選挙で、経産官僚出身で水戸一高の後輩・**大井川和彦**に敗れた。橋本は6期24年間、茨城県知事を務めた。

経済人では、日産自動車のトップを務め「中興の祖」といわれた**川又克二**がいた。

丸紅社長・会長をした**桧山広**、商工省次官のあと八幡製鉄（新日本製鉄を経て現新日鉄住金）社長の

**小島新一**、戸田建設の2代目社長**戸田利兵衛**が卒業生だ。ＪＦＥスチール社長・ＣＥＯの**柿木厚司**もいる。

地元の常陽銀行で頭取を務めたＯＢは、**西野虎之介**、**鬼沢邦夫**、**寺門一義**《てらかどかずよし》らだ。

## 学生野球の父

家業を継いで、大きな会社に育て上げた卒業生もいる。ケーズＨ《ホール》Ｄ《ディングス》会長の**加藤修一**は、ケーズデンキを日本有数の家電量販店に育てた。

アダストリア会長兼ＣＥＯの**福田三千男**は、１０００店を超えるカジュアル衣料店チェーンをつくり上げた。

**須田将啓**は、博報堂を脱サラし、ソーシャル・ショッピングサイトのエニグモを設立（現ＣＥＯ）、12年7月に東証マザーズ市場に株式上場させた。

**八剱**《やつるぎ》**洋一郎**はＰＨＳ携帯電話のウィルコム社長をした。

小僧寿し本部の元社長**山田武**は、三菱銀行に入行。50歳で同社に出向したのが縁で、創業者から社長の座をバトンタッチされた。

スポーツでは、横綱の**常陸山谷右エ門**が明治20年代に旧制水戸中に通っていたが、出羽ノ海部屋に入門するために中退した。

飛田穂洲

野球では、「学生野球の父」といわれる**飛田穂洲**《すいしゅう》の胸像が母校に建立されている。

東京六大学の名投手にして強打者だった早大野球部の**石井連蔵**は、卒業後に25歳の若さで早大野球部の監督になり、大先輩の飛田譲りの精神野球を掲げた。

軍人では、海軍中将の**栗田健男**《たけお》がいた。日本海軍で最も長い戦歴を持つ実戦指揮官の1人だ。レイテ沖海戦の指揮をめぐって戦後、様々に論議されている。

栗田と前述の伊藤正徳、飛田穂洲の3人は、旧制水戸中の同期生で、一緒に野球をしていた。

18年の大学合格実績は現役、浪人合わせ、東京大6人、京都大2人、東京工業大7人、一橋大4人。さらに東北大に26人、地元の筑波大に31人などだ。

## 宇都宮高校

「滝の原主義」を受け継ぐ、北関東有数の男子校

◉栃木県立・宇都宮市

北関東で有数の進学校だ。ルーツとなる旧制栃木中学は1879（明治12）年の創立である。短期間だが、県第一中学を名乗ったこともあった。

埼玉県や群馬県などと同様、栃木県の旧制中学、旧制高等女学校は戦後の学制改革でも男女別学を貫いた（ただし定時制、通信制などは共学）。現在でもその多くが別学を続けており、宇都宮高校も男子校。略称は「宇《う》高《たか》」だ。

1893（明治26）年に竣工し、戦後の二十数年間も校舎として使用されていた白亜の館は「宇都宮高校旧本館」の名称で、国の登録有形文化財に指定された。現在は「滝の原会館」と称されている。

「滝の原」の由来は、校地の地名にある。そこからとった「滝の原主義」という教育理念が連綿と受け継がれてきた。その一節には「剛健なる真男子を作らんとするにあり」と記されている。

教育理念を発展させた生徒指標として、「和敬信愛　質実剛健　自律自治　進取究明」が定められている。

10万平方メートルを超える広大な敷地を有しており、二つの運動場の間にJR日光線の線路が走っているほどだ。

エピソードがある。

1882年の県第一中学時代に、教師引率のもと生徒が東京・上野で開かれた第2回勧業博覧会を見学した。この旅行は日本での学生・生徒の集団旅行の草分けという。現在まで続く「修学旅行」の起源の一つだ。

18年の大学入試では現役、浪人合わせ、東京大16人、京都大6人、東北大30人、東京工業大3人、一橋大7人が合格している。

同校の教師たちは「授業を充分に身につければ、現役合格が可能であると言えるだけの授業を実践している」と胸を張る。

## 翻訳も多いロシア文学者

個性的な学者や研究者を輩出しているが、最も知られているのは、ロシア文学者の**亀山郁夫**だろう。

ドストエフスキーの『カラマーゾフの兄弟』の新訳など精力的にロシア文学・文学論を発表し、難解といわれるロシア文学を一般にわかりやすく解説した。東京外国語大学長のあと、私立名古屋外国語大学長を務める。

亀山郁夫

ドイツ文学の研究・翻訳では**手塚富雄**がその道の大家だった。哲学者の**滝沢克己**、数学者の**加藤敏夫**と**黒川信重**、英文学者の**斎藤兆《よし》史《ふみ》**らも卒業生だ。歯学者の**大塚吉兵衛**は、日本大学総長をした。

**千葉雅也**は気鋭の哲学者だ。宇都宮高校時代から頭脳明晰で東大に進学、表象文化論の研究に打ち込んだ。茶髪にギャル男風のファッションでも知られる。

産業技術総合研究所研究員の**栗原一貴**は、もう1人の研究者と共に迷惑なおしゃべりをやんわりと制止する装置「スピーチ・ジャマー」を発案した。12年に、ユーモアあふれる研究が対象のイグ・ノーベル賞を受賞した。

京都大研究員で動物学が専門の**吉川夏彦**は、筑波山周辺に生息するサンショウウオが新種であることを突き止め、13年に指導教授と共に科学論文誌に発表した、

公衆衛生学が専門の医師**国井修**は、途上国で地域医療や緊急援助のプロジェクトに携わり、06年からは国連児童基金（UNICEF）保健戦略上級アドバイザーを務めた。

## 中村彰彦、立松和平

小説家では歴史・時代小説で多くのファンを持つ直木賞作家**中村彰彦**と、独特の方言でテレビにもよく登場した**立松和平**が卒業している。文芸評論家の**村上一郎**、児童文学者の**千葉省三**らもOBだ。

中村彰彦

音楽では作曲家・ピアニストの**倉本裕基**、シンガーソングライター で作詞・作曲もする**タイロン橋本**がいる。

動物写真家の**福田俊司**、石彫作家の**斎藤誠治**、造形家の**南田是也**もOBだ。

## 船田三兄弟、枝野幸男も

船田ファミリーが著名だ。衆院議長をした**船田中**《なか》、次兄のローマ法学者で衆院議員をした**船田享二**、末弟で衆院副議長をした**藤枝泉介**の「船田三兄弟」、それに、中の長男で栃木県知事をした**船田譲**、その長男の衆院議員**船田元**《はじめ》はそろって旧制・新制の宇都宮高校出身だ。

船田元は39歳の若さで入閣（経済企画庁長官）し「政界のプリンス」として将来が嘱望されていたが、「政界失楽園」と揶揄《やゆ》される再婚問題が影響してか、衆院選で2度にわたり落選した。だが、12年12月の総選挙で当選を果たし、国政復帰している。

立憲民主党代表で経済産業相などを務めた**枝野幸男**もOBだ。

民主党政権下での東日本大震災・福島原発事故の際は内閣官房長官で、スポークスマンとして日に何度もテレビに登場した。東北大に進学し、24歳で司法試験に合格。宇都宮高校時代は合唱団の団長をしていた。

農相をした**西川公也**もOBだ。

「官」では、通産事務次官のあと電源開発総裁を務めた**両角良彦**《もろずみ》が、東京府立六中（現都立新宿高校）に転校した。

農林水産事務次官をした**渡辺文雄**は、退官後に4期16年間、栃木県知事を務めた。

通産官僚出身の**今井尚哉**《たかや》は、安倍政権で内閣総理大臣政務秘書官を務めている。

経済界では、三菱銀行の頭取をするなど三菱財閥の実力者として活躍した**加藤武男**、日清紡社長となり財界人としても活躍した**宮島清次郎**が卒業生だ。中部電力の社長をした**横山通夫**は、日本ラグビーフットボール協会会長を務めた。

東燃ゼネラル石油社長のあとJXTGエネルギー副社長の**武藤潤**、ルネサスエレクトロニクス会長の**鶴丸哲哉**もOBだ。

NHKの政治記者からトップの会長に出世した**島桂次**は、NHKの商業化路線を推進したが、国会で虚偽の答弁をしたことで91年に会長職を辞任した。

## 2人が野球殿堂入り

スポーツでは、2人が野球殿堂入りしている。1人は学生野球の指導者だった**青井鉞男**《えつお》で、「baseball」の日本語訳を「野球」とした起源の1人と認定されている。

もう1人は朝鮮銀行副総裁をした**君島一郎**で、『日本野球創生記』などの著作が評価された。

宇都宮高校は、かつてサッカーが強かった。全国高校蹴球選手権大会（現全国高校サッカー選手権大会）で49（昭和24）年に準優勝、翌50年に優勝した。

同級生の**小沢通宏**と**岩淵功**はそのときのサッカー選手として活躍し、のちに日本代表にもなった。

サッカー審判員の**吉田寿光**はJリーグ優秀主審賞を獲得、国際試合でも主審をしている。

1978年生まれの**宮地直樹**は日本クリケット協会の事務局長だ。慶応大に進学し、ロンドン・スクール・オブ・エコノミクス大学院に留学し、クリケット選手になった。12年にスコットランド議会は、日本でクリケットの普及活動に功績があったとして、宮地を称える動議を可決した。

枝野幸男

フランス出身の俳人・比較文学者の**マブソン青眼**《せいがん》は、交換留学生として宇都宮高校に在籍し、日本文学に目覚めた。

CSR（企業の社会的責任）などのコンサルタント会社・イースクエアの共同創業者であるデンマーク生まれの**ピーター・D・ピーダーセン**も、宇都宮高校での留学経験がある。ピーダーセンは、健康と環境を志向するライフスタイル「LOHAS（ロハス）」の考え方を日本に初めて紹介した人物だ。

卒業生ではないが、木版画家の川上澄生《すみお》（旧制東京・私立青山学院中等部卒）は宇都宮中学で24年間、英語教師をしていた。

野球部の副部長として、24（大正13）年には全国中等学校優勝野球大会（現在の夏の甲子園大会に相当）に出場し、甲子園球場まで野球部選手を引率している。

# 前橋高校

鈴木貫太郎、糸井重里の母校は広大なキャンパスを誇る

◉群馬県立・前橋市

400メートルのトラックの中にサッカー、ラグビーグラウンドがある。野球場はもちろん、体育館、格技場、弓道場、テニスコートなどは別にある。6万1000平方メートルという広大なキャンパスだ。

1877（明治10）年に設立された第17番中学利根川学校を淵源とする。79年に群馬県中学校として開校し、戦後の学制改革で新制前橋高校に移行した。

北関東の旧制中学と高等女学校は、新制高校に衣替えした際に男女共学に移行しなかった。前橋高校も、いまだ男子のみだ。「対」のような形で、前橋女子高校がある。

略称は「前高《まえたか》」で、校訓は「質実剛健」「気宇雄大」だ。

進学実績でも良きライバル関係にある県立高崎高校とは毎年秋に、様々なスポーツ種目の対抗戦を行っている。

授業は1年次から大学受験を意識したものだ。始業前や放課後、土曜、夏冬春の長期休暇と、常に補習が行われている。

1学年は8クラス・320人で、理系5・文系3クラスだ。ほとんどの高校で現役志向が強くなっているが、前橋高校は「文武両道を徹底させる。現役進学にこだわらず初志を貫徹しよう」と指導、卒業生の3割が浪人する。

18年春の大学入試では、現役、浪人合わせて東京大14人、京都大5人、東北大11人、新潟大13人が合格した。

地元の群馬大には46人で、うち11人が医学部医学科だった。

私立大には延べ人数で、早稲田大に42人、慶応大に19人が合格している。

### 終戦工作に奔走

歴史に残る人物を輩出している。太平洋戦争の終結時に首相を務めた**鈴木貫太郎**だ。海軍大将で

あり、強硬派勢力を抑えながら終戦工作に奔走したとして評価されている。

　軍人では、28年の張作霖《ちょうさくりん》爆殺事件で実行犯として爆破スイッチを押したとされる**東宮鉄男**《とうみやかねお》もいた。

　海軍軍人の**岩佐直治**は特殊潜航艇を考案し、41年12月8日、自ら搭乗してハワイ真珠湾攻撃で戦死した。

## 2人の社会党幹部

　群馬県は保守王国といわれるが、1980年代後半～90年代にかけて、旧制出身者から日本社会党の幹部になった人物が2人いる。委員長の**田辺誠**と、書記長の**山口鶴男**だ。

　戦前の右翼テロリスト集団「血盟団」の指導者である**井上日召**《にっしょう》もいた。

　政官界では、神奈川県で最初の公選知事**内山岩太郎**、日銀出身でOECD（経済協力開発機構）の副事務総長をした**重原久美春**《くみはる》、通産事務次官を務めた**堤富男**らが卒業生だ。

　47～96年の50年弱、前橋市長は卒業生である**関口志行**《しこう》、**石井繁丸**、**藤井精一**、**藤嶋清多**の4人が占めた。現職の**山本龍**もOBである。

　72年同期卒の**岡崎浩巳**と**桜井俊**は、13年6月に岡崎が、15年7月に桜井が、総務省の事務次官に就いた。

三村明夫

　2人とも東大卒で、岡崎は自治省に入省、桜井は郵政省に入った。省庁統合で01年に両省は総務省になり、同僚となる。

　桜井は、アイドルグループ「嵐」のメンバー桜井翔（横浜市・私立慶応義塾高校卒）の父親だ。

　経済界では、新日鉄の社長、会長を務めた**三村明夫**が、13年11月から日本商工会議所の19代会頭に就いている。

　社長、会長など企業トップの経験者は現職、元職が交じるが、**斎藤尚一**（トヨタ自動車工業）、**池田脩**《おさむ》（東燃）、**青木哲**（本田技研工業）、**井田義則**（いすゞ自動車）、**猪熊時久**（明電舎）、**野中正人**（しまむら）、**吉田愼一**（テレビ朝日）、**吉沢和弘**（NTTドコモ）らが卒業生だ。

**小暮元一郎**は、エステ業界トップのTBCグループの事実上の創業者だ。

## ドナルド・キーンの師も

文化人では、コピーライター、エッセイストの**糸井重里**が著名だ。ウェブサイトの「ほぼ日刊イトイ新聞」は、1日の総閲覧者が百数十万を誇る人気サイトである。

運営会社の「ほぼ日」は17年3月に東証JASDAQ市場に上場した。糸井の妻は女優の樋口可南子（新潟県立加茂高校卒）だ。

「日本近代詩の父」といわれる**萩原朔太郎《さくたろう》**が旧制の卒業だ。『月に吠える』などで、大正時代に詩作の新しい地平を拓いた。

大正・昭和期の詩人としてはさらに、**高橋元吉《もときち》**、**萩原恭次郎**、中退した**平井晩村**らも挙げられる。

このため前橋は詩人の一大サロンのような趣を呈した。「水と緑と詩のまち」といわれる由縁である。

夏目漱石の『吾輩は猫である』に登場する「迷亭《めいてい》」のモデルともいわれる美学者の**大塚保治**、日本画家の**磯部草丘**もOBだ。

国内外から多くの賞を受賞している映画監督の**小栗康平**、サラリーマンものから社会派ドラマまで幅広く演じた俳優の**小林桂樹《けいじゅ》**、同じく俳優の**天田《あまだ》俊明**、映画の字幕翻訳家の**飯島永昭**、落語家の**立川談之助**らもOBだ。

学者・研究者には、戦前に日本で初めてマルクスの『資本論』の日本語全訳を成した一方で、国家社会主義を提唱した**高畠素之《たかばたけもとゆき》**がいた。

日本文化研究者で米コロンビア大学に日本文化研究所を開設した**角田柳作**も学んでいる。日本文学研究者のドナルド・キーンは、角田の弟子だ。

理系では、高分子化学が専門でポリウレタンの合成に成功した**岩倉義男**、数学者で米国への頭脳流出組の1人である**井草準一**、エレクトロニクス材料科学で数々の特許をとり「磁気テープの父」といわれた**星野愷《やすし》**らが卒業している。

東京電力福島第一原子力発電所の過酷事故以降、再評価されている卒業生がいる。独立系シンクタンクの「原子力資料情報室」を開設し、反原発を主張した**高木仁三郎**だ。00年に62歳で死去した。

大学の学長になった卒業生も多い。**中島徳三**（倫理学）は東洋大学学長を、**遠藤隆吉**（社会学）は千葉商科大学長、**須賀喜三郎**（法学）は専修大学総長を、**山崎匡輔**《きようすけ》（鉄道工学）は成城大学長を、**住谷悦治**（経済学）は同志社大学総長を、**浦野匡彦**（国文学）は二松学舎大学長を務めた。**高橋姿**《すがた》（耳鼻咽喉医）は新潟大学長だ。

## 8時半の男・宮田征典

部活動がすこぶる活発で、学芸部には「大道芸部」という珍しいクラブもある。

体育部では、剣道部が08〜15年にかけて、全国高校総合体育大会（インターハイ）に団体で4回、個人では6回出場という強さを誇っている。

糸井重里

硬式野球部は、旧制時代を含め甲子園に夏4回、春2回出場している。指導者や、プロ野球選手として活躍したOBが多い。

**松本稔**は、78年春の甲子園・選抜大会に投手として出場し、対比叡山高校（私立・大津市）戦で春夏の全国大会をつうじ初の完全試合を達成した。社会人になってからは、前橋高校で07年度まで体育教師・野球部監督を務め、02年春に甲子園に導いた。

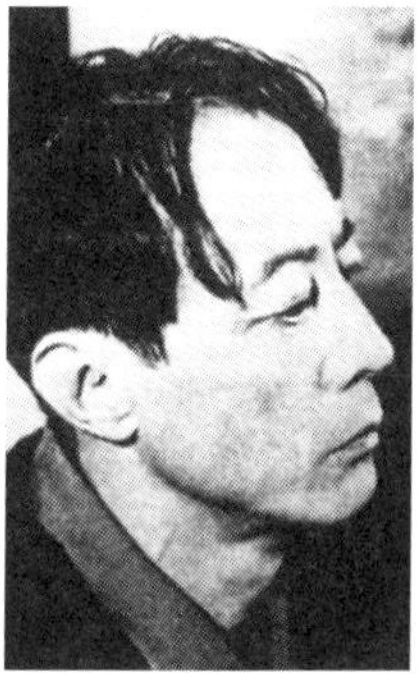

萩原朔太郎

プロ野球におけるリリーフ専門投手の草分け的存在の、**宮田征典**もOBだ。読売ジャイアンツに所属し、リリーフ登板する時刻から「8時半の男」といわれた。

**中利夫**は、中日ドラゴンズで選手や監督として活躍した。前高時代、学業もトップクラスで生徒会長を務めた。

日本野球機構審判長の**井野修**、国際野球連盟審判員の**桑原和彦**、戦前のプロ野球創成期から戦後の隆盛期にかけて、日米間の交流に尽力した**鈴木惣太郎**もOBだ。

講道館最高位である講道館十段の**安部一郎**は、欧州に柔道を普及させた人物の1人で、柔道を五輪種目にした功労者だ。

# 群馬県立・高崎市

## 高崎高校

### 福田赳夫と中曽根康弘を出した、通称「たかたか」

「高高《たかたか》」の愛称で親しまれている。「上州」のイメージどおりバンカラの気風があるが、半面、校歌には「セルリアンブルーの」とか「バラの香匂ふ学び舎にて」など乙女チックな歌詞が入っていて、文化の香りも漂わせている。

群馬県尋常中学校群馬分校と称して、1897（明治30）年に設立された。1900（明治33）年に県高崎中学校として独立し、戦後の学制改革により48（昭和23）年に県立高崎高校と改称された。

学制改革では、GHQ（連合国軍総司令部）が男女共学を指導したが、群馬県の教育界は従わず、新制高崎高校は男子校であることを貫いた（通信制は共学）。

市内には旧制高崎高等女学校を前身とする県立高崎女子高校があるが、やはり共学化せず現在も女子のみだ。

前橋市と高崎市は県庁所在地の座を争った。結局、前橋市に県庁が置かれたが、高崎市は交通の要所という利点を生かして県下最大の商業都市となった。

人口は前橋市が34万人、高崎市は37万人。両市の対抗意識は強く、前橋高校と高崎高校も必然的にライバル関係になってしまう。

高崎高校には「Fighting Spirit」「Fair Plsy」「Friendship」の「3F精神」という合言葉がある。これをバックボーンに文武両道を実践し、社会性を身につけた、時代を担う人材の育成を目指している。

2016年にはSSHに指定された。

#### 親子で首相の福田家

高崎高校の名を高くしているのは、2人の大物宰相だろう。**福田赳夫《たけお》**と**中曽根康弘**だ。

福田は旧制高崎中学―旧制一高―東京帝大法学部―大蔵省、中曽根は旧制高崎中学―旧制静岡高校―東京帝大法学部―内務省というコースをたどった。

福田の長男・康夫（東京・私立麻布高校卒）も首相になった。

祖父と孫が首相になったというケースは、近衛文麿と細川護煕《もりひろ》、吉田茂と麻生太郎、鳩山一郎と由紀夫、それに岸信介と安倍晋三があるが、親子2代が首相になったというのは福田父子が初めてだった。

群馬県出身の首相としては、小渕恵三の名も浮かぶ。小渕は吾妻郡中之条町出身だが、学習院中等科に進み東京都北区在住だった。

福田赳夫

小渕は政界の「壊し屋」小沢一郎や元首相の鳩山由紀夫が卒業した都立小石川高校を目指したが、成績が振るわず都立北高校（現都立飛鳥高校）に進み、2浪して早稲田大に入った。「私は、ひっそりと谷間に咲く百合にすぎない」と謙遜して「人柄の小渕」を前面に出し、後年、首相の座を射止めた。

なお、首相の最多輩出高校は、学習院の3人（近衛文麿、細川護煕、麻生太郎）であることを付言しておこう。

中曽根康弘

高崎高校出身の現職の政治家では、**下村博文**が安倍内閣で文部科学相を務めた。

## 土屋文明、画家の山口薫も

母校愛の塊のような卒業生がいる。**井上房一郎**だ。校内にバラ園をつくって毎朝手入れに訪れ、在学生に声をかけていた。

地元の建設会社の社長をする傍ら、日本贔屓《びいき》のドイツの建築家ブルーノ・タウトを招いたり、群馬交響楽団設立に尽力するなど地元の文化活動に力を注いだ。

文化勲章を受章した歌人の**土屋文明**は、旧制高崎中在学中から俳句や短歌を投稿、戦後も歌壇の最長老として君臨し、90年に100歳の天寿を全うした。

芸術家としては、昭和時代の洋画家**山口薫**がいる。音楽では欧州でも評価が高いサキソフォン奏者の**武藤賢一郎**、ピアニストの**塚田佳男**、ベーシストの**佐藤恭彦**、指揮者の**三沢洋史**らがＯＢだ。

学者では、政治学が専門で民主社会主義の提唱者であった**蝋山政道**、米文学・思想の研究者で東大で全学共通の英語テキストを編集した**佐藤良明**らが卒業している。

理系では、農業工学者の**石田朋《とも》靖《やす》**が15年4月から宇都宮大学長だ。

## 映画になった山田かまち

個性が突出している人物を挙げよう。

『かまち』のタイトルで04年に映画が公開されたが、その主人公の**山田かまち**は、1浪して入った高崎高校1年の77年に自宅でエレキギターの練習中に死去した。

感電死、自殺説の両説がある。遺作となった詩や絵画が注目を集め、92年には高崎市内に山田かまち水彩デッサン美術館が設立されている。

デザイナーの**大木紀元《きげん》**は武蔵野美術大学に進み、在学中に一世を風靡した玩具「ダッコちゃん」を手がけた。

グラフィックデザイナーの**佐藤晃一**、美術評論家で群馬県立近代美術館館長などを歴任した**井出洋一郎**もいた。

**丸岡勇夫**は専門誌で、日本を代表する画像処理ソフトのプログラマーとしてたびたび紹介されている。**平野友朗《ともあき》**は、メルマガのコンサルタントだ。

企業のトップになった人物は、**岸暁**（東京三菱銀行）、**吉川広和**（ＤＯＷＡ　ＨＤ《ホールディングス》）、**平田正**（協和発酵工業）、**吉田恭三**（群馬銀行）、**反町勝夫**（東京リーガルマインド）らが卒業生だ。

電子工学の研究者である**舛岡《ますおか》富士雄**は、東芝社員のときにフラッシュメモリを発明した。舛岡は発明の対価を求めて東芝と係争、06年に東芝側が８７００万円を支払うことで和解が成立した。13年に、文化功労者に選定されている。

前述の元首相・小渕と小中学校とも一緒だったのが、映像プロデューサーの**堀川とんこう**だ。高崎高校から東大へ進み、ＴＢＳに入って『岸辺のアルバム』などをプロデュースした。

週刊『エコノミスト』の編集長をした**関根望**と**今井伸**もＯＢだ。

## 『スローカーブを、もう一球』

日本テニス界の黎明期の名選手がいる。**清水善造**で、旧制高崎中学から東京商科大学（現一橋大学）に進み、三井物産社員となった。

20（大正9）年のウィンブルドン大会で清水は、チャレンジ・ラウンド（前年優勝者への挑戦権決定戦）の決勝まで勝ち進んだ。相手のチルデン（米国）が転倒した際、清水はチルデンが起き上がって打ち返せるようなゆっくりしたボールを送った。

清水善造

清水は敗れたがスポーツマン精神の美談として、戦前戦後の教科書に掲載された。だが「スポーツマンならベストを尽くすべきだ」という批判も出た。

12年春には、硬式野球部が甲子園での選抜高校野球大会に出場した。31年前の81年にも春のセンバツに初出場している。

ノンフィクション作家・山際淳司（神奈川県立横須賀高校卒）の『スローカーブを、もう一球』は、このときの高崎高校のエース、**川端俊介**の頭脳派投球ぶりを描いた佳作だ。

森鴎外の小説に『羽鳥千尋』というのがある。この小説の主人公は実在した青年、**羽鳥千尋**だ。

旧制高崎中学を首席で卒業したものの家庭の事情で大学受験ができず、やむなく学歴なしに受験できた医師国家試験を目指し、前期試験に合格した。

1910（明治43）年に実地試験である後期試験準備のため、羽鳥は森鴎外に援助を求める手紙を出す。だが、肺結核により26歳で死去した。

旧制卒に反骨の弁護士、**新井章**がいる。朝日訴訟、砂川事件、長沼ナイキ訴訟、家永教科書裁判など憲法に関わる一連の裁判で弁護人を務め、国を相手に戦った。

大学入試ではこの数年、現役、浪人合わせて東京大に10人弱、京都大、東京工業大、一橋大に各数人、東北大と地元の群馬大に各約30人が合格している。難関大学への合格実績は低迷しており、奮起が望まれている。

「強行遠足」が名物。高潔さで知られた石橋湛山が学んだ

# 甲府第一高校

◉山梨県立・甲府市

甲府といえば戦国武将・武田信玄の名がすぐに浮かぶが、江戸時代の中ごろからは幕府の直轄領になっていた。「藩」というものがなく、このため藩校もなかったが、江戸幕府は甲府学問所というのを寛政《かんせい》年間に開いた。これを淵源に1880(明治13)年に山梨県中学校が開設された。

山梨県第一中学、甲府中学など校名は何度か変わったが、戦後の学制改革で男女共学の県立甲府第一高校となり、140年近い歴史を刻んできた。全国にある、いわゆる「一中伝統校」の一つだ。

校是が三つある。「賛天地之化育」(出典『中庸』=自然の法に遵い、人間愛に生きる)、「苟日新 日日新 又日新」(出典『大学』=たゆまず修養に努める)、「Boys, be ambitious!」(出典『クラーク博士』=何事にも高い志を持って取り組め)というものだ。

「強行遠足」という大正年間から続いている名物行事がある。毎年秋に男子は16時間(103・5キロ)、女子は9時間半(41・6キロ)を精根のかぎり歩き続けるというものだ。

2014年にはSGHに指定されている。

この学校を象徴する卒業生は、首相を務めた**石橋湛山《たんざん》**だ。旧制中学で2度も落第しているが、後年は東洋経済新報社出身のリベラルな言論人となった。大正デモクラシーにおけるオピニオンリーダーの1人である。

1946(昭和21)年に吉田内閣の蔵相に起用されたことをきっかけに政治家としても頭角を現し、56年に首相となる。しかし脳梗塞を患い、わずか65日間で首相の座を降りた。高潔な人柄で多くの国民から慕われた。

## 初代日本開発銀行総裁

俗に「山があるのに山ナシ県」

といわれるが、山に囲まれているために県外に出てビジネスに精を出す人が多い。「甲州商人」という言葉があるほどだ。

甲府第一高校も旧制時代から、経済界で活躍した卒業生を数多く輩出してきた。

「コバチュウ」の愛称で知られる初代日本開発銀行総裁の**小林中**《あたる》が、その筆頭だ。富国徴兵保険（現富国生命保険相互）、東京急行電鉄、アラビア石油、日本航空など多くの企業のトップを歴任し、「財界四天皇」の1人に数えられた。

石橋湛山

最近では、経済同友会代表幹事を15年から務めている**小林喜光**《よしみつ》がいる。東大へ進み、ヘブライ大学（イスラエル）に留学して理学博士になった。

三菱ケミカル、田辺三菱製薬などを率いる国内最大の化学会社三菱ケミカルＨＤ《ホールディングス》の会長だ。

27年に日本に初めて地下鉄を導入、建設し（東京メトロの浅草—上野間）、「地下鉄の父」といわれた**早川徳次**、高度成長期に三井物産のトップを務め経済同友会代表幹事をした**水上達三**も卒業生だ。

さらに、**浅尾新甫**《しんすけ》（日本郵船）、**野田孝**《こう》（阪神百貨店）、**河西力**（伊藤ハム）、**田尻邦夫**（デサント）、**米山好映**《よしてる》（富国生命保険相互）、**平野幸夫**（中部国際空港）、**古屋文明**（日本出版販売）、**大久保好男**（日本テレビ放送網）、**樋口靖**（熊谷組）、**清水喜彦**（ＳＭＢＣ日興証券）らが卒業している。

## サンリオを創業

新しい業態を開発し、市場を創造したベンチャー経営者を4人、紹介しよう。

**辻信太郎**は「ハローキティ」などキャラクターグッズの販売で知られる「サンリオ」を創業した。キャラクターライセンスでは今や世界でも有数の会社だ。

**中村和男**は、甲府一高から京大薬学部に進学し、大手製薬会社で医薬品開発部門のリーダーをしていた。92年に脱サラし、医薬品の新薬開発に欠かせない臨床試験を支援する会社「シミック」を起こすと、東証1部上場会社に成長させた。

**坂本孝**は、中古本販売の「ブックオフコーポレーション」を創業した。「新古書店業界」という言葉もできたほどで、今や書店で売られた新刊書籍のうち、冊数ベースで約3割が新古書店に持ち込まれている。出版不況の一因にもなっているとの説もある。

同社を離れたのち、坂本はイタリアンの飲食業に乗り出した。

**神山茂**はソフトウェア開発会社の「ジャステック」を創業し、東証1部上場企業に育て上げた。独自の生産管理システムを持ち、一流企業からの受託が多い。

## 「セーラームーン」作者も

11年3月11日の東日本大震災後にメディアによく登場するようになった防災学者がいる。東北大学大学院教授の**今村文彦**で、津波工学の専門家だ。津波堆積物の地層調査などから、大津波の可能性を予想していた。

建築構造学者で2代目通天閣や東京タワーなど多くの鉄骨構造の電波塔、観光塔を手がけた**内藤多《た》仲《ちゅう》**、昭和時代の数学者**功力《くぬぎ》金二郎**、原子物理学者の**矢崎為一**らも旧制甲府中学を卒業している。

文系では、開発経済学が専門で前拓殖大学長の**渡辺利夫**、宗教学・人類学の学者で16年に南方熊楠賞を受賞した**中沢新一**、日本中世史の**五味文彦**、仏教学の**末《すえ》木《き》文《ふみ》美士《ひこ》**らがOBだ。

小説家では、大脳生理学者で慶応大学医学部教授のかたわら推理小説を書き、直木賞を受賞した

中沢新一

**木々高太郎《たかたろう》**がいた。

**保阪嘉内《かない》**は甲府中学から盛岡高等農林学校（現岩手大学農学部）に進学し、寄宿舎で宮沢賢治（岩手県立盛岡中学・現盛岡第一高校卒）と同室になったことから親しくなった。賢治から寄せられた書簡73通が残されており、研究者の関心が高い。

**中村星湖**は自然主義作家だ。

俳人では、**飯田蛇笏《だこつ》・龍太**父子がそろって甲府中学で学んでいる。蛇笏が甲府市で発行していた俳誌『雲母』を龍太が継承主宰し

た。蛇笏は東京・旧制私立京北中学（現京北高校）に転校した。

　漫画家の**武内直子**は、『美少女戦士セーラームーン』シリーズなどで知られる。甲府第一高校時代から作品を投稿していた。

　硯作家の**雨宮弥太郎**もいる。

　映画監督では、大映の絶頂期を支えた**増村保造**、映画・テレビの脚本を手がけた**若尾徳平**らが卒業生だ。**小林俊一**は多くのテレビドラマを制作した。

## 4代続けて議員の堀内家

　山梨県には、4代にわたって衆院議員になった堀内一家がある。富士急行オーナー一族で、堀内良平―一雄―光雄―詔子だ。このうち**堀内一雄**・**光雄**が甲府一高の卒業生である。光雄は労相、通産相などを歴任、小泉純一郎内閣時に郵政民営化に反対した。

　衆院議員4選後の15年1月の選挙で、山梨県知事に初当選した**後藤斎**《ひとし》がOBだ。家業の旅館業をしていた**山本栄彦**《たかひこ》は甲府市長を11年務めたあと、山梨県知事を務めた。

　公選後の甲府市長としては山本の他、**今井茂右衛門**《もえもん》、**河口親賀**《ちかよし》、**宮島雅展**《まさのぶ》、それに現職の**樋口雄一**が卒業生だ。

　山梨県東部の上野原市には「長寿村」で知られる棡原《ゆずりはら》地区がある。町制時代から長年にわたり上野原町立病院の院長をし、ターミナルケアの充実をめざした外科医の**江口英雄**は、09年から上野原市の市長をしている。

　「官」では**井上幸彦**が警視総監を務め、オウム真理教事件の捜査で陣頭指揮をとった。

　大蔵官僚の**篠原尚之**は財務官のあと、ＩＭＦ（国際通貨基金）の副専務理事を務めた。

　山梨県の高校入試では、生徒の意思とは関係なく、入学する高校を振り分ける総合選抜制が１９６８年に導入された、これにより甲府市内の高校は平準化し、甲府一高の大学合格実績は低迷した。

　18年春の大学入試では現役、浪人合わせ、京都大、東北大、名古屋大、大阪大に各1人、北海道大に2人が合格した。

飯田蛇笏

# 松本深志高校

## 刻苦勉励を尊ぶ校風が、優れた学者を輩出

◉長野県立・松本市

1960（昭和35）年から72年の間、「クロ」という犬が松本深志高校の校内に住み着いていた。クロは授業の見回りをし、職員会議も傍聴していたという。

この事実にフィクションも織りまぜて03年に『さよなら、クロ』という映画がつくられ、一般公開された。当時在籍していた生徒や教職員も出演している。

もう一つは、67年の西穂高岳落雷遭難事故だ。学校行事の一環として教員を含む2年生55人が西穂高岳を集団で登山中、落雷に遭い生徒11人が死亡するという大惨事だった。日本の登山史の上で、類例を見ない事件である。

### 著名な学者たち

刻苦勉励を尊ぶ風土を映して松

---

江戸時代に戸田家6万3000石の居城があった松本は、太平洋戦争の戦禍を免れ、松本城が国宝として今に残されている。

近くには開智学校という1876（明治9）年に建設された学校の校舎も現存する。同年にこの開智学校内に開設された学校が、松本深志高校のルーツになっている。

学制改革により1948（昭和23）年に現校名の松本深志高校になったのだが、明治の開校後はたびたびの制度変更に遭遇し、校名は数回の変遷をたどってきた。

松本中学が正式な名称になったのは長野支校（現県立長野高校）が独立した1899（明治32）年だが、いわゆる旧制松本中学の時代は開校以来、約70年間続いてきたと理解しておけばいいだろう。

「自治の精神」の下、学力養成、個性伸長、人間形成を基本方針とする。

キャンパス内の「第一棟」は、2002年に国の登録有形文化財に指定されている。

エピソードを二つ、紹介しておこう。まずは犬の話。

本中・松本深志高校から後年、学者になった者が多く出ている。

「結核の神様」といわれた内科学の**熊谷岱蔵**《たいぞう》と、土木学者で臨海工業地帯づくりに邁進《まいしん》した**鈴木雅次**が文化勲章を受章している。

**小平邦彦**は旧制松本中学から東京府立五中（現都立小石川中等教育学校）に転校したが、「数学のノーベル賞」といわれるフィールズ賞を54年に受賞している。日本人として初めてだった。

旧制時代の卒業生では、財政学者で早稲田大の第4代総長をした**田中穂積**、遺伝学の**田中義麿**、生物学者でマリモの研究で知られる**西村真琴**、歴史民族学者でウィーン大教授をした**岡正雄**、原子核物理学の**熊谷寛夫**、日本史学者の**洞**《ほら》**富雄**、経済企画事務次官をした官庁エコノミストで「景気探偵」を自称した**赤羽隆夫**らがいる。

新制卒では、現代中国研究が専門の国際政治学者で、東京外国語大と国際教養大で学長を務めた**中嶋嶺雄**がいた。

社会学者で元京都大教授の**大沢真幸**《まさち》も卒業生だ。

原子物理学者の**早野龍五**は、08年に「反物質」の独創的研究で仁科記念賞を受賞した。

**矢野浩之**は、植物を原料とする新素材「セルロースナノファイバー」研究の第一人者だ。

萩元晴彦

## テレビマンユニオンを創設

文化人も多数、輩出している。

作家で社会主義運動家の**木下尚江**、哲学者・評論家の**唐木順三**、評論家・編集者の**臼井吉見**、臼井と同級で唐木や臼井を編集顧問に起用し筑摩書房を創業した**古田晁**《あきら》、歌人の**窪田空穂**《うつぼ》、文芸評論家の**中沢臨川**《りんせん》、リアリズム探偵小説の**大下宇陀児**《うだる》らがＯＢだ。

建築家では、東京都現代美術館を設計した**柳沢孝彦**がいた。

**萩元晴彦**はＴＢＳのプロデューサーだったが、70年に仲間と共に日本初の独立系テレビ番組製作会社の「テレビマンユニオン」を創設し、初代社長となる。旧制松本中学時代は野球部のエースピッチャーで、甲子園にも出場した。

さらに映画監督の**熊井啓**と**降旗康男**、映画プロデューサーの**新津《あらつ》岳人《たけひと》**、俳優の**松本克平**、洋画家の**宮坂勝**が卒業している。

## 田中康夫VS村井仁

次に1948年の政治の話。第2次吉田内閣で、旧制松本中学同期卒の**増田甲子七《かねしち》**が労働相に、**降旗徳弥**が逓信相（のちの郵政相、現在は総務相）に入閣した。

2000年以来、松本深志高校の卒業生が2代続けて長野県知事を務めた。文筆活動やテレビ出演で人気が出ていた**田中康夫**は、旧態依然としていた長野県政の刷新を訴え、00年の長野県知事選で当選した。

しかし、田中の独特のパフォーマンスに傾斜した県政運営に批判が強まり、06年の知事選では通産官僚出身の政治家で閣僚経験もあった**村井仁**に負けた。

田中康夫

村井も松本深志高校卒で、20期先輩の村井が後輩の田中を退けるという構図だった。村井は10年に引退している。

「官」では、旧厚生省官僚出身の**藤森昭一**が内閣官房副長官、宮内庁長官を務めた。

外務省アメリカ局長をした**吉野文六**は沖縄返還交渉を担当した。米国が負担すべき米軍用地の原状回復補償費を日本側が肩代わりしていた密約の存在を、06年に政府関係者として初めて認めた。

長野県下諏訪町で産婦人科病院の院長をしている**根津八紘《やひろ》**は、日本で初めての代理母出産を実施したことを01年に公表した。

代理母出産については禁止論が強いが、根津はこれを認める法制化に向けた私案を発表している。

## 中村屋創業者、五島慶太も

多くの企業経営者もいる。まずは、社会運動家にして経営者だった**相馬愛蔵**について。

旧制松本中学を3年で退学し、東京専門学校（早稲田大学の前身）に入学してクリスチャンになった相馬は、養蚕製造、禁酒、廃娼運動などをしたのち東京・新宿でパン屋の中村屋を創業する。

クリームパンを発明し、中華饅頭、月餅なども販売しているうちに、インドの亡命志士ボースを知り、かくまう。その縁で日本初のインド式カレーを発売し、中村屋は人気店となった。

企業の創業者としては、首都圏で最大の私鉄である東急グループを創業した**五島慶太**がいた。五島は旧制県立上田中学（現長野県立上田高校）から4年のときに松本中学に移ってきた。

**高山万司**も三和シャッター工業の創業者だ。地元で繊維会社を経営した**池上喜作**は、近代文芸資料を中心とするコレクションで知られる。**池田三四郎**と**丸山太郎**は、松本民芸家具を創設した。

五島慶太

発明家の**柳沢源内**は、世界最小の1人乗りヘリコプターを開発した。ギネス認定もされている。

さらに卒業生には、**野々山広三郎**（サッポロビール）、**村田一**（昭和電工）、**中村胤夫**（三越）、**横内龍三**（北洋銀行）、**上條清文**（東急電鉄）、**伝田正彦**（オルガノ）、**碓井稔**（セイコーエプソン）、**小飼雅道**（マツダ）、**西沢俊夫**（東京電力）らの企業トップ経験者がいる。**土屋隆**（東ソー）と**土屋裕弘**（田辺三菱製薬）は兄弟だ。

**影山裕子**は49年に女子生徒第1号として入学した。日本電信電話公社（現NTT）の女性管理職の先駆けとなり、日本有職婦人クラブ会長などをした。

スポーツでは、55年から10年間、読売ジャイアンツなどで2塁手として活躍した**土屋正孝**がいる。

長野は明治以来、教育県といわれたが、30年以上前から学力低下が議論を呼んでいる。学力テストの結果は全国の中で下から数えたほうが早く、大学合格実績も40年前と比べるとかなり落ちている。

松本深志高校からは、例えば68年には東京大に31人が合格した。しかし、18年春の難関大合格者は現役、浪人合わせ、東京大2人、京都大5人、東京工業大1人、一橋大2人だった。地元の信州大には53人が合格した。

ライバルの長野高校と共に、復権が期待される。

## 長野高校

「教育県・長野」復権のカギとなるか

◉長野県立・長野市

信州は幕末、県北（北信）に松代藩10万石があった。NHKの大河ドラマ『真田丸』に登場した真田家の末裔が領していた。中部（中信）は松本藩・戸田家6万3000石が治めた。

明治維新後に長野県が誕生した際、県庁の位置をめぐって長野と松本は激しく対立する。教育の世界にもそれは及び、師範学校や旧制中学は長野と松本との間で移転や統廃合を繰り返した。

長野高校の前身は、1899（明治32）年設立の旧制県立長野中学校だ。84年に創立された長野県中学校から松本中学校（現松本深志高校）と同時に独立した。

戦後の学制改革の過程で男女共学になるが、9年間は長野北高校と名乗った。現在の長野高校に落ち着いたのは57年のことだ。

校訓は「至誠一貫 質実剛健 和衷協同」。「至誠一貫」とは、人や物事はこの上ない誠意によって動くという意味だ。孟子の言に由来する。

SGHの指定校でもある。英語教育では、コミュニケーション力、発信力の強化に努め、グローバル経済の学習にも熱心に取り組んでいる。2年次には全員を台湾研修旅行に連れていく。1年生の約40人の生徒が参加する米国リーダー研修旅行もある。

### 運動班と教養班

クラブ活動も盛んだ。「班」と呼び、運動班と教養班がある。教養班とは、他校でいう文化部のことだ。「勉強に逃げるな、班活に逃げるな」が合言葉になっており、同校の文武両道ぶりを表す。

野球班は旧制時代を含め、春2回、夏2回、全国大会に出場。最近は県大会でベスト8、ベスト4までいくが、あと一歩で甲子園への切符を逃している。ただ、野球を続けながら東京大に合格する生徒も出ている。

「長野は教育県」と自他ともに認めていた時代があった。長野高校から東大への合格者は60~70年代には毎年度、20人を超えていた。しかし、県内トップではあるものの、この40年では低迷している。

18年春の大学合格実績は現役、浪人合わせ、東大13人、京都大3人、東北大25人、信州大29人だった。伝統的に東北大に大勢が進学している。

私立大には延べ人数で、早稲田大29人、慶応大8人だった。

## 多芸多才の人・池田満寿夫

死後20年以上たってもキラキラと光彩を放っている卒業生がいる。画家、挿絵家、版画家、彫刻家、陶芸家、映画監督など多才だった**池田満寿夫**《ますお》だ。77年には『エーゲ海に捧ぐ』で、芥川賞までとった。

池田は「エロスの作家」といわれた。小説家の富岡多恵子（大阪府立桜塚高校卒）やバイオリニストの佐藤陽子（モスクワ音楽院付属学校卒）と同居するなど、女性関係も華やかだった。

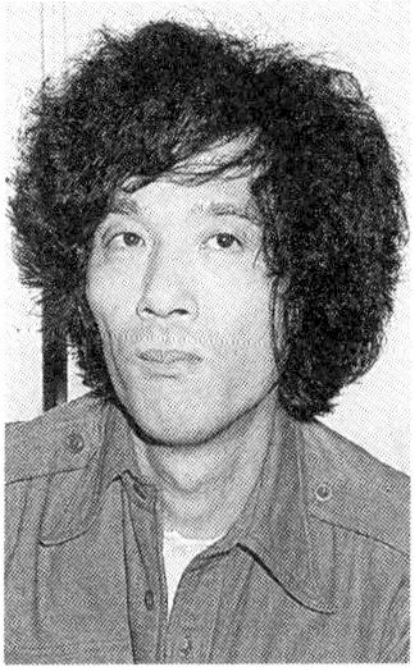
池田満寿夫

長野高校には、39年に県立長野中学本館として建設された木造2階建て校舎が残されている。国の登録有形文化財になっており、現在では同窓会館「金鵄《きんし》会館」として使われている。

その中には「池田満寿夫ギャラリー」が設置され、池田の作品50点が展示されている。市民にも公開している。

池田の他にも文化人が多数、巣立っている。

長野北高校時代の卒業生に、劇作家・童話作家の**別役実**がいる。『やってきたゴドー』など幻想的、独創的な作風に定評がある。

評論家、コラムニストで、攻撃的な筆致で多くのファンを得ている**日垣隆**もいる。

文芸評論家の**樋口覚**、音楽評論家の**富沢一誠**もOBだ。

気象キャスターでエッセイストでもある**倉嶋厚**、朝日新聞記者OBでジャーナリストの**松本仁一**、フリージャーナリストの**青沼陽一**

郎、ノンフィクション作家の**小林照幸**、小説家の**山口泉**、漫画家の**井浦秀夫**もいる。

## 元都知事・猪瀬直樹

自治体の首長として活躍している卒業生が目立つ。

その筆頭は、東京都知事を務めた**猪瀬直樹**だ。ノンフィクション作家として頭角を現し、07年に都知事の石原慎太郎（神奈川県立湘南高校卒）に引っぱられて副知事に就任した。12年には石原後継として都知事選に立候補し、日本の選挙史上では個人最多得票記録の433万余票を集め当選した。

20年の五輪東京招致を成功させるなどしたが、医療法人徳洲会グループからの不透明な借入金問題で、任期1年あまりで辞任する。

猪瀬直樹

80年から5期20年にわたって長野県知事を務めた**吉村午良**《ごろう》、それに長野市長の**夏目忠雄**、**塚田佐**《たすく》、**鷲沢正一**、現職の**加藤久雄**は、ともにOBだ。

長野市の北東にある小布施町街並み修繕事業が功を奏し、観光スポットになっている。それを主導した町長の**市村良三**もOBだ。

自治官僚出身の**内堀雅雄**は、東日本大震災と東京電力福島第1原発事故後に初めて行われた14年10月の福島県知事選で当選した。

政治家では、戦前に蔵相を務めた**青木一男**、昭和時代の農相**倉石忠雄**、90年代前半の新党ブームの立役者である新党さきがけの理論的指導者で経企庁長官を務めた**田中秀征**らが卒業生だ。

現職では、農水官僚出身で「無所属の会」の衆院議員**篠原孝**がいる。

法曹界では、弁護士出身で最高裁判事をした**才口千晴**、弁護士でバラエティー番組に出演している**北村晴男**がOBだ。

知的財産高等裁判所が05年に設置されたが、その初代所長になった**篠原勝美**と判事をした**高野輝久**が、やはりOBだ。

通産官僚だった**荒井寿光**は、特許庁長官や内閣官房の知的財産戦略推進事務局長を歴任するなど知財立国政策を推進した。

## 硫黄島の栗林中将

旧制長野中学出身の**小坂順造**が、大正~昭和時代にかけての政財界の大物だ。信濃毎日新聞社長、信越窒素肥料（現信越化学工業）社長や電源開発総裁などを歴任する一方、戦前に貴族院議員にもなった。息子、娘、孫が華麗なる一族を形成している。

企業トップを務めた人物では、**丸田芳郎**《よしお》（花王）、**中山善郎**《よしろう》（コスモ石油）、**坂口幸雄**（日清製油）、**依田巽**（エイベックス）、**柄沢康喜**（MS&AD HD《ホールディングス》）、**山内雅喜**（ヤマトHD）らがOBだ。

学者では、鳥類学者で山階鳥類研究所所長をした**山岸哲**《さとし》、隕石の研究で知られる**小島秀康**、米国立精神衛生研究所（NIH）で研究員になり脳科学や神経生理が専門の**中沢一俊**と**彦坂興秀**《おきひで》らがOBだ。

電子機能性物質研究の第一人者で、80年代後半の高温超電導研究フィーバーの火付け役として知られた**北沢宏一**がいた。東京都市大学長に就任して1年ほどの14年9月に、71歳で急死した。

社会教育学の**太田政男**は元大東文化大学長、法学の**滝沢正**は元上智大学長だ。

理論経済学の**塩沢由典**、証券アナリストの**武者陵司**もいる。

医師では、国際山岳医の**大城和恵**、がん化学療法の研究をした**金丸龍之介**、形成外科医の**酒井成身**《しげみ》が卒業生だ。

栗林忠道

ガールスカウト日本連盟の会長を務め緑化事業などを推進した**和田照子**、スキージャンプの指導者で長野五輪の男子団体競技で金メダルに導いた**小野学**もいる。

2000年代に入って一躍、知名度が上がった旧制長野中学出身の陸軍軍人がいる。陸海軍硫黄島守備隊を総指揮して、激戦ののち45年3月に戦死した陸軍中将の**栗林忠道**だ。

栗林を書いた梯久美子《かけはし》（札幌市立藻岩高校卒）著の『散るぞ悲しき』が話題を呼んだのに続き、06年の米映画『硫黄島からの手紙』で、栗林の存在はさらに脚光を浴びた。

DeNA創業者、経団連会長など注目の人物が

# 新潟高校

◉新潟県立・新潟市中央区

1892（明治25）年に創立された新潟県尋常中学校を前身とする伝統校だ。1948（昭和23）年に男女共学の新制新潟高校になった。

120年余にわたり自由な校風を貫いてきた。教育目標は「真理追究、自主自律、社会貢献」だ。

1学年は普通科7クラス、理数科2クラス。普通科は2年次から文系・理系に分かれる。理数科は2年次から「サイエンスコース」（難関大学理系進学向け）と「メディカルコース」（医歯薬学部進学向け）に分かれる。

県内随一の進学校だ。18年春の大学入試では現役、浪人合わせ、東京大に11人、京都大に9人、一橋大に3人、東北大に30人、北海道大に12人、金沢大に12人が合格した。

国公立大医学部医学科には、計44人が合格している。この数は、18年の国公立大医学科合格者ランキングで全国16位だ。

地元の新潟大医学科には20人が合格した。新潟大医学科の合格者は計122人なので、ざっと6人に1人が新潟高校出身者ということになる。

春休みに毎年、約30人がアメリカ研修に出かけている。シカゴ大学やハーバード大学を訪問して、英語を使ってのコミュニケーション能力の向上や、視野を世界に広げる大切さを学ぶという。

## シンデレラ・ガール

卒業生で今、最も輝いているのはディー・エヌ・エー（DeNA）を創業した**南場智子**だろう。

津田塾大に進学し、ハーバード・ビジネス・スクールでMBA（経営学修士）をとった。外資系コンサル会社で役員になったが、99年にDeNAを設立して独立、IT系ベンチャー企業の経営に乗り出す。

オークションサイトやソーシャルメディアの携帯電話専用ゲームサイトで急成長し、東証1部上場企業になった。12年春から、プロ野球の横浜DeNAベイスターズの親会社でもある。

　だが、南場は社長・CEOの座を11年6月に突如、退任した。病気療養中の夫の看病をするため（夫は16年12月に死去）、代表権のない取締役として経営の第一線からは退いたのだ。

　南場は15年にベイスターズのオーナーに就き、17年には会長に復帰した。政府の規制改革・民間開放推進会議委員などの公職にも就いている。南場はさしずめ、IT時代に生まれたシンデレラ・ガールということになるだろう。

南場智子

　南場とは対照的だが、昭和時代の最後には「財界総理」といわれる経団連会長に就いた卒業生もいた。新日本製鉄（19年4月からは日本製鉄）の社長・会長を務めた**斎藤英四郎**だ。

　新日鉄で副社長まで出世したものの斎藤に社長になる目はなかったが、前任の社長が急死したため社長の座が転がり込んできた。

　経団連会長は1986年当時、事実上、新日鉄トップの指定席だったために、斎藤はトントン拍子に経団連会長にまで昇りつめた。ツイてるサラリーマン経営者の典型例だ。

　脱税や詐欺容疑で逮捕されたベンチャー企業の社長もいる。スーパーコンピューターの開発を手掛ける「ペジーコンピューティング」の社長**斉藤元章**《もとあき》で、17年12月以来、法人税法違反などの疑いで何度も逮捕された。

## 坂口安吾、会津八一

　文芸で名を成した新潟県出身者といえば、無頼派と呼ばれた小説家の**坂口安吾**だ。大地主の家に生まれた坂口は旧制新潟中学に入学

坂口安吾

したものの2年のときに落第し、東京私立豊山中学（現日本大学豊山高校）に編入した。

明治から昭和にかけての歌人・美術史家の**会津八一《やいち》**も、卒業生だ。

現在活躍中の人物では、文芸評論家の**斎藤美奈子**、ドキュメンタリー映画監督でノンフィクション作家の**森達也**、伝記作家の**植村鞆《とも》音《ね》**、エッセイスト・評論家の**湯川豊**、サッカージャーナリストの**牛木素吉郎《そきちろう》**、翻訳家・ノンフィクションライターの**野崎稚恵《ちえ》**らがいる。

歴史小説家の**火坂《ひさか》雅志**もいた。前述の斎藤美奈子と森達也は火坂と同級生だった。火坂は15年12月に急死した。

文化人では、「今は山中 今は浜」で始まる唱歌『汽車』の作曲者として知られる作曲家の**大和田愛《あい》羅《ら》**、昭和期の落語家である**2代目三遊亭円歌《えんか》**らがいた。

映画監督の**木村修**、テレビドラマディレクターの**星護**、三味線奏者の**高橋竹秀**らもいる。

現在活躍中のOGでは、声優の**よこざわけい子**、タレントの**高橋実桜《みお》**、TVキャスターの**伊藤聡子**、パイプオルガン奏者の**石丸由佳**、日本画の**池田美弥子**らがいる。

## 『悪魔の詩』を日本語訳

学者として活躍している卒業生では、素粒子物理学の**鈴木厚人《あつと》**が反ニュートリノ科学の第一人者だ。02年にノーベル物理学賞を受賞した小柴昌俊（旧制神奈川県立横須賀中学・現横須賀高校卒）の愛弟子の1人で、鈴木自身もノーベル賞受賞の期待がかかっている。

鈴木厚人

国際政治学者で元新潟県立大学長の**猪口孝**は妻がやはり政治学者で、参院議員・元少子化担当相の猪口邦子（米マサチューセッツ州・コンコードアカデミー高校卒）だ。

放射化学、科学史が専門の**吉原賢二**は、新元素「ニッポニウム」の実在を突き止めた。

また、息子のインフルエンザ予防接種禍をきっかけに予防接種の安全と被害者救済の運動を起こし、20年にわたる国家賠償法の制定訴訟に勝訴した。

中東・イスラム研究の学者だっ

た**五十嵐一**は、反イスラム的とされる小説『悪魔の詩』を日本語訳した。

1991年に助教授として勤務していた筑波大学で何者かに刺殺された。イスラム系外国人を犯人とする説があるが、公訴時効が成立している。

憲法学者で99〜01年に司法制度改革審議会長を務め、裁判員制度の導入を提言した**佐藤幸治**、植物病理学者で北海道大総長をした**伊藤誠哉**、古代・中世英文学が専門の**小黒昌一**らもOBだ。

医学者では、内視鏡治療を広めたパイオニアである**小黒八七郎**、ダイエット外来を設けるなど地元の開業医として親しまれた**佐藤万成**が卒業生だ。

官僚では**木下康司**が14年7月までの1年余、財務省の事務次官を務めた。

## NHKのキャスターも

地方政治に情熱を傾けた卒業生もいる。90年以来、新潟市長は**長谷川義明**と**篠田昭**が歴任している。篠田は14年11月の市長選で4選を果たした。18年6月からは、**花角《はなずみ》英世**が新潟県知事だ。

**君健男**は新潟県知事を、**神田坤《こん》六《ろく》**は群馬県知事をした。

法曹界では、第2代最高裁判所長官で文化勲章を受章している**田中耕太郎**が、旧制岡山中学（現岡山県立岡山朝日高校）から旧制新潟中学に移ってきたが、さらに福岡県立中学修猷館《しゅうゆうかん》（現修猷館高校）に転じ卒業している。

東京高検検事長をしたのち弁護士になった**村山弘義**は、野球賭博問題や八百長問題で不祥事が続いた日本相撲協会の外部理事や副理事長として「浄化」に腐心した。

NHKの『ニュースウオッチ9』でキャスターを務めた**大越健介**もOBだ。

大越は新潟高校時代から野球部で、東大に進学してエースとなる。卒業後はNHKに入局して政治記者となった。18年4月からは、日曜日夜の『サンデースポーツ』のキャスターをしている。

東大野球部ということでは、01年春に日本人女性として初めて東京六大学野球で登板を果した**竹本恵**がOGだ。宮城県立宮城第一女子高校（現宮城第一高校）から転校してきており、高校時代はソフトボール部だった。

## 長岡高校

### 山本五十六が象徴だが、優れた文人も多数

◉新潟県立・長岡市

歴史好きの人にとって、長岡は身近に感じられる街だ。

幕末の戊辰戦争で武装中立の道を選んだために街を荒廃させてしまった長岡藩執政の河井継之助《つぐのすけ》、「米百俵」の故事で知られる教育者の小林虎三郎、米国との戦争は無謀と認識しつつ連合艦隊司令長官を命ぜられ真珠湾攻撃に踏み切った**山本五十六**《いそろく》といった人物を生み出しているからだ。

その長岡市で1872（明治5）年創立の長岡洋学校をルーツとするのが旧制長岡中学、現在の新潟県立長岡高校だ。

明治以来、いったん私立になるなど計10回も校名が変わっているが、全国の高校の中でも指折りの古い歴史を有している。

長岡洋学校は、戊辰戦争の荒廃から長岡を復興に導いた立役者・三島億二郎が創設し、初代校長を務めた。小林虎三郎らが開設した国漢学校の流れを汲んでいる。

洋画家で美術教育者でもあった**小山正太郎**や、仏教哲学者で東洋大を創設した**井上円了**《えんりょう》が長岡洋学校で学んだ。

1948（昭和23）年の学制改革に伴い、新制の長岡高校となった。50年に女生徒7人が初めて入学している。

長岡高校の校訓は「剛健質撲」「豪爽快活」「和而不同」と格調高い。理数科があるのが特徴だ。02年に文部科学省からSSHに指定されている。

毎年度の大学受験では現役、浪人合わせ、東京大と京都大に各数人、東京工業大と一橋大に各0〜2人が合格している。東北大には十数人、地元の新潟大には50人前後だ。

### 半藤一利と堀口大学

近現代史に関心がある向きにとってお馴染なのは、作家の**半藤一利**だろう。母校の旧制長岡中学の

先輩・山本五十六の評伝を著すなど、昭和史に関する著作がたくさんあるからだ。

11年末には山本を主人公とした映画も公開され、話題を呼んだ。15年にも終戦の日を描いた映画が公開された。

半藤は、東京府立七中（現都立墨田川高校）に入学したが、空襲による疎開で旧制茨城県立下妻中学（現下妻第一高校）に移った。

4ヵ月だけ在籍したあと新潟県立長岡高校に転校し卒業して、旧制浦和高等学校をへて東大に進学した。卒業後は文藝春秋に入社し、名編集者となった。

山本五十六

詩人・歌人・フランス文学者として明治から昭和にかけて活躍した**堀口大学**は、偉大な文人として知られる。訳詩書も多く、日本の近代詩に大きな影響を与えた。

幼児期から旧制長岡中学を卒業する少年期にかけて長岡で過ごしたが、出生地は東京・本郷の東大の近所だったため「大学」という名がつけられたという。

1979年に文化勲章を受章している。

半藤一利

堀口と中学同級だったのが作家の**松岡譲**だ。松岡の妻は、夏目漱石（東京府第一中学正則科＝東京府立一中の前身で、現都立日比谷高校＝中退）の長女だ。

前述の半藤の妻は松岡夫妻の四女**末利子**で、随筆家。戦争中は疎開しており、やはり父の母校である長岡高校を卒業している。17年9月、東京・早稲田南町の漱石終焉の地に新宿区がオープンした「漱石山房記念館」の名誉館長に就任した。

## ジャーナリスト・桜井よしこ

長岡高校ゆかりの人物でモノ書きや評論家、ジャーナリスト、文化人として活躍している人物は、まだまだたくさんいる。

小説家・ノンフィクション作家

の**関川夏央**、児童文学作家の**斎藤惇夫**、スポーツライターの**小林信《のぶ》也《や》**、ＳＦ翻訳家の**山岸真《まこと》**、文芸評論家の**絓《すが》秀実**らがＯＢだ。

医学博士で俳人の**高野素十《すじゅう》**、歌人では**宮柊二《しゅうじ》**が卒業している。

ジャーナリストでは、ニュースキャスターを長年務めていた**桜井よしこ**が著名だ。

慶応大に進学したがすぐに退学し、ハワイ大学を卒業して米紙の記者になったのが出発点。改憲論者、核武装論者で知られる。

桜井が入学したころの長岡高校は「私たちの学年は男子生徒が約300人、女子生徒が23人の偏った編成だった。元々男子中学として創設された伝統の延長線上で、当時も女子の入学はとても少なかった」（桜井よしこ著『何があっても大丈夫』）という。

桜井よしこ

流通ジャーナリストの**長谷川智**もＯＢだ。

画家では、前述の小山正太郎に加え、生家が正太郎の分家だった水彩画の**小山良修《りょうしゅう》**、童画画家の**川上四郎**が卒業生だ。

漫画家の**小川悦司**、漫画家・イラストレーターの**和月伸宏《わつきのぶひろ》**、映画・テレビドラマの監督をした**山本迪夫《みちお》**、女優でテレビのキャスターもした**星野知子**、新進映画監督である**東条政利**、落語家の**入船亭扇辰《せんたつ》**なども卒業している。

## 宗教家で探検家

学者になった卒業生は、前述の井上円了、戦前のマルクス経済学者**猪俣津南雄**、日本近代史の**伊東多三郎**、ドイツ文学者の**星野慎一**、考古学者で新潟県立歴史博物館館長をした**小林達雄**、脳科学研究者の**加藤俊徳《としのり》**、臨床心理学の**下田僚**、応用微生物学の**栃倉辰六郎**、日本経済史の**内藤隆夫**らだ。

政治学者で昭和初期に東大総長をした**小野塚喜平次**は、旧制長岡中学から共立学校（東京・私立開成高校のルーツ）に移った。

スポーツ科学が専門の**金井茂夫**は、玉川大で教鞭をとり水泳指導法の研究で知られる。金井は、ルーツが明治時代にさかのぼれるとされるはかりメーカー・金井度量衡の創業者の5男で、6人兄妹のうち4人が長岡高校卒だ。

　宗教家であり探検家でもあった**藤井宣正**《せんしょう》は、1902～04年にかけて浄土真宗本願寺派が組織した大谷探検隊で実質的なリーダーを務め、インドやシルクロードに関する貴重な遺物や古文書を持ち帰った。

　旧制卒で、大企業のトップになり経済界で活躍した卒業生は、戦前の大蔵官僚で日本石油の2代目社長をした**橋本圭三郎**、敗戦直後に王子製紙の社長をした**中島慶次**などだ。

　新制高校になってからでは、**倉地正**（兼松）、**森俊三**（信越化学工業）、**近藤忠夫**（日本触媒）、**原信一**（原信ナルスHD）、**久須美隆**（北越銀行）、**佐藤重喜**（文化放送）などが卒業している。

## 五十六とホノルル市

　地元経済界の発展や、自治体運営に貢献した人物を挙げてみよう。

　大光相互銀行（現大光銀行）を創業し長岡商工会議所会頭などもした**駒形十吉**、北越製紙社長や長岡市長、さらには国政に出て郵政相などもした**田村文吉**、戦後の復興期に12年にわたって新潟市長をした**村田三郎**などが、旧制長岡中学卒だ。

　建設官僚出身の**森民夫**は、1999年、長岡高校同窓生らの草の根運動的な選挙戦で長岡市長に当選した。

　12年3月には長岡市・ホノルル市の姉妹都市を締結、記念に「長岡の花火」をホノルルで打ち上げた。真珠湾を奇襲した山本五十六の存在をプラス材料にして、姉妹都市に結びつけたのだ。全国市長会会長も務めた。

　森は16年9月に長岡市長を辞職し、10月の新潟県知事選挙に出馬したが、敗れた。後任の長岡市長には、長岡高校後輩の**磯田達伸**が就いている。

　04年の新潟県中越地震のあと、復興に奔走した人物がいた。古志郡山古志《やまこし》村（現在は長岡市）の最後の村長をした**長島忠美**で、村民全員が村外へ避難する陣頭指揮をとった。

　連日のように長島の姿はテレビで報道され一躍、全国的に知られるようになる。これに目を付けた自民党が05年の衆院選で長島を出馬させ、当選した。

長島は長岡高校から東洋大に進学しているが、09年には母校・東洋大の理事長にも就任した。「地震で身動きが取れなくなったときに、最も役立つのは携帯電話だ。枕元には常に携帯電話を置いておけ」と、説きまわっていた。17年8月に急死した。

大蔵省の主税局長をし、のちに蔵相を務めた**村山達雄**は「村山の前に主税局長なく、村山の後にも主税局長なし」といわれた税制の第一人者だった。

陸軍砲兵大佐出身の**小林順一郎**は、戦時中に大政翼賛会の幹部となり、右翼の黒幕として隠然とした力を発揮した。単なる行動右翼ではなく、著作も多い。

**多田雄幸**は、手作りのヨットで世界一周単独レースに出て優勝するなど、何度も国際レースに挑戦した。

**金子正輝**《まさてる》は、競技麻雀のプロ棋士だ。

**小林光衛**は新潟県内の高校の山岳部の指導をし、多くの登山愛好家を育てた。

# 3章 関西の名門高校18校

北野高校
天王寺高校
大手前高校
三国丘高校
茨木高校
四天王寺高校
灘高校
甲陽学院高校
姫路西高校
神戸高校
洛北高校
鴨沂高校
銅駝美術工芸高校
洛星高校
彦根東高校
奈良高校
東大寺学園高校
桐蔭高校

# 北野高校

## 橋下徹、有働由美子で存在感がいや増しに

◉大阪府立・大阪市淀川区

**橋下徹**という人物が、この高校の存在感を飛躍的に高めたといえるだろう。大阪市長、大阪府知事を務め、住民投票で否決されたものの「大阪都構想」を打ち出し、また「大阪維新の会」で国政に大きな影響を与えた男だ。

府知事時代から橋下は大阪府の教育について尖った発言をしてきたが、２０１２年には教育関連条例を議会で成立させた。この結果、14年度から府立高校の通学区域は撤廃されるし、高校の再編整備も始まった。橋本は大阪の高校教育にも大きな足跡を残したのだ。

橋本は北野高校から早稲田大学に進学、弁護士、タレントとして著名になった。

もう1人、北野高校の名を高くしている卒業生は前ＮＨＫアナウンサーの**有働由美子**だ。18年3月末で退職したが、番組『あさイチ』などで従来のＮＨＫアナの殻を打ち破る大胆なしゃべくりをして注目された。18年10月からは、日本テレビでニュース番組のメインキャスターを務める予定だ。

橋下や有働を生んだ北野はしかし、古色蒼然とした学校である。なにしろ、そのルーツは１８７３（明治6）年創立の欧学校までさかのぼれるからだ。

東京で最古の公立高校である旧制東京府立一中（現都立日比谷高校）の創立は78年だから、こちらのほうが先だ。

77年に大阪府第一番中学校が発足したが、１９０２年には府立北野中学校と改称されている。戦後の学制改革で男女共学の新制北野高校となった。

現在のキャンパスは大阪市淀川

有働由美子

区にあるが、繁華街に近く必ずしも文教エリアではない。

　文部科学省からＳＳＨに指定されている。アカデミックで自由闊達な校風だ。

　北野高校は、伝統的に東京大を敬遠し、地元の京都大や大阪大に進学する生徒が多い。

　18年度入試では現役、浪人合わせて京大合格者は84人で、全国の高校ランキングでトップだった。東大は7人。

　大阪大には79人の合格者を出し、やはりトップだった。神戸大

橋下 徹

は26人だった。

## アニメの父・手塚治虫

　卒業生には、文化勲章受章者が5人いる。

　電気工学の学者で八木アンテナの共同発明者として知られる**八木秀次**、マルクス経済学が跋扈《ばっこ》していた戦前から近代経済学を研究していた**安井琢磨**、バイオサイエンスの草分けで国際的に高い評価を得ている**早石修**、09年の死去時には多くの新聞社で号外が発行された俳優の**森繁久弥**、日本中世史・

手塚治虫

女性史研究者の**脇田晴子**だ。

「この人こそ、文化勲章をもらうべきだった」と筆者が切歯扼腕《せっしやくわん》する卒業生は**手塚治虫**だ。日本のアニメは世界から注目されているが、その礎を築いた人物だ。

　文芸では、大正時代に活躍した英文学の**厨川白村**《くりやがわはくそん》、『檸檬《れもん》』など詩情豊かな小品を残し31歳で没した**梶井基次郎**、『真空地帯』などで知られる**野間宏**らが旧制中学卒だ。

　画家では、31歳で死去し活動期間のほとんどをパリで過ごした**佐伯祐三**が著名だ。歌人では**道浦母**《も》**都子**《とこ》がＯＧだ。若手歌人では**辰巳泰子**もいる。

　**大中寅二**はオルガニストで、歌曲『椰子《やし》の実』の作曲で知られる。『お菓子と娘』などを作曲した**橋本国彦**もいる。

**瓜生忠夫**は映画評論家、**森南海《なみ》子《こ》**は服飾デザイナーだ。

## 「デン」と読む藤田田

経済界では、日本マクドナルド、日本トイザらスを創業した**藤田田**が著名だ。

藤田は東大在学中にユダヤ商法にあこがれ、輸入雑貨販売事業をしていた。自己紹介をする際には必ず、「名前はデンと発音してください」と申し添えた。

電子楽器メーカーのローランドを創業した**梯《かけはし》郁太郎**は、北野高校の夜間部に通ったが、中退した。

経済界で活躍した卒業生は元職、現職が交じるが、**片岡直方《なおまさ》**と**藤阪修美**（大阪ガス）、**古田俊之助**（住友本社総理事）、**山本為三郎**（アサヒビール）、**寺尾威夫**（大和銀行）、**河崎邦夫**（東洋紡）と**滝沢三郎**（同）、**鴻池藤一**（鴻池組）、**稲畑勝雄**（稲畑産業）、**熊谷直彦**（三井物産）、**田鍋健**（積水ハウス）、**藤沢友吉郎**（藤沢薬品工業）、**藤洋作**（関西電力）、**森本昌義**（アイワ、ベネッセコーポレーション）、**上田成之助**（京阪電気鉄道）、**岩田松雄**（スターバックスコーヒージャパン）、**助野《すけの》健児**（富士フイルムＨＤ《ホールディングス》）らだ。

大王製紙のオーナー家に生まれ2代目社長となった**井川高雄**も卒業生。一度倒産した大王製紙を創業者の父と共に再建し、紙パルプ業界第3位の大会社に育て上げた。

ＪＲ西日本の社長**垣内剛《たけし》**は、05年のＪＲ福知山線脱線事故の責任をとり、06年に社長を辞任した。

若手経営者もいる。国内最大級のソーシャル・ネットワーキング・サービス（ＳＮＳ）「mixi」を創業した**笠原健治**だ。社長を経て13年から会長に就いている。

北野高校から東大に進み、在学中からネット関連ビジネスにのめり込んだ。06年に30歳にして東証マザーズにmixiを上場させた。最近はスマホ向けゲームで収益を上げている。

## ノーベル化学賞候補

優れた業績を挙げた学者がたくさんいる。数学者の**森毅《つよし》**は、評論家・エッセイストとしてマスコミによく登場した。

医学者の**渥美和彦**は、人工心臓の世界的権威だ。

旭化成の名誉フェロー**吉野彰**はリチウムイオン電池の開発に貢

献、ノーベル化学賞候補だ。18年には「日本版ノーベル賞」とも呼ばれる日本国際賞を受賞している。

法学者の**滝川幸辰**《ゆきとき》は、旧制兵庫県立神戸第一中学（現神戸高校）から編入してきた。33年に自由主義的な内容の刑法学説を述べたため文部省から休職処分を下され、京大教授を追われた（滝川事件）。しかし、戦後の53年に京大総長に就いている。

考古学者の**山根徳太郎**は、難波宮の研究で知られる。国際政治学の**中西輝政**は論壇によく登場する。

生態学者の**吉良竜夫**は、京大探検学者グループの一員だ。中国文学・漢字学者の**阿辻哲次**は10年の常用漢字追加の選定にかかわった。

さらに学者になった卒業生を列挙すると、仏文学の**生島遼一**、民法の**川島武宜**《たけよし》、憲法学の**石川健治**、昆虫学の**上野益三**、社会思想史の**市田良彦**、木簡学の**大庭脩**、欧州政治史の**唐渡晃弘**、海運経済学の**冨田昌宏**、昆虫生態学の**岩田久二雄**、宇宙物理学の**松田卓也**らがOBだ。

### 朝日新聞社社主も

内閣法制局長官を務め、集団的自衛権の行使に反対の論陣を張った**阪田雅裕**もOBだ。

毎日新聞記者出身の作家・評論家の**徳岡孝夫**、講談社の元編集者でタレント・コラムニストの**山田五郎**も卒業生だ。

メディアの経営者では朝日新聞社の2代目社主で、全国高校野球選手権大会の主催を決めた**上野精一**、その息子の3代目社主**上野淳一**、TBS会長をした**志甫溥**、毎日放送社長・会長をした**山本雅弘**などが卒業生だ。

社会科学、教養書など堅い本の出版で知られる藤原書店の創業社長**藤原良雄**もOBだ。

スポーツでは、北野高校が49年に春の選抜高校野球大会で全国優勝を遂げたときの監督だった**まきごろう（清水治一）**がOBだ。まきは児童文学作家になった。

**柏尾誠一郎**は20年のアントワープ五輪のテニス男子ダブルスで熊谷一弥（旧制中学伝習館・現福岡県立伝習館高校から旧制宮崎中学・現宮崎県立宮崎大宮高校に移り卒業）とペアを組み銀メダルをとった。

五輪で日本人がメダルをとったのは、これが初めてだ。柏尾は三井物産に長く勤務した。

# 天王寺高校

岡田武史、開高健ら個性豊かな「野人」を誇る

◉大阪府立・大阪市阿倍野区

略称は「天高《てんこう》」。北野高校と双璧をなす大阪府立のリーダー校だ。名門「秀才を誇らず野人を誇る。名門を言わず実力を問う」という言い回しが語り継がれている。「質実剛健にして明朗闊達《かったつ》なるべし」との校風、「文武両道」の精神などを総称して「天高魂」と呼んでいる。

1896（明治29）年に大阪府第五尋常中学校として開校した。第一中学（現北野高校）の過密を解消する目的で、大阪市の南部に市内2番目の府立中学として設置された。すぐに天王寺中学校と改称され、戦後の学制改革で男女共学の新制天王寺高校となった。

## ラグビーは「校技」

卒業生で最も知名度が高いのは、サッカー指導者の**岡田武史**だ。2010年のFIFAワールドカップ南アフリカ大会では日本代表監督としてベスト16の戦績を残した。

14年秋からは、四国サッカーリーグ・FC今治の運営会社のオーナー経営者になった。「10年後には、JIリーグで優勝できるクラブづくりを目指す」と公言しており、ベンチャー精神を発揮している。16年3月～18年3月まで日本サッカー協会の副会長だった。

ラグビーは天高の「校技」ともいえる。戦前から有力選手を多数、輩出している。

**青井達也**は天高が1950年の全国高校ラグビーフットボール大会で優勝したときの主将で、慶応大―横河電機などで活躍した。

**岡仁詩《ひとし》**は同志社大学に進み、ラグビー部監督として82～84年にかけて、大学選手権で史上初の3連覇を果たすなど同志社ラグビーの象徴的存在になった。

慶応大ラグビー部や日本代表監督を務めた**松永敏宏**は、高校日本代表に選出された。京都大に合格したがラグビーをするために慶大に進み、大活躍した。

テニスでは、33年のウィンブルドン選手権の男子ダブルス部門で準優勝した**布井良助**が旧制時代の卒業生だ。日本テニス界に名を残す佐藤次郎（旧制群馬県立渋川中学・現渋川高校卒）とペアを組んでいる。

## 食と酒に一家言あり

多くの文化人も輩出している。

文芸では、小説家の**開高健**《かいこうたけし》が名高い。寿屋（サントリーの前身）宣伝部でPR誌「洋酒天国」の編集やウイスキーのキャッチコピーを

岡田武史

手がけていた58年、『裸の王様』で芥川賞を受賞した。釣り師としても知られ、食と酒に関するエッセーも多数ある。

活躍中の作家では、伝記を得意とする**北康利**がいる。詩人の**小野十三郎**、小説家の**宇野浩二**、文芸評論家の**谷沢永一**もいた。

芸能では、昭和時代のトップスターである**市川雷蔵**が天王寺中学に戦争中の44年に入学した。成績優秀で将来は医者になる夢を持っていたが、撮影などで通学が難しくなり3年進級時に中退した。

開高 健

学者・研究者になった卒業生は関西の大学で教鞭をとる者が多い。

大阪大は07年に大阪外国語大を統合、現在では11学部を擁しており、学部学生数で全国立大学トップの規模を誇る。

その阪大総長には、天高ＯＢの**金森順次郎**（物理学）と**平野俊夫**（免疫学）が就いた。

分子生物学者の**中村祐輔**は、創薬ベンチャーの「オンコセラピー・サイエンス」を創業し、03年に東証マザーズに上場した。

高エネルギー物理学の**北村英**

市川雷蔵

**男**、都市計画論が専門で京都府立大学長を務めた**広原盛明**、電波天文学の**福井康雄**、ロボット工学の東京大教授**中村仁彦**、無機工業化学が専門でセラミックスの研究をしている**作花済夫**《さっかすみお》、精神医学の**湊博昭**、比較認知科学の**藤田和生**、分子遺伝学の**水田啓子**らが卒業している。

文系では民俗学・国文学者の**折**《おり》**口信夫**《くちしのぶ》が旧制卒だ。「釈迢空《しゃくちょうくう》」と号する詩人・歌人でもある。

文化史学の**西田直二郎**、国文学の**武田祐吉**、日本史の**岩橋小弥太**、経済学の**上野俊樹**、行政法が専門で成城大学学長を務めた**南博方**、統計学の**森田優三**、比較政治学の**木村雅昭**、現代政治学の**藪野祐三**、認知心理学の**市川伸一**、米外交史の**杉田米行**、歴史社会学の**山下範久**、通産省出身でエネルギー問題を研究した**沢昭裕**、経営学の**榊原磨理子**らもOB、OGだ。

旧制卒で病理学者の**緒方知三郎**は東京医科大初代学長を務め、57年に文化勲章を受章している。幕末の蘭学者・緒方洪庵《こうあん》の孫だ。

## 「亀山モデル」の推進者

元職、現職が交じるが大企業でトップを経験した卒業生は、**川北禎一**（日本興業銀行）、**清水雅**《まさし》（阪急電鉄、東宝）、**木村音吉**（住友機械）、**谷口豊三郎**（東洋紡）、**一本松珠璣**（日本原子力発電）、**上山善紀**（近畿日本鉄道）、**北川一栄**（住友電気工業）、**増倉一郎**（高島屋）、**池原年昭**（飛島建設）、**田中宏**（クレハ）、**浅井光昭**（住友ゴム工業）、**石本恵一**（デサント）、**小野恵造**（積水化成品工業）、**阪田晃**（USJ）、**井上治夫**《はるお》（三菱UFJニコス）、**鈴木博之**（丸一鋼管）、**片田哲也**（コマツ）、**木村雄宗**《たけむね》（三菱自動車）、**山内隆司**（大成建設）、**山西健一郎**（三菱電機）、**谷所敬**《たにしょたかし》（日立造船）、**岩根茂樹**（関西電力）らだ。

**町田勝彦**はシャープの4代目社長に就き、その後も実力会長として腕を振るった。

町田は、04年に三重県亀山市に巨大な液晶パネル工場を建設、液晶テレビで経営規模を急拡大させた。「亀山モデル」ともてはやされたが、液晶価格が急落すると設備過剰がたたって経営危機を招き、16年にシャープが台湾の鴻海《ホンハイ》精密工業の傘下に入る要因となった。

三菱マテリアルは品質データ改ざん問題で**竹内章**社長が18年6月

に会長になり、後任社長には**小野直樹**副社長が昇格した。竹内、小野とも天王寺高卒だ。

丸紅副社長を務めた**水野勝**は、大企業を退職したエグゼクティブの親睦団体「ディレクトフォース」を02年につくった。

## 真珠湾のだまし討ち

官僚では、16年6月に**佐藤慎一**が財務省の主税局長から事務次官に就いた。財務事務次官には予算編成を担う主計局長が昇格することが多く、主税局長が次官に直接昇格するのは35年ぶりだった。また、佐藤は東大の経済学部卒で、法学部卒でないのも異例だ。

**奥村万寿雄**は警視総監を、**則定衛**は法務事務次官、東京高検検事長を務めた。**林景一**は駐英大使のあと最高裁判事だ。

昭和期の外交官である**奥村勝蔵**は、41年12月8日の太平洋戦争勃発時に在ワシントン日本大使館で一等書記官をしていた。

米側に交渉打ち切り・宣戦布告の文書を手渡す時刻が、奥村らの不手際で1時間ほど遅れてしまった。諸説あるが、「真珠湾のだまし討ち」と米側から非難される原因となった。奥村は戦後、外務事務次官まで出世した。

医学者の**東龍太郎**は、東京都知事を務めた。

医師の**関淳一**は03年から4年間、第17代の大阪市長を務めた。都市計画・社会政策学者で第7代大阪市長の関一《はじめ》（東京府立東京商業学校附属商工徒弟講習所別科卒）の孫だ。関一は大正から昭和にかけて20年余も大阪市長を務め、「大阪の父」と慕われていた。

メディア関連では、韓国・朝鮮報道に定評がある**黒田勝弘**が活躍中だ。

神戸新聞社の**高士薫**、毎日放送の**高橋信三**、毎日新聞社の**上田常隆**の各トップ経験者もOBだ。

関西の進学校は、中高一貫の私立校は別として関西の大学に進む生徒が多い。地元なのだから当たり前ではあるのだが、「天高《てんこう》」も圧倒的に関西志向だ。

18年春の大学合格実績は現役、浪人合わせて京都大63人、大阪大64人、神戸大37人。

その一方、東京大への合格者はわずか3人だった。京都大、大阪大については毎年度、高校別ランキングでベスト5に入っている。

# 大手前高校

出身の「良妻賢母」がノーベル賞受賞を支えた?!

◉大阪府立・大阪市中央区

大阪城のすぐ西側にあり、南側は大阪府庁と接する。大阪市のど真ん中にある高校だ。

北野、天王寺高校とともに大阪府の「公立御三家」とされてきた。ルーツは1886（明治19）年に創立された大阪府女学校だ。大阪の公立女学校として初めてできた。現在の地に移り、大手前高等女学校の名になったのは1923年のことである。

関西は戦前から交通網が発達していた。学区制度がなかったため、大阪・船場の商家の「いとはん」「こいさん」をはじめ、広く京阪神からいわゆる良家の娘が通ってきていた。

「大手前なら文句なし」と縁談の際の釣書としては、戦前の関西で第一級の折り紙がつけられていたのだ。

## 初のノーベル賞と湯川スミ

それを象徴する卒業生がいる。世界連邦運動協会という平和活動に尽くした**湯川スミ**だ。夫は、日本人初のノーベル賞受賞者である湯川秀樹（京都府立京都第一中学・現洛北高校卒）だ。

スミは大阪胃腸病院（現在は湯川胃腸病院＝大阪市天王寺区）の院長の次女で、大手前高女を卒業して4年後に、京都帝国大理学部物理学科の副手だった小川秀樹と見合い結婚する。秀樹は入り婿となり、湯川に改姓した。

スミの勧めもあって秀樹は欧米の学会誌に次々と論文を発表し、49年のノーベル物理学賞の受賞につながる。

湯川スミから4年後に大手前高女を卒業した**利根川美世子**（旧姓は益子）は、次男が87年にノーベル医学生理学賞を受賞した利根川進（東京都立日比谷高校卒）だ。

利根川美世子の7年後に卒業した**南部智恵子**（旧姓は飛田）は、2008年にノーベル物理学賞を受賞した南部陽一郎（旧制福井県立福井中学・現藤島高校卒、15年7月に死去）の妻だ。

日本人のノーベル賞受賞者は累計25人（米国籍を含む）で、全員男性だ。そのうち妻や母親の3人が大手前高女卒というのは、まさに「良妻」「賢母」を物語っていると言えるだろう。

戦後の学制改革で男子にも門戸を開放し、共学の大手前高校となった。教育目標は「国際社会で活躍できるグローバル・リーダーの育成を目指す」だ。

08年からSSHの指定を受けている。

## 物理学会会長・坂東昌子

卒業生には、多くの学者・研究者や文化人を輩出している。

都市災害研究の第一人者である**河田恵昭**《よしあき》がメディアによく登場する。京大防災研究所所長を務め、現在は関西大学社会安全研究センター長だ。

理系では、前述した湯川秀樹の弟子の物理学者である**坂東昌子**がいる。07年には、日本物理学会で2人目の女性会長を務めた。

原子力工学の**五十棲泰人**《いそずみやすひと》、水産学の**大森信**、遺伝子構造研究の**林崎良英**、生命機能研究の**仲野徹**、通信情報システムの**守倉正博**、流体力学が専門で元工学院大学長の**水野明哲**《あきさと》、機能物質化学の**足立基斎**、材料工学の**橋本健治**、建築学の**島崎義治**らがOBだ。

湯川スミ

文系では、経営学の**加護野忠男**と**吉原英樹**、仏文学者でケベック文学を研究している**小畑精和**《よしかず》、刑法の**吉岡一男**、文化人類学の**立本成文**、天文学史研究者でキトラ古墳（奈良県）の天文図を分析している**宮島一彦**、国際文明学の**江田憲治**らが卒業生だ。

民間エコノミストでは、住友銀行出身で日本総合研究所理事長を務めた**柿本寿明**、エネルギー問題研究者の**十市勉**がいる。

医学者では、生活習慣病に詳しい**田中平三**、感染症が専門でデング熱を研究している**高崎智彦**、肝細胞病理学が専門の**仲野徹**、脳神経外科医の**玄番央恵**《げんばひろえ》と**若林利光**、眼科医で、眼内レンズ挿入に早くから取り組んできた**西興史**らがOBだ。

文芸では、『僕って何』で77年に芥川賞を受賞した**三田誠広**がいる。日本文芸家協会副理事長で、著作権問題を考える創作者団体協議会議長でもある。

NHKアナウンサー出身でエッセイスト・評論家の**下重暁子**《しもじゅうあきこ》がOGだ。

児童文学作家の**肥田美代子**は衆参議員を務め、現在は文字・活字文化推進機構理事長だ。国会議員時代に選択的夫婦別姓を認めるよう運動した。

さらに、昭和初期のジャーナリストだった**北村兼子**、産経新聞記者出身の社会評論家・エッセイストの**俵萌子**がいた。

下重暁子

## 忘れられない全共闘議長

大手前高校は、高度成長期の1964年に、京都大に現役、浪人合わせ70人が合格して、全国1位になっている。74年には99人が合格した。

90年代になって低迷したが、この数年で回復傾向にある。18年春の京大入試では25人が合格している。大阪大には44人、神戸大には31人の合格者を出している。

私立大には延べ人数で、関西学院大67人、同志社大143人だ。

東京大に進学した数少ない卒業生の中に、大手前時代から秀才で鳴らした在野の物理学者**山本義隆**がいる。

山本は、現在60歳代後半の「全共闘世代」にとって忘れられない人物だ。東京大理学部物理学科の大学院博士課程のときに東大全共闘議長になり、69年の全国全共闘連合結成大会の会場で逮捕された。

大学院在学中に山本は、京大基礎物理学研究所の湯川秀樹研究室に国内留学していた。将来は日本を代表する物理学者になると期待されていたが、入獄により学究生活とは決別した。

山本は予備校講師を糊口《ここう》の道とし、科学史や自然思想史を研究、03年には『磁力と重力の発見』で毎日出版文化賞を受賞するなど話題を呼んだ。何よりも「全共闘世代」にとっては、「あの山本ではないか」という感懐を三十数年ぶりに呼び覚ました。

国際連合カンボジア暫定《ざんてい》統治機構によるカンボジア総選挙の選挙監視員として活動中の93年に、現地で殺害された**中田厚仁**《あつひと》がOBだ。

中田は現地住民に慕われ、殺害された現場一帯は「ナカタアツヒト・コミューン」と命名された。

関西初の女性弁護士で参院議員も経験した**佐々木静子**は、八海《やかい》事件など多くの冤罪《えんざい》事件を担当した。

## 老舗料亭「花外楼」の女将

経済界では、29代の日銀総裁を務めた**福井俊彦**が卒業生だ。日銀の生え抜きで、在任中は金融の量的緩和政策を進めた。

大企業の社長、会長に就いた卒業生は、現職も交じるが、**関和平**（いすゞ自動車）、**小田切康幸**（住友大阪セメント）、**小林哲也**（近鉄グループHD）、**森詳介**（関西電力）、**大坪清**（レンゴー）、**木村勝美**（日本合成化学工業）、**木本泰行**（オリンパス）、**田中孝司**（KDDI）、**本荘武宏**（大阪ガス）、**乗京**《のりきょう》**正弘**（飛島建設）らだ。

**原丈人**《じょうじ》はデフタ・パートナーズを創業し、米国で情報通信技術分野のベンチャー企業への投資と経営に携わってきた。

福井俊彦

大阪市北浜にある老舗料亭「花《か》外楼《がいろう》」は、1875（明治8）年に「大阪会議」が開かれた由緒ある場所だ。ここで木戸孝允、大久保利通、伊藤博文らが立憲政体の在り方や三権分立を議論したのだ。

その女将が3代続けてOGである。3代目の**徳光孝**は明治時代に卒業、その長女**清子**は4代目、清子の長女**正子**は現女将で5代目だ。清子の妹**輝子**と**みね子**、正子の妹の**高子**も卒業生。

要するに徳光ファミリーは、旧制、新制にまたがり大手前高校の申し子なのだ。

スポーツでは、京大ラグビー部で主将を務めた**市口順亮**《よしあき》が、新日鉄釜石ラグビー部の主将、監督、部長を務めた。日本選手権7連覇の基礎を築いた。

サッカー界のドンから考古学の泰斗まで幅広い

# 三国丘高校

◉大阪府立・堺市堺区

　大阪府の南部にある堺市は、古代から開けていた街だ。仁徳天皇陵を筆頭とする百舌鳥《もず》古墳群は4～6世紀後半にかけて造られた世界的な遺産である。

　室町・戦国時代には中国・明《みん》や東南アジアへの貿易の拠点として、さらに安土・桃山時代には自由・自治都市として栄え、イエズス会の宣教師はここを「東洋のベニス」と記した。

　文化都市の一面もある。茶の湯の千利休や「情熱の歌人」与謝野晶子（堺市立堺女学校・現大阪府立泉陽高校卒）を輩出した。男性では宇宙飛行士の**土井隆雄**やサッカー界のドン**川淵三郎**を育てた街として知られる。

## 初の宇宙船外活動

　その土井や川淵が学んだのが、三国丘《みくにがおか》高校だ。

　東京大に進学し宇宙工学を専攻した土井は、1985（昭和60）年に旧NASDA（現JAXA＝宇宙航空研究開発機構）から日本人初の宇宙飛行士に選抜された。

　ちなみに、同時に合格したのは、毛利衛《まもる》（北海道立余市高校卒）と向井千秋（東京・私立慶応義塾女子高校卒）だった。

　土井は、97年にコロンビア号に乗り込み、日本人初の宇宙船外活動を行った。超新星を二つ発見するなど天文研究でも知られる。

　川淵は、三国丘高校でサッカーにのめり込んだ。2浪して早稲田大に進学、ブランクがあったにもかかわらず蹴球部で頭角を現した。就職した古河電気工業でも主力選手として活躍、64年の東京五輪に出場した。

　91年には日本プロサッカーリーグ（Jリーグ）を設立し、初代チェアマンに就任した。日本のサッカー人気をここまで高めた最大の功労者といえる。

　15年には、内紛が続いたバスケ

ットボール界の改革に乗り出し、日本バスケットボール協会会長に就いた。同年に文化功労者にも選ばれている。

三国丘高校は文武両道の伝統を誇りとするが、サッカー部は全国大会で2年連続して準優勝し、テニス部は何度も全国大会で優勝、デビスカップに3年連続出場した**松浦督**《すすむ》を世に送り出した。

陸上部では走り高跳びの**田中初世**が高校新記録を出し、卒業後に日本新記録を更新した。

日清戦争さなかの1895年に

土井隆雄

大阪府第二尋常中学として誕生したのが、三国丘高校の前身だ。大阪府尋常中学（現府立北野高校）に次ぐ2番目の公立中学だったが、同時に第三尋常中学（現府立八尾高校）と第四尋常中学（現府立茨木高校）も開校している。

1901年に府立堺中学校と改称し、戦後の学制改革で校名を「三国丘」高校と改めた。「三国丘」とは、キャンパスがある高台の古名に由来する。

地元志向が強く、京阪神の大学を志望する生徒が多い。毎年度の

川淵三郎

合格者は、現役、浪人合わせて京都大に約25人、大阪大に40人前後、神戸大に約20人だ。東京大は1~2人にとどまっている。

## 原発の運転差し止めを認める

法曹界で活躍している卒業生が目立つ。

裁判員制度導入時に日本弁護士連合会会長を務めた**宮崎誠**が卒業生だ。**川人博**は、過労死問題や北朝鮮拉致問題などで鋭い論陣を張り、また「過労死110番」の事務局長として奔走している。

滋賀県彦根市で弁護士をしている**井戸謙一**は、元裁判官だ。金沢地・家裁部総括判事をしていた06年に、北陸電力志賀原発2号機（石川県）をめぐる住民訴訟で原発の運転差し止めを認めた。高裁で住

民側は逆転敗訴し、10年に最高裁で確定した。

井戸裁判長らの「炉心溶融事故の可能性もある」「多重防護が有効に機能するとは考えられない」という勇気ある指摘は、11年3月11日の東電福島第一原発の事故を契機に、改めてクローズ・アップされた。

井戸はその後弁護士になり、福井原発訴訟などの弁護団長を務めている。

### 考古学の泰斗・森浩一

学者・研究者になった卒業生は数多い。

注目を浴びている学者は**田中知《さとる》**だろう。東大で原子力工学を学び、東大教授になって日本原子力学会会長に就いた。

東京電力福島原発の事故以降、政官産学の原発推進グループである「原子力ムラ」という言葉が広く人口に膾炙《かいしゃ》したが、田中はいわばその「村長」のような立場に立たされた。14年からは、原子力規制委員会の委員に就任し、その後、委員長代理となった。

身近に古墳や出土品を見て育ったためだろうか。三国丘高校卒業の考古学者が何人もいる。

早くから三角縁神獣鏡の国産説を主張した考古学の泰斗《たいと》**森浩一**、遺跡から出土したゴミや獣骨などから人類の文化を読み取る研究を続けている**松井章**、大陸から渡来したとされていた銅鐸や三角縁神獣鏡の成分を分析して国産であることを実証した**久野雄一郎**の名を挙げられる。

仏文学者で文化勲章を受章した**河盛好蔵《かわもりよしぞう》**、民法学者で医事法学の先駆者である**唄《ばい》孝一**、マクロ経済学の**新開陽一**、社会学者の**見田宗介**らもOBだ。

経済学者の**安冨歩《あゆみ》**は京大卒で東大教授だが、相手を煙にまく東大関係者の話術を「東大話法」と名付け批判する著書を出している。

理系では、心臓外科の専門医で手術の新手法を次々と開発している**沢芳樹**、脳生理学の**西野仁雄《ひとお》**、異常気象や温暖化研究の第一人者である気象学の**木本昌秀**、聴覚や平衡神経医学の研究をしている**山《やま》岨《そば》達也**らが卒業生だ。

### 「せんとくん」をデザイン

経済界で活躍した卒業生も多い。朝日火災海上保険の初代社長をした**尾上登太郎**、神戸製鋼所社長をした**浅田長平**、高島屋創業家4代目社長の**飯田慶三**、戦後間もなく社長に就いて野村証券中興の祖といわれた**奥村綱雄**、太陽酸素を創業した**川口源兵衛**、シマノの2代目社長で自転車用部品に特化して世界的企業に育て上げた**島野尚三**らが卒業生だ。

　さらに、**関正彦**（三井銀行）、**妹背光雄**（東洋信託銀行）、**川口和男**（因幡電機産業）、**吉田二郎**（南海電気鉄道）、**新谷功**《いさお》（川崎汽船）、**神田良樹**（吉原製油）、**西口泰夫**（京セラ）、**今井雅則**（戸田建設）、**唐池恒**《からいけこう》**二**《じ》（JR九州）、**嶋本正**（野村総合研究所）らもOBだ。

　システム開発のベンチャーを経営する**朝尾伴啓**《ともひろ》は、目の不自由な人向けにパソコンの画面に表示された文字を点字に自動翻訳して、指先で読み取ることができる装置を開発した。

　**竹中一雄**は民間エコノミストとして鳴らした。

　文芸で活躍する卒業生は、医師で小説家の**久坂部羊**《くさかべよう》、脚本家の**今井雅子**、小説家の**小川内**《おがわうち》**初枝**、小説家で俳優の**中谷彰宏**、翻訳家でアニメの脚本を手がける**堺三保**、ラジオでパーソナリティをしている作家の**吉村喜彦**《のぶひこ》らだ。

河盛好蔵

　音楽では、尺八奏者の**田嶋直士**、スイス在住でリュートやテオルボ奏者として欧州で評価が高い**今村泰典**、エレクトーン奏者の**松本玲子**らがいる。作曲家・ピアニストの**宅孝二**は、三国丘高校の校歌を作曲した。

　映像関係では、『大鹿村騒動記』などで知られる映画監督の**阪本順治**、テレビドラマの演出家である**岡田寧**らがいる。

　美術では、奈良遷都1300年のキャラクター「せんとくん」を制作した、彫刻家の**薮内佐斗司**《やぶうちさとし》がいる。

　09年に死刑が確定したオウム真理教の幹部**早川紀代秀**は、三国丘高校から神戸大―大阪府大大学院―大手建設会社と進んだ。49年生まれで、青年層が多かった信者の中で数少ない中年組である。18年7月、死刑が執行された。

ノーベル文学賞作家の川端康成が誇り

# 茨木高校

◉大阪府立・茨木市

大阪市と京都市の間にある大阪府茨木《いばらき》市は、ベッドタウンだ。

日清戦争終結の1895（明治28）年に大阪府第四尋常中学校として創立されたのが前身だ。すぐに茨木中学校に改称され、戦後の学制改革で茨木高校となった。

校訓は「勤倹力行」、校風は「質実剛健」だ。

教育目標として、①高い志を持ち、それを持続させる力をつける、②「二兎を追う」たくましさを身に付ける、③自主自律の精神を養う——を挙げている。

「二兎を追う」とは、「勉学に打ち込むのはもちろんのこと、部活動や生徒会活動などもしっかりやろう、という意味」という。

高校の教育スローガンとしては、くだけている。たいていの高校は「文武両道」という言葉を使うからだ。

略称は「茨高《いばこう》」。「天つ空見よ」で始まる校歌の歌詞には、校名、地名は全く読み込まれていない。

大学進学は関西志向が強い。毎年度の合格者は現役、浪人合わせて京都大約10人、大阪大約30人、神戸大約30人で、東京大には1人かゼロだ。

## 「一億総白痴化」

茨高の誇りは、**川端康成**が卒業生であることだ。

川端は大正から昭和にかけ、新感覚派の旗手として『伊豆の踊子』『雪国』などを著し、1968年に日本人では初のノーベル文学賞を受賞した。その後、文学賞は大江健三郎（愛媛県立松山東高校卒、94年受賞）しか出ていない。

3歳までに両親を亡くし、茨木中の3年次に孤児となったが、そのころから川端は作家を志した。

中学時代の作文「雨だれ石を穿《うが》つ」の自筆原稿が、茨木市立川端康成文学館に所蔵されている。

1917年に上京した川端は、

旧制一高—東京帝大文学部英文学科へと進学した。61年に文化勲章を受章している。14年には、婚約相手の伊藤初代に宛てた未投函の手紙が見つかった。

川端より3学年下には戦後を代表するジャーナリスト、ノンフィクション作家の**大宅壮一**《おおや》がいた。「一億総白痴化」「男の顔は履歴書」などの名フレーズを残し、毒舌の社会評論家として鳴らした。

川端康成

## 女性初の日本物理学会会長

学者・研究者として活躍している卒業生も多い。

国際的に活躍している女性の理論物理学者がいる。京大助教授、慶応大教授などを務めた**米沢富美子**だ。

原子が結晶のようにきれいに並んでいないアモルファス（非晶質）という状態を解き明かす基礎理論を構築、世界の最先端を走った。50歳未満の優秀な自然科学分野の女性研究者に贈られる猿橋賞など多くの賞を受賞している。

米沢は京大理学部に進学、夫の転勤に伴って米英などに留学し、女性科学者の草分けとなった。

大宅壮一

ノーベル物理学賞受賞の湯川秀樹（旧制京都府立京都第一中学・現洛北高校卒）と朝永《ともなが》振一郎（同）の弟子でもあり、女性として初めて日本物理学会会長になった。猿橋賞を決める「女性科学者に明るい未来をの会」会長も務めた。

ノーベル賞の医学生理学賞受賞の期待がかかる卒業生もいる。九州大教授の**石野良純**で、遺伝子組み換えの基礎技術を発見、発明した。この数年、国際的な評価が高くなっている。

他に、植物細胞学者で文化勲章を受章した**桑田義備**《よしなり》、情報処理工学の**坂井利之**、有機合成化学の**細見彰**、生物有機化学・創薬科学の**木曽良明**、ゲノム医科学の**池川志郎**、有機化学の**桧山為次郎**、霊長類学の**中村克樹**らもOBだ。

文系では、仏文学者でプルーストの研究で知られる**井上究一郎**、財政学・公共経済学の**土居丈朗**、ロシア政治の**広岡正久**、考古学の**山中一郎**、商学が専門で神戸大学長をした**福田敬太郎**、会計学の**石原俊彦**、民法の**佐久間毅**、刑事訴訟法の**堀江慎司**、交通政策の**戸崎肇**、教育心理学の**溝上慎一**らが卒業している。

## パナソニックを黒字化

経済界では、12年6月からパナソニック社長に就いている**津賀一宏**がいる。

同社は11年度から、2期連続で7000億円を超す最終赤字を出した。このため津賀は家電中心の経営から、自動車分野や住宅関連事業を柱とする企業向けビジネスに大きくカジを切った。

津賀一宏

「普通の会社ではない、まさに危機だ」と檄《げき》を飛ばし、構造改革に邁進《まいしん》した結果、ようやく黒字経営が定着してきた。

三井住友銀行で副頭取を務めた**車谷暢昭**《くるまたにのぶあき》は、18年4月から東芝の会長兼CEO（最高経営責任者）に就いた。経営危機が続いた東芝の再建を託されたのだが、東芝が外部から経営トップを招くのは53年ぶりだ。

住友商事の社長をした**加藤進**、日本マイクロソフトでCTO（最高技術責任者）を務めた**加治佐**《かじさ》**俊一**らもいる。

旧制卒では、大正～昭和期に東武鉄道、営団地下鉄、東京ガス、日本航空などの企業でトップを務めた**原邦造**《くにぞう》、日本ブラッドバンク（ミドリ十字を経て現田辺三菱製薬）を創業した**内藤良一**、神戸製鋼所社長をした**牧冬彦**、呉羽紡績社長をした**植場鉄三**らがいた。

**浅田勝美**は、日本初のソムリエになり、国際ソムリエ連盟副会長などを務めた。経済評論家の**長谷川慶太郎**は旧制卒だ。

政官界では、初代経済企画庁長官、通産相などを務めた**高碕達之助**が旧制卒だ。中華人民共和国と正式な国交がない時代の62年、日本代表として中国側代表の廖承《りょうしょう》志《し》との間で日中の民間貿易を拡大させる覚書に調印した。

これは両人のイニシャルを取って「LT貿易」といわれた。

衆院議員を8期務め、郵政相（現総務相）をした**井上一成**、総務事務次官をした**金沢薫**は新制卒だ。

文化・芸術分野では、**名和晃平**が気鋭の現代美術作家、**柳川強**が**谷村政樹**がテレビドラマ演出家だ。落語家の**桂米輔**《よねすけ》、能楽金春流太鼓の人間国宝**三島元太郎**も卒業生である。

文藝春秋社長を務めた**平尾隆弘**、毎日新聞記者出身でノンフィクション作家の**岡本嗣郎**、劇作家・脚本家でチャップリンの研究を続けている**大野裕之**、漫画家の**椎橋寛**《しいばしひろし》らがOBだ。児童文学作家の**二反長半**《にたんおさなかば》もいた。

朝日放送の記者、プロデューサー出身で現在はフリージャーナリストの**石高健次**は、96年以来、北朝鮮による日本人拉致問題を初めて世に炙《あぶ》りだしたことで知られる。

## 水泳発祥之地

茨木高校には「日本近代水泳発祥之地」という記念碑が設置されている。明治末に母校の体育教師になり「水泳ニッポン」の基礎を築いた、**杉本伝**《つとう》の功績を讃えたものだ。

1916年に杉本が生徒たちと手作業で完成させた水泳場は、日本初の学校プールで、19年に50メートルに拡張された。杉本は全生徒皆泳を唱えて、クロールなど近代泳法を取り入れ、世界への道を開いた。

その甲斐あってか、**石田恒信**は24年のパリ五輪で、200メートル平泳ぎに出場している。茨木中卒で初の五輪選手だった。

**高石勝男**は28年のアムステルダム五輪に出場し、800メートル自由形リレーで銀メダル、100メートル自由形で銅メダルを取った。64年の東京五輪では、水泳日本代表総監督を務めた。

**入江稔夫**《としお》は32年のロサンゼルス五輪100メートル背泳ぎで、銀メダルを獲得。**奥田精一郎**は茨木中5年次に水球日本代表に選出された。後年、イトマンスイミングスクール会長になり、多くの五輪選手を育てた。

現在の水泳部は、競泳、飛び込み競技を経て水球中心のクラブになっている。

# 四天王寺高校

医学科合格が全国2位。オリンピアンも多数の女子高

◉私立・大阪市天王寺区

聖徳太子が建立したという四天王寺が設置母体の学校である。大阪市の中南部には南北に上町台地が広がり、格好の文教地帯になっている。四天王寺はそこに位置し、高校は寺の境内にある。

1922（大正11）年に、聖徳太子1300年御忌記念事業として天王寺高等女学校が設立された。戦後の学制改革に伴い四天王寺高校・中学校に衣替えされた。「女子」はついていないが、戦後も生徒は女子のみだ。学校法人四天王寺学園は現在では、小学校から大学院までを有している。

聖徳太子の「和の精神」を礎とする「信念ある女性の育成をはかる」のが教育方針だ。

中学から内部進学してきた生徒は中高一貫教育で、高校から入学してきた生徒とは別のクラス編成になっている。医師コース、英数コース、スポーツ・芸術コースに加え、最難関国公立大学を目指す理数コースもある。

全国の女子高の中でも、名だたる進学校だ。同時に運動部の活躍が目覚ましく、多くの五輪選手を出している。「文」と「武」の両輪を巧みに両立させた学校経営だ。

18年の大学合格実績は現役、浪人合わせ、京都大16人、大阪大25人、神戸大29人。関西志向が強く東京大の合格者は1人（理Ⅲ）のみだ。

とりわけ医学部に強い。18年の国公立大医学部医学科の合格者は63人。共学校、男子校、女子校を含めた全国高校別合格者ランキングで5位だ。女子校だけに限ると全国トップである（2位は東京・私立桜蔭高校の42人）。

私大を含めた医学科合格者は185人で、東海高校（私立・名古屋市）に次いで全国2位だ。

## 「東洋の魔女」に4人

部活動もすこぶる活発だ。バレ

ーボール部は各種の全国大会で獲得したタイトルが計26回を誇る。これは高校一だ。

全国高校総合体育大会（インターハイ）では18年夏までに、卓球部が45年連続63回、体操部が13年連続56回、ハンドボール部が11年連続23回、ソフトテニス部が9年連続11回、バドミントン部が8年連続22回目の出場権を獲得した。

文化部では、放送部がNHK杯全国高校放送コンテストで17年連続20回、囲碁は全国高校囲碁選抜大会で13、14年に連続して団体戦で優勝した。

こうした伝統と実績に裏打ちされて、これまでに五輪に出場した選手は累計26人を数える。しかも獲得したメダルは、金4、銀16、銅12の計32個。この数は、全国の高校の中で断然トップだ。

躍進は、1964（昭和39）年の東京五輪から始まった。女子バレーボール日本代表チームは、ソ連チームを破って金メダルを獲得する。この決勝戦はテレビ中継の視聴率が66・8％（ビデオリサーチ調べ、関東地区）に達し、国民の多くが熱狂した。

12人の選手は「東洋の魔女」と呼ばれた。10人が大日本紡績（現ユニチカ）の貝塚チームから選抜されていたが、そのうち**谷田絹子**、**松村好子**など4人が四天王寺高校出身で金メダルを授与されている。

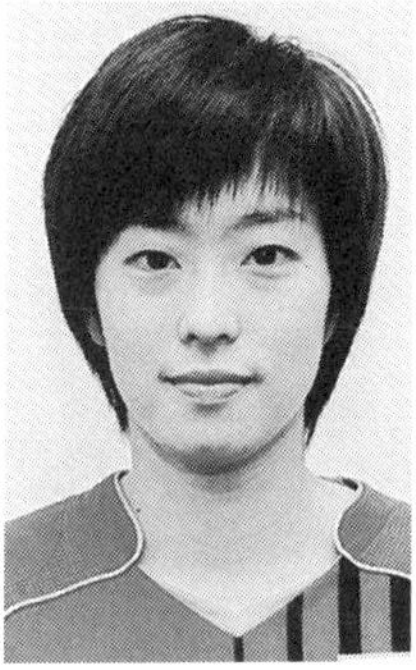

石川佳純

## 石川佳純、小椋久美子

12年のロンドン五輪の卓球で活躍した**石川佳純《かすみ》**が、四天王寺高校を11年に卒業している。

石川は個人では4位だったが、福原愛（青森県・私立青森山田高校卒）らとともに戦った団体戦では銀メダルをとり、男女を通じて日本の卓球史上初めての五輪メダリストになった。16年のリオデジャネイロ五輪では、団体銅メダルだった。

銀メダリストは他に、バレーボールの**松村勝美**と**塩川（古橋）美知子**、それにシンクロナイズドスイミングの**藤井来夏《らいか》**、**立花美哉**、**武田（鈴木）美保**、**江上綾乃**、**米田祐子・容子姉妹**がいる。

銅メダリストは、**大谷（松野）佐知子**（バレーボール）、**岡本依子**（テコンドー）、それにシンクロナイズドスイミングの**奥野（朝原）史子**、**田中順子**、**藤木麻祐子**、**中島理帆**、**中牧佳南**、前出の藤井来夏、立花美哉、武田美保だ。

　五輪に出場したもののメダルに届かなかった選手は、**坂本清美**（バレーボール）、**小西（吉田）杏**（卓球）、**小村恵里佳**（シンクロ）、**藤沼亜衣**（卓球）、**小椋久美子**（バドミントン）、**橘雅子**（シンクロ）、**福岡春菜**（卓球）の7人だ。

　以上26人のうち、武田美保は銀4、銅1のメダルを獲得している。スポーツコメンテーターとしてテレビ出演もし、政府の教育再生実行会議有識者委員や税制調査会委員などにも就いている。夫は通産官僚出身の三重県知事・鈴木英敬《えいけい》（神戸市・私立灘高校卒）だ。

武田美保

　奥野史子もスポーツコメンテーター、タレントとして活躍する一方、京都市教育委員や文科省中央教育審議会委員の公職にも就いている。同志社大に進学、短距離陸上競技選手で五輪銅メダリスト、かつ大学のゼミの同窓でもある朝原宣治《のぶはる》（兵庫県立夢野台高校卒）と結婚している。

　小椋久美子は、潮田玲子（福岡県北九州市・私立九州国際大学附属高校卒）との女子バトミントン・ダブルスペア「オグシオ」として08年に北京五輪に出場、ベスト8だった。現役引退後はスポーツインストラクターに転身している。

　藤木麻祐子は、03年から10年にかけスペイン代表コーチを務め、北京五輪で銀メダルを獲得させた。14年から中国代表チームのヘッドコーチで、リオ五輪で中国チームを銀メダルに導いた。

## 都築学園の創立者

教育者、学者・研究者になった卒業生を挙げてみよう。

　旧制高女卒の**都築貞枝**は、戦後すぐに全国の高校で初の女性校長として、福岡県立西福岡高校の校長をした。その後、全国に40もの各種学校や大学を持つ都築学園を創立し、理事長となった。

医師の**八木貞子**も高女卒で、太平洋横断の船医などを務めた。

新制卒の**崎田喜美枝**は宝塚造形芸術大（現宝塚大）学長のあと、その経営母体である関西女子学園の理事長をした。

物性物理学が専門の**南谷英美**は、大阪大院生だった08年にロレアル-ユネスコ女性科学者日本奨励賞を受賞した。

医化学者で疼痛《とうつう》の研究をしている**芦高恵美子**、老年社会学の**木村好美**、居住環境学の**辻川ひとみ**らもOGだ。

小椋久美子

**松川るい**は東京大に進学し、93年に外務省にキャリアとして入省した。女性参画推進室の初代室長に就いたあと、現在は参院議員（自民党）だ。

## 女優、タレント、宝塚スターも

**阪口元美**は主婦業の傍らブティックの店「レジィーナロマンティコ」を起し、関西、東京、福岡などに出店している。

舞踏家・振付家の**重藤マナーレ静美**は、原爆のむごさを伝えるドキュメンタリー映画『ヒロシマの校庭から届いた絵』を14年に自主制作した。

音楽で才能を発揮しているOGでは、エレクトーン奏者の**山下千尋**、シンガーソングライターの**やなせなな**、ピアニストの**酒井有彩**《ありさ》らがいる。截金《きりかね》ガラス作家の**山本茜**もOGだ。

芸能分野で活躍している卒業生もたくさんいる。

宝塚歌劇団の**柚希礼音**《ゆずきれおん》は星組に所属する男役トップスターだった。四天王寺高校の特技コースで学んでいたが、2年修了で中退し宝塚音楽学校に進んだ。現在は、各種のミュージカルで主演を務めている。元宝塚スターでは**涼紫央**《すずみしお》、**水純花音**《みすみかのん》らもいる。

女優・タレントの**秋野暢子**、元バレエダンサーで歌手の**金井克子**、モデルの**堀本陽子**、漫才師「女と男」の**和田美枝**、テレビリポーターの**川崎美千江**らもOGだ。

女優・歌手の高畑充希《みつき》は、四天王寺中学を卒業後に東京の高校に進んでいる。

# 灘高校

**「最強の進学校」を名門校たらしめた、ノーベル賞受賞者**

◉私立・神戸市東灘区

「最強の進学校」だ。学者、企業経営者、官僚など社会の各方面で活躍する卒業生も、とみに増えてきている。ノーベル賞受賞者も出て、名門高校としてのブランドが確立した。

灘《なだ》地方で造り酒屋を営む菊正宗、白鶴、櫻正宗のオーナーを中心とする旦那衆により、1927（昭和2）年に設立された。

旧制灘中学（5年制）時代の当初は、公立校である兵庫県立神戸一中（現神戸高校）などに入れなかった生徒の受け皿だった。戦後の学制改革で中高一貫教育になったものの、男子校であることは変えなかった。

灘高校からの東京大合格者は、1968（昭和43）年に133人を記録し、それまで君臨してきた東京都立日比谷高校の131人を抜いてトップに躍り出た。

東大合格者は70年には151人に達し（これが現在までの灘高校の最高記録）、以降76（昭和51）年まで東京教育大附属高校（現筑波大附属高校）、あるいは東京教育大附属駒場高校（現筑波大附属駒場高校）との間でトップ争いを繰り広げた。

77年には開成高校（東京・私立）が初めてトップになり、開成時代が幕開けする。しかしその後40年余、灘高校は毎年、ほとんど5位以内につけている。

## 医学部合格者が多数

筆者が「最強の進学校」と呼ぶ根拠を説明しよう。

灘高校は東大だけではなく京都大にも毎年、コンスタントに送り込んでいる。東大、京大をはじめとする医学部の合格者が、他校と比べて圧倒的に多いことも特筆できる。

2018年の東大への合格実績を見ると、トップは開成高校の175人で、これは1982年以降

37年続いている。2位は筑波大附属駒場高校の109人で、灘高校は92人で4位だった。

これらの人数には浪人生も含まれるが、それを捨象して1学年の生徒数に対する比率で比べてみる。開成は、398人の卒業生数に対し175人だから44％、筑駒は162人に対してだから67％だ。灘高校は219人に対してだから42％だ。

京都大への合格者を、同時にカウントしてみよう。開成10人、筑駒2人に対し、灘は京大に42人を合格させている。東大と京大を合わせた比率では、筑駒が69％、灘が61％、開成が46％だ。

ただ、医学部医学科への合格者を比較すると、灘が圧倒している。

東大（理Ⅲ）と京大の医学部は全国の大学入試で最難関といわれているが、灘は18年、東大に15人、京大に22人を合格させている。開成の医学部合格者は東大10人、京大2人で、筑駒は東大17人、京大ゼロだった。

全国の国公立大医学部の合格者を見ると、灘が96人（全国で2位）に対して、開成は57人、筑駒は31人だ。

18年に限らずここ20年、同様の傾向が続いている。灘高校が筑駒と双璧をなす「最強の進学校」であることは、論を待たないだろう。

なぜ、そうなったのか。

一つは、戦後の学制改革を機に、兵庫県では小学区制を実施したことがある。その結果、神戸市内の生徒は必ずしも希望する新制高校に進めなくなった。

灘高校は、これを見逃さなかった。旧制神戸一中の生徒約50人を新制灘高校1年に編入させたりした。これをきっかけに、兵庫県内のアッパークラスの生徒たちが灘高校に集まってきた。

もう一つは、6年一貫教育の利点をフルに生かしていることだ。高2までに高校の全課程を終えてしまうのが6年制私立に共通する特徴だが、灘高校は各教科の担任7〜8人が担任団を組み、卒業する6年間を持ち上がっていく。

これにより、6年間を見通した柔軟なカリキュラムが可能になるというわけだ。

## 京大に進んだ野依良治

校是は「精力善用」「自他共栄」。旧制灘中学の創設に当っては、東京高等師範学校校長で柔道の始祖といわれる嘉納治五郎《かのうじごろう》が、顧問として深くかかわった。講道館柔道の精神を、そのまま灘中学の校是とした。

創立以来、自由で伸び伸びとした校風である。「生徒はお互いに切磋琢磨して高めあう仲間になるが、教員も生徒に負けじと創意工夫を凝らした授業をするようになる」（母校出身の8代校長**和田孫博**）という。

明治時代に設立されている各都道府県の名門公立高校とは違って、昭和生まれの灘高校が全国区銘柄になったのは、この四十数年である。だから「最強の進学校」ではあっても、「名門校」と呼ぶにはいささか躊躇《ちゅうちょ》するものがあった。

だがそれも、2001年に**野依《のより》良治《りょうじ》**が「不斉水素化触媒の開発」でノーベル化学賞を受賞してから一変した。単なる受験秀才ではなく、社会の各分野で活躍する灘高卒業生がこのころから続々と出現してきたのだ。

野依良治

野依は、東大ではなく京大工学部に進んだ。ノーベル賞を受賞する1年前に、文化勲章を受章している。

03年から15年3月末まで理化学研究所理事長を務めた。理研は14年に、STAP細胞論文の不正事件で大揺れに揺れた。

## さらなるノーベル賞候補も

野依と灘高同期で京大理学部に進んだ**新庄輝也**は、「金属人工格子」の研究で世界をリードしている。また、原子物理学の**上田正仁**は08年に仁科記念賞を受賞した。新庄、上田はノーベル物理学賞の有力候補といわれている。

米シカゴ大名誉教授で日本化学会会長の**山本尚《ひさし》**は17年に、有機化学分野の世界的業績に贈られる米国化学会の「ロジャー・アダムス賞」を受賞した。過去の同賞受賞者29人のうち、野依を含む11人がノーベル化学賞を受賞している、

**斎藤通紀《みちのり》**は再生医学界のホープだ。東大数理科学研究所教授の**小林俊行**は、フンボルト賞を受賞している。

京都大iPS細胞研究所の**高橋淳**（神経再生医学）は18年8月から、ヒトのiPS細胞（人工多能性幹細胞）を使ったパーキンソン病患者に対する臨床試験（治験）を始めた。

**小林久隆**は米国立衛生研究所（NIH）の主任研究員で、体の外から光を当ててがん細胞を破壊する新たながん治療「がん光免疫療法」を開発した。小林のがん細胞研究については、オバマ米大統領が12年の一般教書演説で取り上げ、称賛した。

メディア法などが専門で、09年に戦後生まれで初の東大総長になった**浜田純一**も卒業生だ。15年4月からは、放送倫理・番組向上機構（BPO）理事長をしている。

労働経済学の**橘《たちばな》木《き》俊詔《としあき》**は、灘高から小樽商科大学に進学したが、京大で経済学博士号を取り京大教授になった。格差社会について論考している。

社会経済学の**松原隆一郎**は、評論家として論壇でも活躍している。

政治学の**福田歓一**は旧制灘中卒で、明治学院大学長をした。マクロ経済学の**森口親司《ちかし》**、公共政策と科学哲学が専門の**広井良典《よしのり》**もいる。

美術評論家で京都国立近代美術館館長を務めた**内山武夫**もいた。

## 村上ファンド事件

企業の社長・会長に出世した者が続々と誕生している。

現職と元職が入り交じるが、**野村明雄**（大阪ガス）、**角和夫**（阪急阪神HD）、**高畑宗一**（帝人）、**松田清宏**（JR四国）、**水田広行**（りそなHD）、**三好孝彦**（日本製紙グループ本社）、**柏木斉**（リクルート）、**石村和彦**（旭硝子）、**三谷宏幸**（ノバルティスファーマ）、**白石達《とおる》**（大林組）、**大西賢**（日本航空）、**猪熊研二**（合同製鉄）、**池田全徳《まさのり》**（日本触媒）、**明松亮一**（神戸電鉄）、**西河紀男**（三ツ星ベルト）、**外池《とのいけ》徹**（アフラック）、**佐野吉彦**（安井建築設計事務所）、**小沢二郎**（かどや製油）らだ。

オーナー家に連なる企業経営者としては、松下電器産業（現パナソニック）副会長をした**松下正幸**

松下正幸

がいる。創業者の松下幸之助（和歌山市の尋常小学校を4年で中退）の孫だ。

江崎グリコ社長の**江崎勝久**と、弟でグリコ栄養食品の社長をした**江崎正道**は創業者の江崎利一（佐賀市・尋常小学校高等科卒）の孫だ。兄弟とも灘高に通った。

84～85年に、食品会社を標的とした一連の企業脅迫事件、「グリコ・森永事件」があったが、勝久が自宅で誘拐されたことが事件の始まりだった。

00年にすべての事件の公訴時効が成立し、歴史に残る未解決事件となった。

さらに**山田邦雄**（ロート製薬）、**上野昌也**（上野製薬）、**山岡健人**（ヤンマーHD）らがOBである。

ベンチャー型経営者では、美々卯《みみう》社長の**薩摩和男**がいる。灘高校から東大法学部に進学したが、大企業には就職せず祖父が興したうどん店を大きくした。

外資系IT企業で動画配信プラットフォームのブライトコーブ社長をしている**橋本久茂**は、東大から三井物産に就職したが飛び出し、ベンチャー企業を転々としながらキャリアを形成した。

「村上ファンド事件」として06年にインサイダー取引容疑で起訴された投資家の**村上世彰**《よしあき》（通産官僚出身）は、11年6月に最高裁が上告を棄却し有罪判決が確定した。

投資家では、**宮本雅史**も灘高OBだ。ゲームのスクウェア社長として『ファイナルファンタジー』を世に出し、その後はベンチャー企業の投資・育成をしている。

## 女性問題で辞任

法曹界では、日本弁護士連合会事務総長で弁護士の**海渡雄一**がいる。パートナーは弁護士で参院議員・元社会民主党党首の福島瑞穂（宮崎県立宮崎大宮高校卒）。夫婦別姓を実行するために婚姻届は出していない。

**米田壮**が警察庁長官を、**大森政輔**は内閣法制局長官を、**谷川恒太**は最高検検事を務めた。

最高裁判所裁判官としては、弁護士出身の**木内道祥**《みちよし》と裁判官出身の**山崎敏充**《としみつ》がいる。

中央官庁で事務次官までなった卒業生は、**辻哲夫**（厚生労働）、**久保卓也**（防衛）、**竹内透**（北海道開発）、**立岡恒良**（経済産業）らだ。

11年4月に36歳で三重県知事に

なった**鈴木英敬**は、全国最年少知事だ。妻はシンクロ五輪銀メダリストでタレントの武田美保（大阪・私立四天王寺高校卒）。

同じく11年4月に神奈川県知事になった**黒岩祐治**は、フジテレビ報道記者の出身。**飯泉嘉門**は徳島県知事として4選目。さらに**平林鴻三**が鳥取県知事の経験者だ。

16年10月から新潟県知事についた**米山隆一**は、医師で弁護士という両刀使いだ。中学まで新潟県長岡市で育ち、故郷を離れて灘高校―東大医学部と進む。経済学部の大学院にも進学し、医師と司法の国家試験に合格した。18年4月、女性問題で新潟県知事を辞任している。

なお、医師と司法の両方の国家試験に合格した者は、数十人しかいないといわれる。

## 遠藤周作、高橋源一郎も

「文」の領域で活躍しているOBでは、芥川賞受賞の**遠藤周作**の他、遠藤と同期で俳人・随筆家の**楠本憲吉**、東京・麻布中学から転入した小説家・文芸評論家の**高橋源一郎**、詩人の**林浩平**、翻訳家で映画やスポーツの評論もしている**芝山幹郎**らがいる。

ITエンジニアの**森西亨太**は、数学パズル「数独」の世界選手権で14、15年、17年と3度優勝した。

高橋源一郎

小説家・戯曲家の**中島らも**は、灘中高在学中にぐれて授業もテストも受けずに番外で卒業した。ひねくれたユーモア感覚の随筆や戯曲が受けた。

さらに評論家・文化人では、精神科医で受験アドバイザーの**和田秀樹**、銀行マン出身で博学多識の評論家**日下公人**《くさかきみんど》がいる。

メディア関連では、朝日新聞記者出身のジャーナリスト・評論家の**船橋洋一**が、13年に東京電力福島第1原子力発電所の過酷事故を調査した『カウントダウン・メルトダウン』で大宅壮一ノンフィクション賞を受賞した。

文藝春秋のライター出身でテレビにも登場する**勝谷誠彦**、元東京・中日新聞社編集委員の**川北隆雄**らもOBだ。

関西有数の進学校は、経済界に逸材を続々輩出

# 甲陽学院高校

◉私立・兵庫県西宮市

六甲の山並みの南側に位置し、阪神間の閑静なベッドタウンである西宮市。甲陽学院高校は、その西宮市の北部の高台にある。

２００９年から高校入試を取りやめており、完全6年制中高一貫の男子校だ。高校は１９７８年に海に近い甲子園近くから移ってきた。中学は別の場所にある。

前身の旧制甲陽中学校が中学校令に基づいて設立されたのは１９２０（大正9）年だが、その起源は17年に教育者の伊賀《いが》駒吉郎《こまきちろう》が創設した私立甲陽中学にある。「白鹿」のブランドで知られる辰馬本家酒造（西宮市）が財団法人をつくり、伊賀から学校経営を引き受けた。

神戸市には灘地区の酒造家が設立した私立灘中・高校があるが、学校設立は甲陽のほうが先だった。

校風は「明朗、溌溂《はつらつ》、無邪気」。

生徒の居住地は神戸市、西宮市で半数を占める。全国にその名が響く灘高校と比べるといささか地味な存在だが、関西では有数の進学校だ。大学進学は理系8・文系2の比率で、圧倒的に理系が多い。

18年春の大学入試実績を見ると、現役、浪人合わせ、京都大には43人が合格し全国高校ランキングで9位だった。東京大には27人が合格している。

京大と東大を合わせた合格者は70人で、そのうち、現役での合格者は44人。卒業生数は１９４人だったから現役合格率は23％になる。この比率は全高校の中でベスト5位内に入る。

18年春はさらに、大阪大21人、神戸大24人、東京工業大と一橋大に各3人が合格している。

## サントリーの佐治信忠

経済界で活躍している卒業生が多い。メディアによく登場するのはサントリーHD会長の**佐治信忠**だ。4代目社長を務め、米誌によ

る日本の富豪ランキングでは毎年ベスト5位以内に入っている。サントリーは1899（明治32）年の創業以来、同族経営を貫いてきた。しかし佐治は14年秋、三菱商事のサラリーマン出身で非同族の前ローソン会長・新浪剛史（神奈川県立横浜翠嵐高校卒）を社長に迎え入れ、自らは会長職に専念した。

佐治信忠

　経済界で活躍した卒業生では、現職が交じるが、**加藤誠之**（トヨタ自動車販売）、**飯田新一**（高島屋）、**中山育雄**（中山製鋼所）、**建内保興**（日本石油）、**平田豊**（ユニチカ）、**山岡淳男**（ヤンマー）、**巻幡静彦**（三菱石油）、**長瀬彰造**（日本コダック）、**井上亮一**（レンゴー）、**藤本勝司**（日本板硝子）、**広田喜八郎**（洋菓子のヒロタ）、**辻卓史**（鴻池運輸）、**西村貞一**（サクラクレパス）、**黒田章裕**《あきひろ》（コクヨ）、**沢田靖士**（太平工業）、**鈴木尚**（スクウェア、デジキューブ）、**内藤誠二郎**（内藤証券）、**五百**《いお》**蔵**《ろい》**良平**（若築建設）、**黒瀬晃**（ジャパンパイル）らの企業トップ経験者を挙げられる。

　ベンチャー企業の経営者では、「アスキー」創業者で米マイクロソフト副社長をした**西和彦**、一般用医薬品などのインターネット通信販売サイト「ケンコーコム」を創業した**後藤玄利**《げんり》らがOBだ。**辻庸介**は、金融とIT（情報技術）の融合である「フィンテック」を使ったベンチャー企業「マネーフォワード」の創業社長だ。京大から米ペンシルベニア大ウォートン校に進み、MBAを修了した。**加藤隆哉**《たつや》はモバイルコンテンツ事業の「サイバード」社長をしたのち、日本発のネットワーク・ソフト化技術の開発ベンチャー「ミドクラジャパン」の代表だ。

　メディア関係では、**菅谷定彦**（テレビ東京）、**原清**（朝日放送）、**山口興一**（関西テレビ）、**千草宗一郎**（同）らがOBだ。

### 論壇の売れっ子

学界でリーダーを務める学者を多数、輩出している。

　日米にまたがるウイルス学者で文化勲章を受章している**花房秀三**

**郎**が、旧制卒だった。

医学者では、国立循環器研究センター総長を務めた**北村惣一郎**が移植や人工臓器を使った心臓病治療に取り組んでいる。10年に施行された15歳以下の小児の臓器移植を可能にする臓器移植法の改正では、主導的役割を果した。

アルツハイマー病研究の第一人者である**岩坪威**《たけし》、泌尿器科学の研究をしている**守殿**《かみどの》**貞夫**もOBだ。

さらに電子情報工学者で集積回路の研究をしている**柴田直**、電子計算機学者で人間機械協調型システム技術の発展に貢献している**西田正吾**、神経機能生化学が専門で生物リズム機能の研究をしている**深田吉孝**、工学者で非線形物理学研究の第一人者である**吉川研一**、材料科学とビジネスエンジニアリングが専門の**上西啓介**、文化財保存・修復科学が専門の**秋山哲郎**らがいる。

文系では、国際政治学者で京都大大学院教授の**中西寛**が、論壇によく登場し「売れっ子」だ。

関ヶ原の合戦の研究などをしている日本近世史の**笠谷和比古**、政治・外交学者で集団的自衛権などの研究をしている**豊下楢彦**《ならひこ》、日本古代史の**東野治之**、仏文学の**鈴木創士**、社会学の**今田高俊**、考古学の**宇野隆夫**、会計学の**加登**《かと》**豊**、経済法の**白石忠史**、商法の**藤田友敬**《ともたか》らがいる。

このうち、白石と藤田は、83年に甲陽学院高校を卒業した同期で、共に現在は東大教授だ。

旧制卒だが、天文学、科学史の**藪内清**、教育社会学者で立教大総長をした**浜田陽太郎**もいた。

中西 寛

東大で法学部と工学系大学院で学んだ**高橋洋**は、電力自由化問題や日本政治論など、理系・文系の境界をまたがって研究している。

## 思想家の柄谷行人も

文化・芸術分野では、文楽の人間国宝**吉田文雀**《ぶんじゃく》、九段位の将棋棋士**萩原淳**《きよし》が学んでいる。

文芸では、甲陽学院をモデルにした『浜風受くる日々に』を著した**風見梢太郎**、推理作家の**木谷恭介**と**清涼院流水**、脚本家・舞台演出家の**岡本貴也**、ライトノベル作家の**三枝零一**、漫画家の**村上たかし**、コピーライターの**谷山雅計**《まさかず》らが卒業している。

　文芸評論家、思想家の**柄**《から》**谷**《たに》**行**《こう》**人**《じん》、演芸評論家の**今村荘三**もいる。**河内厚郎**は文化イベントのプロデューサーだ。**鍵本聡**は科学ライターで、高校数学の勉強法や大学入試問題解説本の著書が多い。

　美術では、**嶋本昭三**が前衛芸術家、洋画家の**河野通紀**《みちただ》もいる。

　音楽では、テノール歌手で日本のオペラ発展に尽力した**五十嵐喜**《き》**芳**《よし》や作詞家・音楽評論家の**麻生香太郎**、ジャズ・ベーシストの**納**《おさむ》**浩一**らがいる。

### 「トリプルスリー」を達成

政官界に進んだ卒業生は多くはないが、**樋渡利秋**が第24代検事総長になり、裁判員制度創設に深く関わった。
　**池田克彦**は、警視総監のあと原子力規制委員会・原子力規制庁の初代長官を務めた。
　参院議員の**石田昌弘**（自民党）は東大医学部保健学科に進学し、看護師になったという異色の経歴を持つ。
　**北橋健治**は、衆院議員を6期務めたあとに07年から北九州市長をしている。
　弁護士の**野口善国**は、神戸連続児童殺傷事件の弁護団長を務めた。

別当 薫

　甲陽学院は戦前、野球の名門校でもあった。全国大会に春8回、夏4回出場している。23年の夏の大会で全国優勝している。
　昭和期にプロ野球の選手になった卒業生も数人いる。著名なのは、慶応大の選手やプロ野球の選手、監督として活躍し野球殿堂入りしている**別当薫**だ。打率3割、30本塁打、30盗塁以上の「トリプルスリー」を日本プロ野球界で初めて達成している。
　プロ野球黎明期の名投手である**ビクトル・スタルヒン**が3ヵ月間だけ、旧制甲陽中に在籍していたことがある。北海道庁立旧制旭川中学（現道立北海道旭川東高校）に移り、プロ入りのため3年時に中退した。

文化、芸術方面に優れた人材を送り出した

# 姫路西高校

◉兵庫県立・姫路市

国宝に指定され、世界文化遺産にも登録されている姫路城。その北側にある姫路西高校は、県内で最初に設立された県立中学校だ。

源を、１８７８（明治11）年に開校した六郡組合立姫路中学校に発する。１９０１（明治34）年に兵庫県立姫路中学と改称され、戦後の学制改革時に県立姫路女子高校との折半交流が実施され、男女共学の県立姫路西高校となった。略称は「姫西」だ。

守り続けている校訓は「質実剛健、自主創造、友愛協調」。

２０１８年で創立１４０年。その節目に合わせて文理融合型の「国際理学科」を開設した。14年にはＳＧＨにも指定された。

進学指導が徹底しており、現役で国公立大学へ進もうという生徒が多い。毎年度の合格者を見ると浪人も含めて東京大に数人、京都大に約30人、大阪大に約35人、神戸大に約30人だ。現役で60％強が国公立大学へ進学している。

いささか旧聞に属するが、感嘆すべきニュースがあった。

姫西80（昭和55）年卒の50歳の主婦**安政《やすまさ》真弓**が２０１２年春の東大入試で文科Ⅲ類に合格したのだ。32年前に姫西を卒業した際には早稲田大に進学したが、次男が予備校に通うことになったのを機に一緒に受験勉強に励み、１日10時間の猛勉強を８ヵ月間続けて難関を突破した。

55歳で東大を卒業し、現在は中学生向けの塾を開いている。

## 海外雄飛のデザイナー

文化勲章の受章者が３人いる。いずれも旧制姫路中学の卒業であるが、史料に基づく実証的な日本史学研究をした**辻善之助**、『古寺巡礼』『風土』などの著作で知られる哲学者・文化史家の**和辻哲郎**、それに落語家の**桂米朝**だ。

米朝は、落語界から２人目の重

要無形文化財保持者（人間国宝）に認定され、09年に演芸界初の文化勲章受章となった。

世界的に活躍している文化人には、ファッションデザイナーの**高田賢三**がいる。１８６０年代からパリで活躍し、異文化融合的なデザインで人気を博してブランドを確立した。本人を含め姉弟計７人のうち、５人が姫西の同窓だ。

グラフィックデザイナーでは、**永井一正**が大御所的な存在だ。代表作は72年の札幌冬季五輪のエンブレム。20年東京五輪のエンブレムを決めるデザイン選考委員会では審査委員長を務めたが、一度決めたエンブレムに盗作疑惑が出て撤回に追い込まれた。

小説家では英文学者、翻訳家でもあった**阿部知二**《ともじ》と、姫路中を中退した**椎名麟三**《りんぞう》がいた。

出版界では光文社社長やかんき出版を創業した**神吉晴夫**と、祥伝社社長をした**伊賀弘三良**《こうざぶろう》が巣立っている。児童文学者の**尾崎美紀**は姫西で初の女性生徒会長をした。

映画監督では『キューポラのある街』などわずか9作品しか撮らなかったが、吉永小百合や大竹しのぶを育てた名監督として称賛される**浦山桐郎**がいた。

浦山と姫路中同級だったのが、俳優の**藤岡琢也**だ。琢也の3年後輩に悪役で鳴らした**藤岡重慶**がいた。**高橋ひろ子**は女優、声優だ。

映像プロデューサーの**吉田正樹**は、テレビ業界で名が通っている。

フジテレビでバラエティーなどの番組を企画した。09年に独立し、多くの人気タレントや放送作家、クリエーターらのマネジメント会社の経営者になっている。

和辻哲郎

桂 米朝

高田賢三

音楽で才能を発揮した卒業生も多い。

ギタリストの**松田晃演**《あきのぶ》、クラリネット奏者の**小畑恵洋**、声楽家の**林裕美子**、サックスの**佐藤恭子**、ピアニストの**竹内恵美**、琴・三味線の**新福かなら**だ。

## 「池内兄弟」に「安平一家」

学者では、文系と理系で優れた研究を続けている兄弟がいる。兄がカフカ作品の翻訳をしたドイツ文学者の**池内紀**《おさむ》、弟が宇宙物理学者の**池内了**《さとる》だ。

戦前からの動物遺伝学者である**駒井卓**、「原爆治療の父」といわれる外科医の**都築正男**、人工臓器の開発など再生医療の研究者である**筏**《いかだ》**義人**、歯学者で口腔がんの研究をしている**高田隆**、地球物理学者で南極観測の越冬隊長をした**牛尾収輝**《しゅうき》、やはり越冬隊に参加した測地学の**土井浩一郎**らもOBだ。

文系では、戦前の日本史学者である**三上参次**、経済学者の**土方成美**、考古学者で銅鐸研究の第一人者である**難波洋三**らがOBだ。日本政治思想史が専門の**大塚健洋**《たけひろ》は姫路独協大の学長をした。

国際法が専門で国連教育科学文化機関（ユネスコ）の国際生命倫理委員長をした**位田隆一**は、滋賀大学長に就いた。

16年4月の入学式のあいさつの中で、国立大の人文社会科学系学部の改組や廃止を求めた文科省の15年の通知に言及し、「世界の教育後進国と言われても仕方がないほど嘆かわしい」と厳しく批判した。

法曹界では、4代にわたって姫中・姫西を卒業し、しかも4人とも司法試験に合格し弁護士になった一家がいる。**安平重雄―康―和彦―武彦**だ。

最高裁判事をした**元原利文**《としふみ》は、衆院・参院選で「1票の格差」が争われた裁判で、「合憲」とした多数意見に対して「法の下の平等に反する」との反対意見を記した。

## 業界トップの西松屋社長も

企業のトップ経験者は、阪神電鉄社長・会長で阪神タイガースのオーナーを23年間も務めた**野田誠三**、グローリーの実質的な創業者である**尾上寿作**《おのえじゅさく》、スーパーのジャスコ社長をした**二木英徳**《ふたぎえいとく》、住友商事のトップを務めた**植村光雄**、神鋼電機社長の**佐伯弘文**、九州電力社長のあと会長の**瓜生道明**、新明和工業のトップ**大西良弘**、西松屋チェーン社長の**大村禎史**《よしふみ》らが卒業生だ。

大村は京大大学院で金属工学の修士修了だ。鉄鋼会社の研究者だったが、創業者だった舅《しゅうと》に口説かれ、育児用品を売る西松屋に転職した。

「どの店もガラガラで、すいている状態を保つ」という逆張りの経営で全国に950以上も店舗展開し、業界トップ企業に躍り出た。

**有馬充美**《あつみ》は14年4月にみずほ銀行執行役員に就いた。京大法学部出身で86年にみずほ銀行の前身である旧第一勧銀に入行した。

同時に、三井住友銀行でも女性執行役員が初めて生まれたが、2人はメガバンクで生え抜きの女性役員が誕生した第1号となった。

私学経営で辣腕《らつわん》を発揮している卒業生がいる。新制1回卒の**三木一正**で、学校法人三木学園の2代目理事長を長く務め、兵庫県高砂市に白陵中・高校を、さらに岡山県にも姉妹校を開いている。

「日本最強の進学校」といわれる灘高校の4代目校長を16年間も務めた**勝山正躬**《まさみ》は、31年の姫中卒だ。

## 姫路市長はすべてOB

「政官」の分野では、**杉本和行**が08年に財務事務次官まで登りつめた。69（昭和44）年に姫西を卒業したものの、紛争のあおりで東大入試が中止になったため、京大法学部に入学した。翌年に再度、受験をして東大法学部に入学し直している。現在は、公正取引委員会委員長だ。

公立の名門高校の卒業生は、地元自治体の首長になるケースが多い。その点、姫路市は徹底している。戦後の公選市長は、**石見元秀**―**吉田豊信**―**戸谷松司**―**堀川和洋**《かずひろ》そして現市長の**石見利勝**と、すべて姫中・姫西の出身者だ。

このうち石見元秀と石見利勝は実の親子である。利勝は元立命館大教授（都市工学）だった。

昭和時代の弁護士で衆院議長や文相を歴任した**清瀬一郎**は、極東国際軍事裁判でA級戦犯の元首相東条英機（東京府立城北尋常中学・現都立戸山高校卒）の弁護人を務めたことで知られる。

スポーツでは、プロ野球近鉄球団の監督や社長をした**芥田武夫**がOBだ。姫中から早稲田大に進み東京六大学リーグで活躍した。

村上春樹、井深大、白洲次郎…国際的な著名人が巣立つ

# 神戸高校

◉兵庫県立・神戸市灘区

小説家の**村上春樹**は、ノーベル文学賞の呼び声が高い。村上が卒業した県立神戸高校は毎年10月、受賞決定が発表されたらすかさずコメントを出すべく、入念な準備をしているほどだ。

「今年こそ」とハルキストたちは毎年、待ちかねているが、朗報は聞かれない。村上は1949年生まれだ。チャンスは当分、続くだろう。

ただし、ノーベル文学賞については2018年10月の発表は見送られ、19年に一括発表される。

村上の作品は『ノルウェイの森』『海辺のカフカ』などが欧米、アジアなど世界四十数カ国で翻訳出版されている。世界中に愛読者がいるという点で、日本人の小説家の作品としては飛び抜けている。

卒業生で、もう1人特筆したい人物がいる。

盛田昭夫（旧制愛知県第一中学・現旭丘高校卒）と共にソニーを創業した**井深大**《いぶかまさる》だ。神戸高校の前身である旧制兵庫県立第一神戸中学を卒業後、第一早稲田高等学院―早大理工学部と進学、学生時代から「走るネオン」といった奇抜な発明をしていた。

井深は、独自技術の開発にチャレンジし続けた。テープレコーダー、トランジスタラジオ、トリニトロンテレビ、ウォークマンなど日本初、世界初の製品を次々と世に送り出し、電子立国日本の立役者となった。

## 「碩学」の吉川幸次郎

多くの学者、文化人、経済人を輩出してきた。

まず文化勲章の受章者。前述の井深は産業人として初めて受章しているが、英米法の法学者で最高裁判事もした**伊藤正己**も受賞している。

「碩学《せきがく》」という表現がピタリの学者が、中国文学者の**吉川幸次郎**

だ。「中国の国文学者より中国の文学に通じている」と、向こうの学者が舌を巻いた。神戸高校の校歌も作詞している。

経済学者で植民政策を研究した**矢内原忠雄**は、東大総長をした。

さらに日本古代史の**直木孝次郎**、哲学者で翻訳家の**河野与一**、言語学者で古代ギリシャ文学研究の**高津春繁**、経営学の泰斗《たいと》である**平井泰太郎**、経済学者の**鈴木武雄**や**大塚金之助**、法学者で最高裁判事を務め文化功労者にも選定された**田中二郎**、社会学者の**本田喜代治**、教育学者の**新堀通也**や**上田薫**、日本文化史の**守屋毅**、科学史学者の**加茂儀一**、英文学者の**別宮貞徳**《べつくさだのり》らが卒業している。

村上春樹

理系では、数学の**村田全**《たもつ》、天体物理学の**末元善三郎**や物性理論の**望月和子**、人工知能学会長で日本のAI（人工知能）研究をリードする**山田誠二**、天文学の**嶺重慎**、iPS細胞研究の**青井貴之**らだ。

素粒子物理学の**丹生潔**《にうきよし》は、70年代初頭、物質の最小単位である素粒子の一群「クォーク」のうち、4番目の発見となる「チャーム」を宇宙線から検出した。

井深 大

医学者では、血清学の第一人者だった**緒方富雄**が卒業生だ。幕末に大坂で蘭学塾「適塾」を開き、多くの医師を育てた緒方洪庵の曾孫である。インフルエンザウイルスの研究者として世界を飛び廻っている**河岡義裕**もOBだ。

文芸では、**今日出海**《こんひでみ》が直木賞を受賞、初代文化庁長官を務めた。

昭和期の小説家**田宮虎彦**、日本のSF作家の始祖といわれる**海野十三**、『日本沈没』など大型SF作家として多くの読者を獲得し、東日本大震災後に再び見直された**小松左京**らがいた。

## 復興期のリーダー

経済界で活躍した人物も、枚挙にいとまがない。

大蔵事務次官をした**松下康雄**は、太陽神戸銀行頭取などを経て日本銀行の第27代総裁になる。18年7月に死去した。

住友電気工業社長をした**亀井正夫**は、国鉄再建監理委員会委員長なども務めた。

単なる実業家にとどまらず、経済安定本部次長、貿易庁長官などを歴任して敗戦後の復興期にオピニオンリーダーのような役割を果たした**白洲次郎**は、旧制神戸一中が誇る個性的な人物だ。

日銀出身の**堀越禎三**は経団連事務総長などを長く務めた。

鐘紡社長や日本航空会長などを務めた**伊藤淳二**もいた。

繊維業界では伊藤の他に、**大谷一二**《いちじ》（東洋紡）、**小寺新六郎**（ユニチカ）、**田中敦**（クラボウ）、**小林正夫**（シキボウ）らのトップ経験者がいた。

白洲次郎

さらに大企業のトップをした経営者を挙げると、現職も交じるが、**岡崎忠雄**（神戸銀行）、**牧野耕二**（住友信託銀行）、**新宮康男**（住友金属工業）、**亀高素吉**（神戸製鋼所）、**長谷川薫**（レンゴー）、**春名和雄**（丸紅）、**伊藤正**（住友商事）、**徳増須磨夫**（住友海上火災保険）、**大西和男**（住友林業）、**久万**《くま》**俊二郎**（阪神電気鉄道）、**7代目嘉納治兵衛**（白鶴酒造）、**坂井信也**（阪急阪神ＨＤ）、**三**《み》**野**《の》**哲治**（住友ゴム工業）、**北尾吉孝**（ＳＢＩＨＤ）、**筒井義信**（日本生命保険）、**知識**《ちしき》**賢治**（日本交通）、**益本康男**（クボタ）、**坂井辰史**（みずほＦＧ）らがいる。

## 60年安保に散った樺美智子

昭和の名優の1人に数えられる**山村聡**、民芸所属の女優**南風**《みなかぜ》**洋子**、**高島忠夫**らがＯＢ、ＯＧだ。

評論家では、政治評論の**嘉治隆一**、映画評論の**津村秀夫**、医事評論の**石垣純二**、美術評論の**中原佑介**が卒業している。

ジャーナリストでは、同盟通信社の出身で１９３６（昭和11）年の西安事件をスクープし国際文化会館創設に尽力した**松本重治**や、朝日新聞記者出身の**森恭三**、**稲垣武**らが卒業生だ。やはり朝日新聞記者ＯＧの**大沢晶代**は、英米小説の翻訳家だ。

政界では、参院議長などを歴任した**扇《おうぎ》千《ち》景《かげ》**が著名だ。

「第一次安保世代」という表現がある。1960年ころ大学生だった世代の人をさす。この人たちにとって脳裏に焼き付いている人物がいる。神戸高校卒で東大生だった**樺《かんば》美智子**だ。

60年の岸内閣のときに、日米安全保障条約の新条約制定をめぐって革新勢力の間で反対運動が燃えさかった。樺は全学連主流派の一員として国会に突入、警官隊と衝突して死亡した。22歳だった。

## 「1浪が当たり前」

伝統的に東京大よりも京都大を選択する生徒が多い。京大合格者は毎年度、30人前後、東大合格者は数人だ。18年春の大学入試合格者は現役、浪人合わせ、東大6人、京大25人、神戸大47人、大阪大34人だった。

往時は京大合格者ベスト10位に入る常連校で、65（昭和40）年などは京大に54人、東大に15人の合格者を出していた。

背景は、はっきりしている。灘高校、甲陽学院高校など6年制中高一貫の私立校に優秀な生徒を吸い取られているのだ。それに中学区制という大きなハンデもある。

神戸高校の創立は、旧制の男子中学であった兵庫県神戸尋常中学が設立された1896（明治29）年。戦後の学制改革で新制神戸高校になった。

96年の段階では、すでに姫路中（現姫路西高校）が設立されており、豊岡中（現豊岡高校）と並んで兵庫県下の普通中学では2番目の創立だった。

キャンパスは麻耶山麓にある。西洋城砦のようなモダンゴシック式の校舎は改築されているが、本館の象徴的な部分は残されている。

神戸高校は「質素剛健」「自重自治」を四綱領と呼んでいる。受験勉強に明け暮れるのではなく、ほとんどの生徒が部活動に取り組み、自己実現を目指す。

そのため大学進学では「1浪が当たり前」という意識が強い。

そんな校風の中、サッカーは「校技」といえるほど盛んだった。日本サッカー協会会長をした**大《だい》仁《に》邦《くに》弥《や》**が卒業生だ。慶応大―三菱重工業に進んで活躍したのち、サッカー指導者になった。

# 洛北高校

**名門中の名門は、3人目のノーベル賞受賞者を出すか？**

**◉京都府立・京都市左京区**

ノーベル賞受賞者を2人出した唯一の高校である。しかも最初と2人目だ。

日本で初めて設立された旧制中学をルーツとする。1870（明治3）年に京都府中学校としてスタートし、1899年に京都府第一中学校と改称された。戦後の学制改革で、男女共学の新制洛北高校となった。校歴の古さからも、名門中の名門といえる。

京都の町を流れる賀茂川の東側の、閑静な住宅街にある。

校訓は「礼節の実践」「学業に邁《まい》進《しん》」「山水の愛護」だ。自由と責任を重んじる校風を築き上げてきた。

## 湯川秀樹、朝永振一郎

卒業生としては、**湯川秀樹**の名が知れ渡っている。京都大教授の理論物理学者で、原子核内部において陽子や中性子を結合させる力の媒介となる「中間子」の存在を1935年に理論的に予言した。

この研究が評価され、49年に42歳でノーベル物理学賞を受賞した。日本人として初めてのノーベル賞受賞だった。

湯川は学者一族だ。父・小川琢治は地質学者で京都大教授だった。長男の**小川芳樹**は冶金《やきん》学者で東大教授。次男の**貝塚茂樹**は東洋史学者で京大教授。3男が湯川秀樹、4男の**小川環樹**は中国文学者でやはり京大教授だった。5男滋樹は戦病死した。

5人の息子のうち、長男から4男までそろって、旧制京都一中―旧制三高―京都帝大というコースを歩んだ。

ノーベル賞2人目の**朝永《ともなが》振一郎**も理論物理学者で、65年に量子電磁力学の発展に寄与した功績によって物理学賞を受賞した。

朝永も、やはり京都一中―旧制三高―京都帝大というコースだ。

日本人のノーベル賞受賞者は25人（うち2人は米国籍）いるが、2

人の受賞者を出した高校は洛北高校しかない。

洛北高校出身でノーベル賞受賞3人目の期待がかかる科学者がいる。京大理学部卒で現在は京大大学院工学研究科教授の**今堀博**だ。「人工光合成」を有機化学と光化学を駆使して研究し、先端を走っている。

京都一中・洛北高校出身の理系学者は他にもたくさんいる。その多くは京大卒だ。

生態学者、文化人類学者で、日本の霊長類研究の創始者としても知られる**今西錦司**がいた。岐阜大学長、日本山岳会会長を歴任した。

湯川秀樹

今西は動物社会学・進化論の研究を進めるうちに「棲み分け理論」を打ち出し、ダーウィンの進化論に対抗、多くの門下生を育てた。

無機化学者の**西堀栄三郎**も、日本山岳会会長や第一次南極観測隊の副隊長兼越冬隊長を務めた。『雪山讃歌』の作詞者でもある。

生態文明学の草分けであり、国立民族学博物館をつくった**梅棹《うめさお》忠夫**もいた。

森林生態学者で京都府立大学長を務めた**四手井《しでい》綱英**もOBだ。集落、人里に隣接した「里山」という概念を、広く人口に膾炙《かいしゃ》させた人物として知られる。

朝永振一郎

さらに、うまみ調味料「味の素」を発明した**池田菊苗《きくなえ》**、高分子化学者でビニロンを開発した**桜田一郎**、航空宇宙工学、環境科学の**近藤次郎**、宇宙物理学の**林忠四郎**、肥料学の権威で17代京大総長の**奥田東《あずま》**、高分子化学が専門で21代京大総長の**西島安則**らも卒業生だ。

## 多士済々の京都学派

「京都学派」という表現がある。京都の大学を拠点に研究に打ち込む文系の学者群を指す。

真っ先に挙げるべき人物は、仏文学の京大教授で評論家でもあった**桑原武夫**だ。和洋漢に及ぶ学識と行動力で、京大人文科学研究所を拠点に学際的な共同研究システムを構築した。

京大人文研教授でイタリア・ルネサンス研究者の**会田雄次**、京大教授で国際政治学の**高坂正堯**《こうさかまさたか》もOBだ。

仏文学、言語学者の**新村猛**《しんむら》は、父の言語学者新村出《いずる》（静岡県立尋常中学・現静岡高校卒）とともに国語辞書の『広辞苑』（岩波書店）を編纂した。

経済史学者の**大塚久雄**は、マックス・ウェーバーの社会学やマルクス経済学を基礎に近代資本主義を考察、「大塚史学」と呼ばれた。

東洋史学では、京大が世界の学界の一大拠点となった。それを担った学者には、京都一中OBが多い。**桑原隲蔵**《じつぞう》、**羽田亨**《とおる》、前述の貝塚茂樹、**日比野丈夫**、**吉川忠夫**らである。

地理学者で、情報整理と発想のための手法として「KJ法」を開発した**川喜田二郎**がいた。

法学者の**烏賀陽然良**《うがやしかよし》、言語学の**藤岡勝二**と**橋本進吉**、思想家・評論家の**林達夫**、経済学の**出口勇蔵**、科学史家の**下村寅太郎**、刑法の**吉川経夫**、財政学の**遠藤湘吉**《しょうきち》、日本史の**林屋辰三郎**らも卒業生だ。

以上の文系学者のうち文化勲章受章者は、羽田、貝塚、桑原、大塚の4人だ。

理系の学者では湯川秀樹、朝永振一郎、今西錦司、梅棹忠夫、桜田一郎、近藤次郎、林忠四郎の7人が文化勲章を受章している。

日本の文化勲章受章者の出身高校（前身の旧制中学を含む）を調べてみると、トップは都立日比谷高校の23人、2番目は私立開成高校の14人で、洛北高校の11人は3番目になる。

文化人では、小児科医、著述家で一般向けの育児書を多数著した**松田道雄**がいた。1967年出版の『育児の百科』はロングセラーとなった。

## 拉致被害者の帰国

経済界で活躍した卒業生を挙げてみよう。

**西野恵之助**（白木屋）、**生野団六**（京浜電気鉄道）、**下村正太郎**（大丸）、**大橋理一郎**（蝶理）、**井口竹次郎**（大阪ガス）、**平井寛一郎**（東北電力）、**佐伯勇**（近畿日本鉄道）、**福田千里**（大和証券）、**島本融**（北海道銀行）、**稲葉秀三**（産経新聞社）、

**湯浅佑一**（湯浅電池）、**中村金夫**（日本興業銀行）、**大倉敬一**（大倉酒造）、**金井務**（日立製作所）、**梅田貞夫**（鹿島）、**左近友三郎**（共同石油）らだ。

官僚では、外務官僚の**田中均**がアジア大洋州局長のとき、北朝鮮当局者と極秘会談を繰り返し、2002年の日朝首脳会談をお膳立てした。拉致被害者5人の帰国に結びついた。

**矢口洪一**は、第11代最高裁判所長官を、**辻辰三郎**は79年に検事総長になり、ダグラス・グラマン事件に関わった。

田中 均

**柴田護**は自治事務次官、**木下博夫**は国土事務次官のあと、国立京都国際会館館長だ。

## ラグビーの強豪校

京都一中時代から、日本のラグビー界を先導した。

**香山蕃**《しげる》は東大ラグビー部を創設して初代の日本代表監督を、**滝川末三**と**川越藤一郎**は早大ラグビー部主将を務めた。香山と川越はのちに日本ラグビーフットボール協会会長にもなった。

**星名秦**《しん》は京大ラグビー部が1928年に全国制覇したときのキャプテンで、同志社大教授となり同大のラグビー部を指導した。のちに同大学長にもなった。

多くの人材を輩出してきた高校だが、1965年あたりから低迷期に入った。50年代に京都府教育委員会が「小学区制」を実施したため、入学できる生徒は校地周辺のエリアに絞られたからだ。

だが雌伏50年、洛北高校にようやく復権のきざしが現れてきた。04年に附属中学校が開設されて中高一貫体制に移行、同年に文科省からSSHに指定された。

14年度からは「単位制」に移行し、京都府内全域からの入学が可能になった。

0～1人だった京大合格者は、18年春の入試で現役、浪人合わせて15人を記録した。16年は17人、17年は21人で、2ケタ台が定着したといえる。

18年春には、東京大に4人、大阪大に4人、神戸大に10人の合格者を出している。

# 鴨沂高校

日本初の公立女学校は、多くの女優、男優を生んだ

◉京都府立・京都市上京区

高校名は「おうき」と読む。「沂」とは水ぎわの意味だ。キャンパスは鴨川のほとりにあり、京都御所に隣接している。18年8月に新校舎が落成した。

前身の京都府立京都第一高等女学校が設立されたのは1904（明治37）年だが、そのルーツをさかのぼっていくと、1872（明治5）年に京都府が設立した「新英学校及女紅場《にょこうば》」という女学校にたどりつく。

公立としては日本で最も古い女学校が京都に創立されたのだ。

## 明治天皇が視察に

京都には日本文化が凝縮している。その京都で、明治維新からたった4年後に女子教育に門戸が開かれたことは、画期的だった。

開校1ヵ月後には、明治天皇が視察に訪れたという。木戸孝允、伊藤博文、山形有朋、西郷隆盛ら明治新政府の元勲や要人、ドイツの皇太子なども次々と見学に来たという記録が残っている。

京都の町衆は明治の夜明け、日本で最高の民度を備えていた。文明開化を先取りするかのように、町民が拠出して小学校をあちこちに造ったほどだ。多少とも裕福な町民は、「良妻賢母」教育を標榜するこの女学校に、競って娘を送り込んだのだ。

NHKの2013年の大河ドラマ『八重の桜』の主人公だった山本八重も、会津（福島県）を飛び出して上洛し、この女学校で教えていた。

やがてこの旧制高女は、京都市民の間で「府一」の略称で親しまれるようになった。「府一」出身の女性たちの誇りは高く、結束はめっぽう強い。

同窓会が1887（明治20）年に組織されているが、おそらく日本で最も古い同窓会だろう。

「紫式部も、府一の前のこの小川

の側の道を通っていたはず……」。「府一」の卒業生たちは、こんなモノ言いをよくする。「そのあたりの女学校とは違うのだ」と言いたいのだ。エリート臭が強すぎると感想を漏らす人もいる。

戦後は、48年の学制改革に伴って新制の府立鴨沂高校になり、男子を迎え入れた。

1950～60年代にかけて京都大への合格者が増え、61年には59人にのぼった。現役が17人で、このうち女子が4人いた。京大合格者数でトップ校となり、戦後は進学実績でも名門校に育っていったのだ。

新制高校がスタートしたとき、GHQ（連合国軍総司令部）の方針に沿って、京都府教育委員会は「高校三原則」を打ち立てた。男女共学、1校に普通科と職業科を併設する総合制、1学区に1校の小学区制だ。

高校間格差はなくなったものの優秀な生徒は6年制一貫の私立に流れ、公立高校の大学合格実績は不振に陥った。

鴨沂高校の難関大学合格実績も必然的に落ち込んでいった。卒業生は最近では、京阪神の私立大学や専門学校に進む者が多い。

## 山本富士子、森光子

山本富士子

特筆すべきは、旧制京都第一高女・新制鴨沂高校を通じ、著名な女優や男優を輩出していることだ。

まずは**山本富士子**。天下の美女と謳われ、昭和時代の美人の代名詞になった女優だ。1950年の第1回ミス日本コンテストに選ばれたのがきっかけとなって、映画界入りした。

筆者の2014年のインタビューに対し、山本は「卒業証書は鴨沂高校名ではなく、京都第一高等女学校の名前でいただいた」という。「どっちが良いか」と学校から尋ねられたからだそうだ。

山本より約10年前には、文化勲章を受章した女優**森光子**も「府一」に1年生の1学期だけだが通っていた。

新制卒になるが、東宝の看板女優になった**団令子**もいる。宝塚歌劇団出身の女優**加茂さくら**は中退している。

男性では、歌手、俳優、作曲家として活躍中の**沢田研二**が中退している。60年代後半のグループサウンズ全盛期に「ザ・タイガース」として人気を博し、一躍、国民的なアイドルスターとなった。

「昭和のクールガイ」といわれ、大映の看板俳優として活躍した**田宮二郎**もOBだ。

鴨沂高校が著名な芸能人を輩出した背景には、大映、東映などが京都市内に映画撮影所を設け、市内の寺社などが時代劇のロケ地になったことも影響しているだろう。

## 日本画のサラブレッド

芸術、学問などの分野でも多くの逸材を送り出してきた。

田宮二郎

日本画の**三谷青子**と**上村淳之**《あつし》が卒業生だ。淳之は、美人画の大家で48（昭和23）年に女性として初めて文化勲章を受章した上村松園《しょうえん》（京都府画学校・現京都市立銅駝美術工芸高校卒）が祖母、母に続いて史上初の2代にわたる文化勲章受章の上村松篁《しょうこう》（同）が父という、日本画のサラブレッドの家系だ。

淳之自身も13年に、文化功労者に選ばれている。

他にも「いかにも京都」という仕事に就いている卒業生が、たくさんいる。

清少納言の『枕草子』には「雪は桧皮葺《ひわだぶき》いとめでたし」の一節があるが、**宮川友一**は社寺屋根桧皮葺の伝統技術の保持者だ。

１７１２（正徳《しょうとく》２）年を初代とする桧皮屋弥兵衛から数えて10代目で、この人物がいなければ京都の社寺仏閣の伝統文化財の屋根の葺き替えはままならなくなる、という存在だ。

**西村時枝**は、京都の老舗旅館「柊家」の大女将だ。

小説家では、在日韓国人2世の**李良枝**が89年に『由熙《ユヒ》』で芥川賞を受賞している。作品は韓国語や中国語でも翻訳出版されている。早稲田大に進学したがすぐに中退し、ソウル大を卒業した。37歳で死去した。

学者・研究者で著名なのは演劇

学者・劇作家で文化功労者の**山崎正和**だ。文芸評論から領域を広げ、むしろ文明評論家といったほうがふさわしい人物だ。

考古学者の**猪熊兼勝**は、奈良県明日香村のキトラ古墳の調査で初めてファイバースコープを使って玄武図を発見するなど、古墳の調査研究の第一人者だ。

財政学者の**貝塚啓明**は、学者のDNAを持っていた。父は中国史学者で文化勲章を受章している貝塚茂樹（旧制京都府立京都第一中学・現洛北高校卒）、叔父は日本人でノーベル賞第1号受賞者の物理学者、湯川秀樹（同）である。

山崎正和

中国近世史の**阪倉篤秀**、中国思想史が専門で関西大学長をした**河田悌一**《ていいち》、国語学者でエッセイストの**寿岳**《じゅがく》**章子**、日本美術の研究者で上村松園研究の第一人者である**加藤類子**、英文学者の**久代佐智子**らもOB、OGだ。

さらに、農薬研究の権威であり食の安全問題に取り組んでいる**上野民夫**、数理解析学者で国際数理物理学会会長を務めた**荒木不二**《ふじ》**洋**《ひろ》、生物学者で淡水生物の生態を研究した**川那部浩哉**、分子生物学の**大山莞爾**《かんじ》、精密工学の**清野慧**《さとし》、歴史人類学の**西田正規**らがいる。

## 「金沢箔工芸品」

経済界で活躍した卒業生では、**田中辰郎**が高島屋の社長を務め、百貨店業界の勝ち組に躍り出た。**近藤勝重**はダイエーHD《ホールディングス》社長を、**越村敏昭**は東京急行電鉄会長をした。**塚本能交**《よしかた》はワコール（現ワコールHD）創業者の長男で、現在は2代目の社長だ。

**浅野邦子**は、金沢市で金箔工芸品の会社・箔一を創業した。「金沢箔工芸品」というブランドに育て上げた。

経営評論家の**江坂彰**はサラリーマン物の著作を多く出している。**谷口正和**はマーケティング・コンサルタントだ。評論家の**潮匡人**《うしおまさと》もいる。

俳優の**前島幹雄**は、サハラ砂漠8400キロを487日間にわたって、徒歩で世界初の単独横断に成功している。

本邦初の美術学校で東京芸大より古い

# 銅駝美術工芸高校

◉京都市立・京都市中京区

「銅駝」は「どうだ」と読む。今はないが学校所在地の地名で、「駝」とはラクダのこと。漢の洛陽《らくよう》からシルクロードへ出発する地点に銅製のラクダ像があったことに由来する。７９４年に平安京が造られた際に倣《なら》ったようだ。京都ならではの地名である。

　創立１００周年にあたる１９８０（昭和55）年に、旧京都市立銅駝中学校の跡地に移った際、地元の要望により校名に「銅駝」がつけられた。

　鴨川のすぐ西、三条大橋近くの京都のど真ん中にある。

## 京都府画学校がルーツ

　ルーツは１８８０（明治13）年に創立された京都府画学校だ。日本で最初の美術学校で、東京芸術大学などより古い。

　京都市美術工芸学校と改称されたり、戦後は京都市立日吉ヶ丘高校の美術課程に組み込まれたりした。しかし、伝統は連綿と受け継がれている。

　「京都画壇」という言葉がある。江戸時代から京都では、土佐派や四条円山《まるやま》派などの絵師が活躍していた。明治維新で東京に文化の中心が移っても、京都の画家たちは伝統を引き継ぎ、俊英を輩出した。京都画壇のバックボーンになったのが、この画学校だ。

　略称は「美工」。もちろん、日本画だけではない。洋画、彫刻、漆芸、陶芸、染織、デザイン、ファッションアートの計8専攻がある。1学年は3学級、90人の少人数教育だ。

　毎年10月には京都市美術館で、「美工作品展」を開いている。アーティストの卵たちの作品を鑑賞しようと、京都市民が大勢やってくるという。

　現在は女子が85%を占め、ほとんどが美術系大学に進学する。国公立大学に毎年度、現役、浪人合わせて30人前後が合格する。

美工の上級学校として1909(明治42)年には京都市立絵画専門学校が開校した。市立美術大学を経て、現在は市立芸術大学美術学部になっている。

美工から毎年度、この美術学部に10人ほどが入学する。また、公立大学法人金沢美術工芸大学にも数人が入学している。

## 京都画壇を象徴

京都画壇を代表する**竹内栖鳳**《せいほう》が画学校で学んでいる。戦前の日本画の大家であり、多くの弟子を育てた。37年に第1回文化勲章を受章した。
竹内に師事し娘婿になった**西山翠嶂**《すいしょう》も、57年に文化勲章を受章している。

**上村松園**《しょうえん》も「京都画壇」を象徴する1人で、やはり美工出身だ。京都・下京に育ち12歳で画学校に入学、明治—大正—昭和にかけ女性の目を通して「美人画」を描いた。48年には女性として初めて文化勲章を受章した。
上村は「未婚の母」という点でも先駆者の1人だ。
息子の**上村松篁**《しょうこう》も格調の高い花鳥画を描き、84年に文化勲章を受章。親子2代での文化勲章受章は初である。松篁も美工出身で、京都市立絵画専門学校に進んだ。

上村松園

松篁の息子・淳之《あつし》も日本画家で、13年に文化功労者に選出されている。京都府立鴨沂高校から京都市立美大に進み、教授になった。
61年には、美工OBの2人が文化勲章を同時受賞した。日本画の**堂本印象**と**福田平八郎**だ。福田は大分県立中学(現大分上野丘高校)を中退し、上洛して美工に入学している。
さらに03年には、日本画、版画家の**加山又造**《またぞう》が文化勲章を受章している。加山は美工から東京美術学校(現東京芸術大学)に進んだ。

加山又造

日本画家の**中路融人**《なかじゆうじん》は銅駝の前身である日吉ヶ丘高校卒で、テキスタイルデザイナーだった。12年に文化功労者に選定されている。

１９５０〜60年代のパリ画壇で台頭し、その後も長く国際的に活動した抽象画の**堂本尚郎**《ひさお》もいた。**西久松吉雄**、**本多功身**《いさみ》、**猪熊佳子**もOB、OGだ。

**川島睦郎**と、息子で現京都芸術大准教授の**川嶋渉**も活躍中。**大野俊明**は06年に、バチカン市国ローマ法王献上屏風を制作している。

すでに物故している日本画家では、宗教絵画の最高峰**村上華岳**《かがく》、風俗考証家でもあった**甲斐庄楠**《かいのしょうただ》**音**《おと》、堂本印象の義弟**三輪晁勢**《ちょうせい》、水墨画に多くの佳作を残した**入江波**《は》**光**《こう》、**麻田弁自**《べんじ》・**鷹司**父子や、**中村大三郎**、**前田荻邨**《てきそん》、**榊原紫峰**《しほう》、**下村良之介**らが卒業生だ。

洋画家では、二紀会の**津田周平**、昭和〜平成時代にドン・キホーテを描いた連作で知られた**安田謙**らがいた。

幼稚園などで子どもたちを夢中にさせる「教育紙芝居」の生みの親とされる**高橋五山**も、旧制時代の卒業生だ。「絵をさっさと抜く」「半分まで抜く」など、五山が考案したという演出はアニメ文化の原点ともいえる。

京都・西陣には「箔屋野口」という金箔の老舗がある。**野口康**《やすし》はその4代目で、息子の**琢郎**も箔画であとを継いでいる。父子そろってOBだ。

## 米誌タイムが名を挙げた

アーティストの**草間彌生**もいる。長野県立松本高等女学校（現松本蟻ヶ崎高校）を卒業後、美工に入ってきた。

水玉模様のモチーフがトレードマークだ。ファッションデザイン、彫刻、小説……とマルチな才能を発揮している。17年秋に、東京都新宿区に草間弥生美術館がオープンした。

16年には米誌タイムが「世界で最も影響力のある１００人」特集の中で、草間の名前を挙げた。16年には文化勲章を受章している。

これにより、美工出身の文化勲章の受章者は累計8人になった。都立日比谷高校23人、私立開成高校14人、京都府立洛北高校11人に次ぐ4番目だ。

漆芸では、４００年続く千家十職の塗師で茶道具を専らとする**13**

**代中村宗哲《そうてつ》**がいる。

陶芸家では、**森野嘉光**、**宮下善《ぜん》爾《じ》**がいた。中村宗哲の妹で京都・清水に窯を構える**諏訪蘇山《すわそざん》**は、4代を襲名した。

前衛オブジェを得意とする陶芸家の**林康夫**もOBだ。前述の加山又造と同級生だった。

茶陶では**佐々木虚室《きょしつ》**も4代目だ。**橘功一郎**は信楽焼の気鋭の陶芸家だ。北海道函館市から陶芸を志して美工に入学してきた。

彫刻では**江里敏明**がOBだ。美工からすぐ近くの京都ホテルオークラにある、桂小五郎像などを制作した。

**面屋《めんや》庄三《しょうぞう》**は昭和から平成にかけての彫刻家、人形作家だ。面屋13代を継いでいる。庄三の三男**庄《しょう》甫《ほ》**も京人形作家で14代を襲名した。親子ともOBだ。

仏師となった**坪田最有《さいゆう》**や**宇野孝光**がOBだ。仏像を飾る截金《きりかね》では、**江里佐代子**が人間国宝となったが07年に死去している。

染色では、重要無形文化財保持者に指定された**稲垣稔次郎《としじろう》**、正倉院の御物裂《おものぎれ》の研究・復元に携わった**小合《おごう》友之助**、ろうけつ染の**佐野猛夫**らが卒業している。

**羽田登**は、京友禅と加賀友禅を伝承する羽田工房に生まれた染色家で、仏リヨン染色美術館など欧州でもたびたび展覧会が開かれている。

草間彌生

次女の**登喜《とき》**も銅駝出身で、気鋭の染色家として注目されている。

## 『宇宙兄弟』の作者も

美工出身者が活躍する領域は近年、様々に広がっている。

漫画では、**木村光久**が草分け的存在で、切り絵作家としても活躍した。**小山宙哉《ちゅうや》**は第一線の漫画家で、代表作の『宇宙兄弟』がアニメ化・映画化されている。

旧制美工卒には、夏目漱石（東京府第一中学正則科、のちの府立一中・現都立日比谷高校中退）の『坊っちゃん』に登場する「野だいこ」のモデルになった人物もいる。図画教師の**高瀬半哉**で、愛媛県尋常中学（現県立松山東高校）で漱石と同僚だった。

# 洛星高校

## フォーク・クルセダーズの北山修、『構造と力』の浅田彰も

◉私立・京都市北区

中高一貫6年制で男子のみの、カトリック系ミッションスクールだ。フランス・リヨンの聖ヴィアトール修道会が1952（昭和27）年に設立した。

京都市の北西、金閣寺に近いところにキャンパスがある。関西全体で十指に入る進学校だ。

戦前には、京都府立第一中学—旧制三高—京都帝大というコースが出来上がっていた。京都府立第一中学とは現在の府立洛北高校のことだが、京都府、京都市の公立高校が小学区制を墨守したことから、戦後は洛北高校などの進学実績は急落し、逆に洛星高校に優秀な生徒が集まって京都大への合格者を増やしていった。

洛星の第一期生が卒業した58年の京大合格者は7人だったが、61年には39人が合格して、京大合格者ランキングで初のトップ10入りを果たした。

以降、ランキング1位を5度も獲得している。合格者数の最高は93年の119人だ。

1953〜2018年の累計の合格者数は4200人を超えており、私立洛南高校（京都市）の3600人を上回って、京大合格者数1位の座を確保している。

ただ最近は、やや陰りが見られる。現役、浪人合わせ、京大合格者は、15年度56人、16年度59人、17年度46人、18年度42人と低迷している。

東京大には毎年度、10人前後が合格している。

### 『戦争を知らない子供たち』

勉学に偏らない、様々な個性を発揮した卒業生がいる。

1960年代以前に生まれた人なら懐かしいと思うのが「ザ・フォーク・クルセダーズ」という音楽グループ。『帰ってきたヨッパライ』『戦争を知らない子供たち』『風』などのフォークソングが、70

年前後に一世を風靡した。
その一員で作詞家の**北山修**《おさむ》は、京都府立医科大に進み精神科医となった。
音楽で活躍している卒業生が、他にもたくさんいる。
作曲家の**藤井宏一**、弁理士であり指揮者・バイオリン奏者でもある**森住憲一**がOBだ。森住は、京大で高分子化学を、慶応大で法学を勉強した。特許権に関する第一人者だ。
さらにフルート奏者の**佐々木真**、コントラバス奏者・指揮者の**中田延亮**《のぶあき》もいる。**岡田暁生**は学問としての音楽学研究に取り組み、味のあるエッセーを書いている。**豊田勇造**はシンガーソングライター、**大井浩明**はピアノ、チェンバロの奏者だ。
文化・芸能分野の卒業生では、シテ方金剛流能楽師の**豊嶋三千春**が、重要無形文化財「能楽」保持者に認定されている。
**千宗守**は、茶道の武者小路千家第14代家元だ。**笹岡隆甫**《りゅうほ》は、華道未生流笹岡の3代目家元だ。

北山 修

## 『京都ぎらい』の井上章一

気鋭の学者が数多く活躍している。1980年代半ばに「浅田彰現象」といわれるほど人気が出たのが当時、京大人文科学研究所助手だった**浅田彰**《あきら》だ。26歳で出版した『構造と力』がベストセラーになっている。

国際日本文化研究センター教授で建築史が専門の**井上章一**は、ユニークな視点で広く日本文化や風俗史について論考している。15年には『京都ぎらい』がベストセラーになった。

比較経済史が専門の**川勝平太**は根っからの京都人だが、早稲田大に進学し早大教授になった。静岡文化芸術大学長になったのをきっかけに、09年に静岡県知事に就任した。

浅田 彰

経済思想・経済史の**猪木武徳**は、政治学者で防衛大学校校長をした猪木正道（旧制三重県立上野中学・現上野高校卒）の息子だ。

英文学者で翻訳家の**若島正**は、詰め将棋、チェス・プロブレム作家としても鳴らしている。

11年3月11日の東電福島第一原子力発電所の事故後に、原子力の専門家ではないが注目度がにわかに高くなった学者がいる。

大阪大教授で科学技術社会論の**小林伝司**だ。「ハーバード白熱教室」にあやかってNHKが企画した番組に出演したり、原発問題で討論型世論調査の必要性を訴えたりして共感を呼んでいる。

文化人類学者の**杉本良夫**はオーストラリアで長く教鞭をとった。同じく文化人類学者でアフリカ研究が専門の**吉田憲司**は、国立民族学博物館（大阪府吹田市）の館長だ。**秋道智弥**は生態人類学、政治学者の**品田裕**は選挙公約の研究で知られる。

生命科学の分野でも優れた学者がいる。**米原伸**は細胞死の研究を通じて発がんや免疫、発生の研究をしている。

**中井謙太**はヒトゲノム解析が専門で、論文が内外の専門家によって多数引用されている。

個体物理学の**前野悦輝**《よしてる》は超伝導で、また**村上正紀**は半導体材料の研究で新しい局面を開いている。**伊藤裕**《ひろし》は抗加齢医学の第一人者だ。

核燃料サイクル工学が専門で元京大教授の**山名元**は15年9月から、原子力損害賠償・廃炉等支援機構の理事長に就いている。

## 鳩山元首相を支える

政官界では、通産官僚出身で民主党参院議員だった**松井孝治**がOBだ。首相・鳩山由紀夫（都立小石川高校・現都立小石川中等教育学校卒）の下で内閣官房副長官に起用された。

13年の参院選には出馬せず、慶応大教授に転身した。

外務省のチャイナスクール育ちで上海総領事をした**杉本信行**は、04年に館員自殺事件に遭遇した。

この事件について外務省は口を閉ざしているが、杉本著の『大地の咆哮』では、「本書を、上海で自らの命を絶った同僚の冥福を祈るために奉げる」と記している。

杉本自身も出版後間もなく、がんで死去した。

やはり外務官僚だった**天木直人**は、メールマガジンで鋭い政府批判を続けている。

経済界では、三井住友銀行のトップになり全国銀行協会連合会会長をした**奥正之**が卒業生だ。

東レ出身で蝶理の社長をした**田中健一**、クラレ副社長・中国銀行副頭取のあと大原美術館理事長の**大原謙一郎**、通産官僚出身で富士通副会長をした**高島章**、タカラバイオ社長の**仲尾功一**、宝HDの**木村睦**《むつみ》らもOBだ。

佐山展生

**佐山展生**は、多くの企業のM&Aアドバイザーを務める一方、投資会社インテグラル代表だ。15年には航空会社のスカイマークの再建に乗り出し、会長を務めている。

**荒川実**《みのる》は任天堂の米国法人社長を22年間務め、任天堂が世界一のゲーム会社になる礎を築いた。

丸紅社員だったが、任天堂3代目社長・山内溥（京都市立第一商業学校・現西京高校卒）の娘婿になったことで、ゲーム産業に転じる。

米国滞在中、マイクロソフトの創業者であるビル・ゲイツと親交があった。

## 気骨ある裁判官も

医学およびその周辺では、経済学者の**西村周三**が、人があまり取り組まない医療経済学で名を成した。国立社会保障・人口問題研究所所長を務めた。

**田辺親男**は、病院経営の傍ら京都経済同友会代表幹事をした。**熊木徹夫**は精神科医だ。京都府医師会会長をした**森洋一**も卒業生だ。

卒業生には、気骨ある裁判官もいる。

03年に判事になった**寺西和史**で、市民集会に参加して意見を述べ戒告処分を受けたり、新聞に自分の意見を投書したりしている。日本弁護士連合会は「裁判官も思想・信条の自由、言論・表現の自由がある」と寺西を擁護している。

スポーツライターでは、**玉木正之**がいる。洛星高校時代、バドミントンでインターハイに出場した。2020年の東京五輪に関する様々な問題について、舌鋒鋭くメディアで評論している。

「赤鬼魂」で経済界を牽引した人物が多数出た

## 彦根東高校

◉滋賀県立・彦根市

琵琶湖東岸にある彦根城。江戸時代には彦根藩井伊《いい》家が居城としており、天守が国宝に指定されている五つの城の一つだ。

彦根東高校は彦根城の内堀と中堀の間にある。国の特別史跡のエリア内だ。これだけ由緒があり、恵まれた環境の高校は、そうそうないだろう。

彦根藩の藩校を引き継ぐ形で1876（明治9）年に、第三大学区第十一番中学区彦根学校として創立された。滋賀県尋常中学校―県立一中などと校名変更し、戦後の学制改革の過程で男女共学の彦根東高校となった。

彦根市は県庁所在地ではない。県庁が置かれてないのに「県立一中」となった例は、青森県＝前身が「一中」だったのは弘前高校、青森高校は三中＝、福島県＝一中は安積《あさか》高校（郡山市）、福島高校は三中＝など、全国で10例ほどだ。

### ひこにゃん・ぎんにゃん

17年のNHK大河ドラマは『おんな城主 直虎』だった。江戸時代の彦根藩井伊家30万石のルーツとなった人物をめぐる物語だ。彦根に「一中」が置かれた淵源は、ここにさかのぼる。

井伊家は関ヶ原の天下分け目の戦いで「徳川四天王」の一つになり、江戸時代に譜代大名筆頭の家柄を誇った。幕末には、開国を強行した大老・井伊直弼《なおすけ》を生んだ。

明治維新で薩長政府は彦根を嫌い、滋賀県の県庁は大津とした。大津・膳所《ぜぜ》藩は6万石にすぎなかった。その代替策として県立一中を彦根に持ってきたのだ。

関ヶ原の戦いで井伊家は、鎧、兜などをすべて赤くし、「井伊の赤鬼」と恐れられた。それを「赤鬼魂」と呼び、先駆者精神を象徴している言葉になっている。

こうしたことから彦根東高校は「赤鬼魂」を校是としている。

彦根はまた、「ゆるキャラ」ブームの火付け役「ひこにゃん」で知られる。彦根東高校も公式キャラクターとして「ぎんにゃん」がいる。校木としてシンボルになっているイチョウの木を、デザインしたものだ。

新聞部が「すこぶる」つきの実績を誇る。タブロイド版の「彦根東高校新聞」を年間10回程度、発行している。1948年に第1号を発刊、500号を数える。第1号からの縮刷版もそろっている。

さらにA4版の「速報新聞　キマグレ」を、年間150回程度発行している。すでに通算1700号を超えているという。

## トヨタ中興の祖

経済界で活躍した卒業生を、数多く出している。

豊田自動織機製作所、トヨタ自動車工業のトップを務めた**石田退三**が旧制時代の卒業だ。戦後の混乱期、労働争議で倒産の危機にあったトヨタ自動車の立て直しに奔走し、豊田英二（愛知県立第一中学・現旭丘高校卒）と共に「トヨタ中興の祖」と呼ばれた。

日本生命保険相互の「中興の祖」もいる。旧制卒で3代目社長の**弘世助太郎**だ。

旧制卒ではさらに、三井石油化学社長、東レ会長をした**安居喜造**《やすいきぞう》、日本原子力発電社長の**鷲見禎彦**《よしひこ》もいた。

石田退三

新制卒では、パナソニックの社長、会長を務めた**中村邦夫**がOBだ。業績が悪化した松下電器産業のトップとして、「破壊と創造」をモットーにドラスティックな改革を実行、会長時代に社名から「松下」を外すという決断を下した。

**西沢宏繁**《ひろしげ》は日本興業銀行出身で、東京都民銀行頭取や官民ファンドの企業再生支援機構社長を歴任した。機構社長のときに、会社更生法の適用申請をして、事実上

中村邦夫

倒産した日本航空の再建支援に乗り出した。

経営者ではさらに、**西川恭爾**（阪神電気鉄道）、**夏原平和**（平和堂）もいる。

**寺村久義**は霊園、陵墓、葬祭のニチリョク（本社・東京杉並区）の創業社長だ。

投資ジャーナルを主宰し、「兜町の風雲児」といわれた株式投資家の**中江滋樹**《しげき》が、卒業生だ。彦根東高校の2年時から株の信用取引を始めていたという。

## 中央大の創立者

政治家では、衆院議員7選の**細野豪志**がいる。

民主党政権時代には40代寸前で初入閣し、環境相、原子力担当相などを務めた。14年に細野グループ「自誓会」を結成。18年5月に結成した新党「国民民主党」には参加せず、無所属で活動している。

細野豪志

文科相、総務相、衆院副議長などを歴任した**川端達夫**が卒業生だ。

官僚では、警察官僚出身で皇宮警察本部長、内閣情報調査室長などを歴任した**大高時男**がOBだ。

法曹界では、検察出身の弁護士である**木下貴司**、国際弁護士、弁理士の**西川知雄**《ともお》がいる。

藩校時代の出身者に、大学創立者が2人いる。弁護士の**増島六一郎**は1885年にできた英吉利《イギリス》法律学校の18人の創立者の中心人物で、初代校長に就任した。現在の中央大学だ。

法学者の**相馬永胤**《ながたね》は、1880年創立の専修学校（現在の専修大学）の初代校長で、横浜正金銀行の頭取を務めた。

学者・研究者では、美学美術史の**沢村専太郎**がいた。詩人としても知られ、「沢村胡夷《こい》」と号した。旧制三高（現京都大）に在学中の1905～06年に、三高寮歌『逍遥の歌』を作詞している。

仏教学、哲学者の**柳田聖山**、軍事史研究の**野村実**、仏教学者で花園大学長を務めた**西村恵信**《えしん》、日本経済史の**山本有造**、国際政治経済学の**横川信治**、労働経済学の**白木三秀**《みつひで》、商法が専門で中央大学長を務めた**福原紀彦**、行政学の**真山達**

**志**が卒業生だ。

**西秋良宏**は東京大総合研究博物館教授で、中近東をフィールドとした先史考古学を研究している。

理系では、都市史が専門で滋賀県立大学長を務めた**西川幸治**、金属材料工学の**森博太郎**、高度情報通信工学の**川島幸之助**、材料工学の**落合庄治郎**、数論幾何学の**橋本喜一朗**、都市工学者で人口問題を研究している**広嶋清志**らがOBだ。

医学者では、小児科の**山本高治郎**、外科・救命救急医の**前川和彦**、生化学の**成宮周**、神経科学が専門で体内時計の研究をしている**岡村均**らが卒業生だ。成宮は17年に文化功労者に選定された。

**田原総一朗も**

文化人では、クリエイティブデザイナー**原田伊織**の幕末・明治維新史に関する著作『明治維新という過ち』が評判になっている。従来の「薩長史観」を覆す知見が込められている。

俳優座養成所や桐朋大学演劇科で長年、指導教師を務め、多くの俳優を育てた**永曽**《えいそ》**信夫**、詩人・童話作家の**工藤直子**、抽象画家の**鷲見康夫**、ロックバンドL'Arc～en～Cielのギタリストである**ken**（**北村健**）らがOB、OGだ。

メディア関連では、ジャーナリストで評論家の**田原総一朗**が卒業生だ。

岩波映画製作所や東京12チャンネル（現テレビ東京）で、ドキュメンタリー映像を手がけたのち独立。テレビの報道番組で地歩を築いたジャーナリストだ。

滋賀県愛知郡愛荘町にある金剛輪寺は奈良時代の創建で、湖東三山の一つに数えられる。紅葉の名所としても知られるが、住職の**浜中光礼**がOBだった。

文武両道を実践する運動部では、野球部が甲子園の全国大会に、春は4回、夏は2回、出場している。

スポーツでは、サッカー指導者の**松田保**がいる。90年代にU17（17歳以下）日本代表監督を務めた。

**花田勝彦**は長距離走・マラソンの指導者で、96年のアトランタ五輪、00年のシドニー五輪の長距離走に出場した。

18年春の大学合格実績は現役、浪人合わせ、東京大3人、京都大11人、大阪大17人、地元の滋賀大に18人だった。

# 奈良高校

## 芸術、エンタメや経済界に創造性豊かな人材が

◉奈良県立・奈良市

「宝相華《ほうそうげ》」という奈良・平安時代を象徴する装飾文様がある。唐草に架空の五弁花の植物を組み合わせたデザインだ。奈良高校の校章は、その宝相華の中央に「奈高」の文字が刻まれた意匠だ。いかにも古都にある学校らしい。

奈良県で一、二を争う進学校で、毎年度現役、浪人合わせ、京都大に約40人、大阪大に約60人、神戸大に約30人を合格させている。私立の同志社大と立命館大には、各約１５０人が合格している。

東京大や一橋大の合格者はわずか1〜2人程度。関西志向が徹底している高校だ。

旧制奈良県立奈良中学校として１９２４（大正13）年に設立された。奈良県で最初の公立中学、ではなかった。県立郡山中学（現郡山高校・大和郡山市）や畝傍《うねび》中学（現畝傍高校、橿原市）が先に設置されている。奈良中学は戦後の学制改革で新制奈良高校に変わり、男女共学となった。

県庁所在地にありながら「一中」ではなかった例としては、国内に10例ほどある。

奈良高校は創立以来、「自主創造」を掲げ、個を大切に創造性豊かであることをモットーにしてきた。近年は、単位制高校やＳＳＨの指定を受け、国際的視野を持った生徒の育成に努めている。

### 特筆すべき芸術家

美術・工芸で一家を成した卒業生が巣立っている。洋画家の**絹谷幸二**の知名度が高い。日本芸術大賞、毎日芸術賞など多くの賞を受賞、毎日新聞社主催の絹谷幸二賞も創設されている。

絹谷幸二

「アフレスコ」という絵画技法の第一人者で、人の目にとまりやすい壁画やパブリックアートの作品をたくさん制作している。美術番組などのテレビ出演も多い。14年には文化功労者に選定された。

洋画家では**高瀬善明**、**金森良泰**もOBだ。漆工芸家の**北村昭斎**は螺細《らでん》の人間国宝（重要無形文化財保持者）に認定されている。

**芳岡ひでき**はイラストレーターだ。エアブラシを使い、愛らしいキャラクターを描くファンタジーアーティストだ。

## 映画監督の井筒和幸

映画や芸能の分野で活躍している卒業生では、映画監督の**井筒和幸**が知られている。テレビのバラエティー番組やスポーツ紙のコラムなどにもよく登場する。

撮影監督・カメラマンの**阪本善尚**、映画プロデューサーの**河井信哉**、脚本家の**金春《こんぱる》智子**もOB、OGだ。

平成卒では映画監督・脚本家の**安田真奈**と、脚本家の**平田研也**がいる。

安田は神戸大に進学後、松下電器産業（現パナソニック）に入社、「OL監督」ともいわれていた時期がある。平田は『つみきのいえ』で、邦画初の米アカデミー賞の短編アニメ賞を受賞した。

井筒和幸

芸能では、シテ方金春流能楽師の**金春信高**と**金春欣三**兄弟がそろって旧制奈良中学卒。金春欣三の娘は前述の金春智子だ。

俳優では**加藤雅也**、お笑い芸人では「笑い飯」の**中西哲夫**が卒業している。

音楽で才能を発揮している卒業生では、テノール歌手の**岡村光玉**、アルト歌手の**中村勢津子**、オルガン奏者の**堀江光一**、ビオラ奏者の**小倉幸子**、チェロ奏者の**西谷牧人**らがいる。

チェロ奏者の**伊東裕**は奈良高校1年生の08年に、日本音楽コンクール・チェロ部門で1位となった。卒業後は東京芸術大に進学している。

文芸では、歌人で旧制卒の**前登志夫**、漫画家の**富樫じゅん**がいる。

## 華麗な経歴の経営者

　経済界では、華麗な経営者人生を歩んでいる人物がいる。45歳で日本ヒューレット・パッカード社長に就き、以降、ダイエー社長を経て日本マイクロソフト社長、会長を務め、17年6月からはパナソニックの代表取締役に就いている**樋口泰行**だ。

　樋口は奈良高校から大阪大工学部に進学し、松下電器産業の技術者となる。入社9年目に上司の薦めで米ハーバード大のMBA（経営学修士）に留学したことが転機となった。帰国して1年ほどで松下を辞め、経営コンサルタント会社に転職、そこからプロ経営者の道が開けた。

　17年からは古巣の会社に復帰している。経歴は華やかだが内向的で、口下手なタイプだ。

樋口泰行

　電気通信で先駆的な事業を興した**千本倖生**《せんもとさちお》はベンチャー精神の塊のような人物だ。

　京大工学部大学院卒で日本電信電話（現NTT）のサラリーマンとなったが、稲盛和夫（鹿児島市立鹿児島玉龍高校卒）が創業した第二電電（現KDDI）に副社長として参画、さらに99年にイー・アクセスを創業した。千本は現在、ベンチャーキャピタリストになっている。

　野村HD《ホールディングス》に勤務した**中川順子**は、11年4月〜13年3月まで執行役・財務統括責任者（CFO）をしていた。

　女性が執行役になったことも、CFOになったことも、1925（大正14）年の野村創業以来、初である。

　中川は、神戸大に進学し野村証券奈良支店の事務職として入社、夫の香港勤務でいったん退社したが、4年間のブランクのあと野村に復職し、「財務のプロ」としてトントン拍子に昇格した。

　さらに企業トップ経験者を挙げると、**山田安邦**（ロート製薬）、**宮本一**（関西国際空港）、**森幸男**（森精機）、**石村繁一**（バンダイナムコゲームス）らがOBだ。

　**萩原俊嗣**は、スイカの品種改良のパイオニアである萩原農場（奈良県磯城郡田原本町）の社長を、**喜多恒雄**は日本経済新聞社社長のあと会長だ。

ネット系ベンチャーのＤｅＮＡ会長**春田真**は11年に突然、世に知られるようになる。ＤｅＮＡ創業者で社長をしていた南場智子（新潟県立新潟高校卒）が11年6月に夫の看病のために経営の第一線を退いた際に、春田は会長に就任した。

11年12月にＤｅＮＡがＴＢＳＨＤからプロ野球の球団を買収、横浜ＤｅＮＡベイスターズが誕生した際、春田は球団オーナーに就任し、以来、メディアに頻繁に登場することになった。

１９６９（昭和44）年生まれの春田は、奈良高校から京大に進学し住友銀行に就職するが、８年弱でＤｅＮＡに転職する。当時のＤｅＮＡは10人ほどの弱小ベンチャー企業だった。春田は15年に会社を退き、人工知能のベンチャーを立ち上げた。

## 親子で最高裁長官

学者では、日本古代史の**岸俊男**、マクロ経済学の**斉藤誠**、知能・機能創成工学の**中谷彰宏**、数学者の**薩摩順吉**、国文・国語学者の**西宮一民**《かずたみ》、教育心理学者の**伊藤美奈子**らが卒業している。

歴史地理学の**千田稔**は、前述の千本と奈良高校同期だ。医師では、小児科・血液学の**吉岡章**が奈良県立医科大の学長をした。

母校の奈良高校で理科教諭をしていた**森田好博**は、現職教員として初めて南極観測隊に同行し、10年1月に昭和基地から衛星回線のテレビ会議システムを使って奈良高校へ南極授業を行った。

法曹界では、旧制奈良中を32（昭和7）年に卒業した**神谷尚男**が検事総長を務めた。

その1期あとに卒業した**寺田治郎**は、第10代最高裁長官を務めた。息子の寺田逸郎（都立日比谷高校卒）も18年1月まで第18代最高裁長官を務めており、親子で最高裁長官を務めたのは異例だ。

奈良県には名刹が多い。旧制奈良中・奈良高校出身者でお寺のトップになった人物も出ている。

東大寺では、故人ではあるが**筒井寛秀**が長老を、また**上野道善**が現在、長老で東大寺学園理事長だ。**安田瑛胤**《えいいん》が薬師寺長老、**倉本尭慧**《ぎょうけい》が帯解寺住職、**倍厳良明**が法徳寺住職だ。

# 東大寺学園高校

## 気鋭の学者を輩出した高校は、屈指のロケーションも誇る

◉私立・奈良市

聖武天皇が8世紀に建立し、大仏が有名な東大寺。1998年には「古都奈良の文化財」の一部として世界遺産に登録されている。

その東大寺が経営する6年制中高一貫の男子校だ。

創立は1926（大正15）年設立の旧制金鐘《きんしょう》中等学校（定時制）だ。47年には青々《せいせい》中学校となり、63年に全日制の高校を設け、74年に定時制を廃止して現在の姿になった。

学園はかつて東大寺境内にあったが、86年に現在の奈良市北部の丘陵地に移った。一部の教室からは東大寺大仏殿が遠望できる。

最寄り駅は近鉄京都線「高の原」駅で、生徒の半分は大阪、京都府に居住している。

東大寺は奈良時代から学問の総本山だったが、現在の東大寺学園は名だたる進学校として全国に知られている。

18年度の大学入試では現役、浪人を合わせ、東京大18人、京都大57人、大阪大20人、神戸大19人、一橋大1人などの合格者を出している。

東大と京大を合わせた合格者は75人になる。例年、75～100人前後を両大学に合格させており、全国の高校でいつもベスト10位に入っている。

国公立大合格者は計198人。1学年は毎年度、約210人だから、浪人すれば大部分の生徒が国公立大に合格している計算になる。うち医学部医学科への合格者は59人だ。

現役での合格率が高い。18年度には、東大と京大に計44人が現役合格している。卒業生数の21％になり、全国でベスト5位に入る。

「とにかく自由で、生徒の自主性を重んじた校風」と、卒業生は異口同音に語っている。制服はないし、細かな校則もあえて定めていない。

クラブ活動や同好会も活発だ。クイズ研究部は全国高校クイズ選手権で86年と09年の2度、優勝している。

## 立体臓器を作成

卒業生には、専門の学会で評価が高い気鋭の学者・研究者が多い。

この数年、注目を集めているのは政治学者で、国際大学長のあと国際協力機構（ＪＩＣＡ）理事長を務めている**北岡伸一**だ。

04年から2年半、国連代表部次席大使を務めた。政府の外交・安保政策のアドバイザー的な役割を果たすことが多い。第一次と第二次安倍内閣では「安全保障の法的基盤の再構築に関する懇談会」委員（座長代理）に選ばれ、安倍内閣が14年7月に閣議決定した「集団的自衛権の行使容認」について先導役を果たした。

15年の戦後70年談話（安倍談話）に関する有識者会議「21世紀構想懇談会」でも、座長代理を務めている。

文化人類学の**吉岡政徳**、比較政治学の**木村幹**《かん》、マルクス経済学の**大西広**、社会学者でジェンダー論が専門の**瀬**《せ》**地**《ち》**山角**《やまかく》、やはり社会学者で「男性論」についての論考をしている**熊田一雄**、日本古代史の**吉川真司**、憲法学者の**毛利透**、政治学者でナショナリズムについて

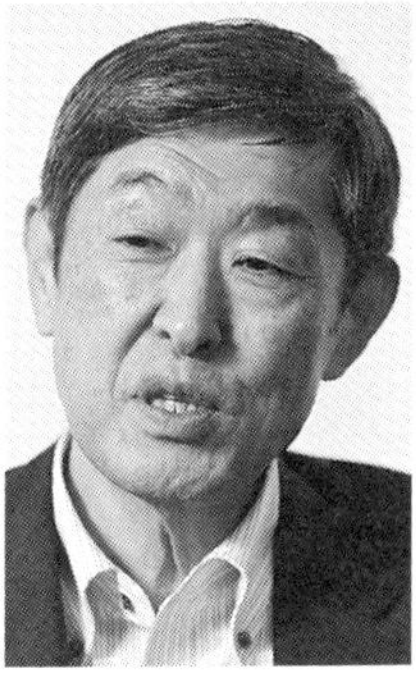

北岡伸一

研究している**植村和秀**、行政学者の**広瀬克哉**、国際法学者の**中野俊一郎**、社会人類学の**栗本英世**らが卒業生だ。

理系では、医学者で生命科学などの分野で先端的な研究をしている卒業生が多くいる。

奈良県立医大教授で消化器・総合外科の**中島祥介**は10年に、iPS細胞から立体臓器を作成することに世界で初めて成功した。

**奥野恭史**はシステム創薬科学が専門で、医薬品の副作用技術などのデータベース検索システムの開発を業務とする京大発ベンチャー企業を創業した。

心臓血管外科医の**米田正始**、老化に関連する研究をしている**瀬藤光利**、物質科学が専門で超電導の研究をしている**川崎雅司**、天文学

の**田村元秀**、古気候学が専門でセルロース年輪年代測定法を考案した**中塚武**らもいる。

航空学者で、東大大学院教授の**中須賀真一**は、数億円で造れる超小型人工衛星の開発に力を注いでいる。

## 老舗を継いだ13代目

ナイスな兄弟もいる。

**川島実**（74年生まれ）は京大医学部に進学したもののボクシングで頭角を現し、「現役医学部生ボクサー」として注目された。

プロになったが、29歳でボクサーを引退して医師免許を取った。地域医療に情熱を傾け、東日本大震災後、常勤医のいなかった宮城県気仙沼市立本吉病院の院長になった。

中須賀真一

実弟の**川島隆**（76年生まれ）も東大寺学園卒。独文学者になり京大文学部准教授だ。

企業経営者では中堅企業ではあるが、中川政七商店社長の**中川淳**（74年生まれ）がこの数年、メディアによく登場する。

中川は、1716（享保《きょうほう》元）年の創業以来、高級麻織物の「奈良晒《ざらし》」を守り続けてきた老舗の13代目。京大を卒業し、富士通に入社したが2年で辞めて家業を継いだ。

企画・開発・製造まで一貫して行うSPA（製造小売り）業態を工芸品として初めて導入し、全国に直営店を展開している。

東京・表参道ヒルズや東京駅前の「KITTE」（キッテ）などに工芸品の店を出すなどして、人気ブランド化させた。

中川は各地で消えつつある伝統工芸を「元気にさせる」として、自社のみならず全国各地の老舗工芸の新商品開発やデザイン、さらには経営全般を助言、この方面でのカリスマ経営者になっている。

## 北岡伸一・篤兄弟

三井住友銀行専務だった**城野《じょうの》和也**は、12年6月から2年間、シティバンク銀行社長兼CEOに就いた。同行で日本人がトップになったのは初めてである。

**吉田昌功《よしのり》**（近鉄グループHD）、

**森雅彦**（DMG森精機）、**島谷能成**（東宝）の他、地元の経済界では**森本俊一**（三和澱粉工業）、**村本吉弘**（村本建設）、**西垣隆司・泰幸**兄弟（西垣林業）、**山本太治**（三輪そうめん山本）、**福本良平**（福本設計）らの経営者がOBだ。

政治家では、**上田繁潔**《しげゆき》が旧制金鐘中学卒で奈良県知事を、**白浜一良**は参院議員（公明党）を4期24年間務めた。

**北岡篤**は桜で知られる奈良県吉野町の町長。父親も吉野町長だった。兄は前述の北岡伸一で、2人の実家は造り酒屋だ。

川島 実

高松塚古墳、キトラ古墳や日本の原風景ともいえる田園のたたずまいが魅力の奈良県明日香村では、**森川裕一**が11年から村長だ。

## 古刹のトップに映画監督も

古都にあることから、由緒ある神社仏閣のトップを務めた卒業生も多い。

旧制金鐘中学出身の**新藤晋海**は、第216世東大寺別当（住職）を務めた。

**辻村泰善**は、世界遺産に登録されている元興寺（奈良市）住職だ。元興寺は、日本最初の本格的仏教寺院である法興寺が前身である。

東大寺塔頭《たっちゅう》トップにもOBが多くいるが、東大寺学園の常任理事を務めている**森本公穣**（清涼院）はその1人だ。**伊豆義清**（玉置神社、十津川護国神社宮司）、**梅木春雅**（南都鏡神社宮司）らもOBだ。

文化人や芸能人では、歌人の**櫟**《いち》**原聡**《はらさとし》が東大寺学園の教頭を務めた。小説家の**榊一郎**、映画監督の**高橋伴明**《ばんめい》、イラストレーターの**木村貴太郎**、テレビリポーターの**所宏**、気象予報士の**安部大介**らも卒業している。

俳優の**山西惇**は、京大入学と同時に劇団に入団した。卒業後、研究者として就職したが、4年後に役者にもどった。

**金春**《こんぱる》**康之**はシテ方金春流能楽師で、01年に重要無形文化財の能楽総合保持者になった。能楽だけではなく、京大大学院で美学美術史学を専攻し芸術思想について研究した。

# 桐蔭高校

南方熊楠、竹中平蔵を生み、野球でも名門

◉和歌山県立・和歌山市

徳川御三家の一つ、紀州藩55万5000石の城下町だった和歌山市。その城跡の南にある桐蔭《とういん》高校は、1879（明治12）年に開設した和歌山中学校を前身とする伝統校だ。

戦後の学制改革で男女共学となり、「桐蔭」と名づけられた。桐の生育にちなんで、生徒たちがすくすくと育つようにという思いが込められている。

GHQ（連合国軍総司令部）は学制改革について相当、口を挟んだが、和歌山県については地名を使った旧制校名を許さなかった。

2007年からは桐蔭中学校が開校し、併設型中高一貫校になっている。

大阪府に私立大阪桐蔭高校、神奈川県に私立桐蔭学園高校があるが、それぞれ独立した学校だ。

旧制時代には全国中等学校優勝野球大会（現在の全国高等学校野球選手権大会）に第1回大会から14年連続して出場し、夏の大会で優勝2回、準優勝3回を果たし、史上初の2連覇も達成している。春のセンバツ大会でも優勝している。

新制になってからも甲子園に何度か出場し、通算すると夏に20回、春に16回も出場している。最近では15年春に21世紀枠で甲子園に出場した。春の甲子園出場は53年ぶりのことだった。

文武両道の伝統は連綿と受け継がれ、文化部も含めて、現在でもクラブ活動加入率は100％を超えるという。

ロケット制作をしている科学部は、10年8月の「第3回缶サット甲子園」で全国優勝した。これがきっかけとなって、科学部員がカルピスソーダのテレビCMに出演している。

文武両道と共に「改革と伝統」が旗印だ。学校では「新しい時代を切り開く高い志を持って、たくましく人生を歩んでいける生徒を育てたい」と力説している。

## 帝銀事件で遺体解剖

活躍ぶりが目立つ卒業生は、経済学者の**竹中平蔵**だ。一橋大学に進学し、日本開発銀行（現日本政策投資銀行）に入行したあと慶応大教授になった。

経済をわかりやすく解説する能力に優れ、98年ころから政府の各種会議や審議会の委員に起用された。とりわけ小泉政権の経済閣僚として縦横無尽の活躍をした。

竹中平蔵

文化勲章を受章している学者としては、日本の法医学の草分けである**古畑種基**が旧制時代の卒業だ。ABO式血液型の研究に打ち込む傍ら、戦後史に残る帝銀事件、下山事件などで被害者の遺体解剖を指揮した。

旧制時代の卒業生では錚々《そうそう》たる学者を生んでいる。

生涯を在野の研究者として過ごした**南方熊楠**《みなかたくまぐす》が、和歌山中学の第1回卒業生だ。南方は和歌山中学卒業後、上京して共立学校（現開成高校）に入学している。

南方熊楠

植物学、生物学、博物学、人類学、考古学、宗教学、民俗学……と研究領域は実に幅広く、「知の巨人」といえる人物だ。

柑橘栽培の調査研究をした**朝倉金彦**、天文学者でプラネタリウム界の草分けの1人になった**高城武夫**、サンスクリット語の研究をした**榊亮三郎**、医学博士で脚気はビタミン$B_1$の欠乏によると結論づけた**島薗順次郎**、行政法学者の**柳瀬良幹**《よしもと》、電気通信学者の**利光平夫**、農学者の**高橋克己**らもOBだ。

高橋は、油脂からビタミンAを抽出する方法を発明、欧米各国で特許をとり、それによって得た巨額の資金を母校・和歌山中学に寄付した。32歳で若死にした。

## 湯川秀樹の父

地質、地理学者で東京大教授の

**小川琢治**は、和歌山中学を2年で中退し上京、16歳で旧制一高（現東京大教養学部）に入った。

本人の業績もさることながら、小川について特筆すべきは、息子たちを名だたる学者に育て上げたことだろう。

長男の小川芳樹は冶金《やきん》学者、次男の貝塚茂樹は東洋史学者で文化勲章を受章、3男の湯川秀樹は物理学者でノーベル賞と文化勲章の受章者、4男の小川環樹は中国文学者である。5男の小川滋樹は戦病死した。

茂樹、秀樹、環樹は京都大教授、芳樹は東大教授だった。5兄弟とも卒業したのは京都府立一中・現洛北高校である。

新制卒の学者では、『古事記』など上代文学が専門の**神野志隆光**《こうのしたかみつ》、刑事訴訟法が専門の**井上正仁**らがいる。

経済学者の**宮本勝浩**はスポーツ経済学も研究しており、「阪神優勝の経済効果」はじめ「○○の経済効果」の算定でメディアによく登場する。

### 直木賞作家・津本陽

文芸では、歴史・時代小説を多く著した直木賞作家の**津本陽**が卒業生だ。先輩の南方熊楠について『巨人伝』という評伝小説を書いている。18年5月に死去した。

『紀ノ川』『華岡青洲の妻』など和歌山を舞台にした小説で知られる有吉佐和子は、戦争中に旧制高等女学校を転々とした。

疎開先の県立和歌山高等女学校にも一時、在籍していたが、終戦後に和歌山高女は閉校した。このため有吉は、桐蔭高校OGとはいえないことを付言しておこう。

文化人では、日本のグラフィックデザイナー、イラストレーターの先駆者の一人である**山名文夫**がOBだ。資生堂の花椿マークは山名の作である。

朝日新聞記者出身で随筆家、俳人でもあった**杉村楚人冠**《そじんかん》は、和歌山中学を中退している。朝日新聞の名物コラム「天声人語」の命名者だ。

音楽で才能を発揮している卒業生も多い。

**青木進**は作曲家、**沢和樹**はバイオリニストだ。OGでは**杉谷昭子**《しょうこ》がピアニストで、ドイツを拠点に演奏活動をしている。**西島麻子**は非営利の演奏家集団「音空間プロジェクト」を組織して、全国を回っている。

画家では旧制卒に**ヘンリー杉本**がいた。米国の日系人収容所での生活を描いた作品が知られる。

**三浦啓子**はステンドグラスのアート作家で、東京・六本木ヒルズ森タワーなど多くの建築物で作品を描いている。

**黒沢良**は声優・俳優だった。

## 昭和史に残る駐米大使

和歌山中の卒業生には、海軍の軍人になった者が多い。

海軍大将、外相、駐米大使を歴任した**野村吉三郎**は、真珠湾攻撃まで日米交渉に奔走、昭和史に名を残した。敗戦後は日本ビクターの社長をした。

**寺島健**は海軍中将になり、鉄道相などを歴任した。**榎本隆一郎**も海軍中将になり、戦後は日本瓦斯《ガス》化学工業社長になった。

企業トップでは、朝日生命保険社長の**木村博紀**がいる。

外務事務次官や駐米大使をした**井口貞夫**は旧制卒だ。41（昭和16）年12月の真珠湾攻撃の際、米国日本大使館に勤務していた。

宣戦布告を通知する外務省からの文書を英語に翻訳するのが遅れたとされる問題で井口の責任が問われているが、諸説あって現在もはっきりしていない。

西本幸雄

通産官僚出身で和歌山県知事の**仁坂吉伸**は、桐蔭高校で竹中平蔵と同級だった。衆院議員では、大蔵官僚出身で希望の党所属の**岸本周平**が、17年10月の総選挙で4選を果たしている。

**伊藤明子**は17年7月に国土交通省で初の女性局長になった。京大・建築学科の出身で旧建設省に入省、住宅局長に抜擢された。

## 悲運の名将

和歌山中・桐蔭高校は甲子園の常連だったため、多くのプロ野球選手を生んでいる。

「悲運の名将」といわれた**西本幸雄**が著名だ。毎日オリオンズで選手として活躍し、のちにプロ野球の監督を20年間もして8度のリーグ優勝を果たしながら、日本シリーズでは1度も日本一になれなかった。

和歌山中在学中の5年間で8度も甲子園の全国大会に出場し、8連続奪三振の記録を作ったサウスポー投手の**小川正太郎**もいた。この記録は86年間破られなかった。

早稲田大でも活躍し、その後は毎日新聞記者になり社会人野球の発展に貢献した。

陸上競技では、戦前のロサンゼルスとベルリンの両五輪で棒高跳びで銀メダルをとった**西田修平**がOBだ。和歌山中―早大―日立製作所というコースを歩んだ。

ベルリン五輪では大江季雄（旧制京都府立舞鶴中学・現西舞鶴高校卒）が3位だったが、2・3位を分け合う意味で、帰国後にお互いのメダルを切断した上でつなぎ合わせ「友情のメダル」としたことが話題を呼んだ。

サッカーではJリーグの鹿島アントラーズFCの社長をした**井畑滋**がOBだ。親会社の住友金属工業（19年4月からは日本製鉄）出身で、桐蔭高校時代はサッカー部の選手だった。

18年春の大学入試では現役、浪人合わせ、東京大1人、京都大に4人、大阪大に9人が合格している。地元の和歌山大には26人だ。

桐蔭高校はかつて、東京大と京都大に毎年計10人以上を合格させていたが、最近はそれが半減している。関西の私立6年制一貫校の影響が大きいためとみられるが、桐蔭高校も6年一貫教育を採用しており、奮起が期待されている。

# 4章 北海道・東北の名門高校13校

札幌南高校
函館中部高校
小樽潮陵高校
弘前高校
青森高校
盛岡第一高校
秋田高校
仙台第一高校
仙台第二高校
山形東高校
鶴岡南高校
安積高校
福島高校

センセーショナルな人物が多い「六華」の卒業生

# 札幌南高校

◉北海道立・札幌市中央区

　北海道の「一中」が、札幌南高校だ。1895（明治28）年に北海道庁立札幌尋常中学校として設立され、札幌中学―札幌第一中学―札幌一高などの校名変遷ののち、戦後の学制改革で男女共学の道立北海道札幌南高校となった。「堅忍不抜」と「自主自律」を校風としている。

　略称は「札南《さつなん》」か「南高《なんこう》」だが、卒業生の間では「六華《りっか》」という愛称で通っている。

　2018年春の大学入試では現役、浪人合わせ、東京大に8人、京都大に9人が合格した。地元の北海道大には109人が合格した。道立札幌北高校の122人に次ぐ成績だが、年によってはトップになることもある。

　国公立大医学部医学科の合格者は、北大19人、札幌医科大18人など計50人で、全国の公立高校では熊本高校と並びトップだった。

## 『失楽園』に風車の弥七

　最も著名な卒業生は、14年に死去した作家の**渡辺淳一**だろう。『ひとひらの雪』『失楽園』など、男女の愛と性を描いた人気作家だった。札幌医科大に進学し、医師として勤務しながら医療現場を舞台にした小説を書き、1970年に『光と影』で直木賞を受賞した。

　渡辺は、札幌南高校を舞台にした小説も書いている。3年時の同級生で、天才少女画家として札幌では知られていた**加清《かせ》純子**をモデルにした小説『阿寒に果つ』だ。

　保守派評論家の**西部《にしべ》邁《すすむ》**も、札幌南高校時代の体験を描いた『友情―ある半チョッパリとの四十五年』という小説を書いている。西部は18年1月、東京・多摩川で入水自殺した。

　自殺をほう助したとして、2人が警視庁に逮捕された。

　12年には**円城塔**が『道化師の蝶』で芥川賞を受賞している。

**久間十義**《ひさまじゅうぎ》と、朝日新聞記者出身の**外岡秀俊**は同級生で、ともに文藝賞の受賞経験を持つ。

画家で著名なのは**三岸好太郎**だ。戦前のモダニズムを代表する洋画家で、20歳そこそこで画壇にデビューすると、次々と画風を変貌させながら31歳で夭折《ようせつ》する。このために、かえって人気が高くなった。

音楽では、『城ケ島の雨』『どんぐりころころ』などを作曲した**簗**《やな》**田貞**《だだし》がいた。

芸能では、テレビドラマ『水戸黄門』の「風車の弥七」役などで親しまれた俳優の**中谷一郎**、海外映画の吹き替えでお馴染みの**若山弦蔵**らがいる。

渡辺淳一

メディア関連ではNHKアナウンサーの**森田美由紀**がOGだ。

西洋アンティーク評論家の**岩崎紘昌**《ひろまさ》は、テレビのお宝鑑定番組に出演していた。**石田達郎**はフジテレビ社長を務めた。

ニューヨーク在住の映画監督**佐々木芽生**《めぐみ》は16〜17年、和歌山県太地町の鯨、イルカ追い込み漁のドキュメンタリー映画『おクジラさま〜ふたつの正義の物語』を製作、欧米の価値観と相反する地域文化や伝統の保存という視点から問題提起した。

西部 邁

## 日本初の心臓移植手術

東北大総長の**大野英男**に、ノーベル物理学賞受賞の期待がかかる。磁石の性質を持った半導体材料の研究で知られ、通信社のトムソン・ロイターがノーベル賞の有力候補の1人に挙げている。

心臓血管外科医の**和田寿郎**《じゅろう》は、札幌医大教授時代の1968年に日本初の心臓移植手術を執刀したことで著名だ。この手術は当時、専門の学界で「事件」といわれるほど大きな論争を巻き起こす。

獣医学者の**喜田宏**は、鳥インフルエンザに関する権威で2017

年に文化功労者になった。

　理系では、北海道の動物生態の第一人者でタンチョウの研究を続けている**正富宏之**、有機化学の**杉野目道紀**らが卒業生だ。

　コンピューター研究者の**石井裕**《ひろし》は、米MIT（マサチューセッツ工科大）教授として活躍している。

　富士通研究所研究員の**伊藤英紀**はコンピューター将棋ソフト「ボンクラーズ」の開発を進めてきたが、12年に元名人で永世棋聖の日本将棋連盟会長・米長邦雄（都立鷺宮高校卒）と対戦（第1回電王戦）した結果、みごと「ボンクラーズ」が勝利する。

　公式の対局でコンピューターが初めて人間に勝ったことで、大きく取り上げられた。

　土木工学の**丹保憲仁**《たんぼのりひと》は、北海道大総長、放送大学長を歴任した。

　原子力工学者の**近藤駿介**は、東大教授、内閣府の原子力委員会委員長を経て、放射性廃棄物の地層処分事業を行う原子力発電環境整備機構（NUMO）の理事長を務めている。

　東京電力の福島原発事故以来、原発を推進する政官財学のグループを「原子力ムラ」と称するようになったが、近藤はその中枢を歩んできた。

　文系では、農業経済学の**唯是康**《ゆいぜ》**彦**、やはり農経学者でアイヌ文化史の研究もした**高倉新一郎**、経済法が専門で東海大学長の**山田清志**、北米文化研究者の**矢口祐人**、文化人類学、哲学者の**鷲田小弥太**、アメリカ研究者の**渡辺靖**らがOBだ。

## 早世した任天堂社長

　経済界に目を転じると、任天堂社長の**岩田聡**が15年7月に55歳で早世した。東京工業大情報工学科に進学、在学中から天才プログラマーといわれていた。

　**下妻博**は住友金属工業社長、関西経済連合会会長を務めた。

　**近藤龍夫**は、北海道電力の社長・会長を務めた。前述の近藤駿介の実弟で、4期後輩である。兄弟そろって「原子力ムラ」だ。

　積水化学工業のトップだった**大久保尚武**は、東大時代の1960年、ローマ五輪のボート競技に出場した。その経歴から日本ボート協会会長を務める。

　元職と現職が交じるが、企業トップに就いた卒業生を挙げると、

**伊藤豊次・義郎**父子（伊藤組）、**栗林徳一**（栗林商会）、**地崎宇三郎**（地崎組）、**佐藤貢**と**山本庸一**（雪印乳業）、**若林彊**《つとむ》（東北電力）、**関四郎**（明電舎）、**蛯名忠武**《えびなただたけ》（東急ホテルチエーン）、**児島仁**（電電公社、NTT）、**金井昭雄**（富士メガネ）、**瀬川章**（藤田観光）、**白井俊之**（ニトリ）、**大西雅之**（鶴雅HD《ホールディングス》）らだ。

## 「哲学的自殺」

政治家では、北海道知事を12年間務めた**堂垣内尚弘**、札幌市長をした**板垣武四**がいる。

官界では、1950年から7年間も検事総長を務めた**佐藤藤佐**《とうすけ》が卒業生だ。54年の造船疑獄事件に関わったが、自由党幹事長・佐藤栄作（旧制山口県立山口中学・現山口高校卒、のちに首相）に対する収賄罪容疑による逮捕状請求許可願いを、法相・犬養健《いぬかいたける》（旧制国立学習院中等科・現私立学習院中・高等科卒）の指揮権発動によってつぶされた。戦後検察の歴史に残る。

検事総長を務めた**西川克行**、大蔵官僚出身で内閣官房副長官、公正取引委員会委員長を歴任した**竹島一彦**、2017年7月に防衛事務次官に就いた**豊田硬**《かたし》がOBだ。

**小菅正夫**は北大獣医学部に進学、旭川市立旭山動物園の園長になる。水中トンネルを設けるなど観客が動物を様々な目線で見られるように工夫し、旭山動物園を世界でも評判の人気動物園に育て上げた。

藤村 操

**横田滋**は北朝鮮により拉致された横田めぐみの父親で、新制札幌南高校の第1期の卒業生だ。

明治時代に大きなニュースになった人物として、1903年に日光・華厳の滝で16歳で命を絶った**藤村操**《みさお》の名が残る。藤村は東京の私立開成中学（現開成高校）に転校し、東京・私立京北中学（現京北高校）を経て旧制一高に進んだ。滝の脇にあったナラの大樹に遺書「巌頭の感」を書き残したことから、「哲学的自殺」といわれた。

スポーツでは、ローマ・東京五輪でボート日本代表監督を務めた**堀内浩太郎**、日本サッカー界の重鎮でメキシコ五輪銅メダルの陰の立役者である**小野卓爾**がOBだ。

政界のフィクサーや文芸で名を上げた人物も

# 函館中部高校

◉北海道立・函館市

奉行所が置かれ、江戸時代後期から栄えた「箱館」。幕末に日米和親条約に基づいて米国船の寄港地として開港し、米蘭露英仏と通商条約を結び、１８５９（安政《あんせい》６）年に長崎、横浜などと並ぶ国際貿易港になった。

名称も「函館」と改称されて、「北の文明開化」を象徴する地となった。

五稜郭をはじめ、幕末から大正時代にかけての文化財が多く残り、北海道の街並み観光では小樽《おたる》と並ぶメッカだ。

函館尋常中学校が創設されたのは１８９５（明治28）年。札幌尋常中学校（のち札幌一中・現北海道札幌南高校）と同時期のスタートで、道内では最初の公立中学である。戦後の学制改革で男女共学の北海道函館中部高校となった。

旧制時代も現在も、略称は「函《かん》中《ちゅう》」だ。校舎の周りにはポプラ並木があり、このためポプラの和名である「白楊」が函中を象徴する樹木となって「白楊魂」という言葉が生まれた。

生徒や卒業生は「ポプラだましい」、あるいは「はくようこん」と呼んで親しむ。高きを望んでやまざる向上心、大地にしっかり根を張る生命力、たくましい成長力が「白楊魂」だ。

18年春の大学入試では現役、浪人合わせ、北海道大に14人、東北大に３人、弘前大に22人など、国公立大学に計１２８人が合格している。

## 田中角栄の秘書

個性ある人物を輩出しているが、とりわけ政治の世界で特異な活躍をした卒業生が目立つ。

まずは政治評論家の**早坂茂三**だ。元首相田中角栄（東京私立中央工学校土木科・夜間部卒）の政務担当秘書を23年間も務めた。

04年に亡くなっているが、政界

や自民党の内部事情に精通して多くの著書を出し、テレビ番組にもよく登場した。

昭和時代には、歴代首相とのつながりが深く「政界のフィクサー」といわれた**田中清玄**《きよはる》がいた。旧制弘前高校—東京帝国大と進学、戦前の非合法時代の日本共産党中央委員長になった。

獄中で転向し、戦後は実業家かつ右翼活動家になったが、既成右翼とは一線を画す。60年安保では左翼の全学連に資金を提供し、運動を支援、話題になった。

田中清玄

自民党の衆院議員で12日間だけ総務庁長官をした**佐藤孝行**は、定時制卒。76年に発覚したロッキード事件で「全日空ルート」の中心人物とされ、有罪判決を受けた。

日本社会党の衆院議員**塚田庄平**、自民党衆参議員で厚生相をした**田中正巳**らもいた。

地元の函館市長には、**吉谷一次**、**柴田彰**が就いている。

内務官僚・警察官僚出身で宮内庁長官をした**富田朝彦**《ともひこ》は、生前に彼が昭和天皇および側近の発言などを記録した日記や手帳（「富田メモ」）が、06年に公開された。

靖国神社がA級戦犯を合祀したことに不快感を抱いたために、昭和天皇は靖国参拝をしなくなったと読み取れる記述があり、議論となっている。

## 「なまらいいんでない会」

経済界では、**山尾忠治**（三井不動産）、**徳根吉郎**（日本セメント）、**越達三**（大同鋼板）、**斎藤鎮雄**（松屋）、**細井悌三**（同和火災海上保険）、**四ッ柳高茂**（北海道電力）、**篠崎昭彦**（住友金属鉱山）、**大道寺小三郎**（みちのく銀行）、**真柄秀明**（東京商工リサーチ）、**広瀬兼三**（北海道新聞社）、**野口忠雄**（函館どっく）らがトップ経験者だ。このうち真柄は、北海道に縁がある人たちの親睦グループ「なまらいいんでない会」の会長である。

元UAゼンセン会長の**逢見直人**は、日本労働組合総連合会（連合）の事務局長のあと、会長代行に就いた。

地元の中堅企業では、**石尾清広**

（イシオ食品）、**成田真一**（北海道ティーシー生コン）らがいる。**西村源太郎**は1860（万延《まんえん》元年）創業の老舗和菓子店・千秋庵総本家の社長を務めた。

**厨川勇**は函館ハリストス正教会神父を務めた。

## 亀井勝一郎、久生十蘭

文芸で名を成した卒業生も多い。昭和期の文芸評論家、作家の**亀井勝一郎**が前述の田中清玄と同級だった。人生論や恋愛論の著作が多く、高度成長期の若者から人気を集めた。

中退しているが、博識と技巧で「小説の魔術師」と呼ばれた**久生**《ひさお》**十蘭**《じゅうらん》、やはり中退しているが推理作家、翻訳家の**水谷準**もいた。

**五島勉**は73年に著した『ノストラダムスの大予言』が大ベストセラーになった。

**中村勝哉**は、友人とともに出版社の晶文社を創業している。

『丹下左膳』シリーズでは林不忘《ふぼう》を、他のシリーズでは別のペンネームを使った**長谷川海太郎**という小説家もいた。

長谷川4兄弟として知られ、そろって函中卒。海太郎は長男で、2男の**潾二郎**《りんじろう》は洋画家、3男の**濬**《しゅん》はロシア文学者、4男の**四郎**は小説家だった。

詩人の**原子修**、小説家で川柳評論家の**坂本幸四郎**、評論家で哲学者の**山田宗睦**《むねむつ》らもOBだ。

文化人では、朝日新聞記者出身で「物知り博士」といわれた**渡辺紳一郎**がいた。NHKラジオの『話の泉』、テレビの『私の秘密』の常連出演者で、昭和時代にお茶の間で親しまれた。

亀井勝一郎

渡辺と前述の久生、水谷、長谷川海太郎の4人は、旧制函中の同期入学だ。

学者では、東京大社会科学研究所教授・所長を務めた憲法学者で「表現の自由」を巡る問題の権威だった**奥平康弘**がいた。「九条の会」呼びかけ人の1人でもあった。弟の**奥平忠志**もOBで、地理学者だ。

**児玉作左衛門**は、大正~昭和にかけアイヌ研究で知られた。

岩石学が専門で東京大地震研究

所所長を務めた**森本良平**もいた。
　産婦人科医の**清水哲也**は、旭川医科大学長をした。消化器内科の**渡辺雅男**、英文学の**上田勤**、植物病理学の**四方**《しかた》**英四郎**、「昆布博士」といわれた**大石圭一**、小児看護学の**日沼千尋**らもOB、OGだ。

## 「一途な男になれ」

函館市にある私立遺愛学院は1874（明治7）年の創立で、北海道では最古の学校だ。その理事長兼幼稚園園長をしていた**野田義成**は新制函中の1期生で、函中の校長を務めた。

　11年3月11日の東日本大震災で、岩手県釜石市は、児童生徒約3000人が自主的な避難判断で津波から命を守り、「釜石の奇跡」と呼ばれた。


釜石市の小中学校で校長をした**渡辺真龍**は「日頃の防災教育が大事」と、全国を講演行脚している。

　元立教大教授で現自由学園最高学部長の**渡辺憲司**は、私立立教新座中・高校（埼玉県）の校長をしていた11年3月、震災で卒業式を中止した。HPを通じて贈った高校3年生に宛てた式辞「一途な男になれ」が、ネット上で大きな話題になった。

　将棋棋士で日本将棋連盟会長を務めた**二上達也**がいた。96年に将棋界で初の7タイトルを独占した

二上達也

羽生善治の師匠としても知られる。
　柔道家**佐藤宣践**《のぶゆき》は東海大の教員を勤め、柔道部の主席師範として多くの世界チャンピオンを育てた。
　石油会社の技術者だった**目黒たみを**は、09年にヨットで単独世界一周を達成した。
　小説家の**宇江佐真理**《うえざまり》は時代小説が得意で、直木賞候補として何度もノミネートされ、『髪結い伊三次捕物余話』シリーズがテレビドラマ化された。
　市立函館病院消火器内科主任医長の**畑中一映**はピアニストとしても知られ、函館の音楽家集団クレアシオンの代表を務めている。
　漫画家の**山本直樹**、俳優の**小林正寛**《まさひろ》、作曲家、ボーカリストの**水島康宏**、ピアニストの**加茂紀子**らも第一線で活躍中だ。

北海道屈指の名門校が出した異色の人物とは

# 小樽潮陵高校

◉北海道立・小樽市

小樽は運河に代表される観光都市として知られている。今は斜陽の街だが、明治、大正から昭和30年代にかけては港湾都市、商業都市として、北海道内はもとより全国にその名をとどろかせていた。

運河はその産業史的な遺産だ。戦前から銀行が軒を連ね、「北のウォール街」とも呼ばれていた。

北海道小樽潮陵《ちょうりょう》高校の前身は北海道庁立小樽中学であり、1902（明治35）年に開校している。道内の公立普通高校では3番目の古い伝統がある。街の歴史を背負っている学校であり、多くの人材を世に送り出してきた。

## 帝銀事件で獄中死

立派なことだと感嘆するのは、学校が掲げる「出身著名人一覧」の中で、**平沢貞通《さだみち》**の名が堂々と明記されていることだ。

48（昭和23）年1月26日に、帝国銀行（のちの三井銀行、現在は三井住友銀行）椎名町支店（東京都豊島区）で男が行員らに毒物を飲ませ、12人を死亡させた事件が起きた。世にいう「帝銀事件」だが、この犯人として死刑が確定したのが平沢だった。

しかし自白以外に決め手となる物証に乏《とぼ》しく、平沢を真犯人とした確定判決に疑問を持つ人が少なくなかった。このため、文化人や法曹関係者らが死刑の執行停止や再審、恩赦の救援活動を展開した。

歴代の法相も死刑の執行を見送り、平沢は結局、87（昭和62）年に95歳で獄中で病死した。確定死刑囚としての収監期間は32年に及び、当時の世界最長記録だった。

平沢は旧制札幌中学（現道立札幌南高校）を経て旧制小樽中学に入学。終戦前後にはテンペラ画家として知られた存在で、獄中でも画作に励んでいたという。

そんな平沢を小樽潮陵高校は

「同窓の画家」として遇し、堂々と誇っているのだ。

小樽市長を16年間務めた**安達与五郎**が平沢の無実を信じ、救援活動を続けたことも功奏したようだ。安達は旧制小樽中学7期卒で、平沢と同期の親友だった。

筆者は全国各地の名門高校約300を訪問してきたが、どの同窓会も犯罪者になった卒業生については口を濁《にご》して語りたがらない。

例外はこの小樽潮陵高校と、都立第一商業高校だ。

一商の卒業生たちは、日本では犯罪者だが、アラブ世界では英雄視されている重信房子が同窓生であることを誇りに思っている。

重信は、70年代に新左翼の日本赤軍の最高幹部になり、パレスチナなどアラブ地区に赤軍派の拠点を作るために国外に逃亡、日本滞在中の00年に逮捕され、懲役20年の有罪判決が確定した。

現在は、抗がん剤治療をするために八王子医療刑務所で服役中だ。

平沢貞通

## 「行動する学者」秋野豊

小樽潮陵高校の話に戻ろう。

小説家として名を成した卒業生では、**伊藤整《せい》**がいた。小樽中学から小樽高等商業学校（小樽商科大の前身）をへて旧制東京商科大（一橋大の前身）を中退している。近代日本文学で重要な作家かつ文芸評論家の1人に数えられる。

伊藤は、自伝的小説『若い詩人の肖像』で小樽中時代の厳しい授業風景を克明に描いているが、多くの卒業生は校風を「秩序だった自由」としている。

「潮陵スピリット」の統一見解を、かつて同校教諭だった3人が作成している。「個々の中に生きている『潮陵のこころ』があり『自由』、『進取』、『達成』、そして、ふわっと暖かい『つながり』」という、文学的なまとめになったという。

伊藤の他の小説家では、戦前に

伊藤 整

多くの著作を出した**岡田三郎**、自称「児童よみもの作家」の**山中恒**《ひさし》、昭和時代の脚本家**八田尚之**らもいた。岡田は小樽潮陵高校の校歌の作詞者でもある。

ＯＧで時代小説が得意な**蜂谷涼**は、北海道内のラジオ・テレビによく出演している。

文芸評論家の**菱川善夫**は、前衛短歌の理論的支柱として知られた。

学者では**山内昌之・進**兄弟が名高い。昌之はイスラムや中央アジアの国際関係史が専門で元東大教授。２期下の進は西洋中世法史が専門で、一橋大学長になった。

ロシアや中央アジアの専門家だった**秋野豊**は、筑波大教員を辞職して外務省に入省し、98年に国連タジキスタン監視団に参加。山岳地帯を走行中に武装集団による襲撃に遭い、同乗者とともに射殺される。「行動する学者」だった。

整形外科医で詩人だった**河邨**《かわむら》**文一郎**は、72（昭和47）年の札幌五輪でテーマソングになった『虹と雪のバラード』を作詞した。

医師では消化器外科の**内野純一**、ベーチェット病の権威で眼科の**大野重昭**らもＯＢだ。

電気通信学者で北海道工業大学長をした**林一郎**、会計学者で小樽商科大学長をした**山本真樹夫**、イギリス近代史の**浜林正夫**、財政学の**早見弘**、社会福祉学の**大谷まこと**、医用生体工学の**山本徹**、経営学の**高橋伸夫**、交通システム工学の**高野伸栄**らも卒業生だ。

## 『私は貝になりたい』

経済界で活躍したのは、北の誉酒造初代社長で地元経済界の発展に尽くした**野口喜一郎**、合同酒精（現オエノンＨＤ）会長をした**堀末**《すえ》**治**《じ》、同社長の**西永裕司**、地崎工業社長をした**３代目地崎宇三郎**、日本道路公団初代総裁の**岸道三**、日本専売公社総裁をした**東海林武雄**、テレビドラマ『私は貝になりたい』の演出家でＴＢＳ社長・会長をした**諏訪博**、セイコーエプソン会長をした**安川英昭**、通産官僚出身で国際石油開発帝石社長の**北村俊昭**、ジェイ・アール北海道バス会長の**木村一郎**らがいる。

さらに地元経済界では、小樽商工会議所会頭の**山本秀明**、副会頭の**西條文雪**と**杉江俊太郎**らが卒業している。

文化人では、『人間の条件』『切腹』などの代表作を持つ映画監督の**小林正樹**が旧制時代の卒業だ。

大正〜昭和期の洋画家**大月源二**も旧制卒である。

日本を代表するワイン研究者の1人である**堀賢一**は新制卒だ。

**松本圭介**は浄土真宗本願寺派の僧侶で、超宗派で集うインターネット上の寺院「彼岸寺」を立ち上げて、運用している。新しい時代の仏教について考えるサイトだ。松本は東大に進学して、哲学を学んだ。

商業デザイナーの**藤森茂男**は「小樽運河を守る会」の初代事務局長になり、70年代〜80年代にかけて、運河の保存運動の先頭に立った。

河邨文一郎

音楽では、**松田真人**がピアニスト兼音楽プロデューサーとして活躍中。作曲家、ジャズ・ピアニストでニューヨークで活動の場を広げる**野瀬栄進**《えいしん》もOBだ。

お笑いタレント出身の**加藤浩次**は、俳優・キャスター・司会者としてよく知られている。

俳優では**安宅忍**が、舞台、映画で名脇役として存在感を発揮した。

## 冬季五輪競技を牽引

旧制小樽中は、大正期から昭和にかけて黎明期の日本スキージャンプ界を牽引する存在だった。

**伴素彦**は、28（昭和3）年のサンモリッツ五輪にスキージャンプ日本代表として出場し、のちに全日本スキー連盟会長をした。仕事では日本製粉の社長になった。

この他、レークプラシッド、オスロ、グルノーブル、札幌などの冬季五輪に出場した卒業生としては、**安達五郎**、**伊黒正次**、**龍田**《たつた》**峻次**、**宮島巌**、**吉沢広司**、**佐藤耕一**、**松井孝**、**板垣宏志**らがいる。

新制になってすぐの50（昭和25）年の大学入試では、現役、浪人合わせ、北海道大に153人、地元の小樽商大に102人もの合格者を出したことがある。札幌南高校に次ぐ全道第2位だった。

18年の大学入試では、北海道大に26人、室蘭工業大に7人、札幌医科大に5人、旭川医科大に2人が、地元の小樽商大には22人が合格している。

# 弘前高校

## 三浦雄一郎が著名で、「津軽文化人」が校風

◉青森県立・弘前市

津軽家10万石が領する城下町だった弘前《ひろさき》。市内中心部には、桜の名所として知られる弘前城址の弘前公園がある。

青森県で初めての公立中学として、前身の青森県中学校が1884（明治17）年に創立された際には、校舎は青森市にあった。

しかし、5年後に弘前市に移転した。明治政府は県庁を青森市に置いたが、元弘前藩士から「弘前こそ青森の中心」という圧力があったためだといわれている。

95年には県第一尋常中学校と改称され、1909年に弘前中学となった。戦後の学制改革で新制弘前高校に衣替えし、2年後の50年には女子にも門戸が開かれた。

県庁所在地でないのに旧制「一中」になった例としては、福島県立安積《あさか》高校（旧制福島一中、郡山市）、滋賀県立彦根東高校（旧制滋賀一中、彦根市）など、全国に10ほどある。

略称は「弘高《ひろこう》」。目指す人間像として「持って生まれたものを深くさぐって強く引き出す人」を掲げる。「自学自習　規律ある自由　体力の増進」が教育目標だ。

名物行事は「弘高ねぷた」だ。8月に行われる弘前ねぷた祭りの前の7月に行われる。1950年代からスタートしており、現在は各クラスごとに1台のねぷたと灯籠を製作し、囃子《はやし》に合わせて弘前市内を運行する。

2018年春の大学入試では現役、浪人合わせ、東京大4人、北海道大2人、東北大34人、地元の弘前大に70人が合格している。70人のうち13人が医学部医学科だ。

### 80歳でエベレスト登頂

弘高のOBには冒険そのものの人生を送っている卒業生がいる。プロスキーヤー・登山家の**三浦雄一郎**だ。

85年に世界七大陸最高峰からの

スキー滑降を達成、13年には80歳にして3度目の世界最高峰エベレスト（8848メートル）の登頂に成功した。エベレスト登頂の最高齢記録だ。

三浦雄一郎

三浦の父・敬三（青森県立青森中学・現青森高校卒）も山岳スキーヤーかつ山岳カメラマンで、雄一郎と共に99歳でアルプスのモンブランを滑走している。06年に101歳で死去した。

敬三が営林局勤務だったため転勤が激しく、雄一郎は転校を繰り返した。岩手県立黒沢尻中学（現黒沢尻北高校）―東京府立第十二中学（のちの都立千歳高校で、02年に閉校）―青森県立青森中学（現青森高校）から弘前中学に移り、卒業したときには新制弘前高校になっていた。

北海道大獣医学部に進んで北大助手になったが、プロスキーヤーに転じた。

雄一郎は、旧制弘前中・弘前高校について「ある程度バンカラではあったが、おっとりした津軽文化人みたいな校風」（『75歳のエベレスト』）と回想している。

スキーヤーでは**長崎昭義**もいる。68年のグルノーブル、72年の札幌冬季五輪にクロスカントリー選手として出場した。その後は青森放送社長を務めた。

国際的に活躍した柔道家もいる。講道館黎明期の柔道家**前田光世**だ。県立青森一中を中退し、旧制私立早稲田中学（現早稲田中・高校）を卒業した。ブラジル国籍を取得後は「コンデ・コマ」と名前を変え、格闘技で人気を集めた。

戦後の15年間ほど、弘高卓球部は全国大会で優勝するなど強かった。**成田静司**は世界選手権大会に日本チームの一員として参加し、男子団体優勝に貢献した。

## 文化人も活躍

旧制時代と弘高で学んだ「津軽文化人」を紹介しよう。

明治から昭和にかけ、大衆小説や「少年小説」の分野で多くのファンを獲得した**佐藤紅緑**《こうろく》が、県尋常中学を中退している。作詞家・詩人のサトウハチロー（東京・旧

制私立早稲田中学・現早稲田中・高校中退)、作家の佐藤愛子(兵庫県・旧制甲南高等女子校・現甲南女子高校卒)の父だ。

大正から昭和にかけて、『青い山脈』など多くの小説を著した**石坂洋次郎**が弘前中学を卒業している。数多くの作品が映画化、TVドラマ化された。

さらに劇作家・詩人の**秋田雨《う》雀《じゃく》**、小説家の**薄田斬雲《うすだざんうん》**、詩人の**一《いちの》戸《へ》謙三**、農民小説の**平田小六**、小説家・詩人の**貘《ばく》不次男**、小説家の**赤羽尭《たかし》**がいた。

**加藤謙一**は、戦前に「少年倶楽部」の編集長を、戦後は「漫画少年」を編集・刊行して多くの漫画家を世に送り出した。

活躍中の人物では、直木賞作家である**長部日出雄《おさべひでお》**、文芸評論家の**三浦雅士**、映画評論家の**福井次郎**がいる。

**鎌田慧《さとし》**は日本のルポライター、ノンフィクション作家として第一級だ。

底辺労働者や弱者の立場に立った社会派で、脱原発や安保関連法案反対など自ら社会運動も実践。91年には毎日出版文化賞を受賞している。弘高から早大露文科に進んだ。

翻訳家も巣立っている。64年に米国の小説家サリンジャーの『ライ麦畑でつかまえて』を翻訳してベストセラーになった英米文学の**野崎孝**がOBだ。

ロシア文学の**鳴海完造**、推理小説の**工藤政司**、英米文学の**杉浦銀策**と**工藤昭雄**、仏文学の**小倉孝誠**らも卒業生だ。

## 「イトカワ」の物質を持ち帰る

学者では、宇宙航空研究開発機構シニアフェローの宇宙工学者**川口淳一郎**が知られている。

小惑星探査機「はやぶさ」のプロジェクトマネージャーとして10年に、小惑星「イトカワ」の物質を地球に持ち帰ることに世界で初めて成功した。

イオンエンジンが故障するなど、プロジェクトは何度も危機に見舞われるという劇的な展開だったため、テレビドラマや映画になる。

天文学の**唐牛宏《かろうじ》**は、国立天文台ハワイ観測所所長を務めた。

果樹園芸学の**菊池秋雄**は、菊水梨など数多くの梨の品種改良の研究をした。「菊水」の「菊」は菊池の姓から取られている。孫の**菊池**

**誠**は物理学者だ。

　医学者では病理学・細菌学の**今**《こん》**裕**《ゆたか》がいた。北海道大医学部創設に尽力し、戦前に北大総長も務めた。

　昭和時代の法医学者で慶応大医学部教授の**中館久平**は、初代国鉄総裁の下山定則（旧制三重県立津中学・現津高校卒）が49年に轢《れき》死体で発見された際（下山事件）、死後轢断を主張し、東大医学部の生前轢断説と対立している。

鎌田 慧

## 「空飛ぶスポーツカー」

　経済界では、**高谷英城**（青森銀行）、**加福善貞**（同）、**葛西清美**（みちのく銀行）、**工藤尚義**（陸奥新報社）、**飛島定城**（福島民報社）、**藤田昌次郎**（鬼怒川ゴム工業）、**西本博行**（セーラー万年筆）らが卒業生だ。

　ホンダは「空飛ぶスポーツカー」と表現される小型ビジネスジェット機「ホンダジェット」を完成させ、15年から受注を始めている。

　売れ行き好調で、軽量小型ビジネスジェット機の出荷量では17年に世界1位となったが、その航空機事業子会社ホンダ・エアクラフト・カンパニー（本社・米国）の社長**藤野道格**《みちまさ》がOBだ。

川口淳一郎

　官僚では、**弥富啓之助**が衆院事務総長、人事院総裁を、**三国谷**《みくにや》**勝範**は金融庁長官を務めた
　弁護士の**雪田樹里**は人権NGO「ヒューマンライツ・ナウ」の関西事務局長で、性暴力問題などに取り組んでいる。
　音楽では作詞・作曲家の**明本**《あけもと》**京静**《きょうせい》、現代音楽の作曲家**下山一二三**が卒業している。美術では洋画家の**常田健**、陶芸家の**高橋一智**、現代美術家の**奈良美智**《よしとも》が卒業生だ。
　映画監督の**五十嵐匠**、**木村文洋**もいる。
　多くのテレビドラマに出演した女優の**長内美那子**、俳優で声優の**龍波しゅういち**、劇団民芸所属の俳優の**神敏将**がOG、OBだ。

旧制三中だが、太宰治や寺山修司を出した

# 青森高校

◉青森県立・青森市

旧制青森中学と旧制青森高等女学校とが戦後の学制改革の過程で統合され、現在の男女共学の青森高校となった。

青森中学が創立された1900（明治33）年は、第三中学と称していた。同様に青森高女も、スタートは第三高女である。

本州最北端の青森県は、日本海側の津軽地方と太平洋側の南部地方の二つの地域に大別される。

明治政府は青森県の県庁所在地を、開けたばかりの青森市にもってきた。しかし、旧制一中は幕末に弘前藩10万石の城があった弘前市（現弘前高校）に、二中は八戸藩の八戸市に（現八戸高校）設立された。青森市の県立中学は、3番目になったのだ。

青森高校の通称は「青高《あおこう》」。キャンパスは、1902（明治35）年に起きた八甲田山雪中行軍遭難事件で犠牲になった青森歩兵第五連隊の出発地点にある。

文部科学省からSGHに指定されている。

18年春の大学入試では現役、浪人合わせ、東京大3人、東京工業大2人、北海道大8人、東北大31人、弘前大57人が合格している。

## 「青森といえば太宰」

校歌のタイトルは『無限の象徴《しるし》』となっており、教育方針の真っ先に「生徒1人1人の個性の伸長を図る」を掲げている。その方針のとおり、個性ある人材をたくさん送り出してきた。

筆頭は小説家の**太宰治**だ。「太宰といえば青森、青森といえば太宰」というくらい青森県を象徴する人物だ。

「桜桃忌」が例年、6月19日に東京・三鷹市の禅林寺で行われる。

太宰は1909（明治42）年6月19日に、青森県で有数の大地主の家に生まれた。48（昭和23）年に愛人と、東京郊外の玉川上水で入水心中したが、死体が発見された日と誕生日とが奇しくも同日だった。直前に書いた短編『桜桃』にちなんで、この日は「桜桃忌」と命名された。

　旧制青森中時代、校友会誌に習作「最後の太閤」を掲載、また友人と同人誌「星座」を出している。その後、旧制弘前高校―東京帝大・仏文学科と進み、『斜陽』『人間失格』などを著した。

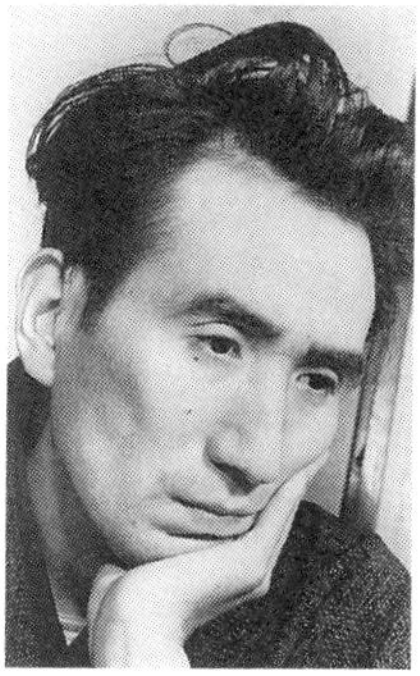
太宰 治

## 「天井桟敷」を主宰

詩人、歌人、劇作家、小説家、俳優、演出家、競争馬馬主など多くの顔を持ち、演劇実験室「天井桟敷《さじき》」を主宰した**寺山修司**は新制卒だ。1983（昭和58）年に死去するまで、様々な活動でメディアを賑わせ続けた。

　青森県三沢市に寺山修司記念館がある。その館長**佐々木英明**も青森高校卒だ。19歳のときに寺山と巡り会い、寺山が劇場用映画の初監督をした『書を捨てよ町へ出よう』で主役を演じている。

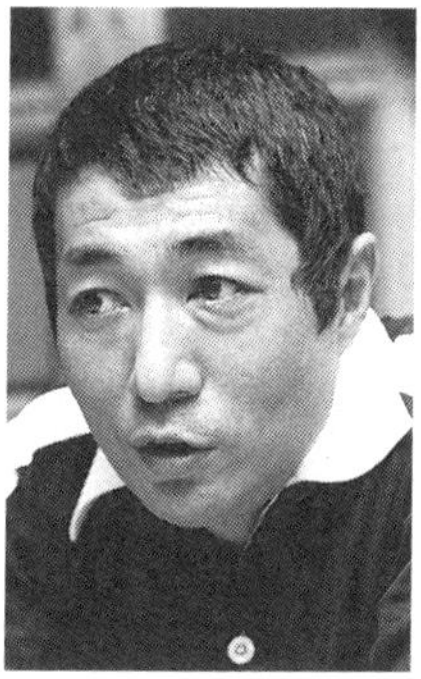
寺山修司

　推理作家の**高木彬光**は、太宰より10年あとに青森中学を卒業している。医師で津軽弁の方言詩人だった**高木恭造**は、彬光の叔父だ。青森中を中退しているが、戦前の詩人**福士幸次郎**もいた。

　旧制青森高女ゆかりの女性では、「ブルースの女王」と呼ばれた**淡谷《あわや》のり子**がいた。高女を中退し、東洋音楽学校（現東京音楽大学）でピアノ、声楽を学び、30（昭和5）年から90年代にかけ、シャンソン、ブルースと名のつく歌謡曲を多く唄った。

　淡谷の二つ下で、淡谷とも知り合いの高女生に、**相沢良**という人物がいた。20代前から平和運動家、共産党員として北海道などで活動したが、36年に25歳で死去した。札幌市と青森市に顕彰碑が建っている。

　早世の人物といえば、フォトジ

ャーナリストの**沢田教一**もいた。寺山修司とは青森高校で同級である。ベトナム戦争の写真集でピューリッツァー賞を受賞、70年にカンボジア戦線を取材中に銃撃され34歳で死亡した。

## 三浦雄一郎の父も「怪物」

プロスキーヤー・登山家の**三浦雄一郎**が13年5月に、80歳でエベレストに3度目の登頂を果し、話題になった。父親が林野庁職員で転勤が激しく、三浦は岩手県立黒沢尻中（現黒沢尻北高校）―東京府立十二中（のちの都立千歳高校、02年に閉校）―青森中を経て弘前高校を卒業している。

雄一郎の父**三浦敬三**は日本の山岳スキーの開拓者で、青森中の卒業生だった。04年には99歳にしてモンブラン山系でスキー滑降を成し遂げ、１００歳では米国ユタ州のスノーリゾートで、敬三・雄一郎・孫・曾孫の4世代での滑降を行っている。06年に１０１歳で死去した。

雄一郎が青森中3年生のころ、1年先輩には**猪谷《いがや》千春**もいた。卒業したのは東京都立大泉高校だ。

56年の伊コルティーナダンペッツォ五輪で、スキー回転競技で銀メダルを取った。日本人で初の冬季五輪メダリストである。のちにＩＯＣ（国際五輪委員会）副会長やＡＩＵ日本法人会長になった。

三浦父子は一種の「怪物」だが、同高の卒業生にはイングリッシュ・モンスターもいる。59年生まれの英語講師**菊池健彦**だ。世界共通英語テスト・ＴＯＥＩＣで９９０点満点を数十回更新中だ。

菊池は北海道大・ロシア語学科に進学したが、34歳から英語を独学し、海外渡航経験は皆無なのに記録を伸ばし続けている。

## 「便潜血検査」法を確立

岩手県陸前高田市は、11年3月11日の東日本大震災による大津波の直撃で、壊滅状態になった。

地域の中核病院である県立高田病院の院長をした**石木幹人**は、聴診器も血圧計もないまま、被災者への医療活動に没頭した。

医学者では、日本の薬学界のパイオニア**石館守三**が旧制卒だ。ハンセン病治療薬や、がん化学療法剤などを創薬した。**斎藤博**は、検便で大腸がんの疑いがある人を見つけ、早期治療に結びつける「便潜血検査」法を確立させた。

政治学者では政策評価論が専門の**山谷清志**、大正期の近代日本政党政治を研究している京大教授の**奈良岡聰《そう》智《ち》**がいる。奈良岡は15年にアジア・太平洋賞を受賞した。

化学者の**栄《えい》長《なが》泰《やす》明《あき》**は機能性材料、光化学が専門だ。**田辺優貴子**は気鋭の植物生理生態学者で、南極越冬隊の一員にもなっている。

経済界では、芸能プロモーター・芸能事務所のアミューズ創業者で会長の**大里洋吉**が卒業生だ。「サザンオールスターズ」など多くの歌

沢田教一

手、タレントを育てた。アミューズは東証1部に上場している。

農畜産物の生産や流通のベンチャー企業・ナチュラルアートを創業した**鈴木誠**、レタスを育てる植物工場「グランパ」を創業した**阿部隆昭**、バイオ企業の免疫生物研究所を創業した**清藤勉**もOBだ。

東京都民銀行前頭取の**柿崎昭裕**、浜野ゴルフクラブ（千葉県）社長で東京青森県人会会長の**清藤良則**らもいる。

ノンフィクション作家の**田沢拓也**、ミステリー小説家の**堀川アサ**

猪谷千春

**コ**、シンガーソングライターの**佐藤竹善**、映画監督の**横浜聡子**、タレントの**春日井静奈**らが活躍中だ。

画家では、アウトサイダーとして生涯を終えた幻の洋画家**阿部合《ごう》成《せい》**が太宰治と同級生であり、卒業後も交流が続いた。

画家ではもう1人、**小館善四郎**もいた。レモンをモチーフにした静物画が多く、「レモンの画家」と呼ばれた。太宰治の義弟だ。

青森市の市長経験者では**千葉伝蔵**、**工藤正**、**佐々木誠造**、**鹿内博**が卒業生だ。

素晴らしい卒業生を多く送り出した高校だが、汚点もある。08年の秋葉原無差別殺傷事件で7人を殺害、10人に重軽傷を負わせた犯人**加藤智大**がOBだ。15年2月に最高裁で死刑判決が確定した。

卒業生は賢治派と啄木派に分かれる？

# 盛岡第一高校

◉岩手県立・盛岡市

**宮沢賢治**と**石川啄木**。旧制盛岡中学・盛岡第一高校を語る場合、この2人の偉大な文人がまず脳裏をよぎる。

父親が盛岡市出身という脚本家の内館牧子（東京都立田園調布高校卒）は『週刊朝日』２０１２年７月27日号の連載コラムで「啄木派vs賢治派」と題して書いている。「今年で啄木没後１００年、賢治は来年で没後80年。これほどの時間がたっても、岩手県民は2人の文学者を酒の肴にし、口論もする。こういう町を『文化都市』というのではないかと思う」と記している。

内館が挙げる「岩手県民」を「盛岡一高同窓生」と言い換えてもよいかもしれない。ただし同窓生の間では、旧制盛岡中学を卒業し、最後まで岩手で自然と共に生きた賢治派が優勢だそうだ。

啄木はテスト中にカンニングが発覚したり、欠席が多かったりして退学勧告を受け、盛岡中学を中退している。賢治派にとっては、卒業生と中退者を同列に扱うわけにはいかないようだ。

賢治は、１８９６（明治29）年8月27日に産声をあげた。生まれる2か月前に三陸地震津波が、誕生日の4日後に陸羽地震が起き、死去した年の１９３３年の3月には三陸沖地震が発生している。

『雨ニモマケズ』に歌われているように賢治は災害に注意を払っていたが、11年3月11日に起きた東日本大震災で、太平洋沿いの三陸沿岸の市町村が壊滅的な津波被害をこうむったことを暗示させるものがある。

賢治と違って啄木の家は貧しく、故郷を追われて転々とし、26歳にして死去した。望郷の念が強く、それゆえに多くの日本人が共感する歌が生まれたのだろう。

盛岡一高の卒業生で啄木研究家の1人である**山田武秋**は、啄木の

「短歌革新」を汲む「五行歌」の歌会を開催している。

盛岡第一高校は内陸にあるため、3・11では無事だった。東京の同窓会「在京白堊《はくあ》会」は、岩手県の復興支援のために首都圏に住む卒業生に、「ふるさと納税制度」の活用を呼びかけ、岩手県、大船渡市、宮古市などに寄付した。

復興事業に日夜取り組む自治体の長で、盛岡一高の出身者が何人もいる。三陸の大船渡市長**戸田公明**、宮古市長**山本正徳**がそうだ。

「政界の壊し屋」といわれた小沢

宮沢賢治

一郎（東京都立小石川高校卒）に忠誠を尽くしている岩手県知事の**達《たっ》増《そ》拓也**と、盛岡市長の**谷藤裕明**も卒業生だ。

岩手県ではないが、やはり甚大な被害をこうむった宮城県仙台市の前市長**奥山恵美子**もOG。奥山は2年生のときに秋田県立秋田高校から盛岡一高に編入してきた。

## 文化・芸術で頭角を現す

小説家では『銭形平次捕物控』の**野村胡堂《こどう》**、戦争中に直木賞を受賞し賢治作品に関する文章を多く

石川啄木

残している**森荘已池《そういち》**、直木賞を受賞している**佐藤得二**、プロレタリア文学運動に加わった**古沢元**、作品が芥川賞候補になった**佐藤亜有子**、少女小説の**久美沙織**らが出ている。

俳人では、啄木と親友だった**岡山不衣《ふい》**がOBだ。

正岡子規（旧制愛媛県立松山中学・現松山東高校中退）の門下生だった**原抱琴《ほうきん》**は、盛岡中3年のときに旧制東京府立一中（現都立日比谷高校）に転校した。

鉱山学者でもある俳人の**山口青《せい》邨《そん》**、牧師でエッセイストの**太田愛《あい》人《と》**、詩人の**城戸朱理**も卒業生だ。

彫刻家の**舟越保武**と洋画家の**松本峻介《しゅんすけ》**は、同期入学だ。松本は盛岡中1年のときに聴覚障害者となったことがきっかけで絵に打ち

込み、中3で中退し東京に出る。36歳で若死にした。

彫刻家の**長内努**、画家の**小坂蓉子**、鋳金家の**宮伸穂**《のぶほ》は、地元盛岡で多様な文化活動をしている。

## 金田一京助、大友啓史

文化勲章受章者では、刑法学者の**小野清一郎**と、言語学者でアイヌ語の研究で知られる**金田一京助**がいる。金田一は、2年後輩の石川啄木を物心ともに援助した。

精神科医の**斎藤環**《たまき》は「ひきこもり」や「オタク」の研究で知られており、最近は社会全般の評論活動までウイングを広げている。

遺伝・ゲノム動態の研究者である**高橋三保子**は１９９０年に、自然科学の分野で顕著な研究業績を収めた女性研究者に贈られる猿橋賞を受賞している。

地球惑星科学や地震波の研究をしている**田島文子**、超伝導の研究者で芝浦工業大学長の**村上雅人**、近代文学者の**中村三春**らがＯＢ、ＯＧだ。

ＮＨＫの演出家だった**大友啓史**は、映画監督として知られる。ＮＨＫ大河ドラマ『龍馬伝』や、『ハゲタカ』で脚光を浴び、独立して12年には『るろうに剣心』で映画監督としてデビューした。

企業経営者では、住友信託銀行（現三井住友信託銀行）のトップを務めた**高橋温**《あつし》が骨太のバンカーとして知られる。

旧制時代では、鹿島建設の前身である鹿島組社長をした**鹿島精一**が卒業生だ。鹿島が株式会社に改組されたのは、１９３０年の鹿島精一時代だった。鹿島は東北地方の公共事業に強いが、精一がその下地をつくったといえる。

戦後に、日本製鉄の解体に伴って八幡製鉄の初代社長に就いた**三鬼隆**がいた。１９５２年の日航機もく星号墜落事故で遭難死した。

三菱重工業社長などをした**郷古**《ごうこ》**潔**、産報出版の社長**馬場信**らが卒業している

## 軍人で首相の米内光政

戦前の旧制時代には「政治家か軍人」を志向する卒業生が多かった。海軍大将・海相のあと首相を務めた**米内光政**《よないみつまさ》がその象徴だ。戦後も政治家志向は変わっていないようだ。

軍人・政治家では、前述の米内光政の他、陸軍大将、陸相の**板垣**

**征四郎**、海軍大将、海相の**及川古志郎**など多数を輩出している。

岩手選出の国会議員で、盛岡一高出身者もたくさんいる。

陸前高田市出身の前衆院議員、**黄川田《きかわだ》徹**は大津波で両親と妻と長男が犠牲になった。国会議員の中で肉親を亡くした唯一の例だ。

比例近畿ブロック選出の日本共産党衆院議員**穀田《こくた》恵二**も、盛岡一高のOBだ。

役人では、検事総長をした**神谷尚男**がいた。

斎藤 環

経済企画庁出身で国民生活センター理事長をした**及川昭伍**もいる。

陸前高田市出身で水産庁官僚だった**小松正之**は、クジラ・マグロなどの漁業交渉で活躍した。

スポーツでは、都市対抗野球大会に貢献し第1回の野球殿堂入りした**久慈次郎**、競輪選手として名を残した**大宮政志**、68年のメキシコ五輪サッカーで銅メダルを獲得した際に主将をした**八重樫茂夫**が卒業している。

## 応援団はバンカラ・スタイル

同校の創立は、県立岩手中学校がスタートした1880(明治13)年にさかのぼる。戦後の学制改革で男女共学の盛岡第一高校になり、広大な県下から優秀な生徒を一手に集めてきた。

校訓は「質実剛健・忠実自彊《じきょう》」。通学できない生徒のために「自彊寮」と呼ばれる寄宿舎(男子用)がある。旧制盛岡中学時代からの名前を継承している寮で、宮沢賢治が入寮していたこともある。

校歌は、軍艦マーチに歌詞をつけたものだ。応援団は弊衣破帽、高下駄、はかま姿のバンカラ・スタイルが連綿と伝わっている。

18年春の大学入試では現役、浪人合わせ、東京大8人、京都大1人、東北大48人、岩手大32人が合格している。

盛岡一高からの東大合格者数は1980~90年代には毎年度、十数人はいた。だが、最近は一桁台にとどまっている。岩手県全体で見ても、東大合格者数は10人前後で低迷しており、トップ校・盛岡一高の奮起が望まれる。

「グローバル人材」の象徴・明石康を出した

# 秋田高校

◉秋田県立・秋田市

前身の秋田中学校が開校したのは1882（明治15）年であるが、そのルーツをさかのぼれば1873（明治6）年設立の洋学校にたどり着く。

140余年という、日本の高校でも指折りの伝統を誇る学校だ。

全国学力テストで、秋田県はいつも最上位の結果が出ている。少人数学級の効果といわれるが、高校では専門学校や就職希望者も多く、大学進学率は全国平均より10%も低い。また、この30年間で秋田県の人口は15%も減り、全都道府県のワースト記録になっている。

そうした中、多くの人材を送り出し輝いているのが秋田高校、通称「秋高《しゅうこう》」だ。

戦後の学制改革で秋田南高校と改称されたが、51年に男女共学となり、その2年後に現在の校名である秋田高校になった。

キャンパスは広大で、カモシカが出没することもあるという。文武両道・自主自律を標榜《ひょうぼう》している。

野球部は1915（大正4）年の第1回全国中等学校優勝野球大会（現在の夏の甲子園大会に相当）出場10校のうちの一つで、準優勝している。以来、夏春の全国高校野球大会に計24回の出場を果たしている。剣道部もインターハイ全国2連覇の記録がある。

## 日本人初の国連職員に

近年「グローバル人材」というワードが流行っているが、その象徴のような卒業生が国際連合事務次長をした**明石康《やすし》**だ。

旧制秋田中学から旧制山形高校を経て東大に進学、フルブライト留学生として渡米し、米コロンビア大などで学んだ。57年に、日本人として初めて国連職員に採用され、以降、40年にわたり国連に勤務した。

1990年代に国連カンボジア暫定統治機構事務総長特別代表や

旧ユーゴ問題担当事務総長特別代表といったポストに就き、和平活動に情熱を燃やした。

　国連事務次長といえば、やはり秋田高校出身の外務省キャリア官僚**阿部信泰**がその「軍縮担当」になっている。

## ダライ・ラマのもとで修行

　秋高からは多くの学者が巣立っている。赤痢菌の新種2種を発見し、民間療法にも理解があった**二木謙三**は、55年に文化勲章を受章している。

明石 康

　政治学者の**佐々木毅**《たけし》は01年から4年間、東京大総長を務めた。衆院議長の諮問《しもん》機関「衆議院選挙制度に関する調査会」の座長もした。15年に文化功労者に選ばれた。

　ほぼ同時期に脳神経外科医の**吉本高志**が東北大総長に就任した。佐々木と吉本は秋田高校を61（昭和36）年に卒業した同期だ。

　仏教学者で、明治末～大正にかけてチベットに入り、ダライ・ラマ13世のもとで修行をした**多田等《とう》観《かん》**を特筆しておこう。

　旧制秋田中卒業後に西本願寺に入籍、膨大な仏典目録を整理してチベット研究を発展させ、日本学士院賞も受賞した。

多田等観

　さらに、農芸化学者で帯広畜産大学学長などを歴任した**田所哲太郎**、戦前の土木学者で水理学を研究した**物部長穂**、英語学者でクラウン英和辞典の編者**河村重治郎**、ドイツ文学者の**木村謹治**と**菊地栄一**、エコノミスト賞を受賞した経済学者の**佐藤主光**《もとひろ》、日本政治外交史の**佐藤元英**《もとえい》らがいる。

　東北工業大学長を務め、電気工学者で垂直磁気記録方式の提唱者である**岩崎俊一**は、13年に文化勲章を受章した。

　法学者で秋田県上小阿仁《かみこあに》村の村長をした**小林宏晨**《ひろあき》、秋田大鉱山学部に進学し電気工学者になり、秋田大出身者として初めて秋田大学長になった**吉村昇**らもOBだ。
医学では、放射線医科学の**佐藤周子**《ちかこ》が88年に猿橋賞を受賞したが、その年に50歳で死去した。

## 「自由が丘」の命名者も

岩手県大槌《おおつち》町は、11年3月11日の東日本大震災で津波にやられた。その地で診療所の開設準備をしていた**大野忠広**は津波で医療機器などを流されてしまったが、過疎地医療に生涯をささげる初志を貫徹、しばらくはプレハブの仮診療所で町民の診察を続けた。

消化器外科医で、大腸内視鏡検査の第一人者である**工藤進英**《しんえい》も卒業生だ。

「国境なき医師団」の一員としてスーダンで活動した内科医、**菅原美紗**はOGだ。

さらに東京でNPO法人の活動をしている**秋山正子**と、秋田大医学部教授の**中村順子**は訪問看護のプロで、やはりOGだ。
経済界では、戦前に三和銀行や日本生命保険のトップをした**佐々木駒之助**、古河財閥の重鎮でエネルギー産業をリードした**菅礼之助**らがいた。
68年卒の**進藤孝生**は、新日鉄住金社長を務めている。19年4月からは「日本製鉄」に変わる。秋田高校―一橋大を通じ、ラグビー選手だった。
**町田睿**《さとる》は北都銀行会長を、**鈴木伸弥**は明治安田生命保険相互会長に就いている。
1941（昭和16）年設立の秋田銀行は、初代頭取の3代目**辻兵吉**以下現在までの13人の頭取のうち、9人が秋田中・秋田高校の卒業生だ。
東レ出身の評論家である**佐々木常夫**は、自らの体験をもとにワーク・ライフ・バランスの重要性を説いている。
出版マーケティング・コンサルタントでビジネス書評家の**土井英司**は、00年に世界最大のオンライン書店アマゾンの日本サイトの立ち上げに参画した。
**佐藤祐輔**は1852（嘉永《かえい》5）年創業の新政酒造（秋田市）の8代目当主で、社長だ。東大に進学し文筆生活をしていたが、郷里に帰り酒蔵復活に邁進《まいしん》している。
直木賞作家の**西木正明**、小説家で劇作家の**青江舜二郎**、歴史小説を得意とする**鳴海風**《ふう》らも卒業生だ。**滝田樗陰**《ちょいん》は『中央公論』の編集長をし、大正デモクラシーの旗手となった。

『子連れ狼』など漫画原作で知られ、多くの後進を育てる**小池一夫**、東京から秋田に戻って漫画を描いている**奥田ひとし**もOBだ。

創作舞踏の天才といわれた**石井漠**《ばく》は、秋田中時代にストライキに連座して中退している。東京の「自由が丘」という街の命名者だ。

映画監督では**成田裕介**が卒業している。**宮田陽**は漫才師で、12年に文化庁芸術祭賞大衆芸能部門新人賞を受賞した。

音楽では、『赤城の子守唄』などを持ち歌とした**東海林太郎**が、大戦前後を代表する国民的な流行歌手だった。

クラシック音楽の作曲家**深井史郎**、指揮者の**佐藤菊夫**らもOBだ。若手ではテューバ奏者の**柳生和大**《かずひろ》がいる。

**倉川尚**は、13年の朝日アマチュア将棋名人戦全国大会で優勝した。

## 政令指定都市で初の女性市長

テレビで活躍しているのは、ダンスインストラクターの**いとうまゆ**だ。

読売新聞特別編集委員の**橋本五郎**はテレビでコメンテーターをしており、秋田弁なまりでしゃべっている。

政治家では、大蔵官僚出身の衆院議員**金田勝利**が、16年8月の第3次安倍再改造内閣で法相として初入閣した。

石井 漠

文部事務次官をした**銭谷真美**は東京国立博物館館長を務めた。

仙台市長として震災復興を進めた**奥山恵美子**は、秋田高校から岩手県立盛岡第一高校に転校し卒業した。09年に政令指定都市では初めての女性市長になった。

巨人などでプレーした元プロ野球選手の**石井浩郎**《ひろお》が、10年から参院議員（自民党）を務めている。

18年春の大学入試では、現役、浪人合わせ、東京大13人、京都大1人、東北大28人、秋田大に36人が合格している。

36人のうち医学部医学科の合格者は15人で、秋田県内の高校では飛び抜けた進学校だ。

## 井上ひさし、菅原文太を出した「男伊達」が誇り

# 仙台第一高校

◉宮城県立・仙台市若林区

県庁所在地に設置された「旧制一中」の宮城県版が、仙台一高だ。1892（明治25）年に宮城県尋常中学校として開校、1904年に県立仙台第一中学に改称された。戦後の学制改革で仙台第一高校となった。

仙台市内には設立は仙台一高より8年遅いが、やはり名門の県立仙台二高がある。

今にいたるも同じ市内に「一高」「二高」の名を残し、何かとライバル視されるという点で仙台の右に出るところはないだろう。

## 『青葉繁れる』のモデル

宮城県の伝統高校は、GHQ（連合国軍総司令部）の意向に反して、敗戦後も男女別学が続いた。「男伊達《おとこだて》」の言葉が残るように、伊達氏率いる62万5000石という東北随一の雄藩だったことが影響していた——と考えるのは、うがちすぎか。仙台一高も二高も、こてこての男子校だった。

2000年代になって宮城県内の教育界では、男女共学化の議論が活発になった。県下一律共学化が10年度から実施され、仙台一高も現在では3分の1が女子だ。

ただし、校名、校章、校歌などはそのまま使われ、応援歌には「見よ男性の意気高く……」という一節が残されている。

東日本大震災では仙台市は、太平洋に面したエリアが津波で甚大な被害をこうむった。仙台一高のキャンパスは海岸線から10キロほど離れた市内中心部だったので難を逃れたが、校舎などの施設は被害を受けた。幸いにも、教職員と生徒に犠牲者は出なかった。

初代校長は、日本初の近代的国語辞典『言海』を編纂した大槻文彦《おおつきふみひこ》というから、格調高い。校歌も大槻が作詞している。

校訓は「自重献身」だ。「自発能動」という標語もある。

仙台は「杜の都」と呼ばれる。戦後の学園風景は、OBであり劇作家で日本ペンクラブ会長をした**井上ひさし**の『青葉繁れる』のモデルとなった。

井上ひさし

文学者では古くは、やはり劇作家の**真山青果**《せいか》、俳人で小説家の**矢田挿雲**《そううん》が卒業生だ。また私小説の書き手**佐伯一麦**《かずみ》、時事通信社の経済記者出身で日銀副総裁を務めたノンフィクション作家の**藤原作弥**、歌人の**小池光**などがOBだ。

作家の**戸石泰一**《たいいち》は、旧制仙台一中から旧制二高を経て東京帝大に進学、小説家の太宰治（旧制青森県立青森中学・現青森高校卒）と東大で親しくなった。48年6月に太宰が入水自殺した際には、東京・三鷹の太宰宅に泊り込んでいる。

## 女川原発を守った技術顧問

経済界では、**内ヶ崎贇五郎**《うんごろう》（東北電力）、**岩越忠恕**《ただひろ》（日産自動車）、**奥田新三**（商工次官、セントラル硝子）、**武田豊**（新日本製鉄）、**清野智**（東日本旅客鉄道）、**菊地庄次郎**（日本郵船）、**鈴木雄吉**（日本ロジステック）らの企業トップを輩出した。

東北電力副社長をした**平井弥之助**は、80年代の女川《おながわ》原子力発電所の建設時は技術顧問だったが、貞《じょう》観《がん》地震級の大津波に備えるために敷地を15メートル弱の高台に設けることを強く主張した。

敷地を削って建設した東京電力福島第一原子力発電所が、東日本大地震で過酷事故を起こしたのと対照的に、平井にしたがった女川原発は無事だった。

仙台に本拠を置く東北地方のブロック紙である河北新報は、創業者の次男である**一力次郎**、その長男の**一力一夫**、さらに一夫の長男である**一力雅彦**の3代にわたって社長を務め（雅彦は現社長）、しかも出身校はそろって仙台一中・仙台一高だ。

仙台を拠点に石油、酒類、食料品などの卸売業をしているカメイの3代目社長をした**亀井文蔵**もOBだ。

宮城県内の銘醸蔵4蔵が企業合同で誕生した「一ノ蔵」の創業に携わり、社長を務めた**浅見紀夫**もいる。

宮城県南部の山元町は、東北最大のイチゴ産地だったが、津波で大打撃を受けた。

同町出身の**岩佐大輝**は、東京でITベンチャーを経営していたが、震災後に「農業生産法人GRA」を設立し、「ミガキイチゴ」という地域ブランドを起した。

## 2度のイグ・ノーベル賞

学者では、有機化学が専門でヒノキチオールの研究で文化勲章を受章した**野副《のぞえ》鉄男**、ウイルス学者で東北大総長を務めた**石田名香雄**、金属学の**高村仁一**、天文学の**小久保英一郎**らが卒業している。

文系では、政治学者で大正デモクラシーの指導者であった**吉野作造**、憲法学者の**佐藤功**と**樋口陽一**、哲学者の**野家啓一**、民法の**斎藤和夫**らがOBだ。

生物学者で東北大学総長を務めた**加藤睦奥雄**は、学者4兄弟として知られている。植物学者の**加藤多喜雄**と地球物理学者の**加藤愛雄《よしお》**が兄、地質学者の**加藤磐雄**が弟だ。4人そろって旧制仙台一中・仙台一高を卒業している。

動物生理学の**本川《もとかわ》達雄**は『ゾウの時間 ネズミの時間』などの著作で知られる。

電気自動車の研究・開発を30年以上続けている**清水浩**は、スーパー・エコカー「エリーカ」を開発した。必要なエネルギーはガソリン車の4分の1で、排気ガスはゼロ。時速370キロを出せるという優れ物だ。

若手の応用理論研究者である**手《て》老《ろう》篤史**は「人々を笑わせ、考えさせてくれる研究者」に贈られるイグ・ノーベル賞を研究チームの一員として、2度にわたり受賞している。

清水 浩

1度目は08年で、単細胞生物の真正粘菌にパズルを解く能力があることを発見した研究に対し認知科学賞が、2度目は10年でその延長線上の研究に対し交通計画賞が授与された。

## 「防衛庁の天皇」

官僚では、経済企画庁の事務次

官を務めた後、国民生活センター理事長をした**中名生隆**《なかのみよう》がいる。

文化・芸能の分野では、映画『仁義なき戦い』シリーズなどに出演した**菅原文太**がいた。日本を代表する俳優の1人だった。

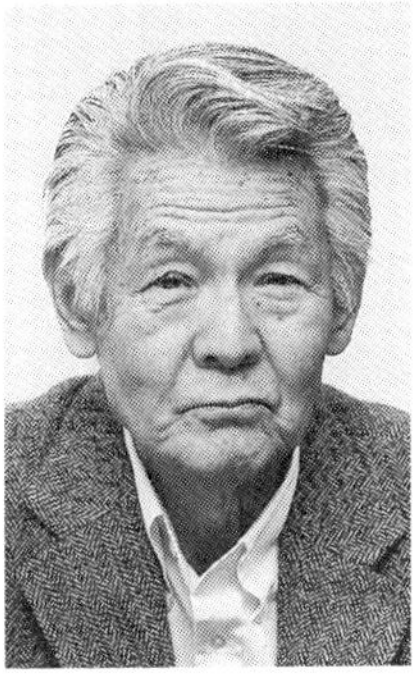
菅原文太

映画監督になった卒業生には、ハリウッドでも活躍している**岩井俊二**や、**阿部勉**、**菅野隆**がいる。

美術評論家の**針生一郎**、フリージャーナリストの**村上和巳**、マルチな才能を発揮しているアーティストの**ヴィヴィアン佐藤**、漫画家の**坂本タクマ**らもOBだ。**志伯健太郎**は電通出身のCMプランナー・コピーライターで、多くの広告デザイン賞を受賞している。

音楽では『どんぐりころころ』などの文部省唱歌を作詞した**青木存義**《ながよし》、指揮者の**佐藤寿一**、作曲家・ピアニストの**榊原光裕**が卒業生だ。

90年生まれの**浅野祥**《しょう》は、8歳のときに津軽三味線全国大会15歳以下の部で優勝した。仙台一高から慶応大に進学、米国を含め幅広く公演活動を続けている。

宗教では、60年にローマ教皇から日本人初の枢機卿に任ぜられた**土井辰雄**がいる。

陸軍軍医だった**高橋功**は戦後、アフリカのシュバイツァー病院で奉仕活動をした。

参院議員をした**佐藤道夫**は、札幌高検検事長時代に新聞にコラムを執筆していた。

卒業生は以上のように多士済々だが、防衛事務次官を4年も続け、「防衛庁(省)の天皇」の異名をとった**守屋武昌**は、07年に汚職が発覚し有罪が確定、服役した。仙台一高の汚点となってしまった。

戦前は仙台一中—旧制二高—東北帝大・東京帝大というコースができていた。戦後に新制仙台一高に衣替えしたあとも東北大合格者数はトップを誇り、64年には184人も合格している。

だが、近年は低迷し、最近の大学入試では現役、浪人合わせ、東北大の合格者は60~90人ほど。東京大、京都大の合格者は各数人にとどまっている。仙台一高の奮起が望まれる。

受験実績では「兄貴分」の一高を上回り、人材でも負けない

# 仙台第二高校

◉宮城県立・仙台市青葉区

「杜《もり》の都」といわれる仙台。街の真ん中を清流・広瀬川が横切る。仙台二高のキャンパスは、その岸辺にある。JR仙台駅から2キロほどで、東北大もすぐ近くだ。

1900（明治33）年に県第二中学校として創設、戦後の学制改革で新制仙台第二高校となったが、戦前からの「男子のみ」を貫いた。

仙台二高だけではない。旧制中学、旧制高等女学校を前身とする宮城県内の伝統高校は、平成になっても男女別学が続いたのだ。

2000年代になって、県、県教委主導で「一律共学化」の方針が固まった。仙台二高が女子に門戸を開いたのは07年度だった。

現在では男子6・女子4の比率だ。女子の生徒会長が誕生しているし、応援団幹部にも女子がいる。男女共学は定着した。

## 仙台一高とライバル

「至誠業に励み　雄大剛健の風を養い　ともに敬愛切磋を怠らず」という格調高い教育目標がある。

心の拠《よ》り処とする「文武一道」という格言も伝わっている。学業も、部活動・学校行事も偏ることなく果敢に挑戦しようという意味だ。多くの高校が掲げる「文武両道」より志は高い。

柔道界最高の講道館十段で「柔道の神様」と称えられた**三船久蔵《きゅうぞう》**は旧制時代の卒業生だが、この三船が唱えたのが「文武一道」だ。

陸上、水泳、フェンシング、ヨット、囲碁、化学などの部が全国大会に出場している。囲碁部や化学部は全国高校総合文化祭などで文部科学大臣賞を受賞している。

旧制仙台一中を前身とする仙台第一高校とは、良きライバル関係が続く。

100年以上前から毎年5月に、硬式野球の定期戦が開催されている。「杜の都の早慶戦」ともい

われ、仙台市民に親しまれている。

仙台二高は仙台一高の弟分に当たるが、最近の進学実績は兄を凌《りょう》駕《が》している。

18年春の大学入試では現役、浪人合わせ、東北大に104人が合格しており、全国トップ校だった。東京大には18人、京都大には10人、一橋大には9人が合格している。国公立大医学部医学科には32人が合格した。

東北地方で随一の進学校になっているが、卒業生の半分弱が浪人する。全国の高校では近年、現役での大学進学率が高くなっているため「半分弱」というのは異例の多さだが、これは初志貫徹の表れでもある。

三船久蔵

## 「ミスター半導体」

仙台二中・仙台二高から東北大や東大に進み、学者・研究者になった卒業生がたくさんいる。

「ミスター半導体」と呼ばれ、文化勲章を受章している**西沢潤一**の知名度が高い。仙台二中―旧制第二高校―東北大というコースで、東北大電気通信研究所所長、東北大総長、岩手県立大学長、首都大学東京学長などを歴任した。

西沢潤一

世界最大の学会「米国電気電子学会」が「西沢潤一メダル」を創設するなど国際的な評価が高く、西沢は長らくノーベル賞候補といわれてきた。
金属工学の**増本剛**・**増本健**兄弟も学都・仙台を代表する研究者だ。2人は東北大教授の金属工学者で文化勲章受章の増本量（広島市・旧制私立修道中学・現修道高校卒）の息子として生まれた。
東北大に進学し、兄弟そろって父と同じ研究を専攻して東北大教授を務めた。
弟の健は70年代初めに、アモルファス（非結晶質）金属を世界で初めて定形材料として作り出すことに成功した。

筆者はこの時期、毎日新聞社仙台支局の記者をしており、この事実をスクープした。

アモルファス合金の工業化を先導した功績で、健は00年に文化功労者に選定された。

前述の西沢と増本健は、日本学士院賞を受賞している。仙台二中・仙台二高の卒業生には、さらに5人の学士院賞の受賞者がいる。

海洋学の**小倉伸吉**、その弟で植物学の**小倉謙**、生化学者で文化功労者でもある**山川民夫**、医学者で超音波診断研究の第一人者**和賀井敏夫**、海洋地質学の**平朝彦**だ。

学士院賞は日本の学術賞としては最も権威ある賞で、1911（明治44）年に創設された。受賞者は毎年9人以内に制限されており、卒業生の中から計7人もの受賞者を出している高校は、全国でもごくわずかしかない。

## 宮城県知事・浅野史郎

機械工学者で東北大総長を務めた**阿部博之**、生態学者で横浜国立大学長を務めた**鈴木邦雄**、数学者でカリフォルニア大ロサンゼルス校教授を務めた**竹崎正道**、物性物理学の**伊達宗行**らもOBだ。

医学者では、元名古屋市立大学長の**和田義郎**（小児科）、元山形大学長の**仙道富士郎**（免疫学）、岩手医科大の前学長兼理事長**小川彰**（脳神経外科）、小児外科学の**大井龍司**らが卒業している。

文系では、新聞学の**千葉雄次郎**、政治学者で参院議員を務めた**堀真琴**、独文学の**佐藤康彦**、文化社会学の**井上俊**らが卒業生だ。

政官界では、外相、蔵相などを歴任した**愛知揆一**《きいつ》、医師出身で環境庁長官をした**大石武一**、厚生官僚出身で宮城県知事を務めた**浅野史郎**らが卒業している。

検察官出身の**岡原昌男**は、第8代最高裁判所長官だ。77年8月からの1年7ヵ月という短期間だったが、折からロッキード事件が起こり、米側関係者の嘱託尋問調書の扱いに関わった。

経済界では、**安藤太郎**（住友不動産）、**那須翔**（東京電力）、**高橋宏明**（東北電力）、**中鉢**《ちゅうばち》**良治**（ソニー）、**小野寺正**（KDDI）、**大久保叡**（ホンダ）、**西紘平**（雪印乳業）、**上條努**（サッポロHD）、**亀掛川振興**（日本鋪道）、**伊沢平勝**と**氏家栄一**（七十七銀行）、**三井精一**（仙台銀行）、**粟野学**（じもとHD）、**斎藤博明**（T

ＡＣ）、**森谷弘史**（カルソニックカンセイ）ら企業トップを輩出している。

## 直木賞作家が2人

直木賞の受賞者が2人いる。歴史小説の**大池唯雄**と、早川書房の翻訳家出身で、アメリカ文化研究者の**常磐新平**だ。

文藝春秋出身の評論家**堤堯**、推理作家の**藤岡真**、絵本作家の**とよたかずひこ**らもいる。

演出家では、ＮＨＫで大河ドラマなどを手がけた**吉田直哉**がいた。

映画監督の**橋浦方人**、**四ノ宮浩**、**日向寺太郎**、漫画家でもある**石井隆**らがＯＢだ。

芸術では彫刻家の**武藤順九**《じゅんきゅう》、洋画家の**佐藤一郎**、抽象画家の**吉田敦彦**、美術家の**タノタイガ**らいる。

音楽では、ピアニストで指揮者の**中川賢一**、チェロ奏者の**丸山泰雄**、指揮者の**佐藤俊太郎**、クラシックギター奏者の**富川勝智**、日米で活躍する歌手の**清貴**《きよたか》らがいる。

ハリウッド映画草創期の映画俳優として活躍した**上山草人**《かみやまそうじん》、バレエダンサーの**東勇作**もいた。

大正から昭和にかけての登山家で、日本山岳協会の設立者で会長を務めた**槇有恒**が旧制卒だ。

１９５６年にヒマラヤ山脈の未踏峰の一つだったマナスル（標高８１６３メートル、世界８位）登山隊の隊長となり、登頂に成功した。これをきっかけに、日本では登山ブームが起きている。

井上成美

スポーツでは、14年で現役を引退したプロ野球選手の**江尻慎太郎**がＯＢだ。北海道日本ハム、横浜ベイスターズなどで投手としてプレーし、「中継ぎのエース」といわれた。

サッカーでは、早稲田大時代に日本代表に選ばれ、その後はサッカー指導者、スポーツ文化研究者になった**加藤久**、Ｊリーグの各チームでコーチをした**大槻毅**がいる。

軍人では最後の海軍大将で、日独伊三国軍事同盟、日米開戦に反対した**井上成美**《しげよし》が旧制の卒業だ。

敗戦後は贖罪《しょくざい》のため、ほとんど人前に出なかったことから「沈黙の提督」と呼ばれた。

宇宙ロケット開発者から人気小説家まで

# 山形東高校

**◉山形県立・山形市**

「山東《やまとう》」の略称で、あるいは山形市周辺では「東高」と呼ばれ親しまれている。

創立は１８８４（明治17）年。山形県師範学校に設置された中学師範学予備科が母体となって、山形県中学校が創設された年だ。

戦後の学制改革の過程で周辺の高校と再編成され、１９５０（昭和25）年に男女共学の山形東高校となった。

毎年度の東北大合格者数は、全国ベスト10に入る。18年の大学入試では現役、浪人合わせて40人が合格し、第４位だった。

東京大３人、京都大２人、東京工業大２人、一橋大１人、地元の山形大には45人が合格している。

「文武両道」「質実剛健」「自学自習」の三つの校是がある。

現在は、普通科のみ６学級２４０人が１学年の定員で、おおよそ男子６・女子４の比率だ。

学校経営方針では、各項目で数値目標が打ち出されている。

例えば、①１年間皆出席者は全校生の50％をめざす、②３年次当初の第一志望を実現し現役進学率70％以上を目指す、③東大、京大の合格者数合わせて２桁を目指す——などだ。

校内各種対抗競技会や部活動などでは、歴代の同窓会長や旧職員などから寄贈された優勝杯が八つも用意されている。同窓会との紐帯《ちゅうたい》が、すこぶる強い学校であることがうかがわれる。

かつてはスポーツにも優れ、野球では戦前に、４年連続して甲子園に行っている。

## 第41代首相・小磯国昭

同校は戦前から、国のリーダーや文化人、経済人として活躍してきた人材を多数、輩出してきた。

第41代首相の**小磯国昭**《こいそくにあき》が旧制山形中学の卒業生だ。陸軍士官学校—陸軍大学校と進学、陸軍大将まで出世した。米軍が本土に迫り風雲急を告げる44年7月に、東条英機（東京府城北尋常中学・現都立戸山高校卒）のあとを継いで首相になった。

　山形中学で小磯より2期先輩の**結城豊太郎**は、蔵相と15代日本銀行総裁（1937年7月～1944年3月）に就いている。結城は旧制二高（仙台）から東京帝大に進み、日銀に入行した。

　結城の前任の14代日銀総裁はわずか5ヵ月余だったが、三井財閥の総帥だった池田成彬（山形県私立興譲館・現県立米沢興譲館高校卒）が務めている。

　池田は日銀総裁のあと蔵相も務めている。同じ山形県人が連続して日銀総裁になり、しかも蔵相経験者という珍しいことが戦前・戦中にあったわけだ。

　新制卒の政治家では衆院議員当選11回の**鹿野道彦**が自民、民主両党の内閣で農水相をするなど活躍したが、13年に引退した。

　自民党の**遠藤利明**は15年6月に、2020東京五輪・パラリンピックの担当相（16年8月まで）として初めて入閣した。

　官僚出身者では自治事務次官の**降矢敬義**と、厚生省老人保健福祉局長をした**阿部正俊**が参院議員を務めた。文部科学事務次官をした**結城章夫**は退官後、14年3月末まで山形大学長を務めた。

小磯国昭

　内務官僚出身の**平塚広義**は大正～昭和にかけ、栃木、長崎、兵庫県や東京府の知事を務めた。山形県知事をした卒業生では、**高橋和雄**、**斎藤弘**らがいる。

## 『山びこ学校』

　個性がきわだっている卒業生といえば**無**《む》**着**《ちゃく》**成**《せい》**恭**《きょう》だ。

　国語の教員として山形県内の僻地の小中学校に赴任し、「生活綴り方運動」に取り組んだ。中学校のクラス文集『山びこ学校』が51年にベストセラーになり、映画化もされた。ラジオでこども電話相談室の回答者を28年間、務めた。

　学者・研究者では、元早大教授で文芸評論家の**加藤典洋**の名が通っている。現代文学、政治、歴史

加藤典洋

認識など幅広く論評している。

　ドイツ文学者で文化功労者にもなった**新関良三**、環境社会学者の**長谷川公一**、哲学者の**山内志朗**、障害医学の第一人者でリハビリに関する著作も多い**上月正博**らもOBだ。

　**石沢靖治**は日米関係が専門のジャーナリストで、学習院女子大学長を務めた。放送ジャーナリストの**ばばこういち**もいた。

　宇宙ロケット開発に情熱を燃やしている技術者もいる。JAXA（宇宙航空研究開発機構）の**今野彰**と、NEC宇宙システム事業部の**小笠原雅弘**だ。小笠原は「はやぶさ」で、お手玉をヒントに小惑星「いとかわ」に着地する際の技術を開発した。

　**桜井進**は「サイエンスナビゲーター」と称し、算数・数学の楽しさを伝える講演活動で全国を飛びまわっている。

　戦前にさかのぼると、明治～大正期の国語・国文学者**三矢**《みつや》**重松**《しげまつ》が旧制中学ができたばかりのころ、通っていた。国文学者で歌人の折口信夫（大阪府第五中学・現天王寺高校）の師匠だ。

## 小説家の小川糸も

　大正～昭和期の青春のバイブルともいわれる『三太郎の日記』を著した哲学者の**阿部次郎**は、山形県立荘内中学（現鶴岡南高校）から山形中学に転校してきたが、ストライキをして中途退学している。

　同じ哲学者の**高山**《こうやま》**岩男**はヘーゲルの研究で知られ、「京都学派」の1人だ。

　文芸では、昭和期の詩人**神保光太郎**、小児科医で俳人の**細谷亮太**、ノンフィクション作家の**吉田司**、歴史小説の**飯嶋和一**、放送作家で多くのバラエティーを担当している**高橋秀樹**、推理作家の**長岡弘樹**、演出家・劇作家の**後藤ひろひと**らが卒業している。

　OGでは、**小川糸**が小説家、作詞家、翻訳家として活躍中だ。小説『食堂かたつむり』が10年に映画化され、さらに小説『つるかめ助産院』が12年にNHKでドラマ化される。17年には『ツバキ文具店』がＮＨＫでドラマ化された。

**奥山清行**は国際的に活躍するザイナーだ。イタリア車のフェラーリや新幹線をデザインしたことで知られる。

**峯田義郎**は現代具象彫刻家で、多くの展覧会で賞をとっている。

音楽では作曲家・随筆家の**服部公一**が母校の応援歌『みなぎる力』を作曲している。音楽や旅行などを題材としたエッセーでも知られる。ベーシストの**須藤満**、キッズソング歌手の**高橋秀幸**らもいる。

スポーツでは、バスケットボール選手だった**東海林周太郎**がメルボリン、ローマ五輪に出場した。

## ベンチャー精神が光る

経済界で活躍した卒業生では、経済学者で昭和時代に東京商科大学（現一橋大学）学長や両羽銀行（現山形銀行）頭取をした**三浦新七**がいた。

山形銀行で頭取を務めた卒業生としては、**三浦新**、**丹羽厚悦**《こうえつ》、現職の**長谷川吉茂**らがいる。三浦新と同期の**叶内**《かのうち》**紀雄**《としお》は殖産銀行頭取をした。

地元では、山形新聞社の社長をした**相馬健一**、「八右衛門の湯」が名物になっている蔵王国際ホテル社長の**伊藤八右衛門**とその女将**伊藤明美**、老舗百貨店・大沼（本店・山形市）の元社長**大沼八右衛門**、菓子メーカー・でん六社長の**鈴木隆一**らが卒業生だ。

小川糸

大企業では、東芝の社長や日中経済協会会長をした**渡里**《わたり》**杉一郎**がＯＢだ。17年4月に死去した。ＩＨＩ会長の**斎藤保**もいる。

最後にベンチャー精神あふれる卒業生を紹介しよう。

**嘉規**《かき》**邦伸**《くにのぶ》はコンテンツ・セキュリティのプロバイダー会社・クリアスウィフト日本法人の社長をした。**後藤透**はネットを活用したマーケティング会社・ラウンドアバウトを創業した。

ＯＧでは、**高橋菜穂子**が山形県村山市で農業生産法人国立ファームの「山形ガールズ農場」を設立し、女子力を結集して米と野菜の生産をしている。**今野有子**はスペインワインの輸入会社を起業した。

藤沢周平、丸谷才一など人気作家を出す

# 鶴岡南高校

◉山形県立・鶴岡市

日本海に面し、山形県南部の庄内地方にある人口13万人の街・鶴岡。現在の校名になり男女共学が実施されたのは1952（昭和27）年だが、前身は1888（明治21）年に創立されている。

前身の旧制中学は荘内中学、次いで鶴岡中学という名だ。

校是は「自主、叡智、剛健」。生徒の「目指す姿勢」として、自学自習・文武両道・質実剛健を挙げ、家庭での学習時間は3時間以上としている。

また、文科省からSSHの指定を受け、探究的な学習に力を入れている。

鶴岡市には慶応大の先端生命科学研究所が置かれており、高校生の特別研究生などを受け入れている。鶴岡南高校の生徒も毎年度、数人が研究生に選ばれ、放課後は実験などに参加している。

18年春の大学入試では現役、浪人合わせ、東京大に1人、東北大14人、山形大に18人が合格した。

## 「海坂藩」のモデル

鶴岡は江戸時代、庄内藩酒井家14万石の城下町だった。藩校致道館を中心に、学芸を重んじる風土が醸成されていた。

**藤沢周平**の時代小説や映画では「海坂《うなさか》藩」という架空の藩が、しばしば登場する。藤沢はこの藩を、庄内藩と鶴岡をモチーフにして描いている。

藤沢は鶴岡市郊外の農村に生まれ育ち、旧制鶴岡中の夜間部に通った。山形師範学校（現山形大学）を卒業後、鶴岡市内で新制中学教員をしたり、東京で業界紙記者をしながら、江戸時代の庶民や下級武士の哀歓を描いた作品を著した。1973（昭和48）年に直木賞を受賞した。

庄内を舞台にした作品は十余作にのぼる。『蝉しぐれ』など、テレビドラマや映画化されて没（97年）

後にファンがさらに増えた。20
10年、鶴岡市内に藤沢周平記念館が開館している。

藤沢より2年前に、小説家・文芸評論家の**丸谷才一**《まるやさいいち》が、鶴岡で生を受けている。丸谷は開業医の息子で、鶴岡中─旧制新潟高校─東京大と進み、英文学を研究した。68年に『年の残り』で芥川賞を受賞、11年には文化勲章を受章した。12年10月に死去した。

卒業生には藤沢の他にもう1人、直木賞作家がいる。欧州を舞台にした歴史小説を多く書いている**佐藤賢一**で、佐藤も68年の鶴岡市内の生まれだ。

藤沢周平

## 軍事思想家・石原莞爾

鶴岡南高校は多くの思想家、哲学者、学者も輩出している。

思想家という表現が最も当てはまるのが**大川周明**《しゅうめい》だ。精神面では日本主義、内政では国家社会主義、外交ではアジア主義を唱え、コーラン全文を翻訳するなど特異な才能を発揮した。

インドの独立運動を支援、東京裁判では民間人として唯一のA級戦犯の容疑で起訴されたが、精神障害とされ裁かれなかった。

丸谷才一

陸軍軍人の**石原莞爾**《かんじ》は旧制中学を中退し、陸軍士官学校に進んでいる。『世界最終戦論』などの軍事思想家として知られていた。

哲学者で著書『三太郎の日記』が大正〜昭和期の青春のバイブルにもなった**阿部次郎**も、石原と同時期に荘内中にいたが、旧制山形中学（現山形県立山形東高校）に転校した。

学者では、独文学者の**相良守峯**《さがらもりお》が85年に文化勲章を受章している。

大川周明

憲法学者の**佐藤丑次郎**、哲学者で武蔵大、成城大学長をした**宮本和吉**、数学者の**小倉金之助**、漢詩人で大東文化大学長をした**土屋竹雨**《ちくう》、英文学者で母校・鶴岡南高校の校歌を作詞した**山宮允**《さんぐうまこと》、心理学者の**相良守次**らが卒業生だ。

美学者・哲学者の**今道友信**は、鶴岡中2年の2学期から高知県立旧制高知城東中学（現高知追手前高校）に編入した。

英語学者で評論家の**渡部昇一**の知名度が高い。政治、社会評論、近現代史論で多くの著作を出している保守系の論客だった。

1930年生まれで、入学は旧制鶴岡中学だが卒業は新制卒となり、上智大学に進んだ。長年、上智大教授を務め、17年4月に死去した。

新制卒の学者では、電子顕微鏡の研究開発をした**進藤大輔**、中国古典文学の**佐竹保子**、数学者で米国の大学で教えている**斎藤昌彦**、素粒子物理学が専門の**山口昌弘**らがOB、OGだ。

平成卒では、分子生物学が専門の**東山哲也**、フランス法の**斎藤哲志**ら気鋭の学者がいる。

## 加藤紘一の父も

政治家では、**泉山三六**がいる。衆院議員初当選ながら吉田内閣で蔵相に抜擢されたが、国会に泥酔状態で出席し、「大トラ大臣」の異名をとった。

鶴岡市長や衆院議員を務めた**加藤精三**もいる。

加藤は、自民党幹事長などを歴任した加藤紘一（都立日比谷高校卒）の父だ。紘一は16年9月に死去した。

鶴岡市の前市長だった**榎本政規**もOBだ。

法曹界では、47年に初代最高裁判所の長官に就いた**三渕忠彦**と、同時に最高裁判事に任官された**斎藤悠輔**がいる。

企業の社長を経験するなど経済界で活躍した卒業生は、**渋谷米太郎**（三菱ふそう自動車）、**池田亀三郎**（三菱油化）、**伊藤保次郎**（三菱鉱業）らがいた。

地元の庄内銀行では、**金井勝助**、**笹原信一郎**、**国井英夫**らが頭取を務めた。**早坂剛**は、鶴岡商工会議所会頭を務めるなど地元の実業家である。

民間エコノミストでは、東短リサーチ社長の**加藤出**《いずる》がいる。

芸術・文化方面で活躍した卒業生も、数多い。

明治時代に旧制中学を中退しているが、**遠藤虚籟**《きょらい》は鶴岡の名産品になっている絹織物を「つづれ錦織」という芸術品に高めた。作品が、ニューヨークの国連本部に展示されている。

日本画では**根**《ね》**上冨治**《あがりとみじ》、洋画家では母校の美術教諭をした**地主悌**《じぬしてい》**助**《すけ》や**土佐林豊夫**、**今井繁三郎**らが卒業している。**粕谷正一**は12年の二科展で、内閣総理大臣賞を受賞した。

音楽では声楽家の**真嶋美弥**と**保田由子**、吹奏楽作曲家の**真島俊夫**らがいる。

日本美術刀剣保存協会を設立した**本間薫山**《くんざん》、本間より2年後輩で新刀研究の権威である**佐藤寒山**の2人は、刀剣研究家として名が通っている。

**田中一松**《いちまつ》は美術史家で、絵巻物研究の第一人者だ。

映画では、『子どものころ戦争があった』の監督をした**斎藤貞郎**、13年10月に公開された『おしん』の監督**冨樫森**《しん》らがOBだ。

**落合良**《りょう》は54年に鶴岡南高校を卒業、青山学院大に進学してソニーに入社する。ソニーで初の女性管理職になった。

なお、落合は、GHQ（連合国軍総司令部）で日本国憲法の男女平等条項の起草にかかわったベアテ・シロタ・ゴードン（アメリカンスクール・イン・ジャパン卒、12年12月死去）の映画『ベアテの贈りもの The Gift from Beate』の製作に奔走した。

## 「ハチ公」が知られるきっかけ

**斎藤弘吉**《ひろきち》は日本犬保存会の初代会長で、32（昭和7）年に秋田犬ハチのことを新聞に投書、これがきっかけとなって「忠犬ハチ公」は全国に知れわたった。東京・渋谷駅前のハチ公像の初代と現在の2代目の製作をプロモートした。

スポーツでは、第47代横綱の**柏**《かしわ》**戸剛**《どつよし》が鶴岡南高校に入学したものの1年生のときに伊勢ノ海部屋にスカウトされ、中退した。その後は、横綱大鵬《たいほう》（北海道弟子屈高校定時制中退）と共に「柏鵬時代」を築く。

サッカー指導者の**須佐耕一**は、鶴岡南高校時代にサッカーを始め、中央大学、古河電工などで活躍した。

# 安積高校

3人の芥川賞作家を出した、県内最古の高校

◉福島県立・郡山市

「あさか」高校と読む。郡山市は福島県のほぼ中央にあり、県内一の商業都市だ。しかし郡山は使わず、明治時代の安積郡から校名を持ってきている。

1872（明治5）年から十余年、現郡山市全域にわたる「安積開拓」という巨大国家事業が行われた。安積疏水《そすい》が通され、郡山市の発達の基礎がつくられた。

校地の住所は「郡山市開成」だが、それは安積開拓の推進者であった中條政恒《なかじょうまさつね》が座右の銘としていた「開物成務《かいぶつせいむ》（事物を開発し、事業を成就する）」から取られている。

## 歴史を感じるキャンパス

1884（明治17）年に、福島県として初めての公立中学である福島中学校として開校した。1901年に安積中学と改称されたが、郡山市が市制を施行したのは、その20年以上もあとのことだった。

都市名と校名とが一致しないため、福島県外では安積高校の知名度は必ずしも高くない。だが、県内で最古の伝統を誇る高校だ。

歴史の重みはキャンパスに漂っている。

学校正面入り口にある白亜の建物は旧制福島中学の本館で、77年に国の重要文化財に指定され、現在は安積歴史博物館となっている。89（明治22）年に建てられた鹿鳴館時代の洋風建築で、2009年には、NHKのドラマ『坂の上の雲』のロケにも使われた。

戦後の学制改革で新制安積高校となった。学制改革を機に全国の多くの公立高校は男女共学になったが、東北や北関東の公立高校は別学を続けた。安積高校は、01年になってようやく女子に門戸を開き、現在では全校生徒約960人中45%が女子だ。

開拓者精神、質実剛健、文武両道を「安積の精神」としている。

東日本大震災では、郡山市は震度5強に見舞われたが、幸い生徒などに怪我人は出なかった。内陸部にあるため東電福島原発事故による放射能汚染からも免れた。

ただし、安積高校の体育館は避難住民でいっぱいになった。原発事故により避難してきた浜通り（太平洋岸）の高校生十数人を、生徒として受け入れている。

この十余年で、野球部、ラグビー部、ハンドボール部などが全国大会に出場している。応援団も充実しており、女子の応援団長も生まれている。

2年生から文系、理系にクラス分けされ、3年生でさらに選択科目が増える。難関大学への入試に対応したカリキュラム編成になっている。

18年の大学入試では現役、浪人合わせ、東京大7人、京都大5人、東北大25人、東京工業大と一橋大に各1人が合格している。地元の福島大に18人、福島県立医科大には18人が合格した。

## 脈々と流れる文芸の血

旧制、新制にまたがり、3人の芥川賞受賞作家を出しているのが自慢だ。**中山義秀**、**東野《とうの》辺《べ》薫**、**玄《げん》侑宗久《ゆうそうきゅう》**だ。

玄侑は福島県三春町の寺の住職だ。福島県が大きな被害をこうむった東日本大震災や原発問題について鋭い発言をしており、政府の復興構想会議の委員も務めた。

玄侑宗久

芥川賞受賞作家を3人も出した高校（前身の旧制中学時代を含む）は他に、東京都立日比谷高校（柏原兵三、古井由吉、庄司薫）、東京・千代田区立九段中等教育学校＝前都立九段高校（清水基吉＝中退、安岡章太郎、近藤啓太郎）、東京・私立麻布高校（吉行淳之介、北杜夫、藤野千夜）しかない。

文芸の血は、福島中学創設のころから流れているようだ。

明治時代の文芸評論家、小説家、思想家で、美文体を得意とした**高山樗牛《ちょぎゅう》**が1期生だ。中退したが、校内に碑がある。

夏目漱石の門人で、明治～昭和にかけての小説家**久米正雄**や、劇作家、翻訳家の**鈴木善太郎**も安積中で学んでいる。

安積高校時代に戯曲にのめり込んだという小説家の**古川日出男**は、三島由紀夫賞を受賞している。

## 首長竜の化石を発見

歴史学者で、戦前に米エール大で日本人初の教授になり、国際的知識人といわれた**朝河貫一**が福島中の4期生だ。

安積高校の校庭の一隅に「朝河桜」と呼ばれる桜と碑がある。朝河が在学中、暗記した英和辞典の頁を1枚ずつ破って捨てたあと、辞典の表皮を桜の根元に埋めたという言い伝えが由来だ。

学者では、昭和時代の初めに1期生の天文学者・東洋学者の**新城新蔵**《しんぞう》と、6期生の教育哲学者**小西重直**《しげなお》が2代連続して京都帝国大総長に就いている。

東洋史学者の**箭内亙**《やないわたり》、国際政治学者の**永井陽之助**、気象学者の**荒川秀俊**、原子物理学者の**常松俊秀**らもOBだ。

古生物、化石の研究者である**鈴木直**《ただし》は、68年に福島県いわき市で首長竜の化石を発見し、06年に「フタバサウルス・スズキイ」と命名された。

医師では、角膜移植を日本で初めて臨床に応用し臓器移植法の生みの親ともいえる**今泉亀撤**《きてつ》、終末期医療の緩和ケアに取り組んでいる**山崎章郎**《ふみお》がOBだ。山崎はエッセー『病院で死ぬということ』が評判になり、93年に映画化された。

呼吸器がんの専門医である**坪井栄孝**《えいたか》は、日本医師会会長を務めた。その息子の**坪井永保**も呼吸科が専門で、親子そろってOBだ。

鈴木 直

福島県立医科大学長を務めた**菊地臣一**は整形外科医で、腰痛研究の第一人者だ。

文化人では、日本のクリスタルガラス工芸のパイオニアである**佐藤潤四郎**、彫刻家の**佐藤静司**、銅版画家でパリを拠点に制作に励んだ**岩谷徹**らがいた。

アクリル画が得意な**猪熊克芳**《かつよし》、漫画家の**深谷陽**《あきら》も活躍中だ。

音楽では、オペラ界の重鎮である**小田清**、現代音楽の作曲家**湯浅**

**譲二**、ストラヴィンスキーの研究で知られる音楽学者の**船山隆**らがいる。
　CMプランナーの**箭内《やない》道彦**は福島県出身の3人の歌手と共にバンド「猪苗代湖ズ」を結成、東日本大震災のチャリティーソングを作り、11年大晦日のNHK紅白歌合戦に出場している。

## 玄葉光一郎も

働き盛りの政治家が多いのも、同校卒業生の特色の一つだ。

　松下政経塾出身の衆院議員**玄葉《げんば》光一郎**は、11年9月発足の野田内閣で外相に起用された。47歳での外相就任は戦後最年少だ。

　17年9月の衆院選で9選を果たしたが、民進党から離れ無所属となっている。


　建設官僚出身の衆院議員**根本匠**(自民党)は、第二次安倍内閣で復興担当相を務めた。衆院議員3期のあと現参院議員として3期目の**増子輝彦**(民進党)、衆参両院議員を務めた**荒井広幸**もOBだ。**佐藤栄佐久《えいさく》**は、88～06年まで福島県知事を務めた。娘婿が玄葉光一郎だ。

　地元郡山市での戦後の公選市長は8人いるが、そのうち、**本間善《ぜん》庫《こ》**、**藤森英二**、**原正夫**の3人がOBだ。

「官」で活躍した卒業生では、日銀出身で公正取引委員会委員長を務めた**沢田悌《やすし》**、宮内庁で東宮大夫を務めた**古川清**、労働事務次官をした**伊藤庄平**らがいる。

山崎章郎

　東京地検特捜部長時代にゼネコン汚職などを手がけた弁護士の**宗《むな》像《かた》紀夫**は、12年2月に一連の不祥事対策で導入された日本相撲協会の外部理事になった。
　自衛隊航空幕僚長出身の軍事評論家**田母神《たもがみ》俊雄**は、14年2月の東京都知事選に出馬したが落選した。
　経済界では、福島交通のオーナーで、不動産や観光事業で多くのグループ会社を支配し、「東北の政商」といわれた**小針暦二《こばりれきじ》**が安積中学を中退している。
　安川電機の社長をした**橋本伸一**、ヨークベニマル社長を務めた**大高善兵衛**らも卒業生だ。

# 「フクシマ」に寄り添う多様な人材を輩出
# 福島高校
## ◉福島県立・福島市

県北東部にある福島市。県庁所在地ではあるものの、人口は28万人で県下３番目だ。幕末には福島藩板倉家が領していたが、３万石の小藩だった。

福島高校の前身は、１８９８（明治31）年に開校した県第三尋常中学校。福島一中（現安積高校、郡山市）、二中（現磐城高校、いわき市）よりあとの開校だった。

小藩で明治時代の人口は３万人ほどだったことが、三中になったゆえんだ。

戦後の学制改革で新制福島高校となったが、男女共学化はすんなりとはいかなかった。

１９５１年度から女子に門戸を開き、４年間で計27人の女子が入学してきた。しかし、54年度でこれを打ち切る。文部省が「女子生徒は家庭科必修」としたため、「その対応ができない」と、あらためて男子のみに戻したのだ。

福島高校の男女共学は、それから約50年たった２００３年度から再開された。県教委の方針で、県下のすべての公立男子校、女子校が相次いで共学化されたのだ。現在では男55・女45の比率で、男女共学は定着した。

通称は、校章の梅花にちなんで「梅高《ばいこう》」、あるいは「福高」だ。校訓は「清らかであれ 勉励せよ 世のためたれ」だ。

東日本大震災から丸７年がたった。内陸部にあるため、福島高校に津波は押し寄せてこない。幸い、大揺れによる生徒や教職員の人的被害もなかった。

しかし、校舎の第３、第４棟などが使えなくなる。使える校舎は11年３月11日夕から避難所になった。双葉、南相馬地区などから１ヵ月間に延べ５６８人を受け入れ、半年の間は１クラス80人編成として仮教室で授業を続けた。

東北電力福島第一原子力発電所からは、北西に約60キロ離れている。しかし福島市は放射線量が高く、福島高校でも除染工事が続いた。14年には耐震設計の5階建て新校舎が完成した。

07年度以来、文部科学省からSSHに指定されている。

18年春の大学合格実績は現役、浪人を合わせ、東京大5人、京都大3人、東北大34人、北海道大6人、地元の福島大25人など。

福島県立医科大医学部には9人が合格している。

私大には延べで、早稲田大14人、慶応大2人だった。

過去、例えば1975年度には、東大16人、東北大81人の合格者を出している。現在は落ち込んでいるが、それでも福島県内では、安積高校の進学実績とほぼ匹敵している。

## 詩人、歌人を輩出

梅高から巣立った文化人を、見てみよう。

詩人の**長田弘**《おさだひろし》は、平易な言葉とみずみずしい感性で現代社会を描いた詩集や随筆を出し続け、人々の心をとらえた。昭和～平成を代表する叙情詩人だ。

早稲田大に進学し、在学中に詩誌『鳥』を創刊、毎日出版文化賞、毎日芸術賞を受賞するなど多分野で賞を受賞した。

長田より約30年若い**和合**《わごう》**亮一**が近年、詩人、ラジオパーソナリティーとしてメディアによく登場している。

和合亮一

大地震直後に被災現場からツイッターで「詩の礫《つぶて》」を発信し、注目を浴びた。福島県内の県立高校の教員をしつつ、福島を盛り上げる多彩な活動を行う。

歌人では、**山本友一**《ともいち》がいた。**本田一弘**は活躍中の歌人で、**加藤徳**《とく》**衛**《え》は俳人だ。

ノンフィクション作家の**長尾三郎**、推理作家の**愛川晶**、脚本家の**岩間芳樹**、映画監督・脚本家の**千葉茂樹**らもOBだ。

メディア関連では、朝日新聞記者出身の**星浩**が、16年春からTBSの『NEWS23』のキャスターをしている。

学者・研究者では、大正～昭和

にかけての英文学者で、文化功労者にも選定されている**斎藤勇**がいた。東京女子大学長を務めた。『犠牲のシステム福島・沖縄』などの著書がある哲学者の**高橋哲哉**は、幼少期、原発事故直下の富岡町で育った。

国際経済学の**渡部福太郎**、行政法の**阿部泰隆**、経済法の**野木村忠邦**、民法の**山野目**《やまのめ》**章夫**、教育心理学の**秋葉英則**、ロシア文学の**工藤精一郎**、英文学の**村岡勇**、日本近現代史の**安在**《あんざい》**邦夫**と**中野目徹**、中国近現代史の**菊池一隆**、文学の**高橋文二**、国際政治学の**浅野豊美**、欧州中世史の**甚野尚志**《じんのたかし》らがOBだ。

理系では、地球科学者で秋田大学長をした**渡辺万次郎**、電子工学が専門で北海学園大学長をした**朝倉利光**、生物統計学の**大橋靖雄**、耐震工学の**壁谷沢寿海**《かべやさわとしみ》らが卒業している。建築家の**大高正人**もいた。

脳神経外科医の**石川敏仁**《としひと》は、震災時に現場で活躍する災害派遣医療チーム「日本DMAT」の活動に尽力している。

## 自治体首長として活躍

戦前から10人ほどの国会議員を出している。

メディアによく登場するのは警察官僚出身で衆院議員8選の**平沢勝栄**と、元陸上自衛隊員でイラク派遣時に「ひげの隊長」として知られた参院議員の**佐藤正久**。共に自民党だ。

全日本農民組合から立ち、衆参議員として当選11回を数え、日本社会党の幹部となった**八百板**《やおいた》**正**は、旧制三中を中退した。

官僚では、**佐藤文俊**が総務事務次官を、**太田義武**が環境事務次官を務めた。

自治体の首長として活躍している卒業生も多い。

地元・福島市の13年11月の市長選では、OBどうしの争いになった。4選を目指した**瀬戸孝則**に対し、環境省官僚だった新人の**小林香**が圧勝した。

しかし17年11月の市長選では、小林は、元復興庁福島復興局長の木幡浩（福島県立原町高校卒）に敗れた。

福島県浜通り（太平洋沿岸）の北西部に位置する飯舘《いいだて》村は、原発事故による放射線量が高く、全村避難が続いたが、17年3月に解除された。**菅野典雄**は96年以来、飯舘村村長を務め、帰村に向けて悪戦苦闘している。

内科医の**熊坂義裕**は、震災前に岩手県宮古市長を務めた。震災後は社会的包摂サポートセンターを設立し、「よりそいホットライン」で悩み相談をしている。

**阿部孝夫**は、元神奈川県川崎市長だ。

## ベンチャー精神が旺盛

企業のトップ経験者は、九州電力の初代社長**佐藤篤二郎**、千代田火災海上保険のトップを務めた**古関周蔵**をはじめ、**塚原董久**《のぶひさ》（三菱自動車）、**服部元三**《もとぞう》（川崎汽船）、**三木茂**（北日本電線）、**後藤亘**（東京メトロポリタンテレビジョン）、**内池佐太郎**（東邦銀行）、**尾形充生**（静岡中央銀行）、**菅野光弥**（福島テレビ）、**神永晋**《すすむ》（住友精密工業）、**矢吹健次**（北海道コカ・コーラボトリング）、**高島英也**（サッポロビール）、**伊藤秀二**（カルビー）らがいる。

ベンチャー企業の創業経営者もいる。**信太明**《しだあきら》は、ＳＥＯ（検索エンジン最適化）の「アウンコンサルティング」を設立し、05年に東証マザーズ市場に上場した。

**佐藤航陽**は、スマホの利用データ分析をもとに金融サービスなどを行う「メタップス」を創業し、15年に東証マザーズに上場させた。

**板倉雄一郎**は90年代からいち早くＩＴビジネスのベンチャーを興したが、倒産させてしまった。その体験記などが注目を集め、現在は経営コンサルタントとして活動している。

菅野典雄

芸術・芸能では、ギタリスト・ミュージシャンの**大友良英**がいる。13年度上半期に放送されたＮＨＫの連続テレビ小説『あまちゃん』で、テーマソングなどの楽曲を担当し、人気となった。

俳優では**佐藤Ｂ作**、**神尾佑**《ゆう》がＯＢだ。

**岡本敏明**は昭和時代の作曲家で、多くの賛美歌、童謡、校歌を

大友良英

作曲した。『どじょっこふなっこ』はよく知られている。

**遠藤ミチロウ**はロックミュージシャン、**引地《ひきち》洋輔**は男性アカペラボーカルグループ「RAG FAIR」の一員だ。

洋画家では、**吉井忠**、**舘井啓明《よしあき》**がいた。

梅高の剣道部は開校2年目に創部され、90年代には3年連続してインターハイに出場、93年は3位入賞している。

剣道部出身で警察官の**原田悟**は、05年の全日本剣道選手権大会で優勝した。

# 5章 東海・北陸の名門高校11校

旭丘高校
岡崎高校
東海高校
静岡高校
浜松北高校
沼津東高校
津高校
岐阜高校
富山中部高校
金沢泉丘高校
藤島高校

# 旭丘高校

## 盛田昭夫、加藤高明、赤瀬川原平…多様な分野で活躍

**◉愛知県立・名古屋市東区**

名古屋城の東3キロの住宅街にある。主要都市にある「一中伝統校」の一つで、ルーツは、尾張藩が設立した藩校・洋学校（のちの愛知英語学校）までさかのぼることができる。

創立は1877（明治10）年に開校した愛知県中学校だ。のちに愛知一中と改称された。

京都一中（現京都府立洛北高校、明治3年創立）、東京一中（現東京都立日比谷高校、明治11年創立）などと並んで、愛知一中も明治の文明開化以来、日本の近代化を担った人材を多数涵養《かんよう》してきた。

戦後の学制改革で、名古屋市立第三高等女学校と統合し、男女共学の新制旭丘高校が誕生した。普通科の他、美術科のあるところがユニークだ。

愛知一中時代の校訓「正義を重んぜよ。運動を愛せよ。徹底を期せよ」が、精神的伝統として受け継がれる。文科省からSGHの指定を受けている。

難関大学に多数の合格者を出してきた。東京大合格者が最多だったのは1967年の71人。京都大には74年に58人が、名古屋大には66年に156人が合格している。

旭丘高校は「あくまで第一志望を目指せ」という受験指導を続けてきた。その結果、半分近くの生徒が浪人する。

学校によると、東京大、京都大、国公立大医学部医学科の合格者は、現役、浪人合わせて毎年度100人前後で、卒業生の5割超が旧帝大に進学しているという。

18年春の実績では、東京大25人、京都大37人、国公立大医学科に36人が合格している。地元の名古屋大には44人だった。

### 坪内逍遥、岡井隆

卒業生には、歴史上の人物が何人もいる。近代日本文学の先駆者となった**坪内逍遥《しょうよう》**、**二葉亭四迷《しめい》**の

2人と、思想家の**三宅雪嶺**《せつれい》が、明治時代の初めに前身の愛知英語学校で学んでいる。

新制卒では、芥川賞作家の**赤瀬川原平**、直木賞作家の**連城三紀彦**を出している。歌人、詩人、評論家の**岡井隆**は、前衛短歌運動の旗手の一人となった。

学者・研究者では細菌学者でワイル病の病原体スピロヘータを発見し文化勲章を受章した**稲田龍吉**、小脳研究の世界的権威である**伊藤正男**、科学史家の**吉田光邦**らがOBだ。

坪内逍遥

冒険家としてテレビにも出演する**月尾嘉男**は、地球環境問題やメディア政策について研究を続けている。建築史学の**伊藤延男**は、文化遺産保全の最高峰賞「ガッゾーラ賞」を11年に受賞した。

## 「STAP細胞」事件

医師や医学生理学者になる卒業生も多い。

**津田喬子**《たかこ》は麻酔科医となり、日本女医会会長を務めた。外科医で胆道がん外科治療に関しては世界有数の実績を持つ**二村雄次**、精神科医の**山中康裕**《やすひろ》らもいる。

14年に理化学研究所が発表した「STAP細胞」論文問題が、科学界のみならず社会的な事件になった。同研究所の発生・再生科学総合研究センター（神戸市）の副センター長だった**笹井芳樹**は14年8月5日に自殺した。52歳だった。

STAP細胞論文の筆頭著者の小保方晴子（千葉県・私立東邦大附属東邦高校卒）をバックアップしていたが、ねつ造の疑惑が高まり精神的に耐えられなくなったと見られている。

笹井は旭丘高校から京都大医学部に進学し、36歳の若さで京大再生医科学研究所教授に就任、生化学の分野で先端的な研究者として国際的にも知られていた。将来はノーベル医学生理学賞の有力候補ともいわれていた。

分子生物学では、**岡崎恒子**《つねこ》が15年に文化功労者に選定されている。

文系では、マルクス経済学の**山田盛太郎**《もりたろう》、経済哲学が専門で一橋大学長、文化功労者の**塩野谷祐**

一、産業組織論が専門で規制緩和の論客である**三輪芳朗**、国際政治学の**神谷不二**《ふじ》、国文学の**久松潜一**、文化地理学の**小林茂**、比較教育学が専門で津田塾大学長の**国枝マリ**、社会学の**袖井孝子**、政治・経済評論家の**田中直毅**らがOB、OGだ。

民間エコノミスト出身で、マクロ経済を文明史論的な視点でとらえる著作で注目されている**水野和夫**もOBだ。

旭丘高校には美術科があるので、芸術で身を立てている卒業生も多い。普通科卒も含め、彫刻家・美術家の**荒川修作**、日本画の**平松礼二**、画家の**田村能里子**、洋画家の**和田義彦**、**小堀四郎**らがOB、OGだ。

演劇、芸能などの分野では、司会者の**三国一朗**、宝塚歌劇団創成期の劇作家である**堀正旗**《せいき》、女優の**赤座美代子**らがいる。

## トヨタ「中興の祖」

経済界で活躍した卒業生で、広く知られているのは、**盛田昭夫**の名前だろう。井深大（旧制兵庫県立第一神戸中学・現神戸高校卒）と二人三脚でソニーを創業した。

トヨタ自動車グループの経営トップも、たくさん輩出している。

本体のトヨタ自動車工業（82年に工販合併でトヨタ自動車）の社長、会長を25年弱務め、「トヨタ中興の祖」といわれた**豊田英二**が旧制卒だ。

**豊田芳年**《よしとし》は、グループの祖業である豊田自動織機製作所社長、グループ出身者で初めて中部経済連合会会長を務めた。

盛田昭夫

住友銀行のトップになり、「法王」といわれた**堀田庄三**も旧制卒だ。経済同友会代表幹事を務め、財界人としても活躍した。

大企業のトップ経験者では、**水野久男**（東京電力）、**竹田晴夫**（東京海上火災保険）、**米倉功**（伊藤忠商事）、**土方武**（住友化学工業）、**山路敬三**（キヤノン）、**下出義雄**（大同製鋼）、**乾豊彦**（乾汽船）、**鈴木正一郎**（王子製紙）、**木下又三郎**（本州製紙）、**江口裕通**（アラビア石油）、**和田薫**（阪急電鉄）、**佐伯進**（ノリタケカンパニーリミテド）、**小菅宇《こすげう》三治《さじ》**（プリマハム）、**加藤澄一**（蛇の目ミシン工業）、**長尾芳郎**（名鉄百貨店）、**加藤千麿《かずまろ》**（名古屋銀行）、**谷川憲三**（第三銀行）、**加藤倫朗《のりお》**（日本特殊陶業）、**吉田淳一**（三菱地所）らも卒業している。

## 社会的事件の当事者も

オリンパスの**菊川剛《つよし》**は会長兼社長だった11年に、巨額の損失隠し事件が発覚して退任した。

**南谷《なんや》昌二郎**はJR西日本の社長、会長を務めた。05年4月のJR福知山線脱線事故の責任を取り、06年に会長を辞任した。業務上過失致死罪容疑で起訴されたが、15年に無罪が確定した。

名古屋の経済界では昭和時代に、地元に根を張る有力企業の松坂屋、名古屋鉄道、東海銀行、中部電力、東邦ガスを「五摂家」と呼んだ。その経営トップを務めた人物もいる。

松坂屋では**16代伊藤次郎左衛門（佑慈）**が旧制愛知一中から旧制慶応普通部に転校した。**17代伊藤次郎左衛門（洋太郎）**は旭丘高校3期生だ。名鉄では**土川元夫**と**竹田弘太郎**、中部電力では**安部浩平**と現会長の**水野明久**がOBだ。

このうち、16代伊藤、土川、竹田が名古屋商工会議所会頭に就いている。

豊田英二

メディア関連では、中日新聞社のトップを務めた**加藤巳一郎**と**大島宏彦**、中日新聞社発行の東京新聞の代表**大島宇一郎**がOBだ。

政治家では、13歳で名古屋県洋学校に学んだ**加藤高明《たかあき》**が大正末に、第24代の首相に就いている。

日銀出身の参院議員である**大塚耕平**は、18年5月に新党「国民民主党」の共同代表に就いた。

名古屋市長の**河村たかし**もOBで、地域政党「減税日本」代表だ。

官僚では、建設事務次官をした**尾之内由紀夫**、文部官僚で文化庁長官、東京国立近代美術館館長をした**安達健二**らがOBだ。

法曹界では検事総長をした**伊藤栄樹《しげき》**がいた。「巨悪は眠らせない」というフレーズを残し、「ミスター検察」と呼ばれた。

## 岡崎高校

トヨタ社長、ベンチャー企業社長が学んだ公立高校の雄

◉愛知県立・岡崎市

岡崎といえば徳川家康生誕の地として知られるが、岡崎高校の通学エリアには岡崎市だけではなく、豊田市、安城《あんじょう》市、みよし市なども含まれる。日本最大の企業集団であるトヨタ自動車グループの社員が数多く居住している街だ。

　東京大の入試では、私立や国立の中高一貫校が上位を占め、都道府県立や市区立のいわゆる公立高校は、劣勢が続いている。

　そんな中、岡崎高校は全国の公立高校での東京大合格者ランキングでこの20年、5年連続を含めトップになったことが9度もある。

　ただ最近は、復調めざましい都立日比谷高校が公立高校トップになっている。

　2018年春の大学入試実績では現役、浪人合わせて東大に26人が合格した。全国の公立高校だけのランキングでは、日比谷が48人でトップで、岡崎は東京都立国立高校（国立市）と並んで2番目だった。

　さらに18年は、京都大20人、地元の名古屋大71人、北海道大8人、東北大3人、大阪大10人、神戸大に3人、九州大には5人が合格した。全国各地に分散して、多数が国立大に合格しているのだ。

　岡崎高校のすぐ近くには、分子化学研究所、基礎生物学研究所、生理学研究所など大学共同利用機関が立地している。博士号を持つ研究者もたくさんいる。

　トヨタ・グループや国立研究所に務める高学歴の社員や学者・研究者の子弟が、岡崎高校に集まってきているのだ。

　それに愛知県下には、有力な国立大の付属高校がない。岡崎高校が難関大学への進学で安定した実績を続けている背景が、これで説明できる。

### 「科学の甲子園」優勝

校歴はシンプルだ。1896（明

治29）年に愛知県第二尋常中学として開校し、その後、岡崎中学に改称された。戦後に男女共学の新制岡崎高校となった。

旧制岡崎中学のキャンパスは1924年に現在地に移転されたが、それまで使われていた第二尋常中学校講堂（1897年建築）が現存しており、13年に国の登録有形文化財に登録された。

現在では、全日制の在籍生徒は計1100人弱で、男子3・女子2の比率だ。高3では理系3・文系2の割合になる。

「たかい知性、ゆたかな情操、たくましい心身を兼ね備えた国家・社会の有為な形成者を育成する」が教育目標だ。

授業、学校行事、部活動を教育活動の三本柱として重視し、これらを徹底して行うことが岡崎高校の特色となっている。

特にコーラス部が誇りだ。卒業生を中心に組織されている岡崎混声合唱団もできている。合唱オリンピック青年混声部門で金メダルを受賞し、世界一に輝くなど多くの賞を受賞している。

独立行政法人科学技術振興機構が主催する「科学の甲子園」という大会が2012年から始まっている。13年に行われた2回目では、岡崎高校が優勝した。

13年7月にモスクワで開かれた第45回国際化学オリンピック・ロシア大会には日本代表として4人の高校生が出場した。そのうちの1人は岡崎高校3年の**羽根渕高弘**で、銀メダルを獲得した。17年のタイの大会では、3年の**柳生健生**が銀メダルを取った。

## ビジネスを興す異才

経済界では、トヨタ自動車の6代目社長や副会長を務めた**渡辺捷**《かつ》**昭**《あき》が卒業生だ。

世界第1位の自動車メーカーになるべく拡大路線をとったが、前線を広げすぎたとして豊田ファミリー家から疎《うと》まれ、会長に就任することなく09年に退任した。

中部電力の社長・会長をした**川口文夫**や、吉田内閣で蔵相、通産相などを務めたあと極洋、太平洋

渡辺捷昭

海運の社長をした**小笠原三九郎**《さんくろう》も卒業している。

官選の山形県知事や東洋インキ製造社長をした**川村貞四郎**は、旧制愛知二中から日本中学（現東京・私立日本学園高校）に転校した。

地元では、**古沢武雄**が眼鏡レンズ専門メーカーの東海光学会長を、**簗瀬**《やなせ》**悠紀夫**が名古屋銀行頭取を、**大林市郎**が岡崎信用金庫理事長に就いた。

ベンチャー企業の経営者もいる。**芦田信**は、バイオ医薬品や医療用機器の製造販売会社である日本ケミカルリサーチ（現JCRファーマ）を創業し、東証1部上場企業に育てた。現在、会長兼社長だ。

**小沢素生**《もとき》・**洋介**兄弟は、2人とも日本の大学を卒業後に米国の大学院へ留学。兄の素生は、父が創業した目に関する製品を扱うニデック社長になった。

弟の小沢洋介は、再生細胞医療のジャパン・ティッシュ・エンジニアリング（J-TEC）の実質的な創業者だ。J-TECは現在、富士フイルムHD《ホールディングス》の傘下にある。

小沢洋介と同期の**板谷敏正**は清水建設の社員だったが、社内ベンチャー制度を活用して不動産管理業務を支援するクラウドサービスのプロパティデータバンクを設立、その代表を務める。

同社は09年に、優れた経営戦略を実行している企業に与えられるポーター賞を受賞した。

小沢や板谷の10期後輩の**松尾直樹**は東大法学部に進学、在学中に医学部の友人と、「ビジネスを生み出す工場となる会社」であるネットワークインフォメーションセンターを創業し、現在、取締役だ。

## マクロ・エコノミスト

文化勲章の受章者が2人いる。ダーウィンメダルなど内外から多数の賞を受けた遺伝学者の**木村資生**《もとお》と、商法学者で最高裁判事をした法曹界の重鎮**大隅健一郎**だ。
大隅は1933年の滝川事件を受けて京都帝国大助教授を辞職したが、34年に復帰した。
**杉浦昌弘**は植物分子生物学者で、09年に文化功労者に選ばれた。
農業経済学の**近藤康男**、生物時計の研究者である**近藤孝男**、生化学が専門で白血病ウイルスの研究をしている**牧正敏**、数理計画法の**大山達雄**、加齢医学の**大石充**もOBだ。

仏教考古学者で国立奈良博物館館長をした**石田茂作**は、法隆寺再建説を実証した。

**早川英男**は日銀理事を経て、富士通総研経済研究所エグゼクティブ・フェローだ。マクロ・エコノミストとして鳴らしている。16年度のエコノミスト賞の受賞者だ。

## 冨田勲、尾崎士郎も

シンセサイザー音楽作曲家の**冨田勲**は、岡崎高校から私立慶応義塾高校（横浜市）に転校し、卒業した。テレビドラマ、アニメ、映画音楽など膨大な作品を世に送り出している。

早川英男

指揮者の**大河内雅彦**もOBだ。

小説家では『人生劇場』の**尾崎士郎**が著名だ。岡崎高校に記念碑が設置されている。

才能があるうえに努力で偉業をなしたOGを紹介しよう。

アメリカ史の研究家**山内恵**は3人の子どもの母として専業主婦をしたあと国内の大学に入りなおし、米国のコーネル大学大学院に留学して博士号をとった。

弁護士の**杉浦ひとみ**は、子育てをしながら39歳で司法試験に合格した。障害者など社会的弱者の権利擁護に長年、取り組んでいる。

尾崎士郎

**浅井久《く》仁《に》臣《おみ》**はフリージャーナリスト、毎日新聞記者出身のジャーナリスト**佐々木俊尚**は、ネット社会やネットメディアなどについて論評している。

終戦後の1949年と54年には野球部が、春の選抜高校野球大会に出場している。

旧制岡崎中・新制岡崎高校をつうじて、プロ野球選手となった卒業生も出ている。

中日ドラゴンズで選手、コーチ、監督として優勝を経験し、野球殿堂入りも果した**近藤貞雄**や、**杉山悟**、**石川克彦**、**井上登**らだ。**稲葉誠治**は、慶応大野球部監督などをした。

# 東海高校

## 医学部への進学者数は日本一。メディアの寵児も多い

◉私立・名古屋市東区

進学校として、名古屋市内で県立旭丘高校と双璧をなす学校だ。とりわけ全国ベースで断然トップを続けているのが、医学部への進学者数である。

18年春の大学入試では現役、浪人合わせ、国公立大医学部医学科へは１３２人が合格した。11年連続のトップで、2位の灘高校（神戸市）の96人に大差をつけている。

地元の医学部を目指す生徒が多い。18年度入試で東海高校から名古屋大に合格した59人のうち、38人が医学部医学科だった。名大医学部の合格者総数の３人に１人は、東海高校卒という比率だ。名古屋市立大にも28人が合格、うち19人が医学部だった。

ただし、最難関といわれる東大（理Ⅲ）、京大の医学部医学科合格者は少ない。東大は２人、京大は４人だった。

「大学のブランドではない。とにかく医師になるのだ」という考え方が徹底しているようだ。

医学部に限らず、もちろん難関大学合格者は多い。18年度の場合で、東京大30人、京都大38人、地元の名古屋大59人、東京工業大に４人が合格している。

浄土宗をバックとする中高一貫の男子校で、東海大学や茨城県立東海高校はそれぞれ別だ。１８８８年（明治21年）に浄土宗学愛知支校としてスタートし、戦後の学制改革で今の姿になった。

名古屋市と周辺の、開業医やオーナー経営者など比較的裕福な家庭の子弟が集まっており、卒業後も地元にとどまる者が多い。

校訓は「勤倹誠実」。当然のことながら、教育の基盤に仏教精神を据えている。

### 39歳でフィールズ賞受賞

医師になっている卒業生が多いが、学者、文化人、経営者など各方面で有為の人材を出している。

学者になった卒業生で東海高校が誇っているのは、**森重文**の存在だ。「数学のノーベル賞」といわれ、40歳以下の新進数学者だけを対象にしたフィールズ賞を、1990年に39歳で受賞した。

ノーベル賞と比べ、もう一つ注目度が高くないフィールズ賞であるが、これを受賞した日本人はまだ3人しか出ていない。小平邦彦（1954年、東京府立五中・現都立小石川高校卒）と、広中平祐（1975年、山口県立柳井高校卒）、それに森だ。

森 重文

## 梅原猛、黒川紀章も

知名度が高いのは、哲学者で文化勲章を受章している**梅原猛**《たけし》であろう。旧制愛知一中（現県立旭丘高校）の入試に失敗し、かろうじて旧制東海中学に入学したが、京大哲学科に進学し、「梅原日本学」といわれる独特の歴史研究書を多数、著した。

臓器移植反対論者としても知られ、また原発反対派でもある。

建築家の**黒川紀章**《きしょう》も名高い。建築理論メタボリズムを提唱し、保守派の言論人としても活躍した。

学者ではさらに、政治学の**大嶽秀夫**、比較文学の**菅啓次郎**、経営学の**伊藤宗彦**、社会心理学者で13年に文化功労者に選定された**山岸俊男**、商法の**神田秀樹**、環境倫理学の**鬼頭秀一**らも卒業生だ。

## 「今でしょ」の林修

芥川賞作家は、戦前に受賞している**富沢有為男**《ういお》と1949年に受賞した**小谷剛**《つよし》の2人だ。

直木賞受賞者としてはハードボイルド・推理作家の**大沢在昌**《ありまさ》が卒業生で、現在も『新宿鮫』シリーズをはじめ精力的に小説を発表している。

**森博嗣**《ひろし》は、理系ミステリーの小説を執筆している。

**呉智英**《くれともふさ》は知性あふれる評論家で、漫画評論も手掛ける。

作家の**水野敬也**《けいや》は1976（昭和51）年生まれながら、『夢をかなえるゾウ』などベストセラーを連発する売れっ子だ。

2年生だった**青羽悠**は16年、29

回小説すばる新人賞を受賞した。16歳での受賞は、歴代で最年少記録である。

映像・メディア関連では、アニメ映画製作・スタジオジブリの社長でプロデューサーの**鈴木敏夫**、脚本家の**山田耕大**《こうた》がOBだ。

脚本家・演出家の**古屋雄作**は17年に、小学生向きの『うんこ漢字ドリル』を大ヒットさせた。

NHK記者出身でニュースキャスターの**木村太郎**は幼稚舎から慶応だったが、慶応義塾高校時代にビリヤードに通いつめて放校になり、東海高校に転校してきた。

NHKアナウンサーの**三宅民夫**、タレントで詩人の**ドリアン助川**も卒業している。

カリスマ予備校講師だった**林修**は、CMの「今でしょ」でブレークし、売れっ子になった。クイズ番組など、各テレビ局で引っ張りだこのタレントになっている。

医師で著名なのは、美容外科医の**高須克弥**だ。テレビCMでお馴染みだ。

高須の生家は江戸時代から続く医師の家系で、長男で医師の**力弥**、次男で歯科医師の**久弥**、三男で医師の**幹弥**も東海高校OBだ。

内科医の**栗田昌裕**はヨガ、気功にも精通し「栗田式能力開発法」を提唱している。

精神科医の**村上純一**（1995年卒）は11年に、他の医師と共にイグ・ノーベル賞を受賞した。わさびの匂いで眠っている人を起こすという火災警報装置を発明、ユーモアあふれる科学研究をたたえるこの賞を受賞した。

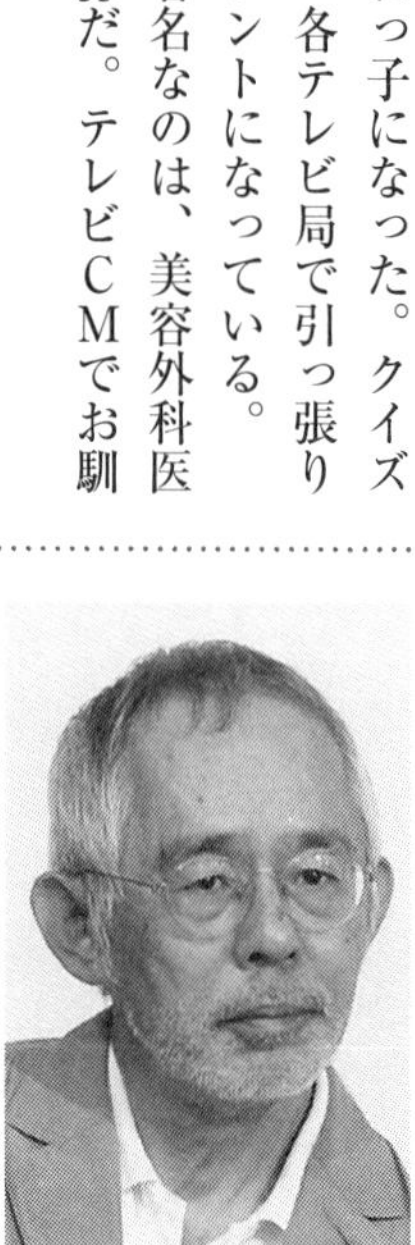
鈴木敏夫

16年4月から東大教授を務めている**中西真**は名古屋市大出身で、老化とがん化の研究で目ざましい業績を挙げている。

精神科医の**高橋龍太郎**は、現代美術のコレクターとして知られる。

## 元首相にメルカリ創業者も

政官界では、首相を務めた**海部**《かいふ》**俊樹**《としき》が卒業生だ。旧制東海中学時代に弁論部を創設し、中央大学から早大に編入して演説に磨きをかけた。

首相経験者ながら09年の衆院選

で敗れ、政界を引退した。

愛知県知事を12年間務めた**神田真秋**、前名古屋市長の**松原武久**、通産事務次官をして城山三郎（名古屋市立名古屋商業学校・現名古屋商業高校卒）の『官僚たちの夏』で主人公のモデルにもなった**佐橋滋**も卒業している。

経営者として活躍している卒業生も多いが、現職では三菱UFJ銀行の前頭取・現会長の**平野信行**が注目される。平野は東海高校から京大法学部に進んだが、三菱系銀行で京大出身者が頭取になった初めてのケースだ。

元職と現職が交じるが、経済界で活躍した卒業生としては**岩田弌《かず》夫《お》**（東芝）、**斎藤明彦**（デンソー）、**三田敏雄**（中部電力）、**安井義博**（ブラザー工業）、**佐伯卓**（東邦ガス）、**蟹江嘉信**（カゴメ）、**近藤詔治**（日野自動車）、**木下光男**（豊田通商）、**野木森雅郁《のぎもりまさふみ》**（アステラス製薬）、**横井太**（アルフレッサHD）、**牧誠**（メルコHD）、**大野直竹**（大和ハウス工業）らがいる。

ガス器具メーカー・パロマのオーナー家出身で30代半ばで4代目社長になった**小林弘明**は、06年に瞬間湯沸かし器の中毒事故が表面化し、釈明とリコールに追われた。

**高岡本州《もとくに》**は寝具メーカーのエアウィーヴを創業したベンチャー経営者だ。

海部俊樹

通産官僚出身の**郷治友孝《ごうじともたか》**は、東京大学エッジキャピタル社長だ。東大などの研究成果から将来有望な先端技術に目をつけ、投資するベンチャーキャピタルだ。

**山田進太郎**は、フリーマーケットアプリを運用する「メルカリ」の創業会長兼CEOだ。メルカリは18年6月に東証マザーズに上場した。

40歳前後という年齢で東大野球部の一員になった変わり種がいる。**伊藤一志**投手で、慶応大商学部を経て日本医大を卒業、31歳で医師になった。だが、東大野球部に入りたくて東大を十数回受験、12年に合格し、野球部に入部した。

伊藤は17年4月、東京六大学フレッシュリーグの慶応大戦に先発し、神宮のマウンドを踏んだ。

# 静岡高校

## 斎藤孝、村松友視が出た野球の強豪校

◉静岡県立・静岡市葵区

「印高《こうこう》」という格調高い校訓を持つ。「高きを仰ぐ」、つまり常に高いところに目標をおけ、という意味だ。秀峰富士を校窓から眺める静岡高校ならではの校訓であろう。

　静岡高校は、1878（明治11）年に静岡師範学校内に開設された中学科を創始とする。翌年に静岡中学校となった。

　その後、何度も校名は変遷したが、1953年に静岡県立静岡高校に落ち着いた。

　実践目標として「勉強を本文とする」「人に迷惑をかけない」などを掲げている。略称は「静高《しずこう》」だ。

### 『広辞苑』の編集者

　テレビによく登場し、お茶の間に浸透している学者が2人いる。

　教育学者の**斎藤孝**は、2001年に出した『声に出して読みたい日本語』がベストセラーになったのをきっかけに、紙メディアやテレビで売れっ子になっている。

　国際経済学の**伊藤元重**は、わかりやすい語り口で経済学やビジネス動向についてコメントする。

　旧制時代の卒業生では、言語学者で『広辞苑』の編集をして文化勲章を受章した**新村出**《しんむらいずる》、多くの外国語に通じて名訳を残した**上田敏**《びん》、国際政治学の**関寛治**がいる。

　医学者では、**勝沼精蔵**が文化勲章を受章している。

　学者になった卒業生は他に、精神科医で心理学のエッセーなども書いている**春日武彦**、鳥島に通いながらアホウドリの研究をしている**長谷川博**らがいる。

　アジア開発銀行研究所長の**河合正弘**は、アジア経済の第一人者だ。

　**角替弘志**は生涯学習論が専門で常葉学園理事長を、会計学の**太田哲三**は1950年設立の日本公認会計士協会の初代会長を務めた。

　理系では**磯貝明**が、植物を原料とする新素材「セルロースナノファイバー」の研究で世界の先端を

走っている。

## 芥川賞受賞者、閣僚経験者も

作家では、詩人でもありＨ氏賞と芥川賞をＷ受賞した**三木卓**《たく》、直木賞の**村松友視**《ともみ》がいる。友視の祖父は、戦前・戦後に活躍した作家であった**村松梢風**《しょうふう》で、梢風も旧制静岡中学卒だ。

**瀬名秀明**は『パラサイト・イヴ』でデビューした、ＳＦ・ホラー作家だ。

旧制静岡中学の卒業生には、人間国宝に指定され文化功労者に選

伊藤元重

定された人物もいる。型絵染の**芹沢銈介**《けいすけ》で、民芸運動にも参加、20世紀の代表的な工芸家の1人だ。

挿絵画家の**桜井誠**もＯＢだ。新制卒では洋画家の**笹尾光彦**、版画家の**牧野宗則**、建築家の**樋口裕康**がいる。

音楽では、作曲家の**川辺真**、ピアニストの**谷真人**と**柴郭恵**《ひろえ》、声楽家の**太刀川昭**、マンドリニストの**川口雅行**らがいる。

政官界を見てみよう。

旧制静岡中学から旧制津中学（現三重県立津高校）に転校した**下**

新村 出

**山定則**《さだのり》は、下山事件の当事者として歴史に名を残す。

49年に初代国鉄総裁に就任して1ヵ月後、東京・足立区の常磐《じょうばん》線線路で轢《れき》死体となって発見された。自殺説、他殺説の両方が飛び交い、昭和史における謎の一つとなっている。

01年4月に発足した小泉内閣では、静岡高校ゆかりの人物が同時に入閣した。金融担当相の**柳沢伯夫**と文科相の**遠山敦子**だ。

柳沢は静岡高校に入学したものの2学期から定時制に移り、2年

三木 卓

次からは静岡県立掛川西高校に転校した。新聞配達で学費、生活費をまかない、東大から大蔵官僚のコースを歩んで静岡県選出の衆院議員となった。

遠山は東大に進学し、文部省に初の女性キャリアとして入省した。国立西洋美術館理事長に天下りしていた際、民間人として文科相に起用された。

静岡県知事をした**山本敬三郎**、**塩谷立**《しおのやりゅう》も文科相を務めた。静岡市長をした**小嶋善吉**、現静岡市長の**田辺信宏**もOBだ。

大蔵官僚出身で環境庁の事務次官をした**清水汪**《ひろし》もいた。

法曹界では、民事介入暴力対策の辣腕《らつわん》弁護士**深沢直之**と、サリドマイド、予防接種訴訟などにかかわり患者側の立場から国や企業の責任を追及してきた人権派弁護士**秋山幹男**が卒業生だ。

昭和の初めから戦後を通じて人権擁護で活躍した**海野晋吉**は、旧制卒の弁護士だ。

## 財界4天皇にタミヤ社長

経済界では、旧制卒の**水野成夫**が著名だ。フジ・サンケイグループを仕切り、財界4天皇の1人に数えられた。

やはり旧制卒で、三菱重工業のトップを務めた**牧田与一郎**もいた。4男の牧田吉明（東京・私立成蹊高校卒）はアナーキスト、新左翼活動家だった。

さらに元職と現職が交じるが、**長谷川至**（ヤマハ発動機）、**大嶽隆司**（小糸製作所）、**横山進一**（住友生命保険相互）、**8代目鈴木与平**（鈴与）、**伊藤勝**（図書印刷）、**横山隆美**（AIU保険）、**畑中好彦**（アステラス製薬）、**多賀谷秀保**（三菱自動車）、**佐藤薫郷**《しげさと》と**石山喬**（日本軽金属）、**加藤壹康**《かずやす》（キリンHD）、**江川豪雄**《ひでお》（三菱航空機）ら企業トップを輩出している。

**酒井次吉郎**《じきちろう》と**松浦康男**は地元の静岡銀行頭取を務めた。

卒業生で創意工夫に富んだビジネスマンがいる。

**嶋正利**は71年に、世界初の商用マイクロプロセッサー「Intel 4004」の設計・開発に携わり、米インテル社が世界一の半導体メーカーに成長するのに寄与した。

**田宮俊作**は社長として、模型作りの会社・タミヤを世界的な知名度のある企業に育て上げた。

アンチエイジング指導者でTB

Cグループ代表の**手塚圭子**がOGだ。年配者に対して、手塚は「PPK（ピンピンコロリ）で豊かな老後を過ごそう」と説いている。

**近藤博之**は26歳のときに青雲の志を抱いてブラジルに渡り、サンパウロ近郊に70ヘクタールの近藤牧場を切り開いた。

メディア関係では講談社第4代社長で、中興の祖といわれた**野間省一**が旧制卒だ。

NHKアナウンサー出身で歌舞伎評論をしている**山川静夫**と、日本テレビのプロデューサー**土屋敏男**がOBだ。土屋はバラエティー番組づくりで才能を発揮した。

時事通信社の常務取締役編集局長をした**八牧浩行**は現在、中華圏ニュース通信社「RecordChina」の社長をしている。

## 野球で「裁量枠」あり

静岡県内にはサッカーが強い高校が多いが、静岡高校もバスケット、テニス、サッカー、野球など運動部の活躍が目立つ。

とりわけ野球は強豪校の一つに数えられる。全国大会には旧制時代から通算して春17回、夏24回の出場を誇る。

戦前になるが、1926年の夏には旧制静岡中学が全国優勝を遂げた。60年夏と73年夏には準優勝している。

60年の準優勝チームで主将だった**石山建一**はその後、早大野球部監督や社会人野球で活躍した。

プロ野球選手では、**赤堀元之**が近鉄で救援投手として活躍、15年に独立リーグの一つであるBCリーグの新潟アルビレックス監督に就任した。

**高木康成**（巨人・投手）、**増井浩俊**（日本ハム・投手）らもOBだ。

トップクラスの進学校でありながら、野球でも好成績を残せる背景には、静岡県独自の入試制度「裁量枠」がある。静岡高校は県内で唯一、野球について裁量枠を行使しており、毎年度10人前後の選手が入学してくる。

毎年度の大学入試では現役、浪人合わせ、東京大、京都大、北海道大、東北大、名古屋大に各10人前後が合格する。各地の国立大学に分散して進学しているわけだ。

東西どちらにも行ける静岡高校の立地状況が反映されている。18年には国公立大に現役で162人が合格した。卒業生の50％弱だ。

ホンダやヤマハの社長など「ものづくり」に秀でる

# 浜松北高校

◉静岡県立・浜松市中区

人口80万人弱で、静岡県で最大の街・浜松。浜名湖と天竜川の間にある商工業都市だ。

ＮＨＫの２０１７年の大河ドラマ『おんな城主 直虎』の舞台になった場所だ。

浜松北高校のルーツは、１８９４（明治27）年創立の県尋常中学校浜松分校だ。浜松中学—浜松第一中学—新制の浜松第一高校などと校名は変遷し、１９４９年に男女共学である浜松北高校となった。地元では「北高」で通っている。

「学問と知性を愛する豊かなこころ」「良識に基づく自主独立の精神」を学校教育目標としている。自由な校風であり、校訓はない。

１学年は、普通科９クラスと国際科１クラスの計10クラス。全学年で計１２００人の大規模校だ。

国際科の教育では、豊かなコミュニケーション能力を身に着けるために、語学教育とグループ活動を重視している。１年生はニュージーランドに約１ヵ月間滞在し、現地の大学や高校の授業に参加、異文化体験もする。

進路指導は入念であり、「生徒の希望、能力に応じた１２００通り（全校生徒の数）の、きめ細かな指導をしている」という。

難関大学への合格者は、静岡県内の高校でトップだ。

18年春の大学入試では現役、浪人合わせ、東京大12人、京都大20人、東京工業大６人、一橋大３人が合格している。

さらに、各地の国立大に分散して多くの合格者を出している。名古屋大に13人、北海道大に４人、東北大に２人、大阪大に10人だ。

東西、どちらにも道が開けている浜松ならではの進学状況だ。地元の浜松医科大には14人が合格している。

## 文化勲章受章者が３人

この学校で学んだ人物で後年、

有馬朗人

文化勲章を受章した者が3人いる。

1人は東京大総長や参院議員・文相などを歴任した**有馬朗人**《あきと》だ。旧制武蔵高校―東大理学部と進み、原子核物理学者になった。中央教育審議会会長を務め、俳人としても知られている。

もう1人は、日本古代史の学者**坂本太郎**。「大化の改新」についての研究がスタートだった。東大史料編纂所所長などを務めた。

さらに、毎日新聞記者出身の作家で、1976（昭和51）年に文化勲章を受章している**井上靖**《やすし》も在籍していた。井上は旧制浜松中から静岡県立旧制沼津中（現沼津東高校）に転校し、卒業している。

学者として名を成した卒業生としては、金原三兄弟がいる。坂本と旧制浜松中の同期で電波通信学が専門の**金原淳**（元名古屋大教授）と、その弟**金原敬**（元静岡大教授）、**金原誠**（元九州大教授）だ。

大学の学長を務めた卒業生としては有馬の他に、**大杉繁**（静岡大）、**井口鹿象**《しかぞう》（室蘭工業大）、**三浦百重**《ももしげ》（鳥取大）、**気賀重躬**《けがしげみ》（青山学院大）、**三輪光雄**（東京教育大・現筑波大）、**高橋泰蔵**（東京商大・現一橋大）、**宮地良彦**（信州大）、**井形昭弘**（鹿児島大）、**岡部洋一**（放送大学）らがいる。

法医学者の**鈴木修**は、浜松医大助教授だった84年に、1本の毛髪から覚せい剤を検出することに世界で初めて成功した。この毛髪鑑定法はその後、世界の犯罪捜査に大きな貢献をした。

東大教授で惑星研究者の**杉田精司**は、惑星探査機「はやぶさII」のプロジェクトに参画している。

**木下直之**も東大教授で、文化資源学が専門だ。

## 製造業の街らしく

浜松は、オートバイや楽器などの製造業の街である。オートバイでは、ホンダ社長を務めた**久米是**《ただ》**志**《し》、スズキ社長を務めた**稲川誠一**が卒業生だ。

二大楽器メーカーのトップを務めた卒業生もいる。

ヤマハでは、第3代社長の**川上嘉市**《かいち》が明治時代の卒業だ。その孫の**川上浩**が第7代社長を務めた。河合楽器製作所の2代目社長**河合滋**《しげる》がOBだ。

**西松遥**《はるか》は、10年1月に日本航空が会社更生法の適用申請をし、事実上倒産したときの社長だった。

会長、副会長、社長というトップ経験者は、**中山均**《ひとし》、**平野繁太郎**、**桜井透**（以上静岡銀行）、**川合勇**（富士重工業）、**岩崎正視**（トヨタ自動車）、**高林敏巳**（三井金属鉱業）、**伊藤源嗣**《もとつぐ》（石川島播磨重工業・現IHI）、**村木弘治**（セメダイン）、**堀江行而**（井関農機）、**昼間輝夫**（浜松ホトニクス）、**高柳浩二**（ユニー・ファミリーマートHD）らがいる。

**杉浦睦夫**はオリンパス光学工業（現オリンパス）のカメラ技師だった50年代初頭に、東大の医師と共に世界で初めて胃カメラを開発する。その後、胃カメラは「内視鏡技術」として進化していった。

## 女性弁護士の草分けも

「政官」で活躍している卒業生では、浜松市長の**鈴木康友**が、15年の市長選で3選を果たした。元首相の野田佳彦（千葉県立船橋高校卒）と同じく、松下政経塾の1期生だ。

自治官僚出身の**北脇保之**は、衆院議員、浜松市長などをした。他に浜松市長を務めた卒業生では、**高柳覚太郎**、**坂田啓造**、**岩崎豊**らがいる。

前湖西市長の**三上元**《はじめ》は、「浜岡原発の廃炉を求める」訴訟の原告団に加わっている。

警察官僚の**垣見隆**は、オウム真理教が凶悪事件を引き起こした90年代前半に2年間、刑事局長を務めていた。

国際弁護士の**細井為行**は警察官僚出身で、69年の東大安田講堂事件では中隊長（警部）として現場で指揮した。

法曹界では、**竹内寿平**が検事総長、プロ野球コミッショナーを務めた。女性弁護士の草分けの1人である**渥美雅子**もOGだ。

## 芥川賞作家がOG

小説家の**吉田知子**は70年に『無明長夜』で芥川賞を受賞した。樺《から》太《ふと》で育ち、父がソ連軍に連行され消息不明になったため、母の実家の静岡県に引き揚げてきた。

小説家の**鈴木光司**は、『リング』『らせん』が映画化されて大ヒットした。

小説家・エッセイストで太宰治（青森県立旧制青森中学・現青森高校卒）の研究者である**木村綾子**、漫画家の**小泉吉宏**らもいる。**高柳克弘**は、俳壇の俊英だ。

音楽で身を立てている人物も多い。気鋭のジャズピアニスト**上原ひろみ**、クラシックサックス奏者の**須川展也**、東大法学部出身のジャズボーカリスト**鈴木重子**、作曲家の**伊藤康英**、作詞家の**清水みのる**らがOB、OGだ。

作曲家の**木下忠司**は映画監督・木下恵介（静岡県立浜松工業学校・

川上 浩

現浜松工業高校卒）の弟で、兄の作品の音楽を多く手がける。18年4月、101歳で死去した。

美術では、抽象画家の**清川泰次**、油彩画家の**山田治**と**青島三郎**、版画家の**大手仁志**らがOBだ。

芸能では、ダンサーでタレントの**大澄賢也**がいる。

**田辺一邑**《いちゆう》は女性の講談師で、浜松ゆかりの人物たちについて自作し、講談の素材にすることも多い。

メディア関係では、NHK会長を務めた**橋本元一**がOBだ。初の技術畑出身のトップだった。

鈴木康友

日本経済新聞社社長をした**大軒順三**、産業経済新聞社社長をした**松本龍二**らもいた。

スポーツでは、**宮崎康二**《やすじ》が浜松一中時代の32年にロサンゼルス五輪に出場し、競泳100メートル自由形と800メートル・リレーで金メダルを取った。

陸上競技選手の**杉本龍勇**《たつお》は88年、浜松北高3年のときにインターハイで100メートル10秒37、200メートル21秒06の、いずれも大会新記録で優勝した。92年のバルセロナ五輪400メートル・リレーではアンカーを務め6位入賞した。

朝日新聞記者出身の**田畑政治**《まさじ》は、日本水泳連盟会長、東京オリンピック組織委員会事務局長を歴任している。

### 4番目の都市なのに、ペンクラブ会長を3人も出した

# 沼津東高校

◉静岡県立・沼津市

静岡県東部の伊豆半島の付け根にある沼津市。江戸時代から東海道の宿場町として栄えていた。

沼津東高校は、沼津市北方の高台に位置する。校舎からは富士山の頂上を望み、眼下には駿河湾が広がる。

１９０１（明治34）年に、県立沼津中学校として呱々《ここ》の声を挙げた。戦後の学制改革で男女共学の新制沼津東高校になった。

略称は「沼東《ぬまとう》」。旧制時代からの「自由」と「自治」の精神が現在でも脈々と伝わっている。

毎日新聞社の記者出身で芥川賞、文化勲章を受章した作家の**井上靖**は、幼少期を伊豆・湯ヶ島で過ごし、大正末期に旧制県立浜松中学（現県立浜松北高校）から沼津中学に転校してきた。

自伝的小説『夏草冬濤《なつぐさふゆなみ》』や随筆『私の自己形成史』には中学時代の生活が描かれており、「怠惰《たいだ》というか、自由というか、何ものにも拘束されない少年時代をおくった」（『私の自己形成史』）という。

伊藤忠商事でトップになったあと、日本政策投資銀行社長を務めた**室伏稔**は戦争中に沼津中学に入学、沼東2期生として卒業した。

沼津中は敵性語である英語教育を廃止せず、「それが私の英語力の基礎となり、商社に入ってから、人生を切り開く大きな力となった」（日本経済新聞２０１１年9月３日「私の履歴書」）と回想している。

「嗚呼《ああ》味爽《まいそう》の星の影」で始まる校歌は、旧制時代からのもので、こてこての漢文調だ。

入学式で、新入生全員が5番までよどみなく斉唱する。3月中旬の合格発表のあと入学式までの約20日間で、新入生たちは校歌を諳《そら》んじてくるのが慣行になっているのだ。

卒業生の母校愛が、すこぶる強い。「香陵」という名の同窓会は全国に20ヵ所もある。

18年春の大学入試では現役、浪人合わせ、東京大5人、京都大7人、北海道大14人、名古屋大6人、東北大12人、地元の静岡大に25人の合格者を出した。卒業生の67%が現役で国公立大に合格している。

## 優れた文筆家の宝庫

沼津市は県庁所在地ではないし、人口は約20万人で静岡県内では4番目だ。江戸時代の沼津藩は5万石という中堅の藩で、幕末に開明君主がいて文化先進地だったという話も聞こえてこない。

ところが、沼津中学・沼津東高校は、街の規模に見合わぬ有為な人材を多数、輩出しているのだ。

卒業生には文化勲章の受章者が3人、日本ペンクラブ会長も3人出ているし、優れた経営者や学者も多い。

自然に恵まれ温暖で伸びやかな気候風土の影響か、あるいは教育が優れているためか。おそらくは両方が重なってのことであろうが、全国の伝統校の中でも特筆に値する高校だ。

文化勲章の受章者は井上靖に加え、化学者で日本学士院長をした**長倉三郎**と、詩人で評論家の**大岡信**《まこと》だ。大岡信は、17年4月に死去した。

井上 靖

信の父で歌人の**大岡博**も沼津中学卒だ。信の息子の大岡玲(東京・私立武蔵高校卒)は『表層生活』で芥川賞を受賞している。

『巴里《パリ》に死す』で知られる作家**芹沢光治良**《こうじろう》は、第5代の日本ペンクラブ会長でもある。第9代が井上靖で、11代が大岡信だ。

芥川賞受賞作家では井上靖の他に、**川村晃**も学んでいる。川村は62年に『美談の出発』で受賞した。推理作家の**曽根圭介**、小説家の**江崎惇**もOBだ。

## 「棺桶に…」の斉藤了英

経済界で著名なのは、ソニーのトップになった**大賀典雄**だ。東京芸術大の声楽科に進学、東京通信工業(のちのソニー)のテープレコーダーの音質にクレームをつけたことがきっかけとなって、入社し

大賀典雄

た。バリトン歌手、指揮者としても活動した。

大昭和製紙の2代目社長**斉藤了《りょう》英《えい》**は、話題をまいた人物だ。

90年にゴッホの『医師ガシェの肖像』（125億円）とルノワールの『ムーラン・ド・ラ・ギャレット』（119億円）を落札して注目された。

その際に「俺が死んだら、両方の絵も一緒に棺桶に入れてもらうつもりだ」と発言し、国際的な批判を浴びた。

企業トップを務めた卒業生はさらに、**鈴木英夫**（兼松）、**松川保雄**（トーメン）、**三田仁**（特種製紙）、**芹沢暉二**（伊豆箱根鉄道）、**高藤鉄雄**（三共）、**片山純男**（雪印乳業）、**佐野主税**（アサヒ飲料）、**渡辺光一郎**（第一生命保険）、**村嶋純一**（富士通ゼネラル）らだ。

地元のスルガ銀行は、創業者の岡野喜太郎（静岡県立豆陽学校・現下田高校中退）が実に62年間も頭取の座を占めたが、2代目頭取**岡野豪夫**、3代目**岡野喜一郎**、4代目**岡野喜久麿**がOBだ。

政官界では、斉藤了英の弟で建設相、大昭和製紙3代目社長、静岡県知事などを歴任した**斉藤滋与《しげよ》史《し》**、建設相をした**遠藤三郎**らが卒業している。

沼津市の戦後の公選市長では**山本立太郎**、**長倉宣一**、**井手敏彦**、**庄司辰雄**、**桜田光雄**、**斎藤衛**、**栗原裕康**、**大沼明穂《あきほ》**がOBだ。90年に就いた桜田以降、4代連続して沼東OBである。

## CM界の寵児も

理系の学者・研究者では前述の長倉三郎の他、国立極地研究所所長や南極観測隊長を務めた**星合孝男**らが卒業生だ。

医師では、心臓外科医で東京医科歯科大学長の**鈴木章夫**がいた。人工弁を開発し、文化功労者に選定されている。

外科医の**宇山一朗**は、復腔鏡手術の第一人者で、ホームラン王の王貞治（東京・私立早稲田実業学校高等部卒）の胃がん摘出をした。

循環器内科医で聖路加《せいるか》国際病院院長の**福井次矢**もいる。福井は京大医学部卒で、17年7月に105歳で死去した元聖路加国際病院院長の日野原重明（旧制私立関西学院中学部・現高等部卒）とは、京大医学部で40年近い後輩になる。

諏訪中央病院（長野県茅野市）院長や参院議員を務めた**今井澄**《きよし》は、東大医学部に進学、69年の東大安田講堂攻防戦では、学生側の現場責任者となり逮捕された。

獣医の**田代和治**は、上野動物園長を務めた。

文系では、英文学、神学者で立教大総長を務めた**佐々木順三**、比較文学の**小堀桂一郎**、経営心理学者で明治大総長をした**山田雄一**、土地・不動産に詳しい**長谷川徳之輔**、国際エコノミストの**水野隆徳**、環境学者で「富士山学」を提唱している**渡辺豊博**らが卒業生だ。

CMクリエーターで慶応大環境情報学部教授の**佐藤雅彦**は、サントリーの「モルツ」、NECの「バザールでござーる」など多くの企画を手がけ、CM界の寵児的な存在だ。

映画監督では、大正〜昭和期の俳優でもある**渡辺邦男**、先輩の井上靖作の小説『わが母の記』を12年に映画化した**原田真人**がOBだ。

## 伝統を誇るボート部

同校は部活動も盛んだ。ボート、ホッケー、フェンシングなどが全国大会によく出場する。

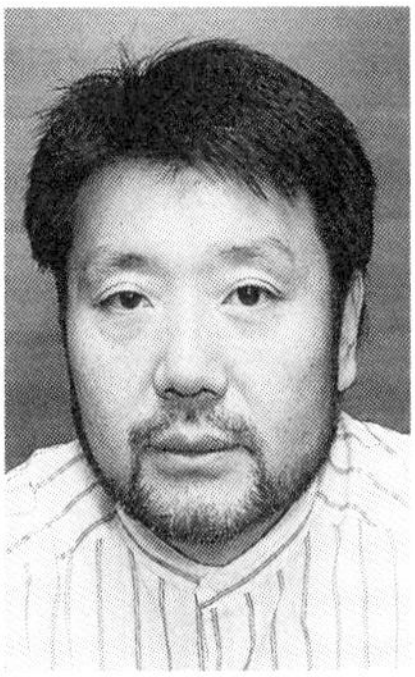
原田真人

近くに狩野川という絶好のフィールドがあるため、ボート部は沼津中の創立2年目にできている。32年のロス五輪には**佐野敏**が、88年のソウル五輪には**石川順康**がボート選手として出場した。2人とも早稲田大在学中のことだった。

水泳では、**長沢二郎**が沼東から私立早稲田大学高等学院（東京都練馬区）に編入したが、52年のヘルシンキ五輪に出場、54年にバタフライのドルフィンキック泳法を考案した。

**筒井孝朱**《たかみ》は沼東3年時の11年、全国高校総合体育大会（インターハイ）のフェンシング女子個人サーブルの部で優勝した。浜松医科大に進学し、沼東の文武両道ぶりを象徴する人物となった。

# 津高校

奥田兄弟、東畑4兄弟など秀でた人材を輩出

◉三重県立・津市

伊勢湾に面する「津市」は、県庁所在地では唯一の1文字だ。江戸時代には藤堂家32万3000石の大藩である。

1880（明治13）年に開校した津中学校が、津高校の前身だ。明治時代に県尋常中学、県第一中学と校名は変わり、1919年から県立津中学に戻った。

昭和になって校地は現在の津市南部に移り、戦後の学制改革で県立津高等女学校と統合された。以来、男女共学になっている。

開校以来、1度も制服が決められたことはない。校訓である「自主・自律」を実践させ、「高い知性と教養を持ったリーダーの育成」を使命としている。

文科省からSSHの指定を受けている。

「生徒文化の継承」を狙いとした縦割り団というのがある。3年―2年―1年生を6～7人で縦にグループ化して、先輩が後輩を教え込むのだ。体育祭も縦割り団対抗で行われる。

「文武両道」を掲げ、部活動が盛んだ。生徒の加入率は男子で98%、女子は107%だ。21の運動部のうち、陸上競技、弓道、ボートなどが全国大会によく出場する。文化部にはジャグリング、邦楽など特色あるクラブもある。

現役で半数が国公立大に進学する。2018年春の大学入試では現役、浪人合わせ、東京大5人、京都大11人、名古屋大16人、大阪大11人の合格者を出している。

地元の三重大は64人で、トップだった。

## 兄＝トヨタ、弟＝大丸社長

ともに大企業のトップになり、財界活動もした奥田兄弟が、経済界で知られている。兄の**奥田碩**《ひろし》はトヨタ自動車の第8代社長を務め、日本経団連会長になり、国際協力銀行総裁も務めた。旧制津中

学に入学、学制改革に伴う学区変更によって三重県立松阪北高校（現松阪工業高校）を卒業した。

7歳下の弟**奥田務**《つとむ》は新制津高校を卒業、大丸社長となった。大丸と松坂屋の経営統合を主導し、統合したJ．フロントリテイリングの会長兼CEO（最高経営責任者）を務めた。関西経済同友会代表幹事にも就いた。

奥田 碩

大企業で社長・会長・副会長になった卒業生は、現職も交じるが、**石井光雄**（日本勧業銀行）、**柏木秀茂**（横浜正金銀行）、**野田哲造**（住友銀行）、**加藤精一**（岡三証券）、**岡田完二郎**（古河鉱業、富士通信機製造）、**服部重彦**（島津製作所）、**雲井洋**（百五銀行）、**川喜田貞久**（同）、**飯田俊司**（同）、**浅田剛夫**《たけお》（井村屋）、**別所芳樹**（スズケン）、**北田栄作**（第三銀行）らだ。

**松田好旦**《よしあき》は、津市に本社を置くおやつカンパニーの社長だ。

阪神電鉄の役員だった**小津正次**《しょうじ》**郎**《ろう》は、78年から6年間、プロ野球阪神タイガースの球団社長を務めた。チームの大改革を断行し、阪神を巨人に匹敵する人気球団に育てあげた。新人獲得のドラフト会議でのくじ運の強さから「オヅの魔法使い」との異名を取った。

**渥美俊一**は流通業界の経営コンサルタントになり、多くのチェーンストア企業を指導した。船井総合研究所の創業者・船井幸雄（大阪府立河南高校卒）と並び、日本の経営コンサルタントの草分けだ。

## 「下山事件」の当事者

政官界では、民主党の衆院議員**中川正春**が野田内閣の文相などを務めた。運輸官僚出身の**木村俊夫**は衆院議員を当選12回続け、外相などを歴任した。

津市の歴代市長のうち、**堀川美哉**、**志田勝**、**岡村初博**、**近藤康雄**、現職の**前葉泰幸**らがOBだ。

下山定則

初代国鉄総裁の**下山定則**《さだのり》が、静岡県立静岡中（現静岡高校）から旧制津中学に移り卒業した。

下山は49年7月6日に東京都足立区の常磐線の線路横で、轢《れき》死体で発見された。自殺、他殺の両説が飛びかい、今でも決着していない。「下山事件」と呼ばれ、戦後事件史の大きな謎の一つである。

## 父娘でベストセラー

学者・研究者として業績を残した卒業生も多い。

文化勲章を受章した農業経済学の泰斗**東畑《とうばた》精一**が名高い。東大教授のかたわら政府の各種審議会の委員・会長を歴任し、アジア経済研究所の初代会長でもあった。

東畑4兄弟として知られ、そろって旧制津中学卒だ。長男が精一で、次男の**速水敬二**は哲学者、3男の**東畑謙三**は建築家だった。三重県庁、母校の津高校校舎などを設計している。4男の**東畑四郎**は農林事務次官まで出世したキャリア官僚だった。

文系では、言語学を日本において確立させたと評価されている**服部四郎**がいた。83年に文化勲章を授与されている。

国文学者の**三浦祐之《すけゆき》**は上代文学の研究者で、02年に出版した『口語訳 古事記』がベストセラーとなった。06年に直木賞を受賞した三浦しおん（私立・横浜雙葉高校卒）の父だ。しおんは12年に『舟を編む』が本屋大賞に選ばれ、ベストセラーになっている。

人口問題の第一人者だった**館《たち》稔《みのる》**、日本古代政治史が専門の**倉本一宏**、言語学の**若林茂則**、名大副総長などを務めた護憲派の憲法学者**森英樹**も卒業生だ。

優れた生理学者や医師も輩出している。ウイルス学者で東大伝染病研究所長をした**長野泰一《やすいち》**は、共同研究者と共にウイルスの増殖を抑える抑制因子「インターフェロン」を発見した。

小児科医で三重大学長の**駒田美《よし》弘《ひろ》**、病理学者の**橋本策《はかる》**、腎臓の専門医である**原茂子**、予防疫学の**佐々木敏**らも卒業している。

旧制時代の弘田正郎が大校長といわれた。高知県会議長を務めた教育者で、明治～大正にかけての10年間、第9代の校長を務めた。国士的性格で生徒に強烈な印象を与えたという。

その息子が『鯉のぼり』『叱られて』『春よこい』などのメロディー

で知られる作曲家**弘田龍太郎**だ。父が校長をしていたときに中学に通っていた。

津高校の中庭に記念碑があり、『浜千鳥』の楽譜が刻まれている。

音楽ではさらに、昭和時代のテノール歌手**城多又兵衛**、欧州の歌劇場で活躍した**山路芳久**、作曲家の**野田暉行**《てるゆき》、合唱指揮者の**羽根功二**、シャンソン歌手の**真路まなみ**らがOB、OGだ。

## 「西の半泥子」

文化人では、百五銀行の第6代頭取など多くの企業の要職をこなしながら陶芸家としても活躍した**川喜田半泥子**《かわきたはんでいし》がいた。「東の魯山《ろさん》人《じん》、西の半泥子」と称されている。

やはり陶芸家の**清水明**は、三重県教育委員長をした。

画家・彫刻家では、ドイツを拠点に日欧で個展を開いている**イケムラレイコ**、洋画家の**谷岡経津子**《ふつこ》がOGだ。医師で詩人の**伊良子清**《いらこせい》**白**《はく》、昭和前期の俳人**長谷川素逝**《そせい》、映画評論家の**吉村英夫**らもOBだ。

文芸では、小説家の**中谷孝雄**、中国文学者で作家の**駒田信二**、山岳推理小説を得意とした**太田蘭三**、『居酒屋ぼったくり』シリーズの**秋川滝美**らが卒業している。

79年生まれの**中村安希**《あき》は、バックパッカーとして女1人で47カ国をめぐった体験を綴った『インパラの朝』で、09年に開高健ノンフィクション賞を受賞した。

東畑精一

**大久保房男**は旧制出身の純文学編集者で、多くの作家を育てた。

メディア・映像の分野では、「宣伝会議」の副社長・編集室長で事業構想大学院大学長の**田中里沙**がOGだ。

最後に、津高校在学中から「一芸に秀でた」生徒が出ているので紹介しよう。

10年3月に津高校を卒業した**闇**《やみ》**雲**《くも》**翼**は、高校囲碁選手権で優勝し、進学した大阪大では全日本学生囲碁十傑戦で優勝した。

99年生まれの**駒田早代**は、1年生時代の15年の津軽三味線日本一決定戦で、プロも参加するA級女性の部で優勝。東京芸術大音楽学部邦楽科に進学した。

# 岐阜高校

**森祇晶、熊谷守一がOB。政治家も多数**

**◉岐阜県立・岐阜市**

斎藤道三や織田信長の城下町として栄えた岐阜市。街の真ん中には、全国指折りの清流である長良川が流れている。

長良川の東側にキャンパスがある岐阜高校は、岐阜県内で飛び抜けた伝統と進学実績を誇っている。

東京大、名古屋大、早稲田大、慶応大など東に行くか、あるいは京都大、同志社大、立命館大など西に行くかで生徒が思案するロケーションだが、東大と京大に関しては、伝統的に半々だ。

２０１８年春の大学進学状況を見ると現役、浪人合わせ、京大に20人、東大に19人の合格者を出している。岐阜県内の高校から京大あるいは東大に合格した者の７〜８割は岐阜高校出身だ。

名大の合格者は52人だった。

もっとも、１９７０年前後の難関大学への合格者はこんなものではない。東大には34人（75年）、京大には54人（74年）、名大には１２１人（67年）もの合格者を出したという記録が残っている。

岐阜県教育委員会は18年度入試から学区制を廃止し、岐阜高校に単位制を導入した。これにより進路目標に対応した多様な授業展開が可能になった。

岐阜高校のルーツは１８７３（明治６）年の仮中学の設置までさかのぼることができるが、前身の旧制岐阜県第一中学が設立されたのは78年のこと。東京府立一中、現在の都立日比谷高校が設立されたのと同年だ。

戦後の１９４８年に旧制岐阜高等女学校と統合し、男女共学の新制岐阜高校となった。

校訓は「百折不撓《ひゃくせつふとう》・自彊不息《じきょうふそく》」。何度失敗しても志をまげず、自らたゆまず努め励むべきであるという意味だ。

部活動では、囲碁将棋部が将棋の全国大会で団体優勝している。17年３月の「第６回科学の甲子園全国大会」で優勝した。

## 巨人軍V9時代の正捕手

卒業生で最もポピュラーな人物は、プロ野球の**森祇晶**《まさあき》だろう。読売ジャイアンツのV9時代の正捕手で、引退後は西武ライオンズなど4球団の監督、コーチをした。

自営業だった実家の経営が苦しくなったため、成績優秀だったが大学進学をあきらめてプロ野球に「就職」したという。

多くの学者を輩出している。

戦前に文化勲章を受章した**高木貞治**は、日本を代表する数学者の1人だ。**大栗博司**は素粒子論の物理学者で、米国の大学で教鞭をとっている。**今村仁司**は現代哲学・思想の研究者だ。

東大教授の**大橋弘忠**は東大原子力工学科に進学し、東京電力に就職したのち東大に迎えられた。「原子力ムラ」の中枢にいる人物だ。

経済学者の**深尾光洋**と**深尾京司**は兄弟だ。気象学の**住明正**《すみあきまさ》は、地球温暖化について研究している。

法学者では、刑事訴訟法の**川出敏裕**と行政法の**交告尚史**《こうけつひさし》がOBだ。

名大法科大学院長から公正取引委員会委員になった**浜田道代**は岐阜高校から米国へ留学、米テキサス州立ハーフォード高校を卒業した。旧帝大法学部が新制大学に移行後、初の女性教授になった。

森 祇晶

社会心理学者の**森津太子**《つたこ》もOBだ。労働社会学の**阿部真大**はバイク便ライダーとして働いた経験があり、それをもとに一般にわかりやすい新書本を出している。

建築家では、伝統文化とモダニズム建築の理念との統合を図った**堀口捨己**と、神奈川県立近代美術館鎌倉（16年1月閉館）などの設計をした**坂倉準三**が、旧制岐阜中学を卒業している。堀口は歌人で、日本庭園の研究家でもある。

医師では旧制卒の**小島三郎**が伝染病予防、予防衛生学の研究と実践で活躍する一方、全日本スキー連盟会長をするなど近代日本スキーの発展に貢献した。

小児科医の**山田真**は、障害児を普通学校に入れる運動などをしている。

## 芥川賞の小島信夫

文化人を見てみよう。

小説家・評論家の**小島信夫**は、芥川賞などいくつかの文学賞を受賞している。詩人の**近藤東**《あずま》（中退）、文芸評論家の**平野謙**と**篠田一士**も旧制岐阜中学に通った。

小説家の**松田悠八**は、先輩の名が冠せられた小島信夫文学賞を受賞した。

**青木健**は詩人で作家、環境衛生学者だった**小瀬洋喜**は歌人としても活躍した。

朝日新聞記者だった**小池民男**は「天声人語」「素粒子」などのコラムで健筆をふるった。

1986年生まれの若手シンガーソングライター**見田村千晴**がOGだ。ユニクロのCMなどに出演し、話題となった。

画家の**熊谷守一**《もりかず》は旧制岐阜中学を3年で中退し、上京した。68年に文化勲章の受賞を辞退したことは、知る人ぞ知る。

能楽ではシテ方宝生流の**玉井博**《ひろ》**祜**《こ》と、小鼓の**柳原冨司忠**、**後藤嘉**《か》**津幸**《つゆき》が卒業生だ。

## 「銀のさら」創業社長

経済界で活躍した卒業生は、日銀出身で名古屋鉄道社長や名古屋商工会議所会頭を歴任した**箕浦宗吾**の他、**大橋英吉**（いすゞ自動車）、**日比野恒次**（電通）、**小沢正俊**（大同特殊鋼）、**杉山幹夫**（岐阜新聞社）、**日比野隆司**（大和証券グループ本社）、**柘植康英**（JR東海）らの企業トップ経験者がいる。

**江見朗**《ろう》は宅配寿司チェーンの「銀のさら」などを運営するライドオンエクスプレスの創業社長で、15年に東証1部に株式上場させた。

**遠藤宏治**は刃物の貝印グループ社長。同社創業の地は、刃物の町で知られる岐阜県の関市だ。

**長谷川健一**は15年5月に、香港では51年ぶりの新設となる銀行「NWB」を設立し、最高執行責任者になった。京大からシティバンク—東京三菱銀行と進み、「自分で銀行を開設してみよう」と挑戦したという。

岐阜県知事や岐阜市長を務めた卒業生がたくさんいる。

岐阜県知事には公選制になった47（昭和22）年以来、6人が就任しているが、そのうち、**武藤嘉門**、**上松陽助**、**梶原拓**、現職の**古田肇**の4人がOBだ。

　武藤嘉門の孫は、やはりＯＢで、外相、通産相などを歴任した**武藤嘉文**だ。上松は岐阜市職員出身、梶原は建設官僚出身、古田は通産官僚出身で、17年1月には4選を果たした。

　公選制以降の岐阜市長は7人だが、そのうち、**松尾吾策**、**上松陽助**、**浅野勇**、**細江茂光**、現職の**柴橋正直**の5人がＯＢだ。

　松尾は父親も岐阜市長をしていた。浅野は岐阜県内の高校教師を長くしていた。細江は岐阜高校から京大に進み、三井物産のサラリーマンを約30年したが、郷里に帰って市長になった。柴橋は衆院議員（民主党）からの転身だ。

小島信夫

## 「大蔵省の3田」

　大蔵次官になり、池田勇人（旧制広島県立忠海中学・現忠海高校卒）、福田赳夫（旧制群馬県立高崎中学・現高崎高校卒）の2人の首相経験者とともに「大蔵省の3田」といわれた**野田卯一**《ういち》は、衆参両院の議員となり建設相などを務めた。

　孫娘（戸籍上は卯一の養子）が小渕恵三内閣（都立北高校・現飛鳥高校卒）のときに37歳で郵政相に起用された野田聖子（東京・私立田園調布雙葉高校を中退し、米国ミシガン州ジョーンズヴィル・ハイスクール卒）である。

　その後、自民党総務会長にも就き、総務相などで入閣、女性として初の首相の座をうかがう。

熊谷守一

　農民運動からスタートした政治家が、2人いる。片山哲内閣（旧制和歌山県立田辺中学・現田辺高校卒）のときに農相になった**平野力三**と、衆院副議長をした**三宅正一**である。
　戦前に活躍した**平生**《ひらお》**釟三郎**《はちさぶろう》は岐阜中学を中退しているが、甲南学園（神戸市）を創立する一方、文相、日本製鉄社長なども歴任して教育者、政治家、実業家の顔を併せもった。

# 富山中部高校

ノーベル化学賞受賞者を出し、「御三家」の筆頭に

◉富山県立・富山市

富山平野には神通川が南北に流れる。富山市街の神通川の右岸に、1920（大正8）年、県立神通中学校として開校されたのが富山中部高校の前身だ。

校歌には「清き神通の　流れにうつる」の一節がある。

「御三家」が定着しているのが富山県だ。富山高校、富山中部高校、高岡高校だが、このうち、県下で最初の1885（明治18）年に県立富山中学として発足したのが、富山高校の前身だ。

しかし今や、大学進学実績や人材輩出力では富山中部高校が一歩、抜け出している。

富山中部高校は、戦後の学制改革の過程で、男女共学の新制高校になった。普通科5学級の他に探究科学科（理数科学科、人文社会科学科）2学級が設置されている。男子6・女子4の比率だ。

校訓は「鍛錬・自治・信愛」。教育目標として「学力の充実　品性の陶冶《とうや》　心身の鍛錬」を掲げている。

体育大会が伝統行事で、1～3年を縦割りにする四つの所属団に分かれて競う。在学中の3年間は変わらず、同窓会でも各団旗の下で団歌が歌われる。

14年には文部科学省からSSHに指定された。「タフでグローバルな人材育成を目指す」という考えに基づいて生徒の米国研修旅行を実施し、ハーバード大、マサチューセッツ工科大（MIT）などを訪問させている。

3年生には進学模擬試験を何度も行うなど、進路指導が徹底している。毎年度、浪人を含め進学者の8割の生徒が国公立大学に合格している。

18年度の大学入試では現役、浪人合わせ、東京大16人、京都大4人、東京工業大3人、一橋大1人、東北大15人、大阪大8人、金沢大38人、富山大40人など計228人が国公立大学に合格した。

東大合格者は15年に過去最高の27人を記録、全国の公立高校のランキングで都立日比谷高校（37人）に続き、埼玉県立浦和高校（27人）と並んで2位だった。

私立大には、18年は延べ人数で、早稲田大27人、慶応義塾大16人が合格した。

伝統的に東京志向が強い高校だが、2時間余で東京とつながった北陸新幹線の開通で、ますますその傾向は強まりそうだ。

## 田中耕一、坂東真理子

02年に**田中耕一**がノーベル化学賞を受賞したことで、富山中部高校の知名度は一気に上がった。

田中は東北大工学部に進学し、大学院には進まずに島津製作所（京都市）に入社、中央研究所で研究に励んだ。生体高分子の分析に欠かせない、たんぱく質を壊さずにイオン化する手法を85年に開発・発明したことで、ノーベル賞につながった。

一民間企業の当時43歳のサラリーマン技術者であり、博士号も持っていなかった。

田中耕一

他にも学者・研究者として活躍している卒業生はたくさんいる。

06年に『女性の品格』というベストセラーを出した昭和女子大学長の**坂東真理子**がOGだ。東京大文学部卒のキャリア官僚として総理府に入府、日本初の「婦人白書」を手がけた。

憲法学者で改憲論者の**西修**、英文学の**高成玲子**、民法の**角紀代恵**、経営学の**嶋田毅**、デザイン情報学の**長沢忠徳**、アジア史の**水島司**、流通経済学の**山下裕子**、新進気鋭の教育社会学者で学歴社会を研究している**浜中淳子**らがOB、OGだ。

理系では、応用微生物学が専門で人工甘味料の研究をしている**浅野泰久**、機能機械工学の**内山吉隆**、生物分子化学の**大島範子**、機械工学者で知能ロボットの研究をしている**福田敏男**、数学者の**織田孝幸**、脳神経医で脳低温療法の開発者である**林成之**《なりゆき》、都市工学の**中川大**、微生物免疫学が専門で米テキサス大特別教授の**牧野伸治**、天文学者の**嶋作一大**らが卒業生だ。
東北大准教授の**姥浦《うばうら》道生**は都市計画が専門で、大震災後の東北の被災地の復興について研究・提言をしている。
教育者では、富山県初の中高一貫校である片山学園を創立し、現理事長の**片山浄見《じょうけん》**、片山と同期でニューヨーク育英学園理事長兼学園長の**岡本徹**がいる。
元早稲田大教授の**中川武**は建築史が専門で、文化遺産の保存修復技術の第一人者だ。94年に日本政府が財政支援したカンボジアの「アンコール遺跡救済チーム」の団長を務めている。

## 安保問題での事務方トップ

政官界で活躍している卒業生も目立つ。第二次安倍内閣の14年に新設された、内閣官房国家安全保障局の初代局長に**谷内《やち》正太郎**がいる。安保問題での事務方トップだ。外務事務次官を務め、第一次安倍内閣のときから重用されている。

**横井裕**は、駐トルコ大使に続いて16年から駐中国大使を務めている。横井は外務省の中国語研修組である「チャイナスクール」出身で、中国の専門家だ。

北海道知事を03年から務めている**高橋はるみ**がＯＧだ。15年4月の県知事選で4選した。

通産省出身で女性知事としては全国4人目。自民党の支持を受け、盤石な行政を続けている。

04年から富山県知事を務めている**石井隆一**もＯＢだ。自治省出身で16年10月に4選を果たした。

県都・富山市の市長**森雅志**は富山中部高校で、石井より7期後輩、高橋より1年先輩だ。「コンパクトな街づくり」を推進している。

高橋はるみ

国政では、公明党幹事長の**井上義久**がいる。

## 東電会長・数土文夫

経済界では、東京電力会長に就いた**数土《すど》文夫**がいる。川崎製鉄の最後の社長で、ＮＫＫと統合後のＪＦＥ ＨＤ《ホールディングス》社長を歴任した。

その後はＮＨＫ経営委員会委員長に続き、東電会長になる。辣腕《らつわん》という定評があり、東電の改革・

再建を陣頭指揮した。

　旧制神通中学卒には、戦後に角川書店（現KADOKAWA）を創業し、有数の出版社に育て上げた**角川源義**《げんよし》がいた。

　富山市が本社の北陸電力では、05〜15年の間、**永原功**と**久和進**が2代連続して社長を務めた。高校では永原が1年先輩だった。

　現職と元職が交じるが企業トップ経験者は他に、**数土直方**（エスエス製薬）、**大島雄次**（安田生命・現明治安田生命）、**戸田信雄**（三菱航空機）、**高木繁雄**（北陸銀行）、**田村友一**（日医工）、**柳瀬聡**（駐車場綜合研究所）、**数納幸子**《すのう》（医学生物学研究所）らがOB、OGだ。

数土文夫

　数土直方は、前述の数土文夫の兄だ。
　地元富山での企業経営者では、源《みなもと》の会長**源八郎**がいる。富山名物の鱒寿司を「ますのすし」ブランドで製造販売しているオーナー経営者だ。前述の中川と同期で、同窓会の神通会会長を務めた。
　**桝田隆一郎**は「満寿泉」のブランドで知られる、桝田酒造店の社長だ。
　**吉崎達彦**は民間エコノミストとしてメディアで情報発信している。

## 尾崎豊を世に出した男

　文化人では、エッセイスト、服飾史家の**中野香織**がメディアによく登場する。翻訳家の**常田景子**、自動車ジャーナリストの**岡本幸一郎**らも卒業している。

　映画監督では**本木克英**と**市井昌秀**がいる。**須藤晃**は音楽プロデューサーで、尾崎豊（92年死去、東京・私立青山学院高等部中退）らを世に出した。

　メディア関連では、**横山哲夫**が北日本放送社長。

　朝日新聞社で『AERA』編集長をした**蜷川真夫**は、退職後にインターネットによるニュースサイト運営会社であるジェイ・キャストを設立した。

　スポーツでは、**三栗崇**《みつくりたかし》が60年のローマ五輪、64年の東京五輪で体操男子団体金メダルを獲得している。団体チーム6人の中の1人だった。

日台友好の懸け橋になった八田与一が出た

# 金沢泉丘高校

◉石川県立・金沢市

江戸時代に金沢は、102万5000石という日本一の雄藩・加賀前田藩が領していた。「天下の書府」ともいわれ、学問が盛んな場所だった。

金沢泉丘《いずみがおか》高校の前身は、1893（明治26）年に設立された石川県尋常中学校だが、その淵源は加賀藩が設立した明倫堂《めいりんどう》や壮猶館《そうゆうかん》などの藩学や藩立学校に求めることができる。

1907年には県立金沢第一中学と改称され、戦後の学制改革で男女共学の金沢泉丘高校となった。全国各地にある「一中伝統校」は、現在も名門高校として存在しているケースがほとんどだが、金沢泉丘高校も北陸地方で今なお燦然と輝いている。

それは、大学合格実績を見れば一目瞭然である。難関大学合格実績は堅調そのものだ。

18年春の大学入試では現役、浪人合わせ、東京大21人、京都大26人が合格している。さらに金沢大98人、名古屋大12人、大阪大24人、神戸大19人など、全国各地の国立大に分散して多数が合格している。

また、私立大には延べ人数で、早稲田大31人、慶応大13人が合格した。

1学年は、普通科9クラス、理数科1クラスの計10クラス、400人だ。

文部科学省の研究指定事業であるSSHと、SGHの指定校になっている。この両方とも指定されている高校は、全国で二十数校しかない。

「心身一如」を校是としており、部活動には9割を超える生徒が参加する。文武両道を追求し、調和のとれた人間形成に力を注ぐことを「泉丘魂」と呼んでいる。

最近では、テニス、登山、将棋などの部活動が全国大会に出場している。

## 台湾で慕われた八田与一

金沢泉丘高校の「一泉同窓会」は、11年の東日本大震災直後に義援金募集の音頭をとった。このおカネで、被災した宮城県石巻市の石巻市民病院眼科仮診療室と患者待合室が完成している。

こうしたボランティア精神のルーツには、卒業生の**八田与一**がいるのかもしれない。八田は台湾ですこぶる尊敬されている水利技術者で、その功績が地元中学の教科書にも掲載されている。

八田は石川県尋常中学を卒業後、旧制四高—東大土木科と進み、日本の植民地だった台湾総督府に土木課の技手として就職した。

20（大正9）年から足かけ11年間、八田の指揮のもと、台湾南部の嘉南平野の田畑の旱魃《かんばつ》を防ぐために烏山頭《うさんとう》ダムを建設、また平野一帯に水路を細かく張り巡らせた。

田畑を肥沃《ひよく》にさせただけではない。八田は、日本人と分け隔てなく現地の台湾人とも付き合った。危険な作業場所にも進んで足を踏み入れる八田の姿が感銘を与え、第二次大戦後には伝説の人となってあがめられた。

こうしたことから、04年末に来日した中華民国の元総統・李登輝《りとうき》は八田の故郷・金沢まで足をのばしている。11年には、烏山頭ダム周辺に八田与一記念公園も建設された。

台湾の対日感情が中国と比べ悪くないのは、八田のおかげであるとも言えるのだ。

金沢泉丘高校では先輩・八田の縁で、台湾への修学旅行を実施している。

## 人間国宝が2人

城下町らしく、卒業生には人間国宝（重要無形文化財保持者）に認定された人物が2人いる。

1人は「日本刀」の分野での**隅《すみ》谷正峯《たにまさみね》**で、鎌倉時代の備前刀を得意とし、「隅谷丁子」と呼ばれる独自の華麗な作風をつくりあげた。

もう1人の人間国宝は、諸工芸の「截金《きりかね》」の分野での**西出大三《にしでだいぞう》**だ。元々は彫刻家であったため動物や

西出大三

鳥類を彫刻し、それに戴金を施す作風を得意とした。

小説家では直木賞受賞の**杉森久英**や時代小説の**戸部新十郎**、俳人で国文学者の**加藤楸邨**《しゅうそん》、歌人・俳人では**喜多昭夫**、彫刻家では**木村珪二**、**新妻実**が卒業している。

アニメーターの**米林宏昌**はスタジオジブリ所属で、宮崎駿（都立豊多摩高校卒）の多くの監督作品で原画や作画を担当している。**岡井直道**は演出家だ。

若手では、カメラ片手に海に潜る水中表現家の**二木あい**（80年生まれ）、タレントの**南奈央**（78年生まれ）らがいる。

## 「竹下派七奉行」の1人

学者では、民法が専門で金沢大学学長を務めた**中川善之助**、英文学者で翻訳家の**上田和夫**、精密工学の**進村武男**、環境経済学の**寺西俊一**らが卒業生だ。**徳田寿秋**は母校の金沢泉丘高校の校長をしたあと、石川県歴史博物館館長をした。

原子物理学者の**大河千弘**は、独自の核融合実験装置を開発し、米国のゼネラルアトミック社の技術を牽引《けんいん》した。

弁護士の**中田直人**は松川事件、メーデー事件など戦後発生した多くの公安関連事件で弁護人をした。

経営者では、**畠山一清**が荏原製作所を創業した。**時国益夫**はキリンビール社長を、**安田幾久男**は日本軽金属社長を、**河毛**《かわけ》**二郎**は王子社長を務めた。

**杉森務**は18年6月からＪＸＴＧＨＤ《ホールディングス》の社長に就いた。

**川北博**は監査法人トーマツの会長をした。**井村寿二**は北陸の百貨店・大和の2代目社長で、出版社の勁草書房を創業した。**宮太郎**は大和の社長をし、金沢商工会議所会頭を長く務めた。

地元の北国銀行に勤めた卒業生では、**米谷半平**が初代頭取で、その子の**米谷半平**（名前は世襲）が5代、**深山彬**が前、**安宅建樹**《あたかたてき》が現頭取をしている。

政治家では、戦前に逓信相、鉄道相などを歴任し、名演説家として人気があった**永井柳太郎**がいる。

運輸相などを歴任し、自民党所属時代は「竹下派七奉行」の一人に数えられた**奥田敬和**《けいわ》もいた。

**坂本三十次**は内閣官房長官などをした。**和田静夫**は日本社会党所属の衆参議員を長く務めた。**山野之義**《ゆきよし》は現職の金沢市長だ。

「官」育ちの人物としては、大蔵官僚出身で太平洋戦争末期に蔵相をした**広瀬豊作**、農林水産事務次官をした**石川弘**らが卒業している。

厚生官僚出身の**中川和雄**は阪神・淡路大震災時に大阪府知事だった。文化庁長官をした**安嶋弥**《やすじまひさし》は、宮内庁東宮大夫を12年弱務めた。

## 陸士合格者が全国一

メディア関連では、終戦時にNHK会長をし、玉音放送に携わった**大橋八郎**が旧制の卒業生だ。

**飛田秀一**は北国新聞社の社長・会長をしている。**喜多充成**《みつなり》は科学技術ジャーナリストだ。

杉森 務

スポーツでは、**大崎剛彦**《よしひこ》が60（昭和35）年のローマ五輪の競泳男子200メートル平泳ぎで銀メダルをとった。

**松井昌雄**（通信制卒）は日米でプロ野球選手だった松井秀喜（石川県・私立星稜高校卒）の父であり、「ゴジパパ」と呼ばれている。

旧制金沢一中から伝統的に軍人の道に進む者が多く、44（昭和19）年には陸軍士官学校合格者を39人も出し全国1位になった。したがって卒業生には、軍人として名を残した者が多い。

永井柳太郎

**中村孝太郎**は第一次大戦に出征し陸軍大臣まで出世したが、大臣になったとたん腸チフスにかかり、たった8日間で辞任した。

海軍中将の**草鹿**《くさか》**任一**《じんいち》は、終戦の際に連合国軍との降伏文書に調印した。陸軍中将の**佐藤賢了**《けんりょう》は最年少のA級戦犯となり、極東軍事裁判で終身刑の判決を受けた。

海軍中佐の**室井捨治**は連合艦隊航空乙参謀だった。43（昭和18）年4月18日に山本五十六《いそろく》長官（新潟県立長岡中学・現長岡高校卒）がソロモン諸島ブーゲンビル島方面視察の際の護衛編隊の2番機に乗っていて、米軍に撃墜され戦死したが、室井は山本長官視察の発案者といわれている。

ベストセラー歌人とノーベル賞受賞者が誇り

# 藤島高校

◉福井県立・福井市

福井藩・松平家32万石は幕末の1855（安政《あんせい》2）年に、開明君主・松平春嶽《しゅんがく》の下で藩校明道館（のち明新館）を開いた。英才と謳われた橋本左内《さない》が学監（校長補佐）心得となった。

藤島高校のルーツは、そこにあるとしている。1882（明治15）年に県福井中学が発足し、戦後に旧制福井高等女学校と統合して男女共学の新制藤島高校となった。

校名の「藤島」は、福井市内の地名から採られた。

教育信条として、①真理と正義を愛する、②自主と責任を重んずる、③敬愛と協同を尊ぶ――を掲げている。

「文武不岐」のもと、生徒たちは勉学はもとより部活動、学校行事などに生き生きと取り組む。

文部科学省から14年度に、SSHの指定を受けた。グローバル社会をデザインする国際性豊かな「21世紀を担うリーダーの育成」を目指している。

## 『サラダ記念日』

福井市にありながら校名がローカルな「藤島」なので、同校の全国的な知名度は高くない。だが、卒業生の顔ぶれを見ると、学者、文化人などそうそうたる人物を輩出している。

著名なのは、歌人の**俵万智**《たわらまち》だろう。藤島高校時代は演劇部に所属、早稲田大に進学してから短歌を作り始めた。1987（昭和62）年に出した『サラダ記念日』が、歌集としては異例の大ベストセラーになる。

日常会話で使われる平易な言葉を巧みに使った親しみやすい歌風は、多くの人の心をつかんで社会現象ともいえるブームを巻き起こした。

08年にノーベル物理学賞を受賞したシカゴ大名誉教授の**南部陽一郎**（米国籍）は、1921（大正

10）年生まれの旧制福井中学の卒業生だ。11年には藤島高校キャンパス内に、その記念碑が建てられている。

　南部は旧制一高を経て東大に進学、卒業後は大阪市大、米プリンストン高等研究所、シカゴ大学などで理論物理の研究を続けた。

　1970年代から90年代にかけて米国で数々の学会賞を受賞し、日本でも文化勲章を受章しているが、87歳になってノーベル賞を受賞した。15年7月に94歳で死去している。

俵 万智

## 魯迅と『藤野先生』

草創期の中学校に、中国の文学者・魯迅《ろじん》の小説『藤野先生』で描かれた主人公の**藤野厳九郎**が、通学していた。

　仙台医学専門学校（現東北大医学部）の教授時代の1904（明治37）年に、官費留学生として来日していた周樹人（魯迅の本名）が仙台医専に入学してきた。藤野は周のノートを克明に添削し、指導したという。

　師弟のこの交流を描いた『藤野先生』は、中国の教科書にも掲載されており、国を越えて感動を与えている。

南部陽一郎

　小説家では、41年に芥川賞を受賞し俳人でもある**多田裕計**《ゆうけい》、詩人・評論家でもあり左翼運動家として戦前から活躍した**中野重治**、プロレタリア文学に傾倒した**森山啓**らが卒業している。

　小説家・詩人の**深田久弥**《きゅうや》は、登山家としても著名だ。『日本百名山』は、中高年の登山家たちにバイブル視されている。

　**荒川洋治**は現代詩作家、エッセ

深田久弥

イストとして活躍中だ。
歌人では**吉田正俊**、俳人では俳壇最高の賞といわれる第1回蛇笏《だこつ》賞を受賞している**皆吉爽雨**《みなよしそうう》、脚本家・演出家では**大久保昌一郎**がOB。新進の小説家である**谷崎由依**もOGだ。
卒業生には2人の著名な書家がいる。日本文化や日本語と絡めた書のあり方を探求する書道史家の**石川九楊**《きゅうよう》と、派手なパフォーマンスと多彩な表現活動で知られる**吉川寿一**だ。
ステンドグラス作家の**永田美保子**もいる。
彫刻家の**高田博厚**は長くパリに住み、文化人と幅広く交友した。文才もあり、美術や芸術についての書物を著した。
洋画家の**堀田清治**も旧制福井中学卒だ。
音楽では指揮者の**小松長生**が卒業生である。
俳優では、昭和初期〜末期にかけて演劇界をリードしてきた**宇野重吉**が著名だ。
映画監督の**吉田喜重**は旧制福井中学に入学したものの福井空襲で家が焼失し、一家と共に東京へ移り、都立城南高校を卒業する。
女優の**中村優子**は河瀬直美監督（奈良市立一条高校卒）作品の常連出演者だ。

## 首相の岡田啓介も

政治家では、海軍大将で首相をした**岡田啓介**が旧制福井中学の卒業だ。2・26事件では、義弟で福井中学後輩の**松尾伝蔵**が身代わりになり、生き延びた。

官僚では、通産省のキャリアだった**天谷**《あまや》**直弘**は論客で知られ、『日本町人国家論』を著した。

自治省出身の**山本信一郎**は、内閣府事務次官、宮内庁長官を歴任した。

法曹界では、第5代最高裁判所長官の**石田和外**《かずと》が旧制時代の卒業である。

弁護士の**黒川康正**は、通訳ガイド試験、公認会計士などの資格も持ち、速学術や試験術についての著作がある。「資格三冠王」を自負している。

旧制福井高女の卒業生に、大正時代からの婦人運動家で戦後は参院議員となり、主婦連合会会長もした**奥むめお**がいた。

経済界では、旧制時代に大手ゼネコン・熊谷組の2代目社長をした**熊谷太三郎**が卒業している。参院議員となり科技庁長官や原子力委員会委員などにも就いて、若狭湾沿岸を「原発銀座」と呼ばれる地帯に変える原動力となった。

昭和前期に鐘淵紡績の社長をした**津田信吾**や、戦前に長野県軽井沢町に日本最初の貸別荘である前田郷を開いた前田建設工業の創業者一族**前田栄次郎**がOBだ。

**畑中浩一**（松下電工）、**野路国夫**（コマツ）らのトップ経験者もいる。

**元谷芙美子**は、夫とともに経営するアパホテルの社長で、派手な帽子とレディースーツ姿を大きく飾る広告で有名だ。

**稲山幹夫**は新繊維を開発した稲山織物社長で、福井県教育委員長などを歴任した。

細胞生物学者の**道下真弘**は、日米のバイオ・ベンチャーへの投資・育成にも力を注いでいる。

**西辻一真**（82年生まれ）は、耕作放棄地の再生を目指す「マイファーム」というベンチャーを07年に起こした。

英語学者の**河村重治郎**は、旧制福井中学を中退したものの、検定試験で英語教員免許を取得。福井中学の教諭にもなり、『クラウン』などの辞書の編纂に没頭した。

アメリカ文学者の**八木敏雄**は、エドガー・アラン・ポーの著書など多数を翻訳した。

歴史学者の**小葉田**《こばた》**淳**は鉱山史や貨幣史などの、歴史学者の**森安孝夫**は中央ユーラシア史が専門だ。

天体物理学者の**藤田良雄**は日本学士院長になり、宮中での歌会始の召人にもなった。**斎藤成也**《なるや》は有数の遺伝学者である。

政治学の**松下圭一**は地方自治の研究で知られる。

有機化学が専門の**児嶋真平**は福井大学学長をした。

## イチョウの精子を発見

明治・大正期の植物学者である**平瀬作五郎**は、前身の私立明新中学を卒業し、帝国大学理科大学（現東大理学部）の画工技手となる。植物学に興味を抱き、イチョウの精子を世界で初めて発見した。これが、世界で初めての裸子植物にお

平瀬作五郎

ける精子の発見となった。

平瀬が精子を発見したイチョウは今でも、東京文京区の東大理学部付属植物園にある。

昭和期の医学者であった**榊原仟**《しげる》は、心臓外科の世界的権威として著名だった。

**山口明夫**は16年に設立された私立福井医療大学長だ。

スポーツでは、大洋漁業の役員をした**久**《ひさ》**野**《の》**修**《しゅう》**慈**《じ》がプロ野球球団大洋ホエールズ社長になり、古葉竹識（熊本県立済々黌高校卒）を監督に招いた。

内務官僚出身の**品川主計**《かずえ》は、読売ジャイアンツ球団の社長をした。**中垣内**《なかがいち》**祐一**は、90年代を代表するバレーボールのスーパーエースだった。

メディア関係では、時事通信の政治記者**田崎史郎**がテレビのコメンテーターとして、よく出演している。

東京メトロポリタンテレビジョン社長の**中川謙三**もOBだ。

18年春の大学入試では現役、浪人合わせて合格者は、東京大5人、京都大13人、北海道大2人、東北大2人、名古屋大14人、大阪大16人、金沢大42人などだ。

地元の福井大には50人が合格しており、うち17人は医学部医学科だった。

# 6章 中国・四国の名門高校11校

岡山朝日高校
広島大学附属高校
修道高校
鳥取西高校
松江北高校
山口高校
高松高校
松山東高校
愛光高校
城南高校
土佐高校

学者、経営者、政治家がバランスよくいる

# 岡山朝日高校

◉岡山県立・岡山市中区

名園として名高い後楽園の南東、旧制第六高等学校の跡地にある。正門、書庫などが現存しており、国の登録有形文化財だ。

学校の公式見解による創立年は1874（明治7）年で、岡山中学校として独立したのは79年だ。戦後の学制改革で岡山第一高校となり、岡山第二女子高校と統合されて岡山朝日高校となった。

教育方針は「自主自律を重んじ、自由を尊重する」ことと、「自重互敬の精神」だ。生活態度は「のびのびときまりよく」を目標としている。

長い伝統に培われ、名門進学校の座を堅持している。2018年春の大学入試では現役、浪人合わせ、東京大11人、京都大10人、大阪大10人、地元の岡山大に62人が合格している。

## 現代物理学の父

学者になった卒業生が多いが、最も著名なのは、日本の「現代物理学の父」**仁科芳雄**だろう。サイクロトロン（核粒子加速装置）を日本で初めて完成させ、多くの弟子を育てた。

原子物理学と、その応用に関して優れた業績を上げた比較的若い研究者に贈られる「仁科記念賞」が今に残されている。02年には、**井頭**《いがしら》**政之**が受賞している。

植物学者で、2000年以上前の古代のハスの実を発見し、開花させた**大賀一郎**も旧制時代に卒業している。「大賀ハス」と名づけられた。

**小原睦代**は物質科学の気鋭の研究者だ。効率よく医薬品を合成する触媒を開発し、13年に「ロレアル・ユネスコ女性科学者日本奨励賞」を受賞した。

学者では他に、大脳生理学の**時実利彦**、社会学の**福武直**、精神病理学の**小田晋**、商法の**米谷隆三**、英米文学者の**小野清之**らが卒業している。

医学者では、**藤本直規**が認知症医療の第一人者だ。滋賀県立の病院に1990年、「もの忘れ外来」を開設するなど、特に若年認知症施策に早くから取り組んできた。

岡山朝日高校3年の**大倉拓真**は、18年の国際物理オリンピックで金メダルをとった。

11年に文化勲章を受章した日本政治外交史の**三谷太一郎**は、岡山朝日高校から千葉県立千葉第一高校（現千葉高校）に移り、卒業している。

## ベンチャーにも逸材

経済界では、日銀出身で全日本空輸のトップを務める一方、中国との貿易を通じて国交回復に尽力した**岡崎嘉平太**が卒業している。

後輩の**大橋洋治**も全日空のトップを務めた。

倉敷紡績のオーナー家の生まれでトップを務める傍ら、大原美術館理事長にも就いた**大原総一郎**、第一銀行、帝国銀行の頭取を歴任した**明石照男**が旧制の卒業だ。

商工相、日本貿易会会長を歴任した**稲垣平太郎**は岡山中学から東京・旧制私立京華中学（現京華高校）に転校している。

仁科芳雄

さらに、**秋山龍**（運輸事務次官のあと日本空港ビルデング）、**大野勝三**（国際電信電話）、**伊藤武雄**（大阪商船）、**田村滋美**（東京電力）、**宮原耕治**（日本郵船）、**同前雅弘**（大和証券）、**岸本泰延**（昭和電工）、**杉山清次**（みずほ銀行）らのトップ経験者もOBだ。

筑波大大学院教授でロボット工学の研究者である**山海**《さんかい》**嘉之**は、大学発ベンチャーのサイバーダインを設立し、ロボットスーツを製造・販売している。同社は14年に東証マザーズに上場した。

ベンチャーの創業者が、もう1人いる。96年からイーパーセル社長をしている**北野譲治**で、企業の大容量機密ファイルを安全・確実・高速でネット配信する事業を伸ばしている。

## 同時に「三権の長」に

旧制時代に学んだ人物が「三権

の長」であった期間がある。首相**岸信介**、衆院議長**星島二郎**、最高裁長官**田中耕太郎**の3人で、58（昭和33）年のほぼ半年間が、重なっているのだ。

岸信介は家庭の事情で岡山中学から転校して、山口中学（現・山口県立山口高校）を卒業している。

星島二郎は弁護士で、商工相などを歴任した。

第2代の最高裁判所長官を務め文化勲章を受章している法学者の田中耕太郎は、岡山中学に入学し、新潟中学（現新潟県立新潟高校）を経て、福岡県立中学修猷館《しゅうゆうかん》（現修猷館高校）を卒業している。

第17代最高裁長官を務めた**竹崎博允**もOBだ。

参院議長をした**江田五月**《さつき》は、岡山朝日高校から東大に進学、学生運動に明け暮れて退学処分になったが復学し、司法試験に合格した。裁判官になったものの、父親のあとを継いで政治家となった。

江田五月

戦後の復興期に活躍した政治家には、農林官僚出身で日本社会党の政策通として活躍した**和田博雄**《ひろお》、衆参議員の傍ら著述家としても活躍したインテリ政治家の**鶴見祐輔**もいる。

自治官僚出身で郵政相、総務相などを歴任した**片山虎之助**は参院議員で、日本維新の会共同代表だ。

初代の民選東京都知事である**安井誠一郎**、岡山県知事を務めた**三木行治**と**長野士郎**もOBだ。

東大に進学し文部科学省のキャリア官僚になった**板東久美子**は、女性で初めて文科審議官になり、その後、消費者庁長官に就いた。

## 兄妹で芥川賞作家

小説家として活躍ぶりが目立つ卒業生は、**小川洋子**だ。早稲田大に進学、『妊娠カレンダー』で91年に芥川賞を受賞している。

小説家・エッセイストの**小手鞠**《こでまり》**るい**、俳人の**岩田由美**、京大2年に在学中の10年に角川短歌賞を受賞した**大森静佳**が活躍中だ。

戦前からの文学者では、情痴文学の**近松秋江**《しゅうこう》、浪漫派詩人の**薄**《すすき》**田**《だ》**泣菫**《きゅうきん》、漱石門下の小説家**内田百閒**《ひゃっけん》、俳人の**中塚一碧楼**《いっぺきろう》らが卒業している。

　ダダイスト詩人の**吉行エイスケ**は岡山一中を4年時に退学し、詩作に励んだ。

　妻のあぐり（県立第一岡山高等女学校・現岡山操山高校卒）は美容師で、97年度上半期のＮＨＫ連続テレビ小説『あぐり』のモデルとなった。あぐりは15年に１０７歳で死去している。

　2人の間の子は、長男が芥川賞作家の吉行淳之介（東京・私立麻布中学・現麻布高校卒）、長女が女優でエッセイストの吉行和子（東京・私立女子学院卒）、次女が芥川賞作家の吉行理恵（同）だ。

　エイスケ・あぐり夫婦は、兄妹のダブル芥川賞作家を育てたわけである。

　映画監督では、**森谷司郎**と**高畑勲**《いさお》が卒業している。

　高畑は世界に冠たる日本のアニメーションを黎明《れいめい》期から支えてきた。宮崎駿《はやお》監督（東京都立豊多摩高校卒）と共に、スタジオジブリに所属する。18年4月に82歳で死去した。

　メンズファッションで一世を風靡した**石津謙介**が、旧制の卒業生だ。「ＶＡＮ」ブランドとして知られるヴァンジャケットを創業し、「アイビールック」を紹介して若者のファッション文化に変革をもたらした。

高畑 勲

会社を78年に倒産させてしまったが、その後もファッションデザイナーとして活躍した。

　陸軍中将の**谷寿夫**《ひさお》は、旧制岡山中学から東京府立四中（現都立戸山高校）に転じた。南京事件の責任者とされて蔣介石《しょうかいせき》による軍事法廷で死刑判決を受け、銃殺刑に処せられた。

　太平洋戦争開戦時の連合艦隊参謀長だった**宇垣纏**《まとめ》もいる。

　オウム真理教の幹部で多くの事件にかかわったとして11年に死刑判決が確定した**中川智正**は、岡山朝日高校―京都府立医大というコースを歩む。興味本位で教祖・麻原彰晃（熊本県立盲学校卒）のヨガ道場を覗いたことから入信し、麻原の主治医となった。18年7月、死刑が執行された。

## 広島大学附属高校

「永野六兄弟」など、経済・官界で活躍した人物が続々

◉国立・広島市南区

広島大学附属高校は、広島港まで2キロの市内南部にある。日露戦争のさなかの1905（明治38）年に、広島高等師範学校附属中学として設立された。戦後の学制改革で広島高師は広島大教育学部となり、旧制中学も男女共学の中学・高校に衣替えされた。広島市民の間では「附属」の愛称で親しまれている。

戦前、国立の旧制中学は、学習院（現在は私立）、東京高等師範学校附属中学（現筑波大附属高校）と広島高師附属中学の3校しかなかった。

「附属」の教育の根底には「全人教育」の思想が脈々と受け継がれている。自由・自主・自律の校風の中で、生徒が持つ無限の可能性を引き出し、確かな知性と豊かな人間性を育むことを目指している。文科省からSSHの指定を受けている。

正門の奥手にある「講堂」は、旧制広島高等学校として27年に建てられた。61年の広島大教養部との校地交換によって「附属」が受け継いでいる。

この講堂は、被爆建物の一つだ。広島市内では数少なくなった原爆被災時点での形態を、ほぼ維持する。94年には広島市から被爆建物として指定を受け、98年には有形文化財に登録された。

18年春の大学受験では現役、浪人合わせ、東京大10人、京都大8人、一橋大2人、大阪大11人、広島大40人の合格者を出している。京阪神、東京の難関私立大にも多数の合格者を出す。

中国地方で有数の進学校だが、60〜70年代には難関大合格者は、もっと多かった。1970年には東大に36人も合格している。

### 「財界四天王」

経済界や官界で活躍した卒業生を多く輩出している。

日本商工会議所会頭に新日本製鉄初代会長の**永野重雄**と、旭化成会長の**山口信夫**が就いている。

日清紡トップの**桜田武**は、日本経営者団体連盟（日経連、現在は日本経済団体連合会に統合）の会長を務めた。永野とともに「財界四天王」の1人に数えられた

3人とも旧制の「附属」出身だが、東京以外の旧制中学・新制高校の卒業生で財界トップを3人も出した例は、この高校以外にない。

前述の永野重雄は「永野六兄弟」で知られる。6人のうち4人が「附属」卒で、経済界で活躍した。重雄は次男で、実弟の**永野俊雄**は五洋建設トップを、**伍堂**《ごどう》**輝雄**は日本航空トップを、**永野治**は石川島播磨重工業で副社長を務めジェットエンジン開発で活躍した。

大企業で社長、会長を務めた卒業生はさらに、**水野廉平**（五洋建設）、**土屋義夫**（ダイキン工業）、**河野正樹**（ＤＯＷＡ ＨＤ《ホールディングス》）、**松谷健一郎**（中国電力）、**橋本竜一**（広島銀行）、**竹鶴寿夫**（竹鶴酒造）、**石井泰行**（賀茂鶴酒造）、**山本治朗**（中国新聞社）、**佐々木隆之**（ＪＲ西日本）、**崎長保英**（川崎汽船）、**金井誠太**（マツダ）、**河野雅明**（オリエントコーポレーション）らだ。

**松田元**《はじめ》は、プロ野球の広島東洋カープのオーナー・社長だ。マツダ創業家の生まれで、16年には25

永野重雄

年ぶりにリーグ優勝を遂げた。17年もリーグ優勝したが、クライマックスシリーズで敗退し、日本シリーズ進出はならなかった。

キリンビールの**坪井純子**は東大理学部卒で、14年に女性では初めてキリンＨＤの執行役員に就いた。

**中前忠**は民間エコノミストとして知られる。

ヤメ検（検事出身）の弁護士・**牛島信**は『株主総会』『買収者』などの経済小説を著している。

## 事務次官経験者が多数

中央官庁で、事務次官まで出世した卒業生も数多い。大蔵省＝**村上孝太郎**、**田中敬**、通商産業省＝**児玉幸治**、**熊野英昭**、建設省＝**栗屋敏信**、文部省＝**井内慶次郎**らだ。

外務官僚の**佐々江賢一郎**は、事

務次官を経て18年1月まで5年余、駐米大使を務めた。

政治家では現参院議員（自民党）で国家公安委員長をした**溝手顕正**《けんせい》がいる。

自治体の首長では広島県知事の**湯﨑英彦**と、宮崎県知事の**河野俊嗣**が現職だ。

文化人では、小説家で文化勲章を受章した**阿川弘之**が旧制卒だ。『米内光政』『山本五十六』『井上成美』など海軍小説で知られる。

詩人の**原民喜**《たみき》、文芸評論家の**佐々木基一**もOBだ。

フリー編集者の**富田倫生**《みちお》は、著作権が消滅した、あるいは効力があるものの掲載が許諾された文学作品を収集するウェブサイト「青空文庫」を97年に設立し、一般に公開した。

阿川弘之

音楽では、日本のジャズ、軽音楽、映画音楽の草分けである**紙**《かみ》**恭輔**がいた。作曲家・編曲家の**糀場**《こうじば》**富美子**《とみこ》と**横山潤子**がOGだ。映画監督では**長谷川和彦**がいる。

NHK、フジテレビのアナウンサーだった**頼近**《よりちか》**美津子**がOGだ。1980年代にフジサンケイグループ創業家に嫁ぐなどの話題を提供、タレント化した「女子アナの元祖」ともいわれた。

## 気骨ある学者

学者・研究者に移ろう。憲法学者で前東大教授・現早稲田大教授の**長谷部恭男**《やすお》がこの数年、メディアに登場する機会が多い。

安倍政権が14年に、集団的自衛権の行使容認を閣議決定したことで与野党の大きな争点になった。多くの法学者がこれを「違憲」と判断したが、長谷部はそのオピニオン・リーダー的な役割を担ってきた。

政治思想史が専門の**橋川文三**がOBだ。**中井正一**《まさかず》は「中井美学」と呼ばれる独自の美学理論を展開、当時の進歩的文化人に広く影響を与えた。

理系では、宇宙工学の**的川泰宣**《まとがわやすのり》の知名度が高い。03年の宇宙航空研究開発機構（JAXA）発足とともに広報統括役となり、JAXAの活動をわかりやすく大衆に伝えた。小惑星探査機「はやぶさ」の地球帰還後に制作・公開された3本の映画では、モデルになる。

原子力工学の**今中哲二**は、原子力施設がもたらす環境影響に関する研究を続けた。学会からは反原発派とみなされ、京都大原子炉実験所の「万年助教」のまま定年を迎えている。

電子情報通信学の**伊賀健一**は、内外から多くの学術賞を受賞し、東京工業大学長も務めた。

長谷部恭男

**今堀誠二**、**宏三**、**和友**は「学者三兄弟」として知られ、そろって旧制卒だ。

誠二は中国史学者で原水爆禁止運動家。宏三は生物学者。誠二、宏三とも広島女子大（現県立広島大）学長に就いた。和友は生化学者で、三菱化成生命科学研究所所長を務めた。

鉱山学の**大隅芳雄**は、九州大教授を務めた。長男の**和雄**は広島高等師範学校附属中学特別科学教育学級に進学したものの、原爆投下により校舎が壊滅したため福岡県立中学修猷《しゅうゆう》館（現修猷館高校）に転校した。

次男の良典（福岡県立福岡高校卒）は分子生物学者で、16年にノーベル医学生理学賞を受賞した。

情報システム工学の気鋭の学者で大阪大栄誉教授の**原隆浩**は、17年度の大阪科学賞を受賞した。

精神科医の**森隆徳**は、東日本大震災の直後、被災者に対するメンタルケアの必要性を強く感じ、ボランティアで現地に入り活動した。

## 「サッカー班」の活躍が光る

「附属」では伝統的に、クラブを「班」と称している。サッカー班は、昭和時代には強豪として知られていた。全国高校サッカー選手権大会に2回、国民体育大会で1回、全国優勝している。

**長沼健**が旧制時代のエースとしてチームを初の優勝に導き、後年、日本サッカー協会会長を務めた。

**鬼武《おにたけ》健二**は、ヤンマーディーゼルサッカー部監督として黄金期を築き、日本プロサッカーリーグ（Jリーグ）の3代目理事長（チェアマン）となった。

# 修道高校

## 弘中惇一郎、平山郁夫、山県亮太…多分野で頭角を現す

◉私立・広島市中区

広島藩浅野家（42万6000石）は、1725（享保《きょうほう》10）年に藩校「講学所」を開いた。修道高校のルーツは、ここにさかのぼる。

「修道」の名は、1870（明治3）年に浅野家が、講学所を「修道館」と称したときに始まる。四書の一つ「中庸《ちゅうよう》」から引いてきた言葉だ。

私立修道中学校の発足は1905年で、戦後の学制改革で新制修道高校となった。

藩校をルーツとしながら私立になった高校は珍しい。「官には降らない」という強い意志の表れとも見られている。また男子校であることは、新制になっても変わらなかった。

同校は45（昭和20）年8月6日、広島に投下された原爆によって大きな被害をこうむる。生徒の死者が195人、教職員は13人、負傷者は多数に及んだ。

旧制時代の卒業生で作家の**小久保均《ひとし》**は『折れた八月』で、「南北に走る一棟を残してあとの校舎は横腹に強引な一撃をくらって吹き飛んでいた」と、叙述している。

しかし、復興のピッチは目覚ましく、新制時代になってからは6年制の中高一貫校としてゆるぎない地歩を固めていった。

必然的な背景があった。

広島県では2006年に全県1学区制に移行するまで、戦後一貫して小学区制・総合選抜制がとられてきた。このため公立高校の大学入試実績は落ち込み、修道中・高校や広島大附属中・高校に優秀な生徒が集まってきた。

学校法人修道学園は現在では、広島修道大学の他、短大1、中学2、高校2を擁する西日本有数の総合学園になっている。

修道高校の教育方針は「知徳併進」。実践綱領として「尊親敬師 至誠勤勉 質実剛健」を掲げる。

校則らしい校則はなく、校風は

「責任ある自由」だ。

　中高の6年間を初級（1・2年）、中級（3・4年）、上級（5・6年）の3段階に分け、個性豊かな自立した人間の育成を目指す。少人数教育や到達度別クラス、オリジナル教材の活用などで難関大受験に対応できる学力を身に着けさせる。

　現役、浪人合わせて毎年度、東京大と京都大に各10人弱、東京工業大と一橋大に各数人が合格している。地元の広島大には約35人が合格する。

## 「日本最強の弁護士」

　卒業生には、「日本最強の弁護士」といわれる**弘中惇一郎**がいる。マスコミで注目されている刑事事件や薬害事件で弁護人、代理人を務め、たびたび勝訴に導いているからだ。

　「ロス疑惑」の銃撃事件では三浦和義（横浜市立戸塚高校中退）の無罪を勝ち取ったし、薬害エイズ事件の元帝京大副学長・安部英《たけし》（旧制山口県立大津中学・現大津高校卒）の1審無罪（2審公判停止中に死去し控訴棄却）も引き出した。

　大阪地検特捜部が厚労省局長の村木厚子（元厚労事務次官、高知県・私立土佐高校卒）を逮捕した事件では、検事の証拠改竄《かいざん》を暴き無罪判決を勝ち取るなど、多くの弁護活動で「勝ち」を収めている。

弘中惇一郎

　12年には「剛腕」政治家・小沢一郎（都立小石川高校卒）の主任弁護人として無罪判決を引き出した。「検察とマスコミ、大衆が一致して悪人を仕立て上げる」が持論だ。

　刑事弁護を得意とする**佐藤博史**は、90年に起きた足利事件の控訴審以降で主任弁護人をし、10年に冤罪《えんざい》被害者の無罪を勝ち取った。

　ヤメ検（元検察官）の弁護士**落合洋司**は、インターネット上の誹謗《ひぼう》中傷や名誉棄損、プライバシー侵害などサイバー法令の第一人者だ。

## 経営者も続々と

　政界では、大正時代に首相をした**加藤友三郎**が、幼年期に修道館に学んだ。

　建設相、国民新党代表などを務めた衆院議員の**亀井静香**は、修道高校1年の3学期にビラ配りをとがめられたため自主退学し、都立大泉高校に編入し卒業した。元環境相で衆院議員（公明党）の**斎藤鉄夫**もいる。

　**藤田正明**は参院議長を、長男の**藤田雄山**は広島県知事を務めた。雄山は修道高校から東京・私立成蹊高校に転校した。

　**山田節男**《せつお》は革新系の広島市長で、核兵器廃絶と核実験の即時全面禁止を訴えた。後継の**荒木武**も旧制修道卒で16年間、広島市長を務めた。

　官僚では、**土屋定之**が文部科学事務次官を務めた。

　現職も交じるが、企業トップを経験したOBを列挙しよう。**佃和夫**（三菱重工業）、**三浦惺**《さとし》（日本電信電話）、**佐古一**（大成建設）、**田村宏明**（フジタ）、**白倉茂生**（中国電力）、**井上義海**（神戸製鋼所）、**横地節男**（島津製作所）、**福田浩一**（山口銀行）、**林有厚**《ゆうこう》（東京ドーム）、**川井昭陽**《てるあき》（三菱航空機）らだ。

　地元の経済界では、**大下龍介**（福屋）、**深山英樹**（広島ガス）、**大田哲哉**（広島電鉄）、**金光武夫**（テレビ新広島）、**中野重美**（中国電気工事）、**金井宏一郎**（中国放送）、**熊平雅人**（熊平製作所）、**中本佑昌**（ウッドワン）、**吉川進**（リョービ）、**森本弘道**（もみじ銀行）、**景山崇人**《たかと》（タカキベーカリー）、**三島豊**（三島食品）、**白井龍一郎**（中国醸造）、**今井誠則**（東洋観光グループ）、**世良与志雄**（フタバ図書）らを挙げられる。

### 日本画家の平山郁夫

学者・研究者では、世界的な金属物理学者で何種類もの新素材を発明・発見した**増本量**《はかる》が旧制時代の卒業だ。東北大教授を務め、同大の金属工学発展の基礎を築き、55年に文化勲章を受章している。

　文系では、大蔵官僚出身で税制の研究者である**森信茂樹**《もりのぶ》がいる。

　日本近現代史の**吉見義明**は、従軍慰安婦問題や日本軍による毒ガス戦の研究の第一人者だ。心理社会学の**弘中正美**は、前述の弘中惇一郎の弟だ。

　仏教学の**紀野一義**は、在家仏教団体「真如会」《しんにょえ》を設立して主幹を務め、特定宗派に偏らず仏教の普及を図っている。人生論など多くの著書も出している。

　環境工学者で茨城大学長の**三村信男**は、気候変動に関する政府間パネル（IPCC）の報告書総括代表執筆者を務めた。

芸術の分野で最も著名なのは、日本画家で2度にわたり東京芸術大学長を務めた**平山郁夫**だ。旧制修道中学3年のとき被爆し、戦後に、実家に近い広島県立忠海中学（現忠海高校）に転校した。

日本画壇の最高峰に位置づけられる画家で、98年に文化勲章を受章している。

染色作家で、元東京芸大教授の**山下了是《のりゆき》**もOBだ。

文芸では、医師で広島県医師会長を務める一方、文筆家だった**碓《うす》井静照《いしずてる》**、「マル金・マルビ」の流行語をつくったコラムニストの**神足《こうたり》裕司**、脚本家で多くのテレビドラマをヒットさせた**遊川和彦**、漫画家の**あすなひろし**らが卒業生だ。

増本 量

芸能では俳優・ミュージシャンの**吉川晃司**、ギタリストの**町支《ちょうし》寛二**、**岡崎倫典**らがいる。

## サッカー、陸上に逸材

広島は、サッカーが盛んだ。修道高校の蹴球部は1926年に創設され、戦後に国民体育大会で4回、全国高校サッカー選手権大会で2回、全国優勝している。

山県亮太

多くの名選手を生み、日本のサッカーの発展に尽力した指導者を出している。

**森健児《けんじ》**は日本プロサッカーリーグ（Jリーグ）創設の舵取り役を果たした。修道高校―慶応大―三菱重工業でサッカー選手として活躍した。

その弟の**森孝慈《たかじ》**も修道高校―早稲田大―三菱重工業―浦和レッズで活躍し、日本代表監督も務めた。**下村幸男**も日本代表監督をした。

陸上競技の**山県《やまがた》亮太**は、16年のリオデジャネイロ五輪に出場、4×100メートルリレーで銀メダルを獲得した。

**片上大輔**は修道高校から東大に進み、将棋界初の東大生プロ棋士になった。

# 鳥取西高校

藩校「尚徳館」をルーツとし、企業創業者を輩出

◉鳥取県立・鳥取市

ＪＲ山陰本線鳥取駅の北に鳥取城址がある。江戸時代に、鳥取藩池田家32万石が居城としていた場所だ。鳥取西高校のキャンパスはその鳥取城址の堀の内側、三の丸の跡地にある。

校地が高台の城址中心部にあるという高校は、茨木県立水戸第一高校（旧制水戸中学）、滋賀県立彦根東高校（旧制県立一中・彦根中学）くらいで、あまり例がない。

鳥取藩は１７５７（宝暦《ほうれき》7）年に藩校「尚徳館」を開いた。１８７３（明治６）年にその藩校を受け継いだ第四大学区第十五番変則中学という学校が開校、鳥取西高校はそれをルーツとしている。幕末に尚徳館が入手した洋書が、今でも学校に残されている。

その後、鳥取中学―鳥取第一中学などと改称され、戦後の学制改革の過程で、鳥取高等女学校（１８８８年＝明治21年創立）などと合併して、男女共学の鳥取西高校となった。

## 夏の高校野球で初勝利校に

すでに校歴は１４０年を超える。全国の公立高校でも10指に入る古さだ。それに、もう一つ誇れる歴史的事実がこの学校にはある。

夏に甲子園球場で行われる高校野球の全国大会は、１９１５（大正４）年に豊中球場（大阪府）で行われた第１回全国中等学校優勝野球大会に端を発する。

その第１回大会で旧制鳥取中学は開幕第１試合に出場、広島県立広島中学（現広島国泰寺高校）と対戦して14対7で勝利しているのだ。

要するに、１００年を超える夏の全国高校野球選手権大会で、全国トップで勝ち名乗りを挙げたのは鳥取西高校というわけだ。

その後も、鳥取中・鳥取一中・鳥取西高校は甲子園出場の常連校となった。夏の大会には計23回、春の選抜には４回出場している。

ただし鳥取県は、日本で最も人口の少ない県だ。高校野球の鳥取県予選の出場校は23～25校にすぎない。大都市にある高校からは「近道で甲子園に行ける県」という声が出ている。

もっとも、鳥取西高校の野球部はこの10年、ふるわない。夏の甲子園は２００８年以降、春は１９９３年以来、足が遠のいている。

硬式野球部の他、新体操部も全国大会常連校だ。

多くの公立高校が「文武両道」を標榜しているが、この学校は藩校「尚徳館」以来の「文武併進」の四字熟語を使っている。

教育目標は「『文武併進』の精神を受け継ぎ、高い志を持ち、幅広い教養を身につけ、社会の進歩・発展に貢献する創造性豊かな人間を育成する」という。

12年度からは「鳥西 学びのコミュニティ」と題する独自プロジェクトを始めている。先生が一方的に講義形式で行う授業だけではなく、６人くらいの少人数でグループを作って課題研究をしたり、小論文をまとめたりする試みだ。

15年度からはＳＧＨに指定されている。

同校の先生方は「自分の頭で考える習慣を身につけさせる必要がある」と強調している。

18年の大学入試では現役、浪人合わせ、東京大１人、京都大１人、大阪大７人、神戸大12人の合格者を出している。地元の鳥取大には計45人が合格し、そのうち17人が医学部だ。

鬼塚喜八郎

## オニツカ、リンガーハット

卒業生には、よく知られた企業の創業者がいる。**鬼塚喜八郎**は戦後に神戸市で、スポーツ用シューズのオニツカ（現アシックス）を創業した。64年の東京五輪では、同社の靴をはいた選手が多数のメダルを獲得した。

長崎ちゃんぽんの専門店「リンガーハット」と、とんかつ店「浜かつ」を創業したのが、リンガーハットの会長兼ＣＥＯ（最高経営責任者）の**米浜和英**《よねはまかずひで》だ。

明治20年代に鳥取中学で学んだ

**足立荘**は、新聞記者を経たのち、明治末に日本徴兵保険（のちの大和生命保険）をつくった。同社は08年に経営破綻し、現在は外資の傘下になっている。

**磯野長蔵**は明治屋社長のときに、麒麟麦酒の設立発起人の１人になった。42（昭和17）年から62（昭和37）年まで麒麟麦酒の社長、会長を務め、ビール業界のトップ企業に育てた。母校の一橋大に磯野研究館を寄贈している。

**寺沢辰麿**《たつまろ》は国税庁長官、横浜銀行頭取のあと、浜銀などの持ち株会社コンコルディアＦＧ《フィナンシャルグループ》のトップを務めた。18年6月に退任した。島根県立松江南高校に入学したものの、半年で鳥取西高校に転校してきた。

さらに企業トップを経験した卒業生としては、**金子亮太郎**（明治安田生命保険相互）、**山田憲典**（不二家）らがいる。

高校時代から「リケジョ」で東大理学部天文学科の博士課程を修了した**岡島礼奈**《れな》は、人工流れ星プロジェクトなどを実現させるためのベンチャー企業「ＡＬＥ」の創業社長だ。

## 出動回数日本一

学者では、文化勲章を受章した憲法学者**佐々木惣一**が旧制時代の卒業だ。京大・滝川事件では大学自治を訴え、辞職した。政治学の**矢部貞治**、歴史学者の**松尾尊兊**《たかよし》らもＯＢだ。

光合成メカニズムを研究している**渡辺正**は、地球温暖化など環境科学の現状認識に批判的だ。

佐々木惣一

医師の**小林誠人**《まこと》は、公立豊岡病院但馬（兵庫県）救命救急センター長だ。救急医療用の機器や薬品を備えたヘリコプターを「ドクターヘリ」と呼ぶが、小林は出動回数日本一の「ドクターヘリ」としてＴＶドラマのモデルになった。

政官界では、日中国交回復に尽力した**古井喜実**《よしみ》が卒業生だ。

外務事務次官を務めた**沢田廉三**は、妻が社会事業家の沢田美喜（東京女子高等師範学校附属高等女学校・現お茶の水女子大学付属中・高校中退）だ。美喜は三菱財閥の家系の生まれで、孤児院のエリザベス・サンダースホームを創設。廉三は、妻の事業を支えた。

鳥取県知事などを務めた**石破二朗**は、首相候補の一人と目《もく》されている自民党衆院議員の石破茂の実父だ。

ただし茂は、鳥取大教育学部附属中学卒後は慶応義塾高校（横浜市・私立）―慶応大へと進んだ。

明治初期に変則中学に学んだ**奥田義人**は大正時代に文相などを務め、鳥取県人初の大臣となった。さらに中央大学創設者の1人となり、東京市長としても活躍した。

**金田裕夫**は、鳥取市長や新日本海新聞社の社長を務めた。

## 自由律俳句の尾崎放哉

「文」の領域では、明治から大正にかけての俳人**尾崎放哉**《ほうさい》が著名だ。季語を含めない自由律俳句の代表として、種田山頭火《さんとうか》（旧制山口中学・現山口県立山口高校卒）と並び称される。

**徳永進**は、鳥取市内にホスピスケアのある診療所を開いているが、ノンフィクション作家でもある。

**遠野阿璃子**《ありこ》は童話作家、翻訳家だ。

編集者・写真家の**大畑沙織**は廃墟を撮影するのが好きで、「廃墟ガール」と呼ばれている

鳥取高女時代の卒業生、**尾崎翠**《みどり》は『第七官界彷徨』が代表作で、

尾崎 翠

女流小説家の草分けの一人だ。最近になって、その業績が再評価されている。

女流作家・エッセイストでは、**朴慶南**《パクキョンナム》が「在日鳥取人」を名乗りながら戦争と女性の人権などについて発言している。

鳥取西高校はかつての甲子園常連校なので、プロ野球選手も十数人出ている。

その中で、**福士敬章**《ひろあき》は広島東洋カープの黄金期の一翼を担った投手だった。在日韓国人で、韓国プロ野球でも活躍した。

**藤井勇**は鳥取一中時代に、4番打者として甲子園に3度出場している。現在のプロ野球の源流となる日本職業野球連盟に入り、プロ野球公式戦第1号の本塁打記録をつくった。

## 松江北高校

2人の首相、民芸運動の中心人物も通った

◉島根県立・松江市

島根県内で最も古い高校だ。ルーツとなった教員伝習校内変則中学科は1876（明治9）年に創設されており、この年を松江北高校の創立年としている。

人口が少ないことでは鳥取県に次ぐ2番目だが、旧制松江中学に通った者から**若槻礼次郎**と**竹下登**という2人の首相を出している。

首相を複数輩出した高校は、東京・私立学習院高等科の3人（旧制学習院卒の近衛文麿と、新制卒の細川護熙、麻生太郎）、2人の山口県立山口高校（旧制山口中学卒の岸信介と佐藤栄作）、群馬県立高崎高校（旧制高崎中学卒の福田赳夫と中曽根康弘）、東京・私立麻布高校（橋本龍太郎と福田康夫）、それにこの松江北高校の5校しかない。

1949年（昭和24年）の新制高校発足時には、旧制松江高等女学校の流れを汲む学校などを統合し、男女共学の「松江高校」になった。

その後、61年に生徒増に対応するために北と南に分離されて松江南高校が新設され、在来の松江高校は松江北高校という校名に変わった。

エッセイストで日本文化紹介者のラフカディオ・ハーン（小泉八雲）が、松江中学で英語教師をしていたという故事を持つ。

明治時代半ばのわずか14ヵ月間ではあったが、松江中学時代のことは『英語教師の日記から』に「この土地の魅力は本当に神が住んでいる土地の如くに実に魔術的である」と書かれている。

### 若槻と竹下の共通点

若槻礼次郎は松江藩の下級武士の生まれだ。松江中学に入ったものの、学資が続かず在学8ヵ月余で辞めて小学校の教員などをした。後年、2度にわたり内閣を組織し、30年にロンドンにおける軍縮会議の首席全権を務めた。

竹下登も、郷里の新制掛合《かけあい》中学で英語の代用教員をしていたことがある。日本の消費税は税率3％で89年4月から初めて導入されたが、それを決めたのは竹下内閣のときだった。

　竹下登の父の**竹下勇造**も松江中学卒だ。造り酒屋を営む傍ら、地元の掛合村村長、県会議員などをした。

　ミュージシャンのＤＡＩＧＯ（東京・私立玉川学園高等部卒）は勇造の曾孫、登の孫にあたる。

　政経人では、王子製紙、ラジオ

若槻礼次郎

東京（現在のＴＢＳ ＨＤ《ホールディングス》の前身）などの経営、日本商工会議所会頭を務めた**足立正**、奥出雲の大地主で島根県知事をした**田部長右衛門**（23代）が卒業している。

　地元振興に尽くした人物としては、「アイデア市長」といわれた**宮岡寿雄**《としお》がいた。「観光立市」に邁進《まいしん》したが、松江城天守は15年、65年ぶりに国宝に再指定された。

　ちなみに天守閣が現存する城で国宝に指定されているのは、松本城、犬山城、彦根城、姫路城それに松江城の5城である。

竹下 登

　外務事務次官を務めた**門脇季光**《すえみつ》は、首相・鳩山一郎（高等師範学校附属中学・現筑波大学附属中・高等学校卒）の下でソ連との国交回復に努め、初の駐ソ大使になった。

　**毛利信二**は、前国土交通事務次官だ。

　平成に入ってからは、**芦田昭充**《あきみつ》（商船三井）、**井原勝美**（ソニーフィナンシャルＨＤ）らが企業トップ経験者だ。

　日産自動車の副社長をした**大久保宣夫**《のぶお》は、入社以来40年以上にわたって技術畑を歩み「技術の日産」の中心人物だった。

## 文化勲章を断る

　文化人では、陶芸家の**河井寛次郎**が著名だ。彫刻、書、詩やデザインなどでも優れた作品を残し、民芸運動の中心人物になった。河井には、文化勲章の受賞を断るという、知る人ぞ知るエピソードも残る。

医師の**永井隆**は、松江中学から長崎医科大学（現長崎大学医学部）に進学、1945（昭和20）年8月9日に当地で被爆した。体験をもとにした著作『長崎の鐘』が評判となり、のちに映画や音楽でも大ヒットした。

松江北高校の前身の一つである旧制市立松江高等女学校の卒業生に、日本女子大学長をした**上代《じょうだい》タノ**がいる。

1955年に、ノーベル賞受賞者の湯川秀樹（旧制京都府立一中・現洛北高校卒）らと共に「世界平和アピール七人委員会」を結成した。

旧制と新制の狭間の卒業生には、写真家の**奈良原一高《いっこう》**がいる。海外での評価も高く、戦後を代表するカメラマンの1人だ。

ミステリー作家で多くのシリーズものを出している**法月綸太郎《のりづきりんたろう》**、漫画家で『はじめ人間ギャートルズ』で知られる**園山俊二**、「前田の日本史」といわれるカリスマ予備校講師だった**前田秀幸**もOBだ。

**酒井董美《ただよし》**は島根や鳥取の民話、わらべ歌などの口承文芸を掘り起こし、収録・研究を続けている山陰の民俗学の第一人者だ。

北海道新聞の記者だった**酒井宏《こう》祐《すけ》**は、冷戦下に米ソ両超大国の首都で国際ニュースを追った唯一の日本人特派員だ。

董美と宏祐は兄弟で、そろって松江高校卒。松江の医師で戦前の「大本教」弾圧事件の際、同教の最高幹部の1人だった井上留五郎は酒井兄弟の祖父だ。

挿絵画家の**藤川秀之**もOBだ。OGの**山口はるみ**はイラストレーターで、作品がニューヨーク近代美術館にも収蔵されている。

## 『ただ一つ』を作曲

法哲学者だった**恒藤恭《つねとうきょう》**は旧制一高に進学、そこで同級だった小説家の芥川龍之介（東京府立三中・現両国高校卒）と親友になった。

**内藤順也**は日米双方の弁護士資格を持つ国際弁護士だ。国際法、環境法が専門の**高村ゆかり**もOG。

情報通信工学者の**今井秀樹**は符号理論、暗号・認証方式の第一人者となった。

最先端のレーザー研究をする**渡部俊太郎**、三味線の音響解析などを行う**岡田定久**もOBだ。

船舶設計技師だった**山口琢磨**は東大に進学し、１９４７年に応援歌『ただ一つ』を作曲した。東大には校歌がなく、これを「東京大学の歌」と呼んでいる。

科学技術庁の原子力局長をした**興**《おき》**直孝**は、静岡大学に進学した縁から退官後、母校・静岡大の学長をした。

## 日本の「近代スポーツの父」

松江北高校の玄関前には「質実剛健」と刻まれた碑がある。これが明治以来の校訓だ。「文武両道と授業第一主義が本校のモットー」で、生徒の部活動入部率は85％ほどだ。

こうした伝統からか、スポーツで活躍した卒業生が目立つ。

弁護士で国際オリンピック委員をするなど、日本の体育・スポーツ界発展のために尽力した**岸清一**もOBだ。東京・渋谷区の岸記念体育会館にその名が残っている。

スポーツ科学の学者である**吉儀**《よしぎ》**宏**《ひろし》は関東学生陸上競技連盟の役員を長く務め、正月の風物詩となっている箱根駅伝を先導してきた。

陸上競技の名選手も輩出している。マラソン選手の**津田晴一郎**は、28年のアムステルダム五輪、32年のロサンゼルス五輪で連続して入賞した。

河井寛次郎

**山田寧**は棒高跳びで国体を制覇し、61年にはユニバーシアード代表となった。

09年には**荒井悦加**《よしか》がアジア選手権女子３０００メートル障害で優勝し、この種目での日本女子選手初の優勝となった。

18年春の大学入試では現役、浪人合わせ、東京大２人、京都大２人、北海道大、東北大に各１人が、大阪大に６人、神戸大に10人が合格している。

難関大学への合格者は、ひところと比べて減っている。例えば東大には、１９８７年に13人、01年には12人が合格していた。

島根県全体の高校卒業者で東大、京大の合格者は各計10人を割っている。県下一の伝統校である松江北高校の奮起が望まれる。

# 山口高校

岸信介と佐藤栄作、2人の兄弟首相が学んだ

◉山口県立・山口市

明治維新後の日本は、薩長政府となった。とりわけ長州つまり山口県は、伊藤博文（松下村塾出身）が初代首相に就いたことをきっかけに、山県有朋（同）、桂太郎といった元勲たちが順次、首相の座に就いた。太平洋戦争までに計5人の首相を生んでいる。

戦後もこうした「長州支配」は変わらず、**岸信介**、**佐藤栄作**、安倍晋三という3人の首相が出ている。計8人というのは、都道府県の中で最多だ。

民主党政権下で2人目の首相を務めた菅直人は、2年生の夏までは山口県立宇部高校に在籍していた（都立小山台高校卒）。しかし選挙区は東京であり、山口県出身の首相とはいえない。

8人中、岸と佐藤が学んだのが山口高校の前身・旧制山口中学だ。明治の元勲たちの少年時代には、まだ旧制中学校はできていなかった。安倍は選挙区は山口県内だが、成蹊高校（東京・私立）出身だ。

首相を複数輩出した高校は、前項（松江北高校）で紹介したように、山口高校を含めて計5校しかない。

## ノーベル平和賞受賞

岸は岡山一中（現岡山県立岡山朝日高校）に入学したが、故郷の山口に戻り、2年生のときに山口中学に転校した。中学3年生で、婿養子だった父の実家・岸家の養子となり、その後、旧制一高（東京）に進んだ。

岸の実弟である佐藤は、山口中学を卒業した後、旧制五高（熊本）に進んだ。岸は東京帝大卒後に農商務官僚になり、佐藤は東京帝大卒後に鉄道省に入った。

佐藤は1974（昭和49）年に非核三原則の制定などが評価されて、日本人としてはただ1人のノーベル平和賞を受賞する。

この受賞については、ノルウェ

ーの歴史家が２００１年に「佐藤は核武装に反対ではなかった。佐藤を選んだのは誤りだった」と指摘している。

　それはともかく山口高校は、ノーベル賞受賞者の出身高校・全24校（うち京都府立洛北高校のみ２人）のうちの１校にカウントされることになった。

　現首相安倍晋三の父で外相などを歴任した**安倍晋太郎**も、山口中学卒だ。毎日新聞記者時代に岸の娘と結婚し、「ポスト竹下」の最有力候補だったが、がんに侵されて死去した。

佐藤栄作

　保守系の政治家だけではない。
　戦前の非合法時代の日本共産党幹部の**市川正一**《しょういち》も山口中学卒だ。出身中学は違うが、野坂参三（山口県立旧制萩中学・現萩高校中退）、宮本顕治（山口県立旧制徳山中学・現徳山高校卒）という共産党首脳だった人物も山口県人だ。
　どうやら幕末・維新以来、長州・山口県人には、右左問わず政治にのめり込む県民性が醸成されたようである。
　地元の政治家では、自治官僚出身の元山口県知事**二井関成**《にいせきなり》と現山口市長の**渡辺純忠**がＯＢだ。

## 日産コンツェルン創始者

　経済界に目を転じると、日産コンツェルン創始者の**鮎川義介**が、山口中学出身だ。

　大阪商工会議所会頭を務めるなど戦後の大阪の復興に大きな役割を果たした**杉道助**は、山口中学から山口県立萩中学に転校した。

　宇部興産のトップを長く務めた**中安閑一**《かんいち》は、山口中時代から岸信介と親友だった。岸と中安の同級生としては、新三菱重工の社長**吉田義人**、東洋曹達工業社長の**貞永敬甫**もいた。

　さらに大企業のトップ経験者を挙げると、**板野学**（国際電信電話＝ＫＤＤ）、**赤司俊雄**《あかしとしお》（三和銀行）、

鮎川義介

**佐々木英治**と**斎藤宗房**（テレビ山口）、**多田公熙**《こうき》（中国電力）、**八木重二郎**（東日本高速道路）、**佐藤博之**（ダイビル）らが卒業している。このうち、板野は79年に明るみに出たKDD事件の当事者だった。

学者・研究者では、大正時代のベストセラー『貧乏物語』を著したマルクス経済学者の**河上肇**《はじめ》、大阪商科大学（現大阪市立大学）の初代学長を14年間務めた経済学者の**河田嗣郎**《しろう》が卒業生だ。

山口中から札幌農学校に転じ、のちに北海道帝国大総長をした農政学者の**高岡熊雄**、法学者で最高裁判事をした**河村又介**、歴史学者で世界的な切手収集家である**渡辺勝正**らも学んだ。

京大数理解析研究所教授の**熊谷隆**は、17年度の大阪科学賞を受賞した。

**熊野英生**《ひでお》は日銀に入行したものの、第一生命経済研究所に転じた。首席エコノミストとして、メディアによく登場する。

## 種田山頭火、中原中也も

文芸の分野でも著名な人物がいる。戦前の俳人で五・七・五の定型に縛られない自由律俳句の**種田山頭火**《さんとうか》が、山口中学卒だ。

自由律俳句では尾崎放哉（鳥取県立旧制第一中学・現鳥取西高校卒）と並び称される。

明治時代の小説家、詩人、ジャーナリストで36歳で没した**国木田**《くにきだ》**独歩**《どっぽ》、30歳で夭逝《ようせい》したが詩人、翻訳家で現在でもファンが多い**中原中也**《ちゅうや》、35歳で夭逝した私小説家の**嘉村礒多**《かむらいそた》も、山口中学で学んだ。

重松 清

ただし、3人とも卒業することなく独自の道を歩む。

新制山口高校になってからは、直木賞受賞作家の**重松清**《しげまつきよし》が卒業している。子どものいじめ問題などを、鋭い切り口で表現している。

**小池龍之介**は、僧侶で文筆家だ。東京大を卒業後、山口市の浄土真宗本願寺派正現寺の副住職を務めていたが、破門処分を受けて僧籍を削除された。正現寺は宗派離脱し、現在はその住職の傍ら、座禅指導や「煩悩」などについての書物を著して好評を博している。

文化人では、バイオリニストの**桑野聖**、映画監督の**丸山誠治**、写真家の**吉田正**、それにシンガーソングライターの**樹里からん**らがOB、OGだ。

## 毛利藩の藩校がルーツ

山口高校のルーツになっている旧制山口中学（私立）の創立は、1870（明治3）だ。

山口中学は、幕末にできた毛利藩の藩校「山口明倫館《めいりんかん》」を改称したものだが、その明倫館の淵源をさかのぼれば1815（文化12）年設立の私塾・山口講堂までたどり着くという。

1815年を起点に考えれば、山口高校は創立200年を超えている。公立中学・新制高校として日本最古の歴史を誇っているのは京都府第一中学、現在の府立洛北高校で、その創立は1870年だ。

200年前の淵源はともかくとして、山口高校もそれに匹敵する校歴を有しているわけだ。

山口中学はその後、学校統合など複雑な変遷をたどり、戦後の学制改革を経て1950（昭和25）年に現在の男女共学の県立山口高校になった。

全日制には普通科と理数科が設置され、男子のほうがやや多い。

校訓は「至誠剛健」。教育方針は、「自由な気風」「進取の気風」「文武両道の気風」の精神に則り、知徳体の全人格的なバランスのとれた、社会のリーダーたる心身ともに健全な生徒の育成を図る――だ。

名物行事は、萩―山口間を1日かけて歩く「萩往還を歩く会」。山口高校と萩高校の両生徒会の主催で、例年3月に行われる。

近年の活躍としては、ラグビー部が16年末の96回全国高校ラグビーフットボール大会に出場した。1947年の第27回大会に出て以来、69大会ぶりのことだ。なお、翌17年末の大会にも連続出場した。

18年の大学入試では現役、浪人合わせ、東京大2人、京都大6人、大阪大5人、九州大23人、岡山大21人、広島大15人が合格した。地元の山口大は76人だった。

山口市は人口19万5000人で、県庁所在地の中では鳥取市と並んで最少だ。下関《しものせき》市、宇部《うべ》市、周南《しゅうなん》市、岩国《いわくに》市などと比べ経済力も劣る。ただし、山口高校はじめ県内の各市に伝統校が存在し、有為な人材を多数送り出している。

菊池寛、三木武吉、三原脩を出した四国の古豪

# 高松高校

**◉香川県立・高松市**

教育熱心な県だ。それが高じて、学歴や学閥を重視しすぎるきらいがある。そんな中、伝統と進学実績を誇る高松高校は、県民からすこぶる尊敬を集めている。

難関大学への合格実績は四国の公立高校ではナンバー1だ。毎年度の大学入試では現役、浪人合わせ、東京大に10人弱、京都大に十数人、大阪大に二十数人、神戸大に十数人を合格させている。

校風は「独立自主」。「自ら学び、考え、行動するように指導している」という。

1949(昭和24)年に男子校の県立高松高校(旧制高松中学校)と県立高松女子高校(旧制高松高等女学校)が統合され、今の高松高校がある。男子校は1893(明治26)年に創立されている。

キャンパスは、県庁と高松市役所のすぐ近くの一等地にある。

男女の統合高校であることを背景に、男女の校章が異なるのが珍しい。男子の校章は旧制時代から引き継いだ「3本のペンと3本の矛」(文武両道)、女子は「雪にたわむ笹(雪持ち笹)」(乙女の純潔と忍耐力)。

ただし同窓会は、男の「玉藻会」と女の「晩翠会」から1字ずつ取って「玉翠会」としている。

## 「巌流島の対決」

かつて野球でも名門だった。甲子園には春3回、夏4回出場し、1928年の明治神宮大会では優勝している。

十人余のプロ野球選手を輩出しているが、その象徴的存在は**三原脩**《おさむ》だ。旧制丸亀中学校(現香川県立丸亀高校)から旧制高松中学に転校、甲子園に出場した。

このときの野球部マネージャーが、のちに日本社会党委員長になった**成田知巳**《ともみ》だった。

三原は早稲田大に進学し、東京六大学では慶応大の水原茂(旧制

県立高松商業学校・現高松商業高校卒）と宿命のライバルとなった。プロ野球入りした後も三原、水原は「巌流島の対決」といわれるほど名勝負を繰り返した。

プロ野球選手では、巨人にいた**樋笠一夫**が56年に対中日戦で代打逆転サヨナラ満塁本塁打を放ち、球史に名を残している。

**穴吹義雄**は高松高校から中央大に進学し、南海に入団したが、その際、複数球団による争奪戦が繰り広げられ、大金が動く。その顛末が小説や映画になった。18年7月に死去した。

**松《まつ》家《か》卓弘《たかひろ》**は東京大に進み、東大出身野球選手としては5人目のプロ入りをした。横浜（現DeNA）や日本ハムでプレーしたのち、現在は県立高校の教諭をしている。

## うどん食い逃げ事件

政治家では前出の成田知巳の他、55（昭和30）年の保守合同の立役者・**三木武吉《ぶきち》**も在学していたことがある。

暴れん坊で2年生のときに「うどん食い逃げ事件」なるものを起こし、放校処分された。旧制京都府・私立同志社中（現同志社高校）に移ったが、ここでも乱闘事件を起こし退学させられた。

衆院議長をした**綾部健太郎**もいた。綾部は後述する**菊池寛《かん》**と親友で、「末は博士か大臣か」という文句のモデルといわれる。

三原 脩

民主党政権が行った「事業仕分け」を仕切った大蔵官僚出身の**加藤秀樹**もOBだ。やはり大蔵官僚出身で運輸相などをした**森田一**は、香川県立坂出高校から高松高校に転入してきた。首相・大平正芳（旧制香川県立三豊中学・現観音寺第一高校卒）の娘婿である。

大蔵官僚出身の**玉木雄一郎**は衆院議員4選で、18年5月に誕生した新党・国民民主党の共同代表だ。

経済界では、異色の経歴だったのが資生堂の社長・会長をした**池田守男**だ。高松高校から東京神学大に進み、牧師になることを目指していたという。

資生堂には、08年に女性初の副社長になった**岩田喜美枝**がいるが、岩田も高松高校のOGだ。

03年に厚生労働省を雇用均等・児童家庭局長で退官し、資生堂に迎えられた。当時、池田が社長をしており後輩を引っ張ったのだ。夫は日銀副総裁をした経済学者の岩田一政（都立日比谷高校）卒だ。

**大社義規**《おおこそよしのり》は日本ハムの創業経営者だ。旧制高松中学の先輩・三原脩の奨めで、プロ野球経営にも乗り出した。

企業経営者ではさらに、関西電力中興の祖といわれた**芦原義重**、大蔵官僚出身で北海道拓殖銀行頭取の**広瀬経一**、日立造船社長の**藤井義弘**、三和銀行頭取の**上枝一雄**、三井生命保険社長の**西村博**、日産自動車社長の**辻義文**、三菱重工業のトップを務めた**西岡喬**《たかし》、通産事務次官のあとジェトロ理事長や石油資源開発社長をした**渡辺修**、九州電力社長の**真部**《まなべ》**利応**《としお》、JR西日本社長の**真鍋精志**《せいじ》、ケンコーマヨネーズ社長の**炭井孝志**、四国電力会長の**千葉昭**らがOBだ。

高松市に本拠を置く宮脇書店は、全国に350店を展開し、店舗数ベースでは日本最大の書店チェーンである。その4代目社長だった**宮脇富子**（12年9月死去）は旧制高松高女卒で、息子で5代目の現社長**宮脇範次**《のりつぐ》も高松高校卒だ。

朝日新聞社社長だった**木村伊量**《ただかず》は、従軍慰安婦問題などについての捏造《ねつぞう》・誤報事件の責任を取って、14年12月に辞任した。

## 文壇の大御所・菊池寛

学者では、京大名誉教授の**植田和弘**が環境経済学の草分け的な存在。再生エネルギー推進論者だ。

菊池 寛

教育社会学者で、若者を取り巻く教育や就職システムなどについて分析している東大教授の**本田由紀**もいる。

さらに仏文学の**井上たか子**、素粒子物理学の**宇川彰**、中国文学の**氷上正**《ひかみただし》、西洋近代史の**黒川知文**《ともふみ》、環境リスク研究の**多田満**《みつる》、エネルギー工学の**山地憲治**らも卒業生だ。

電子情報学の**坂井修一**は、歌人としても知られる。

中国語学の**猪熊文炳**《ふみあき》は筆者の実父だ。

医学者では、分子細胞生物学が専門で耐性がんの治療を研究している**鶴尾隆**、臨床生理学の**竹内博**《ひろ》**明**《あき》、血液病学の**奈良信雄**、口腔外科の**新谷悟**などがOBだ。

文化人では、文壇の大御所で文藝春秋の創業者でもある**菊池寛**が旧制時代の卒業だ。単なる小説家ではなくマネージメント能力にも優れ、文壇最高峰の「芥川賞」「直木賞」を生んだ人物でもある。

小説家では芥川賞受賞の**高城修三**、太宰治賞受賞の**川本晶子**、昭和時代後期の小説家**咲村観**、文芸評論の**十返肇**《とがえりはじめ》が卒業生だ。

直木賞作家の**向田邦子**は、旧制高松高女に1年の1学期だけ在学したのち旧制東京市立目黒高女（現都立目黒高校）に転校した。

さらに俳人の**対馬康子**、漫画家の**友沢ミミヨ**、児童文学者の**脇明子**、作家の**平尾圭吾**らがいる。

「ディスカバー・ジャパン」のポスターをデザインした広告クリエイターの**鈴木八朗**、画家の**木村美鈴**、日本画家の**二川**《ふたがわ》**和之**、刺繍作家の**潮入俊子**らもOB、OGだ。

## 女優・高畑淳子も

音楽では、オペラ歌手の**林康子**が国際的なプリマドンナとして活躍している。

その他、ジャズ・アルトサックス奏者の**多田誠司**、声楽家の**稲富祐香子**、ソプラノ歌手の**関口玄子**《みちこ》、ジャズベーシストの**藤原清登**《きよと》、フルート奏者の**白川真理**、尺八奏者の**小浜明人**《あきひと》、サックス奏者の**国末貞仁**《さだひと》、シンガーソングライターの**舞子**らもいる。

林 康子

映画監督では、**高嶋弘**と**朝原雄三**がいる。アニメ監督では**川田武範**、映画コラムニストとしては**十**《そ》**河**《ごう》**進**、映画エッセイストでは**帰来**《きらい》**雅基**《まさき》が卒業生だ。

新劇出身の舞台女優にして天真爛漫キャラの**高畑淳子**もOGだ。演技を学ぶために東京・私立桐朋学園短大芸術科演劇専攻（現桐朋学園芸術短大）に進学したが、このときの大学受験では早稲田、慶応、お茶の水、東京女子、津田塾にことごとく現役で合格したというから飛び抜けた才女だった。

子規、秋山兄弟、大江…歴史に残る偉人が巣立った

# 松山東高校

◉愛媛県立・松山市

夏目漱石の『坊っちゃん』や、司馬遼太郎の『坂の上の雲』とそのテレビドラマなどで知られた地だ。これらの舞台になったため、松山は知名度が非常に高くなった。

明治の俳人で旧制松山中学中退の**正岡子規**は「春や昔　十五万石の城下哉」との句を作っている。

松山東高校の起源は、その松山藩11代藩主松平定通《さだみち》が１８２８（文政11）年につくった藩校「明教館」までさかのぼる。

明治維新後に松山県学校、県立英学所などと改称され、１８７８年に愛媛県松山中学校になった。この年を創立年としている。

校地は、１９１６（大正５）年に現在の松山市東部に移転するまで松山城のすぐ下にあった。

その後、愛媛県第一中学校―県尋常中学校を経て１８９９年に県松山中学校に復し、戦後の学制改革で男女共学の新制松山東高校となった。

明教館の建物は、現在の松山東高校の校地内に移築され、現存している。

校訓は「自律」「協同」「創造」。指導目標は「より高く、より広く、より深く、そしてより豊かに」だという。「がんばっていきまっしょい」という気合入れの掛け声が、50年前ころから伝わっている。

文科省からＳＧＨに指定されている。

## ノーベル文学賞作家

卒業生にノーベル文学賞受賞者が出ていることを特筆したい。94年に受賞した**大江健三郎**だ。日本人のノーベル賞受賞者は25人だが、文学賞は68年受賞の川端康成（旧制大阪府立茨木中学・現茨木高校卒）と2人だけだ。

大江は東大・仏文科に進学し、在学中の58年に『飼育』で芥川賞を受賞した。

俳人・歌人として知られた人物

がきわめて多い。

俳句中興の祖とされる正岡子規は松山中学創立3年目に入学したが、在籍3年で中退した。上京して共立学校（東京・私立開成高校の前身）に入学、さらに東大予備門（旧制一高の前身）に進んだ。

予備門で夏目漱石（東京府第一中学正則科、のちの府立一中・現都立日比谷高校中退）と出会うが、子規は漱石に、文学的にも人間的にも多大な影響を与えた。

正岡子規

漱石は1895（明治28）年に愛媛県尋常中学校の英語教師として赴任する。たった1年間だったが、このときの体験が『坊っちゃん』に結びついた。

子規は明治時代に俳句、和歌の革新を唱え「写生」を重んじた。多くの弟子も育てている。

子規と同じく67年生まれで、松山中学で親友だった**柳原極堂**《きょくどう》は子規と共に共立学校に進む。そして松山に97年、月刊俳誌『ほとゝぎす』を創刊した。

この俳誌は1年9カ月後に俳人で小説家の**高浜虚子**《きょし》に引き継がれ『ホトヽギス』と改められた（のち

大江健三郎

に、さらに『ホトトギス』と改称）。漱石の『坊っちゃん』などの小説も掲載されるようになった。虚子は54年に文化勲章を受章している。

全国に名を知られた子規門下の俳人は、師にして門弟の**内藤鳴雪**《めいせつ》（明教館で学ぶ）、双璧といわれた高浜虚子・**河東碧梧桐**《かわひがしへきごとう》はじめ**松根東洋城**《とうようじょう》、**中村草田男**《くさたお》、**石田波郷**《はきょう》らも卒業生だ。

このように俳句ゆかりの地である松山市では、98年から毎年8月に俳句甲子園（全国高校俳句選手権大会）が開かれる。同校の俳句部は優勝を2回、準優勝が3回。明治以来の伝統と、主催地の強みを発揮している。

## 軍人といえば、この兄弟

軍人の**秋山好古**《よしふる》**・真之**《さねゆき》兄弟につ

いては、司馬遼太郎（大阪市・旧制私立上宮中学・現上宮高校卒）が68〜72年に『坂の上の雲』を著したことで、広くその存在が知られることになった。

「日本騎兵の父」といわれ日清・日露戦争で功績を立て陸軍大将になった好古は、明教館に学んだ。

真之は子規の上京を追うごとく、旧制松山中学を4年で中退し上京、共立学校に入った。

日露戦争の日本海海戦で連合艦隊作戦参謀を務め、ロシアのバルチック艦隊を破った立役者となる。後年、海軍中将になった。

総務庁長官を務めた**塩崎潤**は大蔵官僚出身で、税制通として知られた。

厚労相などを歴任した塩崎恭久《やすひさ》（都立新宿高校卒）は息子だ。

## 邦画の基礎をつくる

映画監督、学者、企業経営者として活躍した卒業生も多い。まずは**伊丹万作・十三《じゅうぞう》**父子を挙げよう。

昭和初期に活躍し日本映画の基礎をつくった監督の1人である伊丹万作は、旧制松山中学を大正時代に卒業している。監督作品の『国士無双』などに加え、『無法松の一生』などの脚本家でもあった。

万作とキミの間にできた長男が、やはり映画監督で俳優の伊丹十三である。十三の妹の夫がノーベル文学賞受賞の作家・大江健三郎、十三の妻は女優の宮本信子（名古屋市・私立愛知淑徳高校卒）だ。

十三は松山東高校に2年間通っており、卒業は松山南高校だった。

十三は偉才の持ち主で、松山東高校時代には大江が編集した文芸部誌「掌上」に小説を書いたりしている。映画監督としては、『マルサの女』など宮本信子を主演にした作品も多い。

伊丹十三

多くの時代劇映画を作った**伊藤大輔**もいた。

俳優では、昭和時代の時代劇スターだった**大友柳太朗**がいた。テレビの刑事ドラマ『太陽にほえろ』などに出演した**露口茂**もいる。

『夢千代日記』などで知られた作家・脚本家の**早坂暁《あきら》**は、17年12月に死去した。

近代日本のグラフィックデザインの礎を築いた人物としては**杉浦非水**《ひすい》がいる。

雑誌『広告批評』を創刊した**天野祐吉**は、学制改革により、卒業したのは松山南高校だった。

## 「文経武緯」の精神

経済界で活躍した人物では、大日本麦酒社長や日本商工会議所会頭、日本蹴球協会会長などをした**高橋龍太郎**が卒業生だ。

学者・研究者になった卒業生では、哲学者、教育者で夏目漱石門下の**安倍能成**《よししげ》がいた。戦後に、文相や学習院院長を務めた。

安倍能成

歴史学者で東京産業大学（現一橋大学）の学長をした**上原専禄**《せんろく》、近世日本史が専門でNHKの大河ドラマの時代考証を数多く担当した**大石慎三郎**もOBだ。

理系では、「栄養学の父」といわれる**佐伯矩**《さいきただす》、機械工学者で日本で最初にタービン汽船を建造した**加茂正雄**、流体・航空力学の**友近晋**、化学者で日本火薬界の大御所**西松唯一**、蛇類研究者の**牧茂市郎**、植物学者でツバキカンザクラの発見命名者**八木繁一**《しげいち》、化学者で東北大学長をした**小川正孝**らがいた。

日本での自然農法の創始者といわれる**福岡正信**も卒業生だ。

同校には「文経武緯」という独特の四字熟語が伝わっている。「文武両道」と同義だが、松山東高校は「もっと高いレベルでの両道を目指している」という。

２０１５年春に甲子園で行われたセンバツ高校野球では、松山東高校は注目の的になった。21世紀枠で選ばれたが、センバツでは82年ぶり2回目の出場だったからだ。

松山東高校は実は、夏の甲子園大会で50（昭和25）年に全国優勝している。この前後の2年余、野球の強豪校である県立松山商業高校を統合していたという背景があった。

大学入試に関しては現役、浪人合わせ、国立難関大学と医学部医学科に80人以上の合格者を出すことが数値目標だ。毎年度、東京大と京都大には各数人が、地元の愛媛大には約90人が合格する。

# 愛光高校

戦後派だが、官僚、企業トップに地元密着の実業家まで

◉私立・愛媛県松山市

聖ドミニコ修道会を母体とするミッションスクールで、１９５２（昭和27）年度に設立された中高一貫の6年制だ。男子校だったが、02年度から共学化されている。

カトリック精神に基づいて「愛と光の使徒」たる「世界的教養人」を育成することを目標としている。

18年の大学入試では現役、浪人合わせ、東京大13人、京都大4人、一橋大2人、九州大10人、大阪大10人の合格者を出している。

国公立大の医学部医学科には61人が合格し、全国ランキング6位だった。地元の愛媛大には計29人の合格者のうち、医学部医学科に22人も合格している。四国にある高校では、愛光《あいこう》高校は難関大学合格者のトップ校だ。

大学進学に関しては「第一志望の大学・学部を目指せ」と指導しており、毎年度の卒業生のうち、ざっと半数が浪人する。浪人比率の高さは、全国指折りだ。

松山市郊外にあるが、生徒は全国から集まってきている。このため寮（男子のみ）が完備されている。中高生全体の35％が寮生だ。寮生の出身地は、四国が約20％強だが、東京など関東以北も約20％いる。

## 司馬遼太郎と親交

気鋭の学者・研究者、企業経営者など各方面で活躍している人物を多数、輩出している。

政策研究大学院大学長を務め、現在はＪＥＴＲＯアジア経済研究所の**白石隆**が論壇によく登場する。国際政治学者でコーネル大、京都大などで教壇に立った。16年には文化功労者に選定された。

白石 隆

社会人類学者で遊牧社会論が専門の**松原正毅**は、小説家の司馬遼太郎（私立上宮中学・現上宮高校卒＝大阪市）と親交があったことから松山市の「坂の上の雲ミュージアム」館長を務めている。

２００９年からシカゴ大教授になった**加藤和也**は、数学の整数論で世界をリードしている。**斎藤盛彦**は代数解析学が専門だ。

文系では、59（昭和34）年卒の1期生で哲学者の**山本耕平**、法学者の**横山潤**、美術史の**奥平俊六**、経済発展論の**森脇祥太**らがＯＢだ。

理系では、建築学の**村上周三**、物理学者で仁科記念賞を受賞している**樽茶**《たるちゃ》**清悟**、ロボット工学者で特に被災地用のロボット開発に注力している**田所諭**《さとし》、船舶工学の**宮田秀明**らもいる。

**山中俊治**はインダストリアルデザイナーで、ロボットや家具など多岐にわたるプロダクト、さらにはアスリートのための義足をデザインしている。

医学者では、精神科医の**大野裕**がうつ病など認知療法の権威であり、一般向けの著書も多数刊行している。皇太子徳仁親王妃雅子（東京・私立田園調布雙葉高校から米ベルモントハイスクールに転校し卒業）の主治医としても知られる。

大野 裕

国立感染症研究所室長の**長谷川秀樹**は、インフルエンザのワクチン開発に情熱を燃やしている。

三井記念病院院長で心臓外科医の**高本真一**、生体防御医の**岡村春樹**も卒業生だ。

スポーツドクターもいる。1983（昭和58）年卒の**宮崎誠司**は、五輪の柔道日本代表チームのドクターを、2期後輩の**村上秀孝**はラグビー日本代表チームのドクターを務めている。村上は愛光学園の中高時代からラグビーのプレーに打ち込んでいた。

## 最年少で三井物産社長に

企業トップを務めるなど経済界で活躍している人物では、現職も交じるが、**小野俊彦**（日新製鋼）、**河田正道**と**田中和彦**（南海放送）、**川喜多佑一**（モロゾフ）、**大東敏治**（トラベルバンク）、**土居英雄**（愛媛新聞社）らがいる。

**安永竜夫**は15年4月、役員序列で32人を追い抜き、三井物産の社長に就いた。同社としては最年少の54歳での就任だった。

**河野良雄**は09年に農林中央金庫の理事長に就いた。農林中央金庫といえば、理事長ポストは農林水産事務次官経験者の天下り指定席になっていたが、河野は初の生え抜きだ。18年6月に退任した。

## 一六タルト

愛媛県今治市は有数のタオル産地で、高品質で知られる。そのタオルメーカーの一つであるＩＫＥＵＣＨＩ　ＯＲＧＡＮＩＣ（旧池内タオル）の2代目社長**池内計司**《けいじ》がＯＢだ。オーガニック・コットンを活用し、風力発電からのエネルギーで工場を操業している。

和洋菓子の一六本舗（本社・松山市）の社長**玉置泰**は、慶応大を卒業し、電通に入社したあと家業を継いだ。

主力商品「一六タルト」のＣＭを、映画監督で俳優の伊丹十三（愛媛県立松山南高校卒）に作ってもらった縁で、伊丹プロダクション社長を務め、自らも映画プロデューサーをしている。１９８４年公開の『お葬式』が大ヒットした。

松山市の実業家である**亀井文雄**は、日本プロサッカーリーグ（Ｊリーグ）に加盟している愛媛ＦＣの社長を務めた。

**松田英夫**は、渡辺謙（新潟県立小出高校卒）など多くの俳優が所属する芸能事務所ケイダッシュ（東京・渋谷区）の社長だ。

**西川淳也**は三井物産に勤めるビジネスマンだが、地球温暖化防止の排出権取引に関する事業を担当した。この分野での論文も多く、シンポジウムなどにもよく登場している。

官僚では、警視総監を務めた**樋口建史**が14年4月からミャンマー大使になっている。

**岡本薫明**《しげあき》は18年7月末、財務省の主計局長から事務次官に就いた。前任の福田淳一（神奈川県立湘南高校卒）がセクハラ問題で18年4月に辞任した後を継いだ。

**増島稔**は官庁エコノミストで、14年度の経済財政白書の執筆責任者だ。

総務省の官僚である**谷脇康彦**は情報通信政策のプロで、インターネットや携帯電話などについての一般向けの著作も多い。

## メディア関係にも人材が

メディア関係では、卒業生でNHKに入局した者が10人ほどいる。その中で、ニュース・キャスターをした**今井環**はNHKエンタープライズ社長を務めた。

番組ディレクターの**近藤史人**は、NHKでの番組制作を基にしたノンフィクション『藤田嗣治《つぐはる》――「異邦人」の生涯』で、03年に大宅壮一ノンフィクション賞を受賞した。

安永竜夫

テレビ朝日カイロ支局長だった**野村能久**は2011年10月、カダフィ大佐死亡後のリビアの状況を取材中、リビア北部で交通事故に遭い、37歳の若さで死去する。愛光高校から早大に進み、ラグビー選手としても活躍した。

茶人の**木村宗慎《そうしん》**は、少年期より裏千家茶道を学び、97年に芳心会を設立した。

脚本家の**酒井直行**、推理作家の**川崎草志**、ミュージシャンの**ロマン優光《ゆうこう》**、写真家の**内原恭彦**らもOBだ。

弁護士では、**坂和章平**が1995年の阪神・淡路大震災後の街づくりについて法務面から積極的に発言、映画評論家としても活動している。

**塩崎彰久**は、危機管理や不祥事対応を得意とする弁護士で、暴力団対策なども専門だ。オリンパスの英国人社長解任事件では、弁護人を務めた。

厚労相を務めた塩崎恭久（都立新宿高校卒）は実父である。

社会活動をしている卒業生では、05年卒の**原田謙介**が東大法学部を卒業後に「若者と政治をつなぐ」をコンセプトに運動。現在はNPO法人Youth Create代表だ。

正岡子規（愛媛県立松山中学・現松山東高校中退）が生まれ育った松山は俳句のメッカになっている。このため1998年から毎年8月に、俳句甲子園（全国高校俳句選手権大会）が開かれている。

愛光高校はその第2回大会に優勝、**森川大和**は最優秀句作者に選ばれた。第3回大会でも**菅波祐太**が続いた。

# 城南高校

## ノーベル賞候補者、日本生命新社長など多彩な顔触れ

◉徳島県立・徳島市

徳島は江戸時代、蜂須賀《はちすか》家25万７０００石の徳島藩が領する城下町だった。ＪＲ徳島駅のすぐ東側に徳島城址がある。版籍奉還《はんせきほうかん》の際に徹底的に破壊され、今は石垣と堀が残っているのみだ。

城南高校は、城址の南にあることから名づけられた。ただし、日本はいたるところ旧城下町だ。「城南」を冠する高校は現在、全国に10近くある。

徳島県の城南高校は、その中で最も伝統がある。ルーツをさかのぼれば、１８７５（明治8）年の名東県師範学校附属変則中学校という学校にたどり着く。

前身が旧制一中の伝統高校の創立年を見ると、京都府立洛北高校が１８７０（明治3）年、大阪府立北野高校が73（明治6）年、東京都立日比谷高校が78（明治11）年だ。城南高校は、こうした大都市の伝統校に匹敵する歴史を有している。

変則中学校が徳島中学校と改称されたのは、78年のこと。戦後の学制改革で城南高校となり、女子にも門戸が開かれた。

「自主・自立」が校風だ。教育目標として「人権を尊重し、確かな学力と豊かな心を身につけ」ることを掲げている。「人権」を強調しているところが、特徴だ。

文部科学省からＳＳＨに指定されている。

入試では「特色選抜」を導入している。硬式野球、テニス、卓球、バレーボール、バスケットボール、陸上の運動部の他、吹奏楽などで特技を持っている生徒を毎年度、計30人ほど別枠で入学させている。

「多くの生徒が部活動に参加し、文武両道の精神で勉学との両立を図っている」と、同校は胸を張る。

２０１１年春の選抜高校野球大会には、21世紀枠で出場した。旧制徳島中学で野球部を創設以来、１１３年目にして初めての甲子園

出場だった。監督は、母校出身の**森恭仁**。初出場ながら初戦を飾り、2回戦で敗れた。

## もはや戦後ではない

そんな同校は多くの学者・教育者を輩出している。ノーベル賞候補といわれている卒業生もいる。

まずは元京都大教授で生化学者の**寒川《かんがわ》賢治**だ。食欲の増進や心機能の改善など様々な機能を持つ生体ペプチドホルモンを発見し、専門学会での論文引用数で世界トップになったこともある。

寒川賢治

理系ではさらに、電気工学者で京都大総長を務めた**鳥養利三郎**、数学者の**林鶴一**、天文学者の**上田穣**、生命工学者でアンチエイジング(抗老化医学)の素材として注目されている「コエンザイムQ10」の推奨者**山本順寛《よりひろ》**、流体力学の**阿部寛治**、生態学者で京都大霊長類研究所長・教授の**湯本貴和**、航空宇宙工学の**那賀川一郎**らがOBだ。

原子力工学の**岡芳明**は、東大教授、日本原子力学会会長のあと、14年4月から内閣府原子力委員会委員長を務めている。

文系では、英文学者で評論家だった**中野好夫**が名高い。徳島中在学中にスパルタ教育に反発し、中退した。

1956年に発表した論文「もはや『戦後』ではない」が1956年の経済白書に引用され、流行語となった。

戦前の歴史学者である**喜田貞吉**、新京都学派の1人で西洋経済史の**河野健二**、憲法学の**田上穣治**、英文学の**井上義夫**、近世文学の**延広真治**らが卒業生だ。

延広と前述の阿部寛治は、1年生のときに同じクラスで、2人とも東大教授になった。

国文学者で歌人の**村崎凡人《ただひと》**は村崎学園のオーナー家の生まれだ。徳島文理大を設立するなど、村崎学園を幼稚園から大学院までの総合学園に育て上げた。

## 敗戦の責任をとる

政治家では民主党政権で活躍した**仙谷由人《せんごくよしと》**がOBだ。内閣官房長官や法相などを務めたが、12年の

阿南惟幾

総選挙で落選して政界を引退した。

東大法学部に進み、新左翼の学生運動をしながらも5年次在学中に司法試験に合格した俊才だ。

陸軍相の**阿南惟幾**《あなみこれちか》は、徳島中2年の時に陸軍幼年学校に移った。敗戦の責任をとって45年8月に自殺した。内閣制度発足後、現職閣僚が自殺したのは、これをもって嚆矢《こうし》とする。

**安部邦一**《くにいち》、**原菊太郎**は戦後、徳島県知事をした。現職の衆院議員では自民党の**山口俊一**が10選しており、沖縄・北方、科学技術担当相などを歴任している。

官僚では、**高木祥吉**が金融庁長官やゆうちょ銀行社長を、**重松博之**が会計検査院長を務めた。

## イーオン、ジオスを創業

企業トップ経験者では、**工藤昭四郎**（東京都民銀行）、**堀江薫雄**《しげお》（東京銀行）、**犬伏泰夫**（神戸製鋼所）、**橋本圭一郎**（首都高速道路）、**宮田孝一**（三井住友FG）、**半井真司**（JR四国）らがOBだ。

**清水博**は、18年4月から日本生命保険の社長だ。生保業界のトップとしては異例の、京大理学部数学科卒である。

**原安三郎**は日本火薬製造で36年間社長を続け、同社を一流の化学メーカーに育て上げた。在任中に会社名を「日本化薬」に改めた。

**安芸清**と**楠恒男**は城南高校の同級生で、2人で英会話教室を立ち上げたが袂《たもと》を分かち、安芸がイーオンを、楠がジオスを創業した。

安芸は、女性シンガーソングライターのアンジェラ・アキ（ハワイの高校卒）の実父だ。

**堀淵清治**は、「クール・ジャパン」と誇る日本の漫画やアニメを、米国に流通させた立役者の1人。

**成川豊彦**は、資格試験予備校の早稲田セミナーを創業した。

**神田裕行**は、東京港区の日本料理店「かんだ」のオーナーシェフだ。レストラン格付け本『ミシュランガイド東京版』で07年以来、三つ星をとっている。

## 写真家・立木義浩

文芸評論家では、**荒正人**と**佐古**

**純一郎**がOBだ。詩人・小説家で月刊『囲碁春秋』を創刊した**野上彰**、作家・オカルト研究家の**山口敏太郎**らも卒業している。

写真家の**立木義浩**が著名だ。徳島市内の実家が、NHK朝の連続テレビ小説『なっちゃんの写真館』のモデルになった。

**中田浩資**《ひろし》はフォトグラファー、**新居猛**は家具デザイナー、**高津住男**は俳優だ。

画家では、**伊原宇三郎**、**水口裕**《ひろ》**務**《む》らが卒業している。

立木義浩

音楽では、作曲家の**三木稔**、ソプラノ歌手の**河口三千代**、ギタリストの**川竹道夫**、**堀尾和孝**、**佐藤タイジ**らがOB、OGだ。

**賀川豊彦**は、昭和期のキリスト教社会運動家として名を残す。

宗教法人「幸福の科学」の創始者、**大川隆法**が卒業生だ。東大法学部に進学し、商社のトーメン(現豊田通商)に入社するも5年で退職し、88年に立宗した。

スポーツでは、水泳の**源純夏**が城南高校2年生だった96年にアトランタ五輪に、中央大学時代の00年にシドニー五輪に出場した。

シドニーでは、400メートル・女子メドレーリレーにアンカーで出場し、銅メダル獲得に貢献した。

マスコミ関連では、**尾形道夫**が『暮しの手帖』元編集長、毎日新聞記者出身の**小西和人**は『週刊釣りサンデー』を創刊した。産経新聞記者出身の**久保紘之**《こうし》は評論家だ。

城南高校の難関大学合格実績は平成以降低迷している。地元の徳島大には約50人が合格しているが、東京大と京都大の合格者は毎年度、現役、浪人合わせても数人ほどだ。

1970年には東大に23人、京大に37人が合格するなど、70年代前半には毎年50人程度が難関をくぐり抜けていたにもかかわらずだ。

学区制の制約がある城南高校に対し、県内全域の中学生の受験を認めている徳島市立高校理数科や、四国や兵庫県の6年制私立中高校に優秀な生徒を吸引されていることがその要因だ。

県下で飛び抜けた歴史と伝統を持つ同高の復権は、徳島県の教育界全体からも期待されている。

# 土佐高校

## 村木厚子、「公文式」の考案者を出した私学

◉私立・高知市

「土佐」という校名や、男女共学であることから県立高校と誤解している向きもあるようだが、１９２０（大正９）年の創立以来、私学だ。

48（昭和23）年に新制高校に衣替えしたときから男女共学の６年制中高一貫教育を行っており、２０２０年秋には創立百周年の記念行事を予定している。

１９５０年代に高知県は、県立高校の全員無試験入学制度をとった。これにより公立高校は平準化したが、大学進学実績は落ち込んだ。県内の成績上位の生徒は公立を敬遠し、土佐高校は進学校として抜きん出た存在となる。

教育方針は「報恩感謝の理念の下、学問を重んじ、礼節を尊び、スポーツを愛する学校生活を通じ、『人格の完成と社会に貢献できる人物の育成を期す』」。

「スポーツを愛する」と表現していることで連想できるように、すこぶる自由な雰囲気だ。自学自習をモットーとし、部活動に打ち込みながら難関大学に合格する生徒もたくさんいる。

高知県を象徴する人物といえば坂本龍馬だが、土佐高校では何かと引き合いに出されて、「高い志と広い視野を持つように」と教育される。

### 働く女性の希望の星

著名なＯＧといえば、15年10月までの２年余、厚生労働省の事務次官に就いた**村木厚子**だ。冤罪事件で大きなニュースになった。

雇用均等・児童家庭局長だった09年に、郵便不正事件を巡って大阪地検特捜部により逮捕され収監・起訴もされたが、主任検事の証拠改竄《かいざん》が明るみに出て、無罪となった。

この不祥事がきっかけとなって、検察のあり方が見直されることになった。

村木は土佐高校から高知大文理学部に進学、労働省にキャリア官僚として入省した。労働省同期入省の夫・村木太郎（北海道立札幌南高校卒）との間に2女がおり、「働く女性の希望の星」といわれてきた人物だ。

馬路《うまじ》村村長の**上治堂司**《かみじたかし》は、アイデア首長だ。高知県東部の1000メートル級の山々に囲まれ、96%が山林の馬路村で、各種のユズ製品を地域特産品に仕立て上げ、村おこしに奔走している。

村外の人が住民票をおく村独自の制度「特別村民」の登録者が7000人もおり、過疎の村だが、「村の人口の7倍のファンがいる」（上治）。土佐高校野球部の出身だ。

村木厚子

政官界で活躍している卒業生は、防衛大学校―陸上自衛官出身として初めて防衛庁長官になった**中谷元**《げん》、科技庁長官をした**谷川寛三**、金融担当相、農林水産相を歴任した**山本有二**、大蔵官僚出身で07年から高知県知事をしている**尾崎正直**、文部事務次官をした**宮地貫一**らがいる。尾崎は15年10月、無投票で3選された。

弁護士の**浅井和子**は02年に、民間人出身の外交官としてガーナ大使になった。

法務省矯正局長に就いた**西田博**は、ノンキャリアの刑務官出身として初の局長になった。

## 坂東真砂子、黒鉄ヒロシ

土佐高校OGの小説家では、明治大学学長賞の『パルタイ』が出世作となった**倉橋由美子**と、96年に『山姥』で直木賞を受賞した**坂東真砂子**がいた。

やはり直木賞作家の**田岡典夫**も在籍した。県立高知一中（現高知追手前高校）―東京府立一中（都立日比谷高校）を次々と中退した。

メディアによく登場する卒業生としては、歴史漫画やテレビのコメンテーターで知られる**黒鉄ヒロシ**、精神科医・評論家の**野田正彰**、ノンフィクション作家の**塩田潮**がいる。

ジャーナリストの**門田隆将**は、『週刊新潮』の記者出身で、鋭い調査報道作品を発表している。SF

作家・書評家の**大森望**、フィギュア・イラストレーターの**デハラユキノリ**もOBだ。

音楽では、尺八奏者で作曲家の**岸本寿男**が異色の存在だ。医師を続けるかたわら、音楽療法を推進している。作曲家の**平井康三郎**、バイオリニストの**須賀陽子**、ジャズピアニストの**田中さとこ**、ミュージカルの演出家**竹邑類**《たけむらるい》らも卒業生だ。

画家では、前衛美術家で土佐中・高校に勤務した経験を持つ**高崎元尚**《もとなお》がいた。絵本作家の**田島征彦**と**征三**は、双子の兄弟だ。

洋画の**向井隆豊**、**田中彰**、陶芸家の**井上健郎**《たてお》、俳優の**北村総一朗**、1980年生まれの人気女流棋士**島井咲緒里**も卒業生だ。舞台美術や宣伝ポスター制作などで幅広く活躍した**合田佐和子**もいた。

## 総長カレー

学者になった卒業生では、地震学の**尾池和夫**が03～08年にかけて京都大総長を務めた。

自身のプロデュースにより京大生協食堂のカレーに新メニューを考案、「総長カレー」と名づけられ話題を呼んだ。

「地震部門が気象庁の中に置かれているのはおかしい。地震・火山庁をつくるべきだ」と主張している。尾池はその後、京都造形芸術大学長に就いた。

高エネルギー加速器研究機構の物理学者**森田洋平**は、同機構が文部省高エネルギー物理学研究所計算センターと呼ばれていた92年に、日本で初めてインターネットのホームページを作成した。

尾池和夫

医師では**山本博徳**が、自ら開発したダブルバルーンによる小腸がんの早期発見、内視鏡治療の第一人者として知られる。

理系の学者では、動物生態学の**森下正明**、情報文化学の**山下倫範**、動物行動医学の**森裕司**、西洋建築史の**土居義岳**、理論宇宙物理学の**須藤靖**、物理学の**川村静児**らがOBだ。

医師では、感染症が専門の**門田淳一**がいる。

文系では、日本近代史研究の泰《たい》

斗《と》であった**井上清**、哲学者で「草食系男子」という5字での流行語をつくった**森岡正博**、公共経済学が専門で立命館大総長をした**川口清史**、社会システム論の**公文俊平**、英文学の**高山宏**らが卒業生だ。

## キタムラ創業者も

企業で経営トップとして活躍した卒業生は、**進藤貞和**《さだかず》（三菱電機）、**森郁夫**（富士重工業）、**泉谷良彦**（三菱石油）、**武市智行**（スクウェア）、**青木章泰**《あきひろ》（四国銀行）、**小松弘明**（ソフトブレーン）、**門田道也**（栗田工業）らがいる。

高知銀行の頭取は**岡内紀雄**、**伊野部重晃**《しげあきら》、**森下勝彦**の3代続けて土佐高校出身だ。

**北村正志**は、カメラプリント専門店を全国に開いているキタムラの事実上の創業者だ。

民間エコノミスト出身でサッカーJリーグ理事をしている**傍**《ぼう》**士**《じ》**銑**《せん》**太**《た》は「スポーツと町作り」の専門家だ。

ファッション・ブランド関連業界で活躍した卒業生としては、**秦**《はた》**郷次**《きょうじ》**郎**《ろう》がルイ・ヴィトン日本法人の初代社長を務め、人気ブランドとして日本に定着させた。

**広内武**は、アパレル大手のオンワード樫山のトップになった。

秦郷次郎

教育・受験界で著名なのは、**公**《く》**文**《もん》**公**《とおる》であろう。旧制土佐中時代に受けた数学の授業が個人別学習法だったことが、公文式のヒントになったという。

大学入試では現役、浪人を合わせ、毎年度、東京大と京都大に計約10人、東京工業大と一橋大に各1人ほど、大阪大に十数人、神戸大に約10人の合格者を出している。国公立大医学部医学科には、三十数人が合格している。

スポーツでは、**岡村甫**《はじめ》が東大工学部に進学、野球部で投手として活躍した。東京六大学リーグで通算71試合に登板し、防御率2・82で17勝35敗という好成績を残した。通算17勝は東大の投手として最多記録だ。

学業とも両立させ、コンクリート工学者になって東大教授や高知工科大学長などを歴任した。

**高多《たかた》倫正**は母校・土佐高校の社会科教諭時代に、野球部監督も務める。14年秋からは慶応大野球部助監督になった。高多は慶大に進学して野球部主将をし、社会人野球の住友金属工業（和歌山市）では監督もしていた。

## 20年ぶりの甲子園

「対戦相手の好プレーにも拍手を送った」

13年春の選抜高校野球大会で土佐高校は、21世紀枠として出場した。そして、甲子園出場36校の中で、応援団賞の最優秀賞を受賞している。受賞のポイントがこれだった。

土佐高校は過去に春に6回、夏に4回の出場を果たしており、春夏1回ずつ準優勝するなど強豪として知られる。

しかし最近は振るわず、甲子園に戻ってきたのは、じつに20年ぶりのことだった。

応援団員は28人で、うち17人が女生徒だった。アルプススタンドは、生徒や父母、卒業生３８００人で埋まった。

応援用具はマフラータオルのみ、笛や旗は禁止という質素なもの。しかし、さわやかながらも熱気に包まれた応援だった。

# 7章 九州・沖縄の名門高校12校

修猷館高校
福岡高校
小倉高校
久留米大学附設高校
大分上野丘高校
佐賀西高校
長崎西高校
宮崎大宮高校
済々黌高校
熊本高校
ラ・サール高校
那覇高校

# 修猷館高校

広田弘毅、緒方竹虎、山崎拓を生んだ九州の雄

◉福岡県立・福岡市早良区

校名が格調高い。「修猷《しゅうゆう》」は四書五経の一つである尚書の『微子《びし》之《の》命《めい》』の章句「践脩《せんしゅう》（修）厥猷《けつゆう》」からとったものだ。「猷」とは道のことであり、大雑把に意訳すれば「立派な人間になれ」ということだ。

修猷館の名が初めて登場したのは、１７８４（天明《てんめい》４）年のこと。福岡を領していた黒田藩の藩校が「東学問所修猷館」として開校したのだ。

明治維新前後にこの藩校修猷館で学んだ人物としては、大日本帝国憲法を起草した**金子堅太郎**や三井財閥の総帥**団琢磨《たくま》**がいる。

藩校は廃藩置県で閉校となったが、１８８５（明治18）年に元藩主の黒田家や金子堅太郎らの尽力で「福岡県立英語専修修猷館」として復活した。

すぐに県立尋常中学修猷館と改称され、戦後の学制改革で男女共学の新制修猷館高校となった。

卒業生、在校生、先生、父母とも「修猷館」の名にこだわり、誇りを持っている。この学校では、「修猷館高校」とは言いたがらない。「修猷」とか「修猷生」でとおしている。校長は「館長」、生徒は「館生」、校歌は「館歌」、校旗は「館旗」と呼ばれるのだ。

校是ならぬ館是は「質朴剛健」「不羈《ふき》独立」「自由闊達《かったつ》」。中でも「自由闊達」を重視している。

ラグビー部は１９２５年の創部で、49年には国体で全国優勝した。２０１４年には、前年に全国制覇した東福岡高校を下して県大会で優勝している。

18年春の大学入試では現役、浪人合わせ、地元の九州大の合格者は１２９人でトップだった。

大学進学について修猷館は「第一志望にチャレンジせよ」という指導をしている。このため例年、卒業生のうち、約45％が浪人する。

18年春の難関大の合格実績は現役、浪人合わせ、東京大19人、京

都大15人、大阪大14人、東京工業大5人だ。

## 「YKKトリオ」

修猷館は多くの政治家を生んでいる。第32代首相となった**広田弘《こう》毅《き》**もその1人だ。

広田は外相から首相になった。敗戦後の極東国際軍事裁判では、文官で唯一のA級戦犯となり死刑に処せられた。

広田弘毅

修猷館―早稲田大―ジャーナリスト―政治家と、似たようなコースをたどったのは、**中野正剛《せいごう》**と**緒方竹虎**だ。中野は、戦時中の1943年に東条内閣の倒閣工作を図った疑いで拘束され、割腹《かっぷく》自殺している。

自民党幹事長を務めた**山崎拓《たく》**は、小泉純一郎（神奈川県立横須賀高校卒）と加藤紘一（都立日比谷高校卒）の衆院当選同期の3人で「YKKトリオ」を組んだが、加藤と同様、首相に到達しないまま政治家を引退した。

修猷館は、中野や緒方以外にも多くのジャーナリストを輩出している。特に朝日新聞社が目立っており、論説主幹の**笠信太郎**、社長の**箱島信一**らがOBだ。

地元の西日本新聞社にも多くの卒業生が入社しており、会長の**川崎隆生**もその1人だ。

政官界では、**松尾金蔵**が通産事務次官のあと日本鋼管会長を、通商産業審議官の**中川勝弘**はトヨタ自動車副会長を務めた。

外務官僚では、前出の広田に加え中国大使を務めた**宮本雄二**がいる。外務省のいわゆる「チャイナ・スクール」育ちだ。

警視総監、内閣危機管理監を務めた**伊藤哲朗**もOBだ。

民選の県知事を務めた卒業生は、**赤間文三**（大阪府）、**荒巻禎一**（京都府）、現職の福岡県知事**小川洋**（元内閣広報官）らだ。

地元福岡市の市長を務めた卒業生は、**久世庸夫**、**阿部源蔵**、元労働事務次官の**桑原敬一**、**山崎広太郎**らだ。

法曹界では、第2代の最高裁判所長官を務めて文化勲章を受章した、法学者の**田中耕太郎**が卒業している。

## 華麗なる一族・安川財閥

経済界で活躍している卒業生も、数多い。

安川電機製作所、日本原子力発電のトップ、あるいは東京オリンピック組織委員会会長などを務めた**安川第五郎**もいた。

第五郎の父で、安川財閥創始者の**安川敬一郎**も卒業生で「安川財閥」として華麗なる一族を形成した。**中山真**、**津田純嗣**《じゅんじ》の2人のOBも、安川電機製作所の社長に就いている。

この十年余、最も活躍が目立っているのは武田薬品工業の社長、会長を歴任した**長谷川閑史**《やすちか》だ。11年4月から4年間、経済同友会代表幹事を務めた。

フランス人を後継社長に据えるなど国際路線を推進した。

西日本シティ銀行は、04年に地銀の西日本銀行と第二地銀の福岡シティ銀行が合併して発足した。

大蔵官僚出身の**久保田勇夫**は、国土事務次官のあと、西日本シティ銀行頭取を経て現会長だ。後任の頭取にはやはり大蔵官僚だったOBの**谷川浩道**が就いている。

さらに企業トップを経験した卒業生を、挙げてみよう。

**高島基江**（東洋高圧工業）、**川越庸一**（大同メタル工業）、**西島直己**（三菱鉱業）、**太田清蔵**と**太田弁次郎**（東邦生命保険）、**津上退助**（津上製作所）、**高木幹夫**（東京海上火災保険）、**原吉平**（ユニチカ）、**仙石襄**（クラレ）、**山田菊男**（三菱石油）、**高岩淡**《たん》（東映）、**広瀬貞雄**（富士紡績）、**中山悠**（明治乳業）、**井出明彦**（三菱マテリアル）、**藤野宏**（栗田工業）、**西村英俊**と**藤本昌義**（双日）、**大須賀頼彦**（小田急電鉄）、**清田 瞭**《あきら》（日本取引所グループ、大和証券グループ本社）、**鳥飼一俊**（熊谷組）、**和才博美**（NTTコミュニケーションズ）、**加藤泰彦**（三井造船）、**枝徹也**（日立金属）、**清森洋祐**《ようすけ》（池上通信機）、**木川理二郎**《みちじろう》（日立建機）、**渕上一雄**（王子製紙）、**嶋尾正**（大同特殊鋼）、**米田道生**（大阪証券取引所）、**松本睦彦**（三洋信販）、**八木誠**（関西電力）、**新野隆**（日本電気）、**白石司**（九電工）、**橋田紘一**（同）らがOBだ。

## 日本医師会会長

学者・研究者、文化人などで活躍した卒業生を見てみよう。

文系の学者では、国際法の**寺尾亨**、英米法の権威**田中英夫**、厚生経済学の大家**木村健康**、社会思想史の**関嘉彦**、法哲学者でお茶の水女子大学長の**井上茂**、流通経済論の先駆者**林周二**、中国文学者で京都国立博物館館長を務めた**興膳《こうぜん》宏**、中国政治論の**小島朋之**、国際政治学の**中川八洋《やつひろ》**、経済学者で甲南大学長を務めた**森恒夫**らがOBである。

理系では、天文学者で東京物理学校（現東京理科大）創立者の1人でもあった初代校長の**寺尾寿**、物理化学者で京大総長、立命館大学長の**松井元興《もとおき》**、土壌学者で九州大総長、長崎国際大学長を歴任した**和田光史**、超低温物理学者で仁科記念賞を受賞している**佐藤武郎**、同じく仁科記念賞受賞者で素粒子物理学の**井上研三**、ロボット工学者で日本ロボット学会会長の**高西淳夫**らがいる。

長谷川閑史

医学者では、神経病理学の**白木博次**、生理学者で名古屋市立大学長を務めた**高木健太郎**が卒業生だ。

福岡県みやま市で病院を経営する医師の**横倉義武**は、12年から日本医師会会長だ。「自民党との対話」を掲げ、厚生労働省とも歩調を合わせている。

夢野久作

## 直木賞、芥川賞作家も

文芸では、直木賞作家の**梅崎春生**、芥川賞を受賞した**宇能鴻一郎《こういちろう》**、古くは**夢野久作《きゅうさく》**、**豊島与志雄《よしお》**がいた。

ハワイ在住の**ハロラン芙美子**は、80年に『ワシントンの町から』で大宅壮一ノンフィクション賞を受賞している。

美術では洋画家、版画家の**吉田博**がいた。洋画家では、文化功労者の**和田三造**、独立美術協会創立会員の**児島善三郎**が著名。

思想家、実業家の**中村天風《てんぷう》**は日本初のヨガ行者で、天風会を創始し心身統一法を広めた。

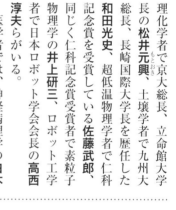

## 福岡高校

ノーベル賞の大隅から『だめんず・うぉ～か～』の倉田まで

◉福岡県立・福岡市博多区

ノーベル医学生理学賞の受賞者が、卒業生にいる。細胞生物研究の第一人者で、東京工業大栄誉教授の**大隅《おおすみ》良典**だ。2016年に受章した。細胞の自食作用「オートファジー」に関し、分子機構や多様な生理的意義を解明した。

日本のノーベル賞受賞者は、米国籍の2人を含め大隅で25人目で、医学生理学賞は大隅で4人目だ。大隅は東京大教養学部卒だ。

さらに活躍中の3人の卒業生を、挙げてみよう。

『だめんず・うぉ～か～』などで知られる漫画家の**倉田真由美**がOG。中学3年の模擬試験では福岡県で9000人中トップの成績を取ったこともあるという才女だ。一橋大に進学したが就職活動に失敗、漫画家の道を選んだという。

医師の**中村哲**は、パキスタン北西部のペシャワールで20年以上にわたってハンセン病を中心とする医療活動を続けている。ボランティア精神の塊のような人物だ。

スペインの建築家ガウディが、100年以上も前に構想を描いたバルセロナに建築中のサグラダ・ファミリア教会で、主任彫刻家をしている**外《そと》尾《お》悦郎《えつろう》**もいる。

外尾は12年、内閣府から「世界で活躍し『日本』を発信する日本人」の1人に選ばれた。

### 修猷館とライバル

福岡市内にある修猷館高校とは、何かとライバル視されている。

福岡県は戦後、中学区制をしいた。福岡市内では東部は福岡高校、西部は修猷館高校、南部は筑紫丘《ちくしがおか》高校がトップ校となった。地元ではこれを「御三家」と呼ぶ。

福岡市の中心部は江戸時代から、東部は「博多」と呼ばれ商人の町、西部はお堅い武士の町と気質が二分されてきた。ここから福岡高校と修猷館高校のライバル関係が、ことさら強調されるようになった。

福岡高校の前身・県立福岡中学校の設立は、1917（大正6）年だ。初めは県立中学修猷館（現修猷館高校）で居候《いそうろう》の身だった。校舎の建設が間に合わなかったため、修猷館の寄宿舎を仮校舎としたのである。

校舎が完成したら放火事件が起き、結局、新校舎の落成は29年になった。校舎本館は2012年に、県指定の有形文化財に登録されている。

「至誠励業」「剛健成風」「操守堅固」の校訓のもと、文武両道を貫いてきた。

大隅良典

18年度の大学合格実績を見ると現役、浪人合わせ、東京大7人、京都大5人、一橋大2人、地元の九州大に91人、九州工業大に25人を合格させている。

九大については毎年度トップ3に入っている。

## 直木賞、芥川賞に4人

文芸で才能を発揮した人物が多い。小説家では**藤原智美**、**岡松和夫**の芥川賞受賞作家と、**原寮**《りょう》、**白石一文**の直木賞受賞作家がいる。

倉田真由美

白石の父・白石一郎（長崎県立佐世保北高校卒）も直木賞を受賞しており、初の親子2代での受賞となった。

さらに『神聖喜劇』という大作を著した**大西巨人**《きよじん》もいたが、14年3月に97歳で死去した。大西は、福岡県立旧制小倉中学（現小倉高校）に入学、2年次に福岡中学に転校してきた。

白石一文の双子の弟で小説家の**白石文郎**、脚本家の**伴一彦**もOBだ。映画や演劇の評論も手がけた文芸評論家の**花田清輝**もいた。

詩人では、芸術院会員で多くの賞を受賞している**那《な》珂《か》太郎**、生涯放浪詩人として人生を送った**杉山参緑**《さんろく》、H氏賞を受賞している**一丸章**が卒業している。

ノンフィクション作家の**島村菜

**津**は、00年に出した『スローフードな人生！』で、スローフード運動を日本に紹介した。

音楽では、バイオリニストの**森部静武**、『エースをねらえ！』などの作品を残した作曲家の**三沢郷**、オペラ歌手の**山口俊彦**、ゲームミュージックを作曲している**中原龍太郎**らが卒業している。

海軍の航空隊機長で45年4月に遭難死した**宅島徳光《のりみつ》**は筆が立ち、残された手記が多くのメディアで取り上げられ、さらに『くちなしの花』などの歌謡曲にもなった。

映画監督ではドキュメンタリー作品が多い**梅津明治郎**や**川島透**、アニメ演出家の**荒牧伸志**らがいる。

映像ディレクター・クリエーターの**江口カン**は、福岡県文化賞など多くの賞を受賞している。

漫画家では前述の倉田の他、『博多っ子純情』などの**長谷川法世《ほうせい》**もいる。

NGOカンボジア地雷撤去キャンペーン代表として世界の地雷廃絶運動をしている**大谷賢二**、インドで砂漠緑化運動をした**杉山龍丸《たつまる》**も、卒業生だ。

## 麻生太郎の父・太賀吉

学者では、国際政治学者で長崎大学長をした**具島兼三郎《ぐしまかねさぶろう》**、同じく国際政治学が専門で安全保障問題に詳しい**石田正治**、法社会学が専門で日本学術会議会長をした**広渡清吾**、西洋史学者の**秀村欣二**、科学哲学の**伊勢田哲治**らがOBだ。

社会思想史の研究者でイラク派兵違憲訴訟の原告でもある**安川寿之輔**、社会経済史が専門の**秀村選三**、教育者で広島県に多くの学校を持つ鶴学園を創設した**鶴襄《のぼる》**、独文学者でトーマス・マンの研究で知られる**佐藤晃一**らがいる。

理系では、前述の大隅の他、消化器外科の**藤堂省《さとる》**が移植医療の先導者で、1999年に行われた国内初の脳死移植で肝臓摘出チームの統率者となった。

**池見酉次郎《ゆうじろう》**は日本の心療内科の基礎を築いた。**都甲潔《とこうきよし》**は、ポータブル味覚センサーを開発した。

ジャーナリストの**前田哲男**は軍事・安全保障論が専門だ。

海軍軍人だった**吉田俊雄**は97歳まで生き、旧海軍について多くの著作を残した。

法曹界では、第12代最高裁長官の**草場良八**、ハンセン病訴訟や薬害肝炎九州訴訟の弁護団代表をしている**八尋光秀**がいる。

経済界では、石炭とセメントで巨利を得た**麻生太賀吉**《たかきち》がいた。

長男の麻生太郎（東京・私立学習院高等科卒）は首相になり、その後、副首相で財務相兼金融担当相を務めている。

西日本新聞社社長を務めた**具島勘三郎**、西部ガス社長を務めた**井原伍郎**、福岡名物「明太子」のトップ企業である福屋の2代目社長**川原正孝**、老舗菓子店如水庵の社長**森恍次郎**らが、地元経済界で活躍している。

**金森政雄**（三菱重工業）、**田中久兵衛**（三井銀行）、**池田弘一**（アサヒビール）、**有吉孝一**（安田火災海上保険）、**岡部正彦**（日本通運）、**佐伯尚孝**（三和銀行）、**岡村福男**（飯野海運）、**藤見敬譲**（明治乳業）、**三野定**《さだむ》（住友建設）、**山田晴信**（HSBC証券）ら大企業のトップになった人物もたくさんいる。

政治家では、前述の麻生太賀吉が衆院議員を、**進藤**《しんとう》**一馬**が衆院議員ののち福岡市長を14年余り、務めた。

## 森重隆を出したラグビー伝統校

福岡高校にとってラグビーは、校技ともいえるほど盛んだ。多くの名選手を生んでいるが、その代表格は**森重隆**だ。福岡高校―明治大―新日鉄釜石で活躍した。福岡高校の監督もしている。

森 重隆

**福岡堅樹**《けんき》は15年のワールドカップ（W杯、15人制）と16年のリオ五輪（7人制）の両大会に日本から唯一出場した。

他のラグビー選手としては、**新島清**、**土屋英明・俊明**兄弟、**白井善三郎**らを挙げられる。

さらに、プロボクサーの**米倉健司**、テニスの1950年代のデビスカップ選手の**岡留恒健**《こうけん》、西鉄ライオンズ社長を務め日本プロ野球にドラフト制度の導入を提唱した**西亦次郎**《またじろう》らがいる。

ミシュランガイド東京版（08年版）では、東京・日本橋人形町の老舗料亭「玄冶店《げんやだな》 濱田家」が、料亭として初めて三ツ星の評価を得た。その女将の**三田啓子**がOGである。

商工業都市らしく、経済界に多くのトップを出す

# 小倉高校

◉福岡県立・北九州市小倉北区

高度経済成長を牽引した北九州工業地帯の中心・小倉。2015年には、重要な役割を果たした官営八幡製鉄所（現在は新日鉄住金八幡製鉄所）が「明治日本の産業革命遺産」の一つとして国連教育科学文化機関（ユネスコ）の世界文化遺産に登録された。

小倉高校の前身は、1908（明治41）年に設立された県立小倉中学だ。

幕末、小倉藩15万石の小笠原家は長洲征伐で高杉晋作率いる奇兵隊などに敗れ、落城する。そのため小倉は明治新政府から厳しい目を向けられ、福岡県内の旧制中学の中では開校が遅かった。

戦後の学制改革で、男女共学の新制小倉高校となった。60年までは商業科があったが、現在は普通科のみで、生徒は男55・女45の比率である。

「勉学・創造・規律・勤労・敬愛」の校訓にのっとり、「文武両道・質実剛健」を校是とする。

文科省からSSHの指定を受けている。

1～3年生全員が「朝講習」という補習を受けており、2、3年生には放課後にも補修がある。

大学進学は「行きたい大学、学部を目指せ」という指導をする。このため、卒業生の3分の1が浪人する。

18年春の大学入試では現役、浪人合わせ、東京大3人、京都大4人、九州大53人、山口大14人、九州工業大に26人が合格した。

## 日銀総裁、電通社長も

商工業都市の高校らしく、経済界で活躍する卒業生を数多く輩出している。

現役の企業トップでは、三菱重工業社長・CEO（最高経営責任者）の**宮永俊一**がいる。小倉高校から東大法学部に進学、三菱重工業に入社した生え抜きだ。

15年には八幡製鉄所などと並んで、三菱重工業の長崎造船所のドックなども産業遺産に登録された。

　第30代日本銀行総裁を務めた**白川方明**《まさあき》が、宮永の1期後輩だ。日銀プロパーの学究肌で、現在は青山学院大特任教授だ。

白川方明

　アサヒビールのトップを2人、出している。メインバンクの住友銀行から派遣された旧制卒の**村井勉**と、プロパーの営業マンだった**福地茂雄**だ。

　村井はその後、西日本旅客鉄道会長に、福地はNHK会長、日本相撲協会横綱審議委員会委員になった。

　さらにトップ経験者としては、「鬼十則」を作るなど「広告の鬼」と呼ばれた電通社長**吉田秀雄**が卒業している。

　ただし、16年の電通事件は「鬼十則」が災いしたと指摘された。

　**安川寛**と**利島**《としま》**康司**（安川電機）、**鎌田迪貞**《みちさだ》（九州電力）、**田中浩二**（九州旅客鉄道）、**新井修一郎**（アール・エフ・ラジオ日本）、**石田孝**（西日本高速鉄道）、**明石博義**（西日本鉄道）、**佐藤義雄**（住友生命保険）、**松尾憲治**（明治安田生命保険）、**正野寛治**（三菱化学）、**池辺裕昭**《ひろあき》（エネット）、**清川昭**（武富士）らもOBである。

　地元や九州に関わりの深い企業では、**小川弘毅**（西部ガス）、**中村真人**《まこと》（井筒屋）、**岡野正敏**（岡野バルブ製造）、**大迫忍**（ゼンリン）、**有薗憲一**（ベスト電器）、**後藤展洲**（丸ふじ）、**小嶋一碩**《かずひろ》（千草）、**山家俊一**（無法松酒造）らが卒業している。

## 藤田哲也のFスケール

　政官界では、昭和時代の外交官で駐米大使を務めた**安川壮**《たけし》がいた。

　衆参議員、郵政相、国民新党代表などを歴任した**自見**《じみ》**庄三郎**、福岡県知事を務めた**亀井光**もOBだ。

　学者・研究者では、マルクス経済学者の**向坂**《さきさか》**逸郎**が旧制八女中学（現福岡県立八女高校）から旧制小倉中学に転入してきた。

　考古学者で京大教授、奈良県立橿原考古学研究所所長などを歴任した**樋口隆康**が旧制卒だ。シルクロードの遺跡調査で知られる。

中国古典文学の**入矢義高**、日本近代思想史が専門で神奈川大学長をした**中島三千男**、国文学の**今西祐一郎**、教育学の**堀尾輝久**らも卒業生だ。

理系では、気象学者でシカゴ大教授を務めた**藤田哲也**が竜巻の研究で世界的権威だ。竜巻など突風の被害状況から、その規模を想定する尺度「藤田（F）スケール」を考案し、これが国際基準となっている。

情報通信工学が専門で、光通信システムの実用化を推進した**島田禎晋**《さだくに》もいる。

医学では、心臓カテーテル治療を日本で初めて行った内科医の**延**《のぶ》**吉正清**《よしまさきよ》がいる。

内科医の**高久史麿**《たくふみまろ》は、国立国際医療センター総長、自治医科大学長などを歴任した。

保健学の**西垣克**《まさる》は宮城大理事長・学長を務めた。

医師で、スーダンと東北地方で医療活動を行っているNPO（特定非営利活動）法人ロシナンテス理事長の**川原尚行**もいる。

弁護士の**角田**《つのだ》**由紀子**は、セクシャル・ハラスメントやドメスティック・バイオレンスなどの問題を手がけている。

## 火野葦平、わたせせいぞう

文化人では、昭和時代の小説家で、『麦と兵隊』などの作品を残した芥川賞作家の**火野葦平**がいた。

漫画家でイラストレーターの**わたせせいぞう**と**牧野伊三夫**、詩人・評論家の**宗左近**、作家・詩人の**平**《ひら》**出**《いで》**隆**、児童文学の**森下研**らが卒業している。

**末松太平**《たへい》は、2・26事件を起こした青年将校グループの中心人物の1人だった。小倉中学から陸軍士官学校に進み、陸軍歩兵大尉になる。著作『私の昭和史』は、2・26事件の貴重な資料となっている。

音楽では、ピアニストの**甲斐万喜子**、ジャズクラリネット奏者の**谷口英治**がいる。

芸術では、カボチャの絵を得意とする版画家の**川原田**《かわはらだ》**徹**がいる。

染織家の**築城**《ついき》**則子**は、江戸時代から300年続いたものの昭和初期に途絶えた小倉織を84年に復元した。

作庭家の**古川三盛**《みつもり》は、作家・瀬戸内寂聴（旧制徳島県立高等女学校・現城東高校卒）が開いた京都・嵯峨野の寺院「寂庵」を手がけるなど、庭師の世界では著名人だ。

芸能では俳優の**森田順平**、落語家で**7代目柳亭燕路**《りゅうていえんじ》、ホスト兼プロレスラーの**美月凜音**《みづきりおん》らがいる。

メディア関係では、ＮＨＫアナウンサーＯＢの**杉山邦博**と**宮本隆治**、テレビ朝日からフリーに転じたアナウンサー**佐々木正洋**がいる。杉山は現在、大相撲評論家だ。

**植田義浩**は、熊本朝日放送社長をした。

元毎日新聞記者の**古野**《ふるの》**喜政**《よしまさ》は、金大中事件など日韓関係の報道で鳴らした。

火野葦平

毎日新聞記者の**元村有希子**は、ブログを含む「理系白書」の報道に対して、06年に創設された第１回の科学ジャーナリスト賞の大賞を受賞している。

## 甲子園の常連

運動部、文化部を問わず、部活動がすこぶる盛んだ。ただし、自宅での学習時間を２時間以上確保するために、部活動の実施時間は公式戦や行事前を除き、19時までとしている。

昭和時代には硬式野球部が強かった。夏の甲子園大会では、１９４７年に小倉中学として、翌48年には新制小倉高校として優勝し、連覇を達成した。旧制、新制を通算して甲子園には、春11回、夏10回出場している。

福嶋一雄

**福嶋一雄**は、47年の選抜大会から春夏６季連続で甲子園に出場。48年には史上２人目となる５試合連続完封をマークし、夏の大会２連覇を主導した。

野球体育博物館は13年の野球殿堂入り顕彰者の特別表彰（アマチュア野球などを対象）として、福嶋を選出している。

ラグビー選手では、日本が歴史的な３勝を挙げた「ワールドカップ２０１５」の対サモア戦で、トライを決めるなど活躍した**山田章仁**がいる。

孫兄弟、ホリエモンなどベンチャーの旗手が活躍

# 久留米大学附設高校

◉私立・福岡県久留米市

久留米《くるめ》は世界一のタイヤメーカー、ブリヂストン発祥の地だ。同社を創業した石橋家ゆかりの学校法人久留米大学傘下の中高一貫校が、久留米大学附設高校・中学だ。「附属」ではなく「附設」である点が珍しい。

設立は1950（昭和25）年。男子校だったが、2005年度から高校が、13年度からは中学が男女共学になった。

1970年代から難関大学に多数を合格させている。九州では、やはり50年に設立された私立ラ・サール高校（鹿児島市）と並ぶ進学校だ。

18年度の大学入試では現役、浪人合わせ、東京大23人、京都大13人、東京工業大8人、一橋大3人、九州大41人の合格者を出している。

1学年は約200人で、大部分は国公立大に進む。

## 医師志望者が多いわけ

久留米大は九州医学専門学校から始まった。附設の生徒もやはり、医師志望が多い。18年度では、国公立大の医学部医学科に65人が合格し、全国の高校ランキングで5位だった。私立大医学部を合わせると、生徒の半分が医学部医学科に進んでいる。

九州大の場合は、41人の合格者のうち20人が医学部医学科だ。九大医学部の18年度の合格者総数は112人だったから、約5人に1人が附設出身者だ。

ただし、久留米大附設高校は「医師という崇高な職業に将来、従事するという覚悟や使命感がない生徒に、医学部はすすめられない」とくぎを刺している。

関西など福岡県外からの生徒も約20％おり、男子には寮が完備されている。寮生は全男子生徒の3割弱だが、半数強は福岡県内に実家があるという。

教育方針は「豊かな人間性と優

れた学力とを備えた人間を育成する」ことだ。卒業生には筋の通った愚直さのようなものがあるという。

## ベンチャーの雄

同校からは、著名なベンチャー・ビジネスの経営者が多く巣立っている。ソフトバンクグループの創業者で会長兼社長の**孫正義**が、ゆかりの人物だ。

日米での携帯電話や固定通信事業、ヤフーによるインターネット事業などで、グループの18年3月期連結決算は売上高9兆1585億円、当期利益は1兆2378億円になった。

孫 正義

孫が日本で起業したのは81年。37年間で、ゼロからここまでに育て上げた。まさにベンチャーの雄である。孫の個人資産も、今や日本一だ。

もっとも、孫が在籍していたのは、福岡市立の中学を卒業し附設に入学した73年4月から9月までの半年間にすぎない。孫は米国に留学し、カリフォルニア大学バークレー校を卒業している。

孫の末弟の**孫泰蔵**は、スマートフォン向けにオンラインでゲームソフトを配信するガンホー・オンライン・エンターテイメントの創業者だ。16年3月に会長を退き、代表権のない取締役になった。現在は、スタートアップ企業を育成する投資家として活躍している。

泰蔵は「附設」の中高から東大に進み、大学在学中からインターネット関連のベンチャーに関与していた。32歳になった05年に株式上場を果たした。

泰蔵と附設で同期だったのが、ライブドアの社長をしていた「ホリエモン」こと**堀江貴文**だ。05年にはニッポン放送の株式を取得し、フジ・サンケイグループの買収に乗り出したが失敗する。

このころからメディアの寵児となるも、06年1月に証券取引法違

堀江貴文

反容疑で逮捕され、懲役2年6月の実刑判決が確定して収監された。

13年3月に仮出所したあと、メルマガの配信や宇宙事業に乗り出し、再びメディアに露出する機会が多くなっている。

15年6月に東証マザーズに株式上場した「ヘリオス」というバイオ・ベンチャーがある。iPS細胞（人工多能性細胞）を使って目の難病「加齢黄斑変性」の治療薬開発を目指す企業だ。

この創業者で社長の**鍵本忠尚**《かぎもとただひさ》は、附設から九大に進み、眼科医になった。

通信販売大手のジャパネットたかたと、その持ち株会社は15年1月に、社長の座が創業者の高田明（長崎県立猶興館高校卒）から長男の**高田旭人**《あきと》にバトンタッチされた。旭人は附設から東大に進んだ。

仏壇、仏具、墓石で最大手の「はせがわ」の創業家出身で、元会長の**長谷川房生**《ふさお》もOBだ。

大企業でトップを経験した卒業生は現職を含め、**井上舜三**《しゅんぞう》（戸田建設）、**井手和英**（筑邦銀行）、**田中稔一**《としかず》（三井化学）、**森俊英**（南日本銀行）、**村井利彰**（ニチレイ）、**栗木康幸**（東京エレクトロンデバイス）、**鶴丸哲哉**（ルネサスエレクトロニクス）、**河村浩明**（シマンテック）らがいる。

## 「家庭医」を標榜、実践

学者では、高分子化学が専門でバイオミメティクス研究を続けている**国武豊喜**《とよき》が14年に、文化勲章を受章した。

東大医学系大学院教授の**上田泰**《ひろ》**己**《き》は、システムバイオロジー分野の気鋭の研究者だ。

地球環境問題が専門の**松田英毅**《ひでき》は、くらしき作陽大学の理事長・学長を長く務めた。環境緑化工学の**小林達明**らもOBだ。

北海道室蘭市でクリニックを開いている**草場鉄周**と、プライマリ・ケアを重視する**孫大輔**が、「家庭医」を標榜、実践している。

地域住民と継続的な人間関係を築いて、患者1人1人の個性や家族の状況、さらには地域環境も把握した昔の「まち医者」に近い存在が「家庭医」だ。

医学者では、被爆医療学の**熊谷敦史**がいる。熊谷は広島の被爆2世で、長崎大で放射線医療を学んだ。東日本大震災に伴う福島第1原発の事故直後に、長崎大から福島県に派遣された放射線医療チームの一員となる。12年度から福島県立医大に転じた。

広島大教授の**田代聡**も、放射線医学の専門家だ。他に、**荒木尚**《たかし》が小児脳神経外科の、**田中守**が胎児・新生児医学の専門医だ。

## ニュースの職人

元東京芸術大教授でアートディレクターの**河北秀也**《ひでや》は、営団地下鉄（東京メトロ）の路線図のデザインや焼酎『いいちこ』の商品企画やポスターを考案した。附設を1年で中退し、大分県立宇佐高校に転校、東京芸大に進んだ。

文系では、**中野三敏**が江戸～明治期の近世文学の研究者で、16年に文化勲章を受章した。

西洋史学の**高山博**、言語学の**町田健**らもいる。

福岡県には学問の神様・菅原道真を祭っている太宰府天満宮がある。40代目の生まれで権宮司（会社でいえば副社長に相当）の**西高辻**《にしたかつじ》**信宏**《のぶひろ》は、附設から東大に進んで美術史学を学び、次いで国学院大で神主資格を取得する。さらに米ハーバード大で神道美術などを研究した。現代美術コレクターとしても知られる。

東大大学院で村おこし運動について修士論文をまとめた**沢畑亨**は、94年に熊本県水俣市の村おこし施設・愛林館の館長に全国公募で選ばれ、現在もここでエコロジー運動を続けている。

熊谷敦史

数学者の**川崎敏和**は「折り紙博士」として知られる。創作の折り紙のバラは「川崎ローズ」として世界的に有名だ。

法曹界では、**葉玉匡美**《まさみ》が東京地検特捜部出身の弁護士で、会社法が専門だ。弁護士の**本村健太郎**はタレント活動もしている。

メディア関連では、毎日新聞記者出身でジャーナリストの**鳥越俊太郎**がOBだ。「ニュースの職人」を自認している。鳥越は16年7月の東京都知事選に民進党など野党推薦で出馬したが、惨敗した。

芸能リポーターの**城下尊之**、福岡県を拠点にラジオパーソナリティーをしている**椎葉ユウ**らもいる。

日銀トップから日本画家まで幅広い人材の宝庫

# 大分上野丘高校

◉大分県立・大分市

　高度成長期に工業都市として発展した大分市。人口は大分都市圏で約70万人を擁する。

　同校の前身は旧制大分中学校、第一高等女学校、第二高等女学校、碩南中学校の四つだが、このうち最も古い大分中の開校が１８８５（明治18）年だ。

　戦後の学制改革に伴い、いったんは大分第一高校と名乗った。だが、「ナンバースクール廃止」の声に押されて、所在地の町名から「上《うえ》野丘《のがおか》」に改称した。ＪＲ大分駅から徒歩20分の高台にある。


　通称は「上野」あるいは「上高《うえこう》」。校風は「質実剛健」。校訓は「実力と気品とたくましさ」。

「たくましさ」というのは、「自分で答えを見つけ出す」、つまり疑問を抱き、調べ、考え、工夫する能力、と解説される。

　文部科学省からＳＧＨに選ばれている。

　野球部は、甲子園に春３回、夏１回出場している。このうち09年春は21世紀枠での出場だった。

　放送、化学、生物、音楽、書道、美術、囲碁、将棋などのクラブが全国大会によく出場する。化学部は全国高校総合文化祭で14年、15年と２年連続で最優秀賞（全国１位）に輝いている。

　進学指導は入念だ。演習ドリル中心の朝学習に加え、放課後学習、旧帝大など難関大志望者向けに入試対策の添削指導も行われる。

　18年春の大学入試では現役、浪人合わせ、東京大11人、京都大10人、東京工業大２人、一橋大１人、九州大39人、大分大47人の合格者を出している。難関大合格者数は県内トップだ。

## 一万田と三重野

　２人の日本銀行総裁が旧制時代に、学んでいる。18代の**一万田尚《いちまだひさ》登《と》**と、26代の**三重野康《やすし》**だ。２人とも東大法学部卒で、日銀プロパー

一万田尚登

から総裁まで上り詰めた。

一万田は、戦後の復興期に歴代最長の３１１５日間にわたり、総裁として日銀を牛耳った。「法王」の異名を取り、蔵相、衆院議員にもなった。

三重野は、中学2年の２学期から満州の鞍山中学に転校した。

総裁就任は１９８９年12月で、折しもバブル経済真っ盛り。バブル潰しの金融政策をとり、「平成の鬼平」といわれた。

三重野康

日銀は現総裁・黒田東彦《はるひこ》（東京教育大学附属駒場高校・現筑波大学附属駒場高校卒）で31代目だ。歴代総裁のうち、複数の総裁を輩出した高校は16代渋沢敬三、20代山際正道、25代澄田智が卒業している筑波大学附属高校（前身は旧制東京高等師範学校附属中学）と、この大分上野丘高校しかない。

日銀出身者では、**中根貞彦**が初代の三和銀行（現三菱ＵＦＪ銀行）頭取を、**笹山忠夫**はアラスカパルプ社長をした。

企業でトップを務めた卒業生では、運輸系が多い。現職も交じるが**安藤楢六**《ならろく》（小田急電鉄）、**金馬昭郎**《きんばあきお》（京阪電気鉄道）、**田代和**《たしろわ》（近畿日本鉄道）、**矢野弘典**（中日本高速道路）、**工藤泰三**（日本郵船）らを挙げられる。

地元の経営者では、**二宮吉男**が水族館「うみたまご」（大分市）を運営するマリーンパレスの元社長だった。

**麻生益直**は１５０年以上続く老舗酒蔵・八鹿酒造（大分県・九重町）の６代目経営者で、**西田陽一**は別府温泉のホテル白菊を経営している。

大分県知事は、71年から03年までの32年間、旧制大分中出身の**立木勝**と、通産官僚出身の**平松守彦**の２人が占めてきた。平松は「一村一品運動」の提唱者として知られる。

歴代大分市長で上野丘ＯＢは、

**三浦数平**、**小野廉**《すなお》、**上田保**、**木下敬之助**の4人だ

国政では戦前の社会大衆党の党首**麻生久**、自民党の衆院議員で建設相などを務めた**西村英一**がいた。官僚では、**宿利**《しゅくり》**正史**《まさふみ》が国土交通事務次官を務めた。

外務官僚の**兒玉和夫**は、経済協力開発機構に続き欧州連合の日本政府代表部全権大使だ。

**下坂スミ子**は03年度に、女性として初めて日本弁理士会会長を務めた。

## 文才を誇る赤瀬川兄弟

多くの文化人も巣立っている。文芸では、**赤瀬川隼**《しゅん》が95年に『白球残映』で直木賞を受賞している。15年1月に死去した。

実弟で美術家の赤瀬川原平（大分県立舞鶴高校から愛知県立旭丘高校に転校して卒業、14年10月に死去）は81年に芥川賞を受賞しており、芥川・直木両賞にまたがる初の兄弟受賞だった。

『大東亜戦争肯定論』などが話題になった小説家・評論家の**林房雄**、劇作家の**榎本滋民**《しげたみ》らもいた。

文筆家の**三宮**《さんのみや》**庄二**は京都修学社を興し、出版経営者としても活躍した。

小説家の**小石房子**は女性史研究家でもあった。

翻訳家の**樋口裕一**は『頭がいい人、悪い人の話し方』というベストセラーを著し、多くの受験参考書も出版している。**植木理恵**は心理評論家・文筆家だ。

建築家の**磯崎新**《あらた》は新制の2期卒で、赤瀬川隼と同期だった。ポストモダン建築の旗手といわれた。最近は国際的な活躍が目立ち、中国、カタールなどでも作品を残している。

日本画では**福田平八郎**と**高山辰雄**の2人が、文化勲章を受章している。福田は中退して京都市立美術工芸学校（現銅駝美術工芸高校）に進み、卒業制作は同校の買い上げとなった。

大正～昭和期にかけての洋画家**片多徳郎**、木版画家の**寺司勝次**《てらつかしょうじ》**郎**《ろう》、彫刻家の**柚野朝男**、漫画家の**衛藤ヒロユキ**らもOBだ。

染色家の**安藤宏子**は豊後絞りで知られる。

## 「かぐや姫」初代メンバーも

芸能では、声優・俳優の**石丸謙二郎**、国境を越えて創作活動をし

ている映画監督の**山本政志**、映像・演劇プロデューサーの**川谷和也**らがいる。

女優の**宮崎美子**《よしこ》は2年生のとき、熊本県立熊本高校に転校した。

メディア関連では、在米ジャーナリストの**飯塚真紀子**、ＮＨＫアナウンサーの**広瀬智美**らがＯＧだ。

音楽では『早春賦』などを作詞した**吉丸一昌**、バリトン歌手の**中山悌一**、その養子であるオペラ制作者の**中山欽吾**らが出ている。

赤瀬川隼

児童文学者で、童謡『夕やけ小やけ』の作詞者でもある**久留島武彦**は、旧制大分中学から旧制関西学院中学部（現関西学院中高等部）に転校した。

**大島三平**と**森進一郎**は、70年代に活躍したフォークグループ「かぐや姫」の初代メンバーだった。

音楽プロデューサーの**梶原徹也**、ジャズピアニストの**辛島文雄**、ソニー・ミュージックレーベルズ社長の**村松俊亮**《しゅんすけ》らもいる。

12年3月に卒業したバイオリニストの**広津留**《ひろつる》**すみれ**は、慶応大と米ハーバード大に合格し、3カ月間は慶応大に行ったが、9月からはハーバード大に進学した。

## ボランティア精神の研究者

学者・研究者では、高分子化学が専門の東大教授**相田卓三**が、フンボルト賞など内外から多くの賞を受賞している。

外科医の**田中紘一**は、成人生体肝移植で新技術を開発した。外科医の**佐野武**は世界有数の胃がん手術の技術を持つ日本の、スポークスマン役を自認している。

東京医科大に進学した**石松宏章**は学生時代、カンボジアに小学校と診療所を建設した。そのボランティア活動を記録した映画が公開された。

文系では農業経済学の**今村奈良**《なら》**臣**《おみ》、日本考古学の**井上和人**、中東イスラム学の**臼杵**《うすき》**陽**《あきら》らがＯＢだ。

スポーツでは、11年のサッカーＵ17（17歳以下）ワールドカップで監督として8強に導いた**吉武博文**、女子サッカー指導者の**北川ちはる**、横浜ＦＣ香港の代表**太田博喜**らがいる。

市村清ら経済界に逸材を輩出する「EIJO」

# 佐賀西高校

◉佐賀県立・佐賀市

佐賀藩35万7千石の鍋島家は、藩校「弘道館《こうどうかん》」を持っていた。幕末から明治維新前後にここで学んだ江藤新平、副島種臣《そえじまたねおみ》、大隈重信、佐野常民《つねたみ》らは、明治政府で大きな働きをしたが、弘道館は廃校になってしまう。

　これを１８７６（明治９）年に佐賀変則中学として復興し、さらに佐賀中学としたのが、佐賀西高校の前身だ。

　とはいえ、佐賀西高校だけが旧制佐賀中学の流れを汲んでいる、というわけではない。戦後の学制改革で、佐賀中学は新制佐賀県立佐賀高校としていったん統合されたが、その佐賀高校は１９６３（昭和38）年に佐賀西、佐賀北、佐賀東の3校に分離分割されたからだ。

　だが佐賀西高校は佐賀市の中心部の、かつての佐賀城内に校地があり、大学進学実績もトップを続けてきた。このため旧制佐賀中学の伝統を継ぐ「正統」は佐賀西高校ということになったのだ。

　佐賀城は「栄城《えいじょう》」と呼ばれており、佐賀西高校は市民から「ＥＩＪＯ」と親しみを込めて呼ばれている。野球部などのユニフォームの胸には「ＥＩＪＯ」のローマ字が記されている。

「質実剛健・鍛身養志」という校是のもと、「次世代の日本・世界をリードする人材の育成」が教育目標だ。

　18年の大学入試では現役、浪人合わせ、東京大４人、京都大１人、九州大39人、大阪大５人、佐賀大に57人の合格者を出している。

　佐賀西高校は県立で１番の進学校とはいえ、佐賀県全体の県立高校の難関大学合格実績は低迷している。久留米大附設中・高校（福岡県久留米市）、ラ・サール中・高校（鹿児島市）などの私立６年制中・高校に、トップクラスの生徒が吸引されているからだ。

　ただし佐賀西高校は、旧制と新

制を通じて140年弱の校歴があるため、人材輩出力では群を抜く。

## 立志伝中の人物

経済界で活躍した卒業生が多数いる。それが佐賀中—新制佐賀高校—佐賀西高校の特色の一つだ。

リコー三愛グループの創業者・**市村清**は立志伝中の人物である。佐賀中学に入ったが、貧しかったために中退し、野菜売りなどで生計を立てた。

市村 清

**館林三喜男**は衆院議員を務めた後にリコー社長を、**田中道信**は三愛社長をした。

日本航空の社長を務めた卒業生を**松尾静磨**と**近藤晃**の2人、輩出している。

**江崎清六**は、江崎グリコ創業者の実弟で兄と一緒に事業を盛り立てた。

**真島公三郎**（三井金属）、**土井定《さだ》包《かね》**（大和証券）、**福岡悟郎**（共同印刷）、**成田豊**（電通）、**秋月程賢**（日本電工）、**増田信行**（三菱重工業）、**園田直人**（住友ベークライト）、**川内通康**（ニッポン放送）、**指山弘養**と**陣内芳博**（佐賀銀行）、**永倉三郎**（九州電力）、**中尾清一郎**（佐賀新聞社）、**泉俊彦**（サガテレビ）らも卒業生だ。

**2代目田中丸善蔵**《たなかまるぜんぞう》は、大正から昭和初めにかけて玉屋グループを創業し、「九州の百貨店王」と呼ばれた。

地元に根を張る実業家であるとともに文化人の一員といえるのが、老舗・小城羊羹の村岡総本舗代表**村岡安広**だ。元県教育委員で伝統菓子文化の研究者でもあり、全国銘産菓子工業協同組合理事長をしている。

## 「所得倍増計画」の発案者

政界では、松下政経塾出身の衆院議員で、民主党政権下で総務相を務めた**原口一博**がいる。現在は国民民主党所属だ。

現職の国会議員ではさらに、参院の**福岡資麿**《たかまろ》（自民党）と衆院の**岩田和親**《かずちか》（同）が1973年生まれで、佐賀西高校の同級生だ。大蔵官僚出身の衆院議員**大串博志**（無所属の会）は5選している。

官僚では、厚生事務次官をした**古川貞二郎**が内閣官房副長官を8年7ヵ月も務め、歴代最長記録となっている。

経済官僚というより「官庁エコノミスト」の肩書がふさわしい卒業生が2人いる。

池田内閣で「所得倍増計画」の発案をするなど、戦後日本を代表するエコノミストである**下村治**と、経済見通しなどで名をはせた**宮崎勇**だ。宮崎は経済企画事務次官、経企庁長官などを務めた。

大正―昭和―平成にわたり、会計検査院の院長を3人出している。**水町袈裟六《けさろく》**、**岡今朝雄《けさお》**、それに前院長の**山浦久司**だ。

佐賀県知事を20年間務めた**池田直《すなお》**も、会計検査院事務総長の経験がある。

下村 治

兵庫県知事をした**坂井時忠**、熊本県知事をした**潮谷義子**もOB、OGだ。潮谷は日本で2人目の女性知事だった。

地元の佐賀市長を務めた卒業生は公選制になって以降、**野口能敬**、**宮田虎雄**、**西村正俊**、それに現職の**秀島敏行**の計4人がいる。

法曹界では、**江里口清雄《えりぐちきよお》**が最高裁判事を務めた。東京地裁時代に帝銀事件を担当し、被告・平沢貞《さだ》通《みち》（北海道庁立小樽中学・現北海道小樽潮陵高校卒）に死刑判決を出している。

## 『次郎物語』の下村湖人

学者・研究者では、経済学者でもあり社会学者ともいえる**高田保馬《やすま》**がいた。歌人としても知られ、母校の校歌の作詞者でもある。

やはり歌人で経済学者の**太田一郎**、心理学者・教育学者で日本の知的障害者福祉の創始者である**石井亮一**、精神文化研究者で戦前に東洋大学長をした**大倉邦彦**、政治学者の**田中浩**、経営工学が専門で東京工業大学長をした**松田武彦**、マス・メディア研究の**内川芳美**、国際政治学の**清水耕介**、労働法の**水町勇一郎**らが卒業している。

文化人では、『次郎物語』などを著し母校の教師も務めた**下村湖人《こじん》**、小説家の**小沢章友**、劇作家の**三好十郎**、脚本家の**志波西果《しばせいか》**、歌人の

**中島哀浪**《あいろう》、古唐津など陶磁器研究の第一人者**水町和三郎**、欧州に禅を伝道した**弟子丸泰仙**《でしまるたいせん》らを挙げられる。

映画監督の**神代辰巳**《くましろたつみ》と**香月敏郎**、ハリソン・フォードの声の吹き替えなどで知られる俳優・声優の**村井国夫**、村井の1年後輩の俳優**辻万長**《かずなが》、映画評論家の**西村雄一郎**らもOBだ。

画家では、**山口亮一**、**市丸節子**、**大隈武夫**、**塚本猪一郎**らが卒業生だ。似顔絵を得意とする漫画家**針すなお**、漫画家の**紫堂恭子**《しとうきょうこ》もOB、OGだ。

**古賀忠道**は佐賀中学から東大獣医学科に進み、東京・上野動物園の初代園長になった。引退後に世界自然保護基金日本委員会設立にかかわり、野生動物保護に力を注いだ。「動物園は平和なり」というフレーズを残した。

皇室ゆかりの卒業生もいる。元海軍中将の**江頭安太郎**は皇太子徳仁親王妃雅子（東京・私立田園調布雙葉高校から米ベルモントハイスクールに転校し、卒業）の曽祖父だ。

元内閣統計局長の**川嶋孝彦**は、文仁親王妃紀子（東京・私立学習院女子高等科卒）の祖父にあたる。

スポーツでは、69年にプロ野球・近鉄で首位打者になった**永渕洋三**がOBだ。

**伊丹安広**は早稲田大で捕手として活躍し、早大、東芝などの野球部監督をした。78年に野球殿堂入りしている。

下村湖人

バスケットボールでは、195センチの**糸山隆司**がメルボルン、ローマの五輪に出場した。

## 『葉隠』の伝統か軍人多し

鍋島藩は、武士道の教訓書『葉《は》隠《がくれ》』を残している。それが影響したのか旧制佐賀中学は、多くの軍人を出している。

海軍史上唯一の海軍大将兄弟である**百武三郎・源吾**兄弟や連合艦隊司令長官をした**古賀峯一**と**吉田善吾**がいた。海軍中尉の**三上卓**《たく》は、5・15事件の首謀者だった。

陸軍では2・26事件の黒幕とされた**真崎甚三郎**、インパール作戦を指揮した**牟田口廉也**《むたぐちれんや》らがいた。

旧制中学をシャッフル、徹底的に「民主化」された

# 長崎西高校

◉長崎県立・長崎市

　江戸時代に蘭学の窓口になった長崎。その長崎市には１８８４（明治17）年に最初の公立旧制中学である県立長崎中学校ができた。だが、原子爆弾による被爆があった３年後、１９４８（昭和23）年の学制改革で、長崎市内にある男子中学２校（県立長崎中学と県立瓊浦《けいほ》中学）と高女２校（県立長崎高等女学校と市立高等女学校）の４校はシャッフルされ、長崎東、長崎西高校に統合された。

　そもそも「旧制一中」、あるいは「一中」を名乗らなくても県庁所在地に最初に設置された旧制中学が、新制高校になってもその都道府県で一番の名門伝統高校であることがほとんどだが、長崎市は様相を異にしている。旧制時代からの伝統を雲散させてしまった。

　ある意味、中等教育学校制度の徹底的な改革が断行されたともいえるのだ。

## GHQにマークされた?

　戦後の学制改革については、どの都道府県でもＧＨＱ（連合国軍総司令部）の意向が、相当に反映されたといわれる。

　男女共学制、小学区制、総合選抜制によって新しい高校制度に衣替えさせるというのが、ＧＨＱの方針だった。だが、この分野での実証的な研究が今もってなされていないので、ＧＨＱの方針がどの程度、貫徹されたかは不明だ。

　もっともらしい説もある。ＧＨＱの教育担当者（米国人）は、まず全国の西の県から監視していった。

　長崎県は最初のほうであり、かつ原爆被爆地だったから、厳しく指導・勧告され改革が徹底した。その後、担当者も変わり東日本のチェックは甘くなった。埼玉、群馬、栃木県で男女別学の県立高校が今なお残っているのは、このためである――と。

　ただ、長崎西高校と長崎東高校

は、2校とも旧制長崎中、旧制瓊浦中の流れを引き継ぐ高校であることは間違いない。もっとも同窓会は両校とも、旧制4中学の同窓会を継承していないという事実は記しておこう。

　長崎西高校の校訓は「自律」。キャッチフレーズは「志高く　夢かなう『長崎西』」だ。

　生徒指導が徹底している。

　例えば、「携帯電話マナー4原則」なるものを定めている。校内持ち込みは禁止し、家庭でも21時以降の使用は禁止している。「無言清掃」「無言集合」「ワンストップ挨拶」といった指導もある。

　進路指導も徹底している。放課後や夏・冬休みの補習が念入りに行われる。3年生は、理系、文系コースとは別に「東京大クラス」を設置している。

　東大合格者は過去、1ケタに留まっていたが、14年の大学入試では現役、浪人合わせ、14人が合格し初めて2ケタを達成できた。長崎県内の公立高校では、新記録となった。

　18年春の大学入試実績は現役、浪人合わせ、東京大6人、京都大2人、大阪大6人、九州大38人、地元の長崎大に59人が合格した。

　国公立大への合格者総数は２２５人で、うち医学部医学科の合格者は10人だった。

　10年には文部科学省からＳＳＨに指定されている。

　夏休み中の毎年8月9日は、登校日になっている。長崎に原子爆弾が投下されたのは、１９４５（昭和20）年のこの日だった。

　長崎西高校は爆心地の南西約８００メートルにある。この地には当時、旧制瓊浦中学があり、多くの生徒と教職員が亡くなった。8月9日を忘れないため、生徒は市内に点在する被爆遺構や長崎原爆資料館を訪れ、「平和」を学習する。

## 富士フイルム会長

　そんな同校には大企業のトップになり、強力なリーダーシップを発揮している卒業生がいる。

　富士フイルムＨＤ《ホールディングス》会長兼ＣＥＯ（最高経営責任者）の**古森重隆**

古森重隆

が卒業生だ。

デジタルカメラや携帯電話の普及に伴い、写真フィルムの需要が急減するなか、フィルム技術を転用した新製品群に経営資源をシフトさせた。その傍ら、NHK経営委員会委員長を務めた。

IHI元会長の**釜和明**、京セラ社長の**谷本秀夫**も卒業生だ。**渡部新次郎**は東芝で長年、リニアモーターカーの開発に努めた。長崎自動車会長の**上田恵三**は、長崎商工会議所の元会頭だ。

大きな全国ニュースになった人物がいる。

長崎市長を務めていた**伊藤一長**で、4選を目指す市長選期間中の2007年4月に暴力団の男に銃撃され死亡した。伊藤は長崎西高校時代から将来、長崎市長になることを目指していたという。

伊藤の前任の長崎市長も1990年に銃撃されているが、一命は取り止めている。伊藤の後任には、長崎市役所の課長だった田上富久（県立長崎南高校卒）が急遽、立候補し当選した。

もう1人は衆院議員を1期だけ務めた**福田衣里子**だ。C型肝炎ウイルスの感染者として実名を公表、薬害肝炎九州訴訟原告団代表になり、精力的に活動した。

09年の衆院選で長崎2区から民主党公認で立候補し、当選した。

09年秋の臨時国会で肝炎対策基本法が成立、先頭に立った福田の行動が結実した。

「官」では、大蔵官僚出身で国税庁長官のあと内閣官房副長官補に就いた**古谷一之**がいる。**三谷浩**は建設事務次官を務めた。

## 草野仁、東由多加も

小説家では、長崎を舞台にした作品が多い芥川賞作家の**青来《せいらい》有一**がいる。芥川賞候補になること5度目の2000年に『聖水』で受賞した。

長崎市役所に勤務し、長崎原爆資料館館長を務めた。

漫画家では**柴田亜美**、映画監督では**小田一生**、**山口和彦**がいる。

**岡本一宣**はグラフィックデザイナー、アートディレクターだ。

劇作家、演出家の**東由多加《ゆたか》**も卒業生だ。早稲田大時代に寺山修司（青森県立青森高校卒）らと天井桟敷を結成し、その後に東京キッドブラザーズを主催した。

学者・研究者になった卒業生と

しては、東南アジア史が専門の学者で東京外国語大学長をした**池端雪浦**《せつほ》、地球環境学者の**中尾正義**、情報処理システムの研究者で人工知能学会副会長をした**堀浩一**、天文学者で太陽の磁気活動の研究をしている**吉村宏和**、有機金属化学の**高橋保**らがいる。

医学者では、長崎大学で心臓血管外科医をした**釘宮敏定**《としやす》、皮膚科医で自民党所属の参院議員をした**田浦直**らがいる。**二ノ坂保喜**《やすよし》は福岡市の開業医で、在宅ホスピスケアに力をいれている。

伊藤一長

法曹界では、日本弁護士連合会事務総長をして司法改革に邁進《まいしん》した弁護士の**寺井一弘**がOBだ。

『世界・ふしぎ発見！』などのテレビ番組の司会でお茶の間に親しまれているNHK出身のフリーアナウンサー**草野仁**も卒業生だ。県立島原高校から長崎西高校に転校し、東大・社会学科卒だ。

女優では**麻生祐未**《ゆみ》がいる。

## 五輪メダリストも育つ

クラブ活動では、バスケットボール、硬式テニス部が強い。剣道部の女子は、全国高校総体で団体優勝したこともある。

塚原千恵子

野球部の甲子園大会出場は、春に1回、夏に2回だ。

スポーツでは、**塚原千恵子**が長崎西高校から日本体育大学に進学し、メキシコ五輪に出場、女子団体で4位入賞を果たした。日本の女子体操指導者になって、多くの体操選手を育成している。夫、息子とも体操の五輪金メダリストだ。

**坂上洋子**は柔道一家の生まれで、92年のバルセロナ五輪では女子柔道72キロ超級で銅メダルを獲得している。

慶応大学の元ラグビー部監督の**松本澄秀**、元バスケットボール指導者で現在はテレビで解説者をしている**奥野俊一**もOBだ。

福島瑞穂から、やまさき十三まで個性が光る

## 宮崎大宮高校

◉宮崎県立・宮崎市

明治20年代に設立された旧制宮崎中学校（1889＝明治22年創立）と旧制宮崎高等女学校を母体に、戦後の学制改革で1948（昭和23）年に発足したのが新制宮崎大宮高校だ。

「大宮」という呼称は地域名が由来だ。

「自主自律」「稚心を去れ」「質実剛健」という「大宮精神」が130年の校歴の中で伝わっている。

新制高校の第2回卒業生を送るパーティーで披露された校歌の作詞は、旧制宮崎中卒で新制高校の初代教頭を務めた**長嶺宏**によるものだ。

1学年の学級数は普通科9学級と文科情報科2学級で、全体で男女ほぼ半数の約1300人が在籍している。

文部科学省から2015年に、SSHに指定された。

文科情報科では、「総合的な学習の時間」を「探究」と名づけ、ディベート、ゼミ、研究リポートなどに力を入れている。「国際社会で活躍できるグローバルリーダーの育成」が教育目標だ。

18年春の大学合格実績は現役、浪人を合わせ、東京大4人、京都大6人、一橋大1人、九州大26人、宮崎大49人などだ。

国公立大学には計291人が合格している。このうち現役が196人で、卒業生数の50％に当たる。

進路指導としては、「『行ける大学』から『行くべき大学』へと、安易に妥協しないよう指導している」という。

### 社民党党首を務める

卒業生で最も著名な人物は、弁護士で社会民主党所属の参院議員**福島瑞穂《みずほ》**だろう。

東大に進学し人権派の弁護士になった。98年に参院の比例区で当選し、03年に土井たか子（兵庫県立旧制第三高女・現御影高校卒）か

ら社民党党首の座を引き継ぐ。

民主党内閣で、消費者および食品安全担当相などで入閣した。

テレビ出演の機会も多く、お茶の間にも親しまれていたものの党勢は年々弱体化し、13年7月の参院選敗北の責任をとって党首を辞任した。

１９９９年に東京の西郊・国立市の市長になり、8年間在任した**上原公子**《ひろこ》は、東京都で初の女性市長だった。生活者ネットワークなど市民運動をバックにした。

自治体のトップ経験者としては、

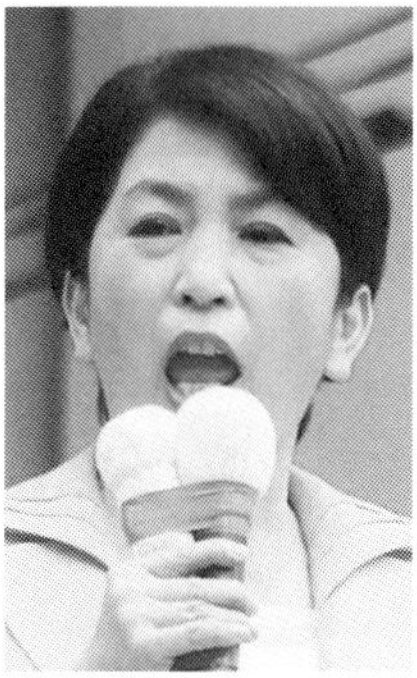

福島瑞穂

大阪市長の**中馬馨**、宮崎県知事の**田中長茂**、宮崎市長・宮崎県知事の**二見甚郷**《じんごう》らも卒業生だ。

官僚では大蔵省出身の**垂水**《たるみず》**公正**が、アジア開発銀行総裁を務めた。

**岩切章太郎**は住友総本店に入社したが宮崎に帰郷し、宮崎交通グループを創業した。

中央政界との太いパイプも生かして、宮崎に全国から観光客を呼び寄せ、「宮崎観光の父」と呼ばれた。海外旅行がままならなかった1ドル＝３６０円の昭和30年代、宮崎は新婚旅行のメッカとなる。

岩切章太郎

宮崎交通グループは現在、宮交ＨＤに衣替えしているが、**塩見修**はその社長を、**渡辺綱纜**《つなとも》はグループの宮交シティ社長を務めた。

経済界で活躍した卒業生では、日揮の社長・会長を務め、日本経団連日本アルジェリア経済委員長なども務めた**重久吉弘**がいる。日揮は13年1月に起きた、アルジェリア人質事件で多くの社員が被害者となった。

大企業のトップ経験者はさらに、**寺坂史明**（サッポロビール）、**田崎雅元**（川崎重工業）、**津末博澄**（三井生命保険）、**日高啓**（高島屋）らがＯＢだ。

## 『釣りバカ日誌』原作者

文化・芸能関係で活躍している人物が、たくさんいる。

画家では、**瑛九**《えいきゅう》が名高い。フォトデッサン、コラージュ、ガラス絵など幅広い分野で、創造性豊かかつ前衛的な作品を残した。

旧制宮崎中の2年生になった14歳のとき、画家になることを決心して日本美術学校（現日本美術専門学校、埼玉県）に移った。60年に48歳で死去した。

『釣りバカ日誌』の漫画原作者**やまさき十三**もOBだ。『釣りバカ日誌』は88年から09年にかけて、22作も松竹で実写映画化された。『男はつらいよ』に次ぐ映画シリーズとなる。

やまさきは、13年11月公開の映画『あさひるばん』で、72歳にして初めての映画監督を務めた。この映画のロケは、すべて宮崎県内だった。

詩人・評論家の**宗左近**は、旧制宮崎中から旧制福岡県立小倉中（現小倉高校）に移り卒業した。

郷土出身の歌人・若山牧水（宮崎県立延岡中学・現延岡高校卒）の研究者である**伊藤一彦**は、県立宮崎南高校教諭時代に、俳優の堺雅人（県立宮崎南高校卒）を教えた。伊藤と堺は10年に、牧水に関する共著を刊行している。伊藤は15年度の毎日芸術賞を受賞した。

歌人では、16年に第21回若山牧水賞を受賞した**吉川宏志**がいる。

劇作家の**山崎哲**、小説家の**中村地平**、詩人の**杉谷昭人**と**金丸桝一**《ますいち》、洋画家の**鱸**《すずき》**利彦**、篆刻《てんこく》家の**師村**《しむら》**妙石**《みょうせき》らも卒業生である。

NHK専務理事を務めた**青木賢児**は退局後に故郷に帰り、宮崎県立芸術劇場理事長を務めた。

## バンド仲間でデビュー

芸能関係の卒業生では、男性4人からなるコーラスグループ「デューク・エイセス」のリーダーで、バリトンの**谷道夫**がいる。

サザンオールスターズのメンバーでドラムスの**松田弘**と、01年に独立したギタリストの**大森隆志**は、中学・高校時代からのバンド仲間だった。松田は宮崎大宮高校を中退している。

ソプラノ歌手の**川越塔子**は、東京大法学部を卒業後に武蔵野音楽大大学院に進んだ。仏伊で研鑽《けんさん》し、内外で公演をしている。

作曲家の**寺原伸夫**、**なすじん**、**山内達哉**、ソプラノ歌手の**岩切美夏**と**黒木あすか**、カウンターテナー歌手の**藤木大地**、シンガーソングライターの**鈴里真帆**らもOB、OGだ。

元フジTVアナウンサーの**河野景子**は、横綱の貴乃花と結婚した。貴乃花引退後は部屋の女将の立場になっている。

小悪魔的なルックスと演技で人気となった女優の**緑魔子**もOGだ。女優では**山田キヌヲ**、ファッションモデルでは**神戸蘭子**もいる。

81年生まれの**松崎悠希**は、宮崎大宮高校を卒業後、俳優を目指しニューヨークに渡った。修業に励み、この十数年で『硫黄島からの手紙』などのハリウッド映画に出演している。

## 各種スポーツで活躍

スポーツでは、日本のテニス界の黎明《れいめい》期を築いた**熊谷一弥**《いちや》がいた。20年のベルギー・アントワープ五輪の男子テニスで、シングルス、ダブルスともに銀メダルをとった。五輪で日本人がメダルをとったのは、これが初めてだ。

熊谷は旧制福岡県立伝習館中学（現県立伝習館高校）から、旧制宮崎中学に移ってきた。慶応大に進学し、テニス選手として頭角を現した。

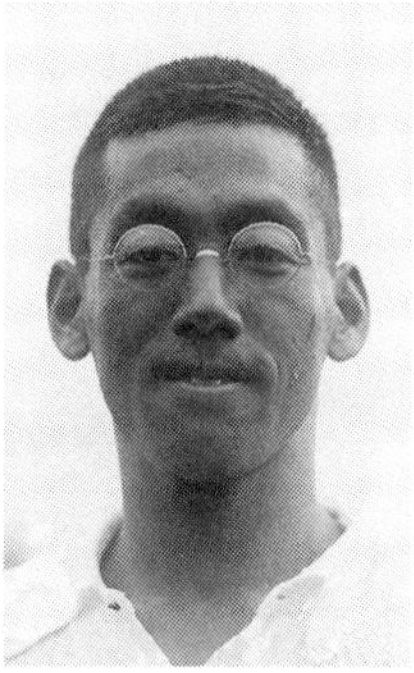
熊谷一弥

陸上競技の**村社講平**《むらこそ》は36年のベルリン五輪で、5000、1万メートルでともに4位入賞を果たした。戦後に毎日新聞運動部記者をした。

**武上四郎**はプロ野球ヤクルト球団の監督や、読売ジャイアンツの打撃コーチ、野球解説者をした。

**李元**《もくもと》**良輔**は早稲田大に進学し、男子チアリーディング部主将になった。09年の世界チアリーディング選手権で金メダルを獲得した。

皮膚科医の**図師**《ずし》**伸一郎**は、「Dr・ZUMA」の芸名でプロのマジシャンもしている

学者では、海洋工学の**佐伯浩**が北海道大総長を、林学の**外山三郎**が宮崎大学長を務めた。

東北大卒で京大教授を務めた憲法学の**大石真**、有機化学の**岩村秀**、スウェーデン国立スペース物理研究所研究員でオーロラの研究家である**山内正敏**、元京大教授で農業経済学の**頼平**《よりたいら》らもOBだ。

# 済々黌高校

## 姜尚中、くりぃむしちゅーなど、まさに多士済々

◉熊本県立・熊本市中央区

「せいせいこう」高校という。「黌《こう》」とは学校のことだが、「校」の文字は現在でも使わない。

校長は「黌長」であり、校門は「黌門」と書く。校名の出典は「詩経」の大雅篇中の一節「済々多士《せいせいたし》文王以寧《ぶんおうもってやすんず》」による。このため今も、卒業生は「多士」だ。

熊本県内で最も古い1882（明治15）年創立の私立「済々黌」がルーツだ。

曲折を経て94年に熊本県尋常中学校、99年に熊本県中学済々黌と改称され、戦後の学制改革で男女共学の新制済々黌高校となった。

### 剛毅でバンカラ

開校と同時に制定された「三綱領」というのがある。「正倫理 大義」「重廉恥 元気」「磨知識 進文明」だ。校訓ではなく「主義」「決まり」とされ、全校集会や式典などで全員で唱和する。

16年4月の熊本地震では、済々黌高校はたいした被害はなかったが、地震直後から3週間、体育館は市民の避難所となった。

熊本県の県民性「肥後もっこす」どおりの熱血漢がそろい、同窓意識がすこぶる強いのが、この高校の校風だ。

剛毅でバンカラの気風を誇っている。県中学済々黌から分かれ、ライバル関係にある熊本高校、通称「熊高《くまたか》」が「ジェントルマン」を標榜しているからだ。

何やら古色蒼然《こしょくそうぜん》としているようだが、そうではない。14年度にはSGHに指定されている。

同校は「済々多士教育プログラム」を研究開発構想として掲げている。具体的には、環境問題をテーマに水俣病や水資源などの地域特有の課題と世界の環境問題をパラレルに研究することが一つ。

もう一つは英語をツールとしたコミュニケーション能力の向上を図るプロジェクトだ。

大学進学では、自分が行きたい大学、学部を目指すというチャレンジ精神旺盛な進路指導をしている。このため例年、卒業生の約30%が浪人する。

　現役、浪人合わせて東京大、京都大には例年、数人が合格する。九州大には約50人、大阪大には十数人、地元の熊本大には100人程度が合格している。

　戦前には軍人になる卒業生が多く、その伝統を引き継ぎ現在でも毎年度、防衛大学校に数人が合格している。

## 売れっ子学者

　卒業生はそれこそ多士済々だ。本を出せばほとんどがベストセラーになり、テレビ出演も多い売れっ子の学者がいる。政治学者の**姜尚中**《カンサンジュン》だ。『悩む力』（08年）や『悪の力』（15年）などで、多くのファンを獲得している。

姜尚中

　姜は在日韓国・朝鮮人2世として生まれ、済々黌から早稲田大に進学、東大助教授、教授を長く続けた。現在は熊本県立劇場館長だ。

　旧制時代には碩学《せきがく》を輩出している。京都支那学の1人で文化勲章受章の**狩野直喜**、東洋学の開拓者で実践女子大学長を務めた**宇野哲人**だ。

　旧制卒ではさらに、天文学者で京都産業大の初代総長を務めた**荒木俊馬**《としま》、刑法学者の**佐伯千仭**《ちひろ》、植物学者で東大小石川植物園長をした**松崎直枝**もいた。

斉藤 惇

　新制卒では、スーパーマーケットという業態を理論化した流通経済学者で、学習院院長を務めた**田島義博**がいた。英語学の**馬場彰**、比較文学の**内藤高**、日本近現代史の**田浦雅徳**、日本経済史の**中村尚史**らもOBだ。

　経済界では、野村証券出身で産業再生機構社長、日本取引所グループのCEOを歴任し、現在はプロ野球の第14代コミッショナーの

**斉藤惇**《あつし》がいる。

昭和時代に三菱信託社長、三菱地所会長を務めた**山室宗文**《むねふみ》、東洋電機製造社長をした**甲斐邦朗**《くにお》らも卒業している。

地元企業では、熊本市の鶴屋百貨店社長・**久我彰登**《あきと》、熊本日日新聞社のトップを務めた**伊豆英一**らがOBだ。

## 自殺した農相

政治家で注目を浴びたのは、**松岡利勝**だ。済々黌から鳥取大農学部林学科に進学、農林水産省に技官として入った。熊本から衆院議員となり農水相を務めたが、汚職などの疑惑が後を絶たずマスコミの集中砲火を浴びた。07年に大臣在任中に自殺した。

在任中の閣僚が自殺したのは、45年8月に敗戦の責任をとって自殺した陸軍相の阿南惟幾《あなみこれちか》（旧制徳島県立徳島中学・現城南高校を中退し、陸軍幼年学校に進んだ）以来2人目だった。

朝日新聞記者出身の**細川隆元**は、衆院議員を1期務めたあと政治評論家に転身し、毒舌で鳴らした。

70年に日本初のハイジャック事件となる「よど号ハイジャック事件」を起こした赤軍派メンバー9人のうちの1人、**田中義三**《よしみ》は新制済々黌高校卒だ。

熊本には、明治の初め陸軍の鎮台が置かれた。このため、軍人になった卒業生が多い。

東京裁判で絞首刑になった陸軍中将の**武藤章**、同じく終身禁固刑の陸軍大将**梅津美治郎**《よしじろう》の2人は、済々黌から陸軍幼年学校に転じた。

文化人では、大正～昭和期の映画監督**牛原虚彦**《きよひこ》、特撮テレビ番組監督の**仏田**《ぶつだ》**洋**、映画プロデューサーの**芥川保志**、翻訳家でインド研究家の**池田運**《はこぶ》らが卒業生だ。

## 古葉竹識もOB

芸能界で活躍している卒業生では、**上田晋也**と**有田哲平**がお笑いコンビ「くりぃむしちゅー」として、テレビによく登場している。2人は済々黌の同級生で、ラグビー部員だった。上田は早稲田大を、有田は立教大をそれぞれ中退した。

俳優、コメディアン、歌手の**財津一郎**、俳優・ナレーターの**常田富士男**、タレントの**中上真亜子**もいる。

音楽では、シンガーソングライターの**樋口了一**、ドラマーの**村石**

**雅行**、トロンボーン奏者の**橋本貴久**らがいる。

済々黌はスポーツでも優れた成績を挙げている。剣道部は戦前に全国制覇を10回以上成し遂げ、「武道の名門・熊本済々黌」と称えられた。

戦後は水球、ハンドボール、陸上、漕艇部などが全国制覇に輝いている。

野球部は春4回、夏7回、甲子園に出場し、58年春には全国優勝している。

広島東洋カープの監督として、

古葉竹識

日本一を3度達成した**古葉竹識**《こばたけし》が著名だ。済々黌―専修大―日鉄二瀬―広島入団という経歴だ。

選手としても63年に読売ジャイアンツの長嶋茂雄(千葉県立佐倉第一高校・現佐倉高校卒)と首位打者争いを演じたことがある。

大正~昭和時代にかけての剣道家で、範士十段の**大麻勇次**は、全日本剣道連盟を結成して会長を務めた。

明治~昭和初めには、日本から多くの人が南米に移民した。熊本県はブラジル移民者が最も多い県であり、**上塚周平**は「ブラジル移民の父」といわれた。

**宮本誠二**は、血液製剤で国内シェア2位の一般財団法人化学及血清療法研究所(化血研、熊本市)理事長だった。国の承認と異なる方法で血液製剤を製造していた組織ぐるみの不正が15年に発覚、厚労省から１１０日間の業務停止命令を受けている。

医師の**蓮田晶一**・**太二**兄弟はそろってＯＢで、熊本市の慈恵病院の病院長・副院長や理事長を交互に務めた。

新生児を匿名で受け入れる窓口「こうのとりのゆりかご(赤ちゃんポスト)」を設置し、07年から運用している。日本初の試みとして全国の注目を集めている。

2人の父親は戦前の国文学者**蓮田善明**《ぜんめい》で、旧制卒だ。同人月刊誌『文藝文化』を創刊、同人として加わった青年期の三島由紀夫(東京・旧制国立学習院中等科・現私立学習院高等科卒)の思想形成に多大な影響を与えた。

# 熊本高校

「士君子」を校訓とし、経済界で活躍するOBたち

◉熊本県立・熊本市中央区

細川氏54万石の城下町として栄えた熊本。市の中心部には、石垣普請の名手といわれた加藤清正が築城した広大な熊本城が、デンと構えている。16年4月の熊本地震で、熊本城は深刻な被害を受けた。

その熊本市には、済々黌高校、熊本高校という二つの県立名門高校があり、両校は「一幹両枝」といわれる。

1900年（明治33）年に済々黌高校の前身である県中学済々黌は第一と第二に分けられた。第二が旧制の熊本中学校を名乗り、現在の男女共学の県立熊本高校へと校歴が続いていった。

両校は良きライバル関係にあり、それは、伊達氏62万5000石の城下町だった宮城県仙台市と似かよっている。仙台では、県立仙台一高と仙台二高が鎬《しのぎ》を削っている。

## 兄の済々黌、弟の熊本

大学合格実績でも最近、熊本と仙台は同じような状況になっている。弟に相当する熊本高校と仙台二高は、それぞれ兄貴分の済々黌高校、仙台一高を凌駕《りょうが》しているからだ。

18年の大学合格実績を見ると現役、浪人合わせ、東京大13人、京都大13人、大阪大24人、九州大58人、熊本大に70人の合格者を出している。

熊本高校は、とりわけ医学部合格者が突出している。

18年入試では地元の熊本大医学部に19人も合格したのをはじめ、国公立大医学部に合格した総計は50人を数える。50人というのは全国の公立高校だけで比較した場合、北海道立札幌南高校と並んでトップだ。

熊本高校は校内や同窓会（「江原会」という）では「クマコウ」と言っているが、校外では通称「クマタカ」と呼ばれている。

校訓は「士君子」である。スク

ールアイデンティティは「深い自己理解のもと、個性を生かし、社会に積極的にかかわっていく自立した個人」だ。

英国の名門パブリックスクールであるイートン校のサマースクールに参加するなど、交流を続けている。ライバルの済々黌は剛毅・バンカラの気風を誇っているが、熊本高校は「ジェントルマン」を標榜していることもイートン校につながる。

## ベンチャーの草分け

経済界で活躍した卒業生が、目立つ。

オムロンの創業者である**立石一真**は、ベンチャー経営者の草分けの1人だ。熊本中学から新聞配達をしながら熊本高等工業学校（現熊本大学）電気科を卒業し、オートメーション機械開発のトップメーカーに育て上げた。

創業の地の工場が京都・御室《おむろ》だったことから、会社名を立石電機からオムロンに変えた。

日本工営の創設者の1人である**久保田豊**をはじめ、**本田弘敏**（東京ガス）、**迫静二**（富士銀行）、**熊谷栄次**（住友信託銀行）、**清島省三**（十八銀行）、**岩下俊士**（日清紡）、**御木本豊彦**（ミキモト）、**永田敬生**《たかお》（日立造船）、**田村浩章**《ひろあき》（宇部興産）、**渡辺哲也**と**松尾新吾**（九州電力）、**三善信一**（リコー）、**山本健一**（マツダ）、**吉村勲人**（帝国ホテル）、**芳賀義雄**（日本製紙）、**細谷英二**（りそなＨＤ《ホールディングス》）、**木村康**（ＪＸ日鉱日石エネルギー）、**市川俊英**（三井ホーム）、**保元道宣**《やすもとみちのぶ》（オンワードＨＤ）らが、大企業トップ経験者だ。

立石一真

東レの「中興の祖」といわれた**前田勝之助**は、旧制福岡県立嘉穂中学（現嘉穂高校）から旧制熊本中学に転校した。

地元の経済界で活躍した人物では、**長野吉彰**（肥後銀行）、**原和哉**（熊本ファミリー銀行）、**宮崎邦雄**（金剛）、**大久保太郎**（フンドーダイ）らがいる。

**吉村常助**は東大に進学して地球物理学科と建築学科で学び、学者になるつもりだった。しかし熊本の酒類メーカーである家業の瑞鷹《ずいよう》の社長を引き継ぎ、のちに日本酒造組合中央会会長もした。

やはり熊本高校卒の息子・**吉村浩平**があとを継いでいる。

## シュバイツァー賞

政治家では、大正から昭和にかけて政界の実力者だった**大麻唯男**、熊本県知事をした**沢田一精**らが卒業している。

学者では、電子工学者の**古賀逸《いつ》策《さく》**が水晶振動子の発明で文化勲章を受章している。古賀と熊本中同期の**浅井栄資**は東京高等商船学校（東京商船大を経て現東京海洋大）に進み、東京商船大の学長をした。

通信工学者の**松前重義**は無装荷ケーブルを発明した。東海大学を創立して総長になり、全国各地に大学から幼稚園までの総合学園を展開した。

刑事法が専門の法学者**平野龍一**は東大総長を務めた。**本田弘人**は学術会議の基礎をつくり、熊本大学長をした。**下斗米《しもとまい》伸夫《のぶお》**は国際政治学者、**山室信一**は法思想史が専門で、京都大人文科学研究所所長を務めた。

**玉城康四郎**は仏教学者、国際経営学者の**霍見《つるみ》芳浩**はニューヨーク市立大教授を長く務めた。

医学者では、育児書で親しまれ日本人として初めてシュバイツァー賞を受賞した**内藤寿七郎**、世界保健機関で天然痘撲滅プロジェクトのリーダーをした**蟻田功**が卒業生だ。

血液学の**河北靖夫**は、再生不良性貧血の研究で世界に知られる。

**高浜正伸**は、小学校低学年を対象に思考力や国語力を重視し、子どもの意欲を引き出す授業法で注目されている「花まる学習会」の代表だ。

宇都宮健児

法曹界では、ヤミ金融問題などで活動し日本弁護士連合会会長にも就いた弁護士の**宇都宮健児**がOBだ。

**千場茂勝**は、水俣病裁判で被害者側の弁護人を務めた。

## 木下順二、谷川4兄弟も

「文」の領域では、『夕鶴』で知られる劇作家の**木下順二**、前述の宇都宮と同期でコピーライター・作詞家の**魚住勉**らの卒業生がいる。

**北御門二郎**は、在野にありながらトルストイの研究・翻訳で成果を上げた。俳人では**有働亨**、読売新聞記者出身の**長谷川櫂**《かい》、**正木ゆう子**らがいる。

学者、研究者、詩人などとして活躍した4兄弟がいる。在野の民俗学者の**谷川健一**、詩人・評論家の**谷川雁**、東洋史学者の**谷川道雄**、末弟で日本エディタースクール創設者の**吉田公彦**は、そろって卒業生だ。

宮崎美子

洋画家の**牛島憲之**は、文化勲章を受章している。

洋画家では、戦前に日米にまたがって活動した**野田英夫**もいる。

音楽では、声楽家の**板橋勝**、**高橋修一**、**大島博**が卒業生だ。

メディア関連では、**長谷部忠**が終戦後に朝日新聞社社長を、**永野光哉**《みつや》が熊本日日新聞社長を務めた。

テレビ局では、**水野重任**《しげとう》、**小堀富夫**、**永田幹郎**《もとお》が熊本放送トップを務めた。**安浪栄基**は福岡放送社長をした。

週刊『エコノミスト』の元編集長・**横田恵美**、共同通信記者出身のジャーナリスト**魚住昭**も卒業生だ。NHKアナウンサーの**武田真一**は『ニュース7』のメインキャスターを務めた。

女優・タレントの**宮崎美子**《よしこ》は2年生になったとき、大分県立大分上野丘高校から熊本高校に編入し、熊本大学に進学した。

大学時代にミノルタカメラのCMでブレークした。

ベンチャー精神あふれる1978年生まれの卒業生を紹介しよう。**小島希世子**は、農薬に頼らない安全性の高い熊本県産の農産物を提携農家と協力して全国に直送販売する会社「えと菜園」を立ち上げている。

もう1人は建築士で、前衛芸術家でもある**坂口恭平**だ。坂口は、路上生活者の住居を収めた写真集を刊行し注目された。

現在は、所持金ゼロでも生きられる「新政府」をつくろうという運動を立ち上げ、欧米で同調者を獲得している。

# ラ・サール高校

理数系に強く、数々の政治家、学者、タレントも

◉私立・鹿児島市

カトリックの教育修道会ラ・サール会によって、1950（昭和25）年に鹿児島市内に設立された。私立の6年制中高一貫の男子校だ。

北海道函館市に姉妹校の函館ラ・サール中・高校がある。外国人の理事長・修道士の両校間の移動はあるが、教職員や生徒間の交流はない。

全国から優秀な生徒が入学してくる。生徒数は中学約500人、高校約700人。保護者の住所を見ると、九州全体で70％を占める。残り30％は九州以外で、関東も10％程度いる。

学校内には寮が完備されており、中学寮は1室6～8人、高校寮は個室だ。

学校周辺には長年、ラ・サール生を預かってきた指定下宿も18軒・約230室ある。同じ釜の飯を食べて育った生徒たちの紐帯《ちゅうたい》は、すこぶる強い。

## 東大から医学部へ

東京大合格者は、85年には117人を記録した。91年（105人）と93年（107人）には、東京・私立開成高校に次いで2位となっている。

その後もほぼベスト10位に入っていたが、最近はめっきり減って毎年度30～50人にとどまっている。18年春の大学入試実績は現役、浪人合わせ、東大42人、京都大10人、九州大19人だ。

かつては高3の半分以上が東大を受験していたが、最近は生徒の進路希望は、東大から全国の医学部にシフトしている。

国公立大医学部の合格者は18年は86人で、全国の高校ランキングで4位だった。医系学部への合格者の割合は、卒業生の60％を超える高率になっている。

医学部医学科の合格者の大学別内訳は、九州大14人、東大、京大、阪大が各2人など。多くは地方の

国立大に分散している。

全国の公立高校が持つような堅苦しい校訓や細かな校則などはない。キリスト教の広く豊かな隣人愛の精神を養うことが、教育方針の真っ先に掲げられている。自由闊達《かったつ》で、のびのびした校風だ。「人間学」というラ・サール高校独自の教科もある。

## 政治家や自治体の長も

理数系に強い高校であるが、意外にも政治家や自治体の長を多数、輩出している。

戦後にできた高校なので、国政を左右するような大物政治家はまだ出ていないが、衆参国会議員の経験者はすでに十数人を数える。

衆院議員だった**城島光力**《こうりき》は民主党の野田政権で財務相を務めた。文相、国土交通相などを歴任した衆院議員（希望の党）の**中山成彬**《なりあき》もOBだ。

自治体の長では、前鹿児島県知事の**伊藤祐一郎**と現鹿児島市長の**森博幸**が卒業生だ。

前佐賀県知事・現衆院議員の**古川康**と現佐賀県知事の**山口祥義**《よしのり》もいる。佐賀県知事は2代続けて、佐賀県外にあるラ・サール高校出身者ということになる。

市長経験者としては**津村重光**（宮崎市）、**吉田宏**（福岡市）、**木下敏之**（佐賀市）らがいる。

寺脇 研

官僚では、文部科学省の官房審議官時代に「ゆとり教育」のスポークスマンとしてテレビに出演し、精力的に説明していた**寺脇研**の知名度が高い。映画評論家としての著書もあり、退官後は京都造形芸術大の教授をしている。

**蒲原基道**は、前厚生労働事務次官だ。

弁護士の**大鶴基成**は東京地検特捜部長になり、ライブドア事件などを指揮した。

## 水俣病研究の原田正純

ラ・サール高校の真骨頂は、気鋭の学者・研究者を多数、出していることにある。中でも医師や基礎医学研究者として活躍している人物が多い。

水俣病患者の診療や公害問題解

決を訴え、水俣病研究の第一人者だった医師の**原田正純**が著名だ。

　医学者ではさらに、**宮崎徹**がメタボなど生活習慣病を、**榎本秀樹**が神経再生医療を研究している。

　ウイルス学の**片峰茂**は長崎大学学長をした。

　基礎医学の生化学・分子生物学の分野では、**宮園浩平**、**桐野高明**、**中釜斉**《なかがまひとし》、**森正樹**、**西中村隆一**らがいる。宮園は、がん細胞内での信号伝達機構に関する研究で世界をリードしている。

　天文学者では、ハワイのすばる望遠鏡建設の推進役をした**成相**《なりあい》**恭二**、国土地理院長を務めた**小牧和雄**らがOBだ。小牧は、ラ・サール高校時代に生徒会長をした。

　数学者では、73年卒の**二木昭人**《ふたきあきと》や**合原一幸**《あいはらかずゆき》、**野海**《のうみ》**正俊**、**諏訪紀幸**の4人が光る。二木は11年度に日本数学会賞を受賞した。

　02年卒の**條秀彰**は、ラ・サール高校在学中に国際数学五輪で上位に入賞し、世界パズル選手権などでベスト3の成績を収めている。

　北海道大にはスラブやユーラシアの研究拠点・スラブ研究センターがある。そのセンター長に06〜10年にかけて、ラ・サール高校の卒業生が2代続けて就いていた。**松里公孝**《きみたか》と**岩下明裕**《あきひろ》だ。

　岩下は北方領土問題に詳しく、論壇で注目されている。

　神学者の**寺園喜基**は西南学院大院長を務めた。**西研**《けん》は社会哲学、**角松生史**《なるふみ》は都市計画法、**森田修**は民事法、**大湾**《おおわん》**秀雄**は産業組織論が専門だ。**井手英策**は気鋭の財政学者で、自民党の政策を批判することが多い。

　経済界を見てみよう。

　塾業界大手のナガセ社長**永瀬昭幸**は創業経営者だ。東大に進学、在学中に開塾した。野村証券に就職したが2年ほどで辞め、進学教室の経営に専念した。

　現在では、創業した東進ハイスクールのみならず四谷大塚やイトマンスイミングスクールを傘下に収めている。

　もう1人、日本IBMをスピンアウトした**尾立盛安**は、情報ソリューションを創業した。

　元職、現職が交じるが、**有馬利男**（富士ゼロックス）、**山元峯生**（全日本空輸）、**片野坂真哉**（ANAHD）、**木瀬照雄**（TOTO）、**古賀信行**（野村HD）、**柳弘之**（ヤマハ発動機）、**青柳俊彦**（JR九州）、**東和**

**浩**（りそなＨＤ）、**榎本一郎**（福岡地所）、**檜原誠慈**（東洋紡）らの社長経験者が出ている。

全日空出身でＡＮＡ総合研究所会長を務めた**浜田健一郎**は、16年6月までＮＨＫ経営委員会委員長をした。

**上田良一**は三菱商事副社長のあと、13年からＮＨＫ経営委員を、17年1月からＮＨＫ会長に就いた。

郵政官僚出身の**稲村公望**《こうぼう》は日本郵便副会長、三井物産出身の**松山良一**は駐ボツワナ大使のあと日本政府観光局理事長を、**和田龍幸**《りゅうこう》は日本経団連事務総長を務めた。

上田良一

鹿児島の老舗デパート（1751＝宝暦《ほうれき》元年創業）である山形屋の会長**岩元純吉**と社長**岩元修士**《しゅうじ》の兄弟は、そろってＯＢだ。旅行会社が長かった**古木圭介**は、第3セクターの肥薩おれんじ鉄道の社長を務めた。

## ラ・サールからラサールか

文化人では指揮者の**海老原光**、ジャズドラマーの**原大力**《だいりき》、小説家の**西村健**、画家の**面高春海**《おもだかはるみ》、俳人の**福永耕二**、詩人の**岡田哲也**と**宇宿一成**《すきかずなり》がいる。

稲葉 剛

映画監督の**山下賢章**、**中原俊**、**吉田大八**、**西冬彦**らがＯＢ。**川下大洋**は俳優、ナレーターだ。

タレントでは**ラサール石井**の知名度が高い。大阪市の出身で灘高校（兵庫県・私立）が不合格だったためラ・サール高校に入った。高校名は「ラ・サール」だが、石井は「ラサール」とすることで、学校側とは阿吽《あうん》の呼吸で折り合いがついているようだ。

**稲葉剛**は社会運動家だ。東大大学院を中退し、ＮＰＯ法人自立生活サポートセンター・もやいの前理事長のあと、現在は「つくろい東京ファンド」の代表理事をする。

東京で路上生活者の支援活動や、生活保護問題対策などに取り組んでいる。

# 那覇高校

「オキナワ」を代表する名門のアイデンティティ

◉沖縄県立・那覇市

世紀の嵐吹きすさみ
故山の草木貌変え
千歳の伝統うつろいて
ふりぬる跡も今はなし

那覇高校の校歌の1番だ。沖縄戦で20万人以上の死者を出し、跡形もなく変わり果てたことを物語っている。こんな壮絶な歌詞は、本土の高校校歌にはない。

前身は、１９１０（明治43）年創立の県立第二中学。戦後の学制改革で新制那覇高校に衣替えされたが、72（昭和47）年に本土復帰が実現するまでは「琉球政府立」だった。

校訓は「和衷協同、積極進取」だ。「求める生徒像」として強調力、開拓力、自学力、伝統力の四つを挙げている。百余年の伝統を礎に、幅広い人材を育んできた。

那覇高校はマンモス高校だ。現在は全日制普通科11学級で、３学年合計して約１３００人が在籍している。

自由闊達《かったつ》で自主独立の校風を背景に、文武両道を貫いている。野球部は60（昭和35）年に、沖縄県勢初の春の甲子園出場を果たし、２０００年には夏の大会にも出場した。

校地は、那覇市のど真ん中の一等地にあり、琉球王朝の王城だった首里城跡に隣接している。

那覇市には県立首里高校（前身は県立一中）という伝統校もある。両校は長年、良きライバル関係だ。

## 仲井真、翁長の元・現知事

沖縄は今なお、差別されている。国土面積の０・６％にすぎないのに、日本に所在する米軍基地の70％は沖縄県に集中している。沖縄本島の総面積の15％は米軍基地だ。「辺野古《へのこ》」、つまり米軍普天間飛行場（宜野湾市）の名護市辺野古沖への移設問題が、この20年、日米関係や国政を揺るがす大きな関心事になっている。

13年12月末に沖縄県知事だった**仲《なか》井《い》真《ま》弘多《ひろかず》**は辺野古沿岸部の埋め立てを承認し、移設容認に転じた。

これに対し、14年11月の沖縄県知事選挙では、県内移設反対の前那覇市長**翁《お》長《なが》雄《たけ》志《し》**が現職だった仲井真を破る。また同時に行われた那覇市長選では、移設反対派の**城間幹子**が初当選した。

仲井真、翁長、城間とも那覇高校の卒業生である。仲井真は通産省技官の出身で、沖縄電力のトップを務めたあとの06年に知事に就任した。

翁長雄志

仲井真の10期後輩である翁長は、すい臓がんになったことを公表、18年5月に腫瘍を切除した。18年11月の知事選に対する去就が注目される。

那覇高校の卒業生で、国会議員や沖縄の県政、市政で活躍した人物はたくさんいる。

本土復帰後の沖縄県知事では、3代目の**西銘順治**、5代目で元知事の**稲嶺恵一**が旧制二中・那覇高校出身だ。戦後の初代琉球政府行政主席の**比嘉秀平**も二中卒である。

稲嶺恵一の父で参院議員をした**稲嶺一郎**、那覇市長のあと衆院議員を20年弱続け、日本共産党副委員長をした**瀬長亀次郎**、沖縄県で初めての女性市長だった元沖縄市長の**東門《とうもん》美津子**らも卒業生だ。

我部政明

## 特殊性を学問に昇華

学者・研究者になった卒業生は、専門分野は違っても、その多くが生まれ育った沖縄についての論考をしているのが特徴的だ。

近代日本政治史が専門で琉球処分や沖縄戦などに関する著作が多い**我部《がべ》政男**と国際政治学の**我部政明**は兄弟で、そろってOBだ。

政明は72年の沖縄返還に関する日米協定で、沖縄の米軍基地の原状回復の費用を日本側が肩代わりした日米密約の文書を米公文書館で見つけるなど、一連の日米交渉について研究している。
日本近現代史の**安仁屋政昭**《あにやまさあき》は、沖縄戦における集団自決や住民虐殺などの研究で知られる。**松島泰勝**は島嶼経済論が専門だ。
**湧上元雄**《わくがみもとお》は沖縄民俗文化の研究を、**久場政彦**は沖縄経済の研究をしている。**嘉手納宗徳**《かでなそうとく》は１７００年代の首里、那覇の地図の復元をするなど沖縄郷土史の研究者だ。
**一泉**《いちいずみ》**知永**は産業金融論が専門だが、沖縄の経済と文化についての論考もしている。**池宮正治**は琉球文学史が、**田名**《だな》**真之**は沖縄史学が専門だ。
刑事法の学者**金城秀三**《きんじょうひでぞう》は46歳という若さで琉球大学長に就任した。憲法学の**高良鉄美**《たからてつみ》もいる。**勝方**《かつかた》**恵子**はアメリカ文学が専門だが、沖縄のオーラル・ヒストリー（口述記録）のプロジェクトを推進した。
医師になった卒業生では、18年3月まで東北大総長を務めた**里見進**が、外科医で腎臓移植手術の第一人者だ。東日本大震災の1年後に総長に就任した里見は、東北大の復興に邁進した。
**国吉幸雄**は心臓血管外科学が専門だ。
水産化学者の**安元健**《やすもとたけし》は、フグ毒など海洋生物毒の研究で知られている。
経済人として活躍した卒業生は、前述した稲嶺一郎が旧制卒で琉球石油を創業し、移民事業を推進した。**宮里辰彦**は終戦直後に琉球貿易庁総裁として沖縄経済の立て直しに努めた。その後、デパート・リウボウの社長をした。
大同火災海上保険のトップをした**宇良宗真**《うらむねまさ》、琉球銀行の第3代頭取をした**崎浜秀英**、前頭取・現会長の**金城棟啓**《とうけい》、スーパーやリゾートホテル経営などの金秀グループ会長**呉屋守将**《ごやもりまさ》らもＯＢだ。
**重田辰弥**は東京でソフトウェアの日本アドバンストシステム（現ＣＩＪネクスト）を創業し、沖縄県内から２００人以上の若者を継続的に採用してきた。

## 文化、芸能、美術に人材

**大城立裕**《たつひろ》は67年に『カクテル・パーティー』で芥川賞を受賞した。沖縄県人で初の芥川賞だった。沖縄が抱える苦しみと誇り、矛盾をペンで表現した。
**伊佐千尋**は実業家だったが、77年に『逆転』で大宅壮一ノンフィクション賞を受賞。18年2月に死去した。

美術では、**島田寛平**が那覇高校創立期に美術教師を務め、沖縄美術界の指導者になった。**安谷屋《あだにや》正義**は油彩画、浦添市美術館館長の**宮里正子**は琉球漆器の研究者だ。

音楽では、**ポール石垣**が沖縄ジャズ界の大御所、**与世山澄子《よせやますみこ》**がジャズボーカリストとして鳴らしている。

ピアニストの**外間久美子**がＯＧだ。**与儀幸英**は米イサカ大大学院で音楽を学び、県吹奏楽連盟会長をしている。

**玉城節子**は玉城流翔節会家元で、国指定重要無形文化財「琉球舞踊」保持者認定されている。旧制二中の1期生で歯科医師の**小那覇《おなは》全孝《ぜんこう》**（芸名は舞天）は、三線《サンシン》など沖縄の伝統芸能の保存・普及に尽力した。

**上原正三**は、特撮やアニメ作品の脚本家だ。**宮平貴子**はカナダに移住して映画製作を学び、日本・カナダ共同製作の『アンを探して』の脚本と監督をした。

## 沖縄タイムス創設

芸能では、お笑いコンビのキャン×キャンがいる。ボケ役の**長浜之人《ゆきひと》**（77年生まれ）と、ツッコミ役の**玉城俊幸**（79年生まれ）で、2人は2年次違いで那覇高校の生徒会長をしていた。

伊佐千尋

マスコミ関連では、**池宮城《いけみやぐすく》　秀《しゅう》意《い》**が戦後に、うるま新報を立ち上げ、のちに琉球新報社社長をした。**上間正諭《うえませいゆ》**は沖縄タイムスの創設に参加した。

スポーツでは、**八木明徳**が沖縄空手道剛柔会を設立し、沖縄伝統空手の普及と継承に尽力した。

二中・那覇高校の同窓会は「城岳同窓会」というが、匿名《とくめい》の同窓生から07年に、1億円の寄付があった。これを原資に毎年度、卒業生の中から数人の大学生を選んで助成している。

18年の大学入試では、国公立大へ現役だけで99人が合格した。このうち、本州の国公立大には14人、地元の琉球大には71人が合格している。

**猪熊 建夫**（いのくま・たてお）

1944年、東京生まれ。東京都立大学附属高校（現・都立桜修館中等教育学校）卒。早稲田大学政経学部政治学科を中退し、京都大学農学部農林経済学科を卒業。1970年に毎日新聞社に入社し、経済記者の道を歩む。90年に東京本社経済部副部長（デスク）で退職した。㈱船井総合研究所取締役、㈱釣りビジョン社長などを歴任する傍ら、著述を続ける。現在はフリー・ジャーナリスト。

著書に、『日本のコンテンツビジネス』『新聞・TVが消える日』『ジャーナリズムが滅びる日』など。2012年7月～ 18年8月、週刊『エコノミスト』誌で「名門高校の校風と人脈」を執筆、計300回連載した。

日本記者クラブ会員、日本エッセイスト・クラブ会員、NPO法人グローバルそろばんインスティチュート副理事長。

連絡先アドレスは、kumatate@hotmail.com



# 名門高校100

二〇一八年八月一五日　初版印刷
二〇一八年九月　五日　初版発行

著　者――猪熊建夫

企画・編集――株式会社夢の設計社
東京都新宿区山吹町二六一　郵便番号一六二―〇八〇一
電話（〇三）三二六七―七八五一（編集）

発行者――小野寺優
発行所――株式会社河出書房新社
東京都渋谷区千駄ヶ谷二―三二―二　郵便番号一五一―〇〇五一
電話（〇三）三四〇四―一二〇一（営業）
http://www.kawade.co.jp/

DTP――アルファヴィル

印刷・製本――中央精版印刷株式会社

Printed in Japan ISBN978-4-309-24878-3